# 公共管理论丛

## 2018年卷

主　编 / 王　琪

副主编 / 王印红

中国海洋大学出版社

·青岛·

**图书在版编目（CIP）数据**

公共管理论丛 .2018 年卷 / 王琪主编 . —青岛：中国海洋
大学出版社，2018.4
ISBN 978-7-5670-1821-1

Ⅰ. ①公… Ⅱ. ①王… Ⅲ. ①公共管理—中国—文集
Ⅳ. ① D63-53

中国版本图书馆 CIP 数据核字（2018）第 103880 号

| | |
|---|---|
| **出版发行** | 中国海洋大学出版社 |
| **社　　址** | 青岛市香港东路 23 号　　**邮政编码**　266071 |
| **出 版 人** | 杨立敏 |
| **网　　址** | http://pub.ouc.edu.com |
| **电子信箱** | j.jiajun@outlook.com |
| **订购电话** | 0532-82032573（传真） |
| **责任编辑** | 姜佳君　　　　　　　　**电　　话**　0532-85901040 |
| **装帧设计** | 青岛艺非凡文化传播有限公司 |
| **印　　制** | 北京虎彩文化传播有限公司 |
| **版　　次** | 2018 年 5 月第 1 版 |
| **印　　次** | 2018 年 5 月第 1 次印刷 |
| **成品尺寸** | 170 mm × 230 mm |
| **印　　张** | 35.5 |
| **字　　数** | 595 千 |
| **印　　数** | 1~1000 |
| **定　　价** | 58.00 元 |

# 目 录 /contents

# 浅议当前我国府际关系中的主要问题

鲍嘉珣 ①

**摘　要：**府际关系是各级政府间的互动关系，包括中央与地方政府间、地方各级政府间的纵向关系，以及同级地方政府间、没有隶属关系的不同级别地方政府间的横向关系。纵向府际关系较多地体现各层级政府间的政治权力和经济权力控制；横向府际关系较多地体现经济利益关系，在经济利益的推动下，横向府际关系表现为竞争、合作和冲突的形式。梳理分析我国纵向和横向府际关系面临的主要问题，分析问题原因并找到相应解决对策，对于协调府级关系至关重要。

**关键词：**府际关系　地方政府间竞争　地方政府间合作

府际关系指的是各级政府间的互动关系，包括纵向府际关系、横向府际关系以及矩阵府际关系。当前学者对各类府际关系含义及地位的见解不一，笔者认为，讨论府际关系的内涵和主脉络等概念类问题固然重要，但解决我国当前府际关系中亟待解决的切实问题更具现实意义。在经济改革和社会转型的现阶段，我国纵向府际关系和横向府际关系均有一系列问题需通过政治、经济，特别是法律手段予以解决。笔者将分别从纵向和横向两个方面分析现阶段我国府际关系面临的主要问题，并总结探索合理的应对办法。

## 一、纵向府际关系问题

纵向府际关系是两千年中国政治史始终面临着的重要问题。无论是在封建时代还是人民共和国时期，我国的纵向府际关系都经历了多轮的"放、乱、

---

① 鲍嘉珣（1991—），女，山东青岛人，中国海洋大学 2016 级公共管理专业研究生。

收、死"循环,这一循环正是纵向府际关系失序的写照。新中国成立以来,从毛泽东的《论十大关系》到邓小平的《党和国家领导制度的改革》,再到改革开放以来的分税制改革等一系列改革举措,都力图调适我国的纵向府际关系。

**(一)我国纵向府际关系失序的现象**

考察我国的纵向府际关系,可以发现,纵向府际特别是中央与地方政府之间,存在着以下较为突出的失序现象。

**1. 系统性腐败**

系统性腐败是指一个组织出现多发性、关联性的一种腐败现象,其腐败行为相互关联,形成相对严密的利益网络,从而呈现出系统性的特征。[1] 系统性腐败根源于纵向府际关系的不完善,这是因为:首先,我国目前的纵向府际关系,特别是央地政府之间的关系存在显著的"博弈化"特征,这就导致了下级政府的行为能力与行为方式严重地受到上级政府的影响。在这种情况下,下级政府为了保障其行政权力行使的确定性与稳定性,便不得不通过利益输送的方式来达成这一目的。其次,当前我国的体制具有显著的"锦标赛竞争"的特征。[2] 锦标赛体制使各横向的地方政府之间产生了为目标而竞争的格局。最后,当地方政府官员产生腐败行为后,为避免腐败行为暴露所造成的损失,官员往往会倾向于将自己的同僚或上级"拉下水",从而形成"裂变式扩散"的腐败蔓延。[3]

**2. 选择性执法**

选择性执法是指地方政府在面对既有的国家统一法律法规相关规定的基础上,对法律所规定的内容有选择性地执行,或突破法律相关规定加以执行的行为。选择性执法表现为公权力机关的"缺位"和"越位",从而在实质上造成了法律规定无法正常落实的结果。究其原因,纵向府际监督机制的缺失,特别是程序性、法制性监督的缺失扮演了主要的作用。由于纵向监督的弱化,地方政府的选择性执法行为便出现了生存空间,进而既危害到全国法治的整体性,也威胁到地方法治的正常运行。

### 3. 行为联邦化

郑永年曾经将我国的央地关系格局概括为"行为联邦制"，它是指单一制国家中相对制度化的放权模式，其核心特征是政府间经济权力和政治权力的下放，体现了有限的地方自治。[4]我国是一个单一制的国家，但是在现实的政治生活中，又呈现出高度的"联邦化"的特征。为了激发地方发展经济的积极性，中央开始了不断的分权下放的措施，从而直接促进了地方经济社会管理权限的膨胀。"讨价还价"式的不稳定的纵向府际关系存在两大弊端：一是纵向府际关系的不确定性，它导致了地方政府官员的行为逻辑受到纵向府际间博弈结果的影响，而中央掌握了在博弈过程中最为重要的"杀手锏"——组织人事权，这直接决定了地方官员的升迁与否，进而导致了地方政府官员任期的不确定性，使地方政府的行为偏向短期化。[5]二是纵向府际不确定性的游戏规则会随行政权的行使传导到市场与社会。由于稳定的规则具有可预期性，而不断变化的规则将会使行政相对人——市场与社会处于不断的变化与适应过程中，从而降低了整个社会运行的效率。

### （二）纵向府际关系的控制方法

政治控制是纵向府际关系的制度性基础。在中国共产党的组织体系中，组织人事权始终牢牢控制在上级党委手中，这成了约束下级党组织及其成员行为的有力工具。组织工作的"下管一级"制度以及纪律检查工作的"垂直领导"体制在两个向度上对下级党组织及其成员进行了有效约束。而经济激励是纵向府际间关系的操作性手段，由于 GDP 是可量化的数据，其指标可以基于地域划分的方式进行层层分解，这使得每一项 GDP 考核可以明确其唯一的负责人，从而进一步增加了考核的便利性。另外纵向府际在 GDP 考核维度上拥有共同的激励动机，"两本账"[6]体制使纵向府际在工作目标上高度契合，由于下级执行目标的绩效将直接反映为上级的绩效，因此这种体制实质上具有"双重激励"的效应，即一方面促使下级政府完成目标，一方面促使上级政府督促下级政府完成目标，从而在"政治控制"的前提下，实现"经济激励"效果的最大化。

在这里，笔者想重点阐明的是法治管理。当前法治缺失是纵向府际关系的现实性选择。由于我国具有悠久的封建传统与根深蒂固的专制政治文化，"以人治代法治"的思想仍然具有生命力。在纵向府际关系上，法治缺失会导致两个后果：一是纵向府际的"共谋现象"——下级政府在执行来自上级部门的各种指令政策时，常常共谋策划、暗度陈仓，采取"上有政策、下有对策"的手段予以应付，导致了实际执行过程偏离政策初衷的结果。[7] 二是地方公共政策的"变通执行"现象——在制度实施过程中，执行者在未得到制度决定者的正式准许、未改变制度的正式程序的情况下，自行做出改变原制度中的某些部分的决策，从而推行一套经过改变的制度安排。[8] 这些手段从实质上说都是对法律所授予的公权力在行使中的"非法治化"。

党的十一届三中全会以来，中国共产党深刻总结我国社会主义法治建设的成功经验和深刻教训，提出为了保障人民民主，必须加强法治，必须使民主制度化、法律化，把依法治国确定为党领导人民治理国家的基本方略，把依法治国确定为党治国理政的基本方式。十九大报告重申推进全面依法治国总目标是建设中国特色社会主义法治体系、建设社会主义法治国家。可见，我国已经把法治建设摆在了至关重要的位置，处理府级关系，要通过形成完备的法律规范体系、高效的法治实施体系、严密的法治监督体系、有力的法治保障体系、完善的党内法规体系，妥善处理府级关系时，形成良好的政治氛围。

**二、横向府际关系问题**

"竞争"与"协商"（合作）是横向政府间关系的两个关键维度。当前，我国各种生产要素的流动频繁，跨地区的环境保护、区域经济合作事务越来越多。地区政府之间的竞争体现为流动性要素和制度、政策上的具有非公平性、非规范性的博弈性特征。在地区政府合作方面，地区本位主义、尚未建立有效的合作协调机制、财政经费分担、缺乏相关法律与制度的保障等成为地区政府府际合作的重要障碍。

### （一）我国横向府际关系的失序问题

#### 1. 恶性竞争

一定程度的竞争可以促进当地经济的发展，但地方政府竞争如果超过了一定限度，则产生消极作用，其表现为：一是地方保护主义，主要为区域封锁和贸易壁垒，这导致各种要素不能得到有效的流动，加大了市场交易成本。二是产业结构趋同，一些地方政府从个体理性出发，为了自身的福利最大化，盲目上一些暂时利润高的项目，导致各地产业结构严重趋同，出现了"羊毛大战""生猪大战""中药材大战""丝绸大战"等100多种地区"大战"[9]。三是无序竞争，主要表现在土地审批、税收减免等领域，这直接导致整个区域的福利水平下降。为了比其他地方获得更大的竞争优势，地方政府纷纷以远远低于成本的土地价格吸引外商，税收政策也一再突破国家规定的外资优惠政策底线，出现了以"门槛一降再降，成本一减再减，空间一让再让"为主要内容的"让利竞赛"[10]。

#### 2. 合作障碍

改革开放以来，我国地方政府开展了各种形式的合作，但仍存在一些障碍性因素：一是地方保护主义阻碍，地方政府只看到本行政区局部的、短期的利益，看不到整个经济区域整体的、长期的利益。在这种狭隘的思想意识下，地方政府不可能积极主动地开展合作。二是地方政府间合作的组织形式制度化程度相对较低，可以说我国地方政府间合作很多都是靠地方领导人来推动的，一旦地方领导人调动，合作机制很容易被架空，且当前我国地方政府间合作仍停留在各种会议制度与单项合作机制和组织上，一般采用集体磋商的形式，缺乏一系列成熟的、制度化的机制与组织。三是地方政府间合作缺乏相应的法律与制度保障，《中华人民共和国宪法》（1982）第三章第二节第八十九条对国务院的职权做了统一规定，《中华人民共和国地方各级人民代表大会和地方各级人民政府组织法》第四章第五十九条对县级以上的地方各级政府的职权做了统一规定，但这只是规范了各级政府管理其辖区范围内的事务，对于上级机关（或中央政府）在跨区域事务中的角色扮演，地方政府间合作机制的建立、权利与责任的分担等问题，没有做出具体规定。这将会给地方政府间的合作行为带来隐患，如地方的合作权限属于中央或上级政府所有，地方自治权有被剥夺的危险，地方政府注重走上级路线而忽视同级政府间的合作，竭力从上级机关（或中央政府）获得某种优惠政策，等等。

**（二）解决横向府际关系的路径选择**

横向府际治理的路径有以下三个方面的选择。

1. 加快建立地区政府间以契约为基础的"协商机制"

"协商机制"强调政府间的契约式合作，其中最常用的方式之一就是各地区政府之间签订行政协议约束各方行为，实现互惠合作。与此同时，伴随着政府间关系协商机制的迅速发展，与之相应的另一种规则即"论坛规则"应运而生，并且在府际治理中发挥了越来越重要的作用。"论坛规则"是指源于合作意愿，地区政府间在各种会议、论坛上签订的协议、意向书等行政性契约文件[11]。比如，2003 年长三角区域内的上海、南京、杭州等 15 个城市及安徽黄山市签署了《长江三角洲旅游城市合作（杭州）宣言》，2004 年泛珠三角论坛的举行及《泛珠三角区域合作框架协议》的签订，就是地区政府间在尝试一种新的"论坛规则"的效用。

2. 加快建立区域政府联盟机制

区域政府联盟不是行政实体，而是一个类似于邦联的灵活的联合体，成员政府彼此让渡出部分公共权力，制定具有法律效力的制度章程，明确规定职责内容与管辖范围，在共同的事务管理和治理领域内享有唯一的权威性，而在超出此范围外则无权干涉各地区的事务。[12] 建立区域政府联盟是在保留地区自主权的前提下实现功能整合，可以为区域内公共物品和公共服务的科学、合理、有序供给进行协调、合作，实现社会经济资源的整合。目前，在我国有影响力的类似的区域政府联盟主要有"厦漳泉城市联盟""长株潭一体化都市区""中山市城镇组团"以及华东区核心区域的"长三角城市联盟"等。

### 3.加快建立区域行政专区合作机制

这种机制主要借鉴了美国的专区（特区）机制。美国联邦统计局将"特区政府"定义为在州政府的授权下，拥有充分的行政和财政自主权，并行使被指定的职权与功能的机构。设专区主要是为了履行超出各地区政府行政边界的某种功能。各地区政府之间通过协商将各自的全部或者部分区域合并为一个专区，设立独立的区域管理局，是为了解决各地区政府间所遇到的问题——公共事务"外溢"的问题、减轻财务的压力、弥补地区政府服务上的限制。特区政府可以很好地弥补一般政府在某些公共服务上的不足，从而填补了公共服务上产生的空隙。[13]专区的最大优势就是它可以突破现有体制约束，通过区域职能（一般是部分职能）管理方面的一体化，实现规模经济，让该项功能的所有受益者包括在内以减少"搭便车"现象，或者与某项职能的自然边界相吻合。就我国而言，除了借鉴美国行政专区的成功经验外，还要结合自身的实际情况，例如我国许多跨省河流的流域管理，以及特定的跨省的资源管理，都可以采用这种府际治理机制，设立某些公共服务领域的专门区（如长江治理委员会），通过合作和联动，建设具有中国特色的同域职能管理机制和相关体制。

府际治理的目的就是通过调整地区政府之间的关系，促进地区政府由竞争型向合作性型转变，其结果就是使各地区政府通过公平竞争、协同合作、互通有无、相互支援、共同发展，达到"双赢"或"多赢"的最终目的。

### 三、结语

府际关系之间的矛盾不是不可调和的：对于纵向府际关系的失序，可以通过政治控制、经济激励，法治规范等方式解决；对于横向府际关系的问题，可通过政府间"协商机制"、建立区域政府联盟机制和区域行政专区合作机制加以应对。这些方法当中，要高度重视府际关系的法制化建设，把府际关系奠定在法律这一坚固基础上，促进我国府际关系的良性发展。

# 参考文献

[1] 林尚立. 国内政府间关系 [M]. 杭州：浙江人民出版社，1998.

[2] 谢庆奎. 中国政府的府际关系研究 [J]. 北京大学学报，2000，1（37）：26-34.

[3] 陈振明. 公共管理学原理 [M]. 北京：中国人民大学出版社，2006.

[4] 胡象明. 系统性腐败的现实逻辑 [J]. 国家治理，2015（13）：15-18.

[5] 周黎安. 中国地方官员的晋升锦标赛模式研究 [J]. 经济研究，2007（7）36-50.

[6] 陈国权，毛益民. 腐败裂变式扩散：一种社会交换分析 [J]. 浙江大学学报（人文社会科学版），2013（2）：5-13.

[7] 郑永年. 中国的"行为联邦制"：中央—地方关系的变革与动力 [M]. 北京：东方出版社，2013.

[8] 李军杰. 地方政府经济行为短期化的体制性根源 [J]. 宏观经济研究，2005（10）：18-21.

[9]Stiglitz J E. Potential Competition May Reduce Welfare[J].American Economic Review，1981，71（2）：184-189.

[10] 吕政，曹建海. 竞争总是有效率的吗？——兼论过度竞争的理论基础 [J]. 中国社会科学，2000（6）：4-14.

[11] 陈国权，徐碧波. 法治缺失下的制度风险与非市场竞争 [J]. 社会科学战线，2005（3）：176-181.

[12] 薄一波. 若干重大决策与事件的回顾 [M]. 北京：中共党史出版社，2008.

[13] 周雪光. 基层政府间的"共谋现象"——一个政府行为的制度逻辑 [J]. 社会学研究，2008（6）：1-21.

[14] 刘玉照，田青. 新制度是如何落实的？——作为制度变迁新机制的"通变" [J]. 社会学研究，2009（4）：133-156.

[15] 文特森·奥斯特罗姆. 美国联邦主义 [M]. 王建勋，译. 上海：上海三

联书店，2003.

[16] 张紧跟.浅论协调地方政府间横向关系 [J].云南行政学院学报，2003
（2）：62-65.

[17] 车晓蕙，陈钢.招商引资别变成"让利竞赛" [J].瞭望，2003（42）：
46-47.

[18] 严强.公共行政的府际关系研究 [J].江海学刊，2008（5）：98-99.

[19] 刘祖云.政府间关系：合作博弈与府际治理 [J].学海，2007（1）：
86.

[20] 刘文祥，郑翠兰.区域公共管理主体间的核心关系探讨 [J].中国行政
管理，2008（7）：92-93.

[21] 蔡英辉，耿弘.步入法政文明的中国横向府际关系探究——以多元省
部级政府间关系为例 [J].中共浙江省委党校学报，2007（5）：29-33.

[22] 徐宛笑.国内府际关系研究述评：内涵、主体与脉络 [J].武汉理工大
学学报，2015（6）：1118-1122.

# 基层法院民事审判绩效考核机制分析
## ——以莒南县法院为例

卞秀恒 ①

**摘　要：**法院绩效考核制度的设置初衷是对法院工作的成绩效果做出评价，进而将考评结果用于工作反馈、报酬管理、职务调整和工作改进等，并对后续的工作方向、重心起到指引和调整作用。法院内部绩效考核机制及其各项指标的科学合理设置，可以充分调动法院工作人员的积极性，对法院工作的开展起到正向激励、引导、推动作用。但与之相反，如果一些考核指标的设置不科学、不合理，甚至违背客观审判规律，则极有可能对法院工作的正常开展起到负面制约作用。2014年6月6日，中央全面深化改革领导小组第三次会议审议通过《关于司法体制改革试点若干问题的框架意见》，标志着我国司法体制改革的正式启动，法院原有的审判模式也从审判员负责制向员额法官负责制转变，法院原有的业绩考评机制随之也进行了相应的调整和改变。本文以莒南县法院为例，通过将司法改革前后施行的民事审判绩效考核机制进行对比和分析，对绩效考核机制中的一些不科学、不合理因素进行探讨和研究。为摸索、建立、完善一套立足于司法实际，与现行的司法环境相结合，符合审判特点和规律，对法院审判工作的开展起到积极、正向的评价、引导作用，能够充分、有效发挥绩效考核应有的评价、激励、优选作用的考核方案提供一些建议。

**关键词：**绩效考核　设置初衷　价值导向　现实效果　审判规律

　　20世纪90年代，绩效评估作为一种有效的管理工具已经被我国大多数的行政部门所采用。科学有效的绩效评估制度的建立，可以起到良好的评价、

---

①　卞秀恒（1992—），男，山东临沂人，中国海洋大学2016级公共管理专业研究生。

激励作用，对工作的开展起到积极的正向推动作用。但长期以来，数量众多处于审判一线，与基层连接最为紧密、直接的基层法院，始终缺少一套较为科学合理的绩效考核制度，比如以结案率来评价审判效率，以发回重审率来评价审判质量。这种运用单一指标进行考核，简单以某项考核数据作为评价法院工作依据的绩效考核模式是片面、机械的。法院作为代表国家行使审判权的机关，在行使审判权时有着一整套完整、严格的程序，仅仅通过采集审判流程中某个阶段的考核数据，很难对法院工作做出全面的衡量、客观的评价。同时，现行的考核机制中部分考核指标的设置也存在诸多争议，比如上诉率、发回重审率的设置，使依照宪法规定，本应为指导与被指导关系的上下级法院之间的行政色彩越来越浓厚，领导关系加强，下级法院的独立性逐渐丧失，这与宪法规定及 2014 年司法改革独立行使审判权的改革初衷背道而驰。

## 一、基层法院绩效考核制度简介及合理性之初探

2014 年推行的司法改革，一个重要目标就是依法独立行使审判权，在强化法官更加独立行使审判权的同时，改革另外一个重点也放在了明确司法责任及对法官的有效监督上。司法责任的一个重要内容就是对法官的考核。进入 21 世纪以来，强化法官考核一度成为司法改革的重要内容，考核指标种类繁多，考核内容也与法官的评价、升职、工资、责任等相挂钩。现行的考核机制及各类考核指标的设置是否合理，是否能够客观真实反映法官的工作情况，是否又能发挥绩效考核的正面引导、激励的作用，面对新一轮的司法改革，过去的考核模式是否还能够继续使用，不合理的考核指标设置对改革的初衷又会造成怎样的影响，均应是此次司法改革顺利推进、圆满完成所应考虑的几个重要方面。以莒南县法院为例，过去施行的绩效考核指标包括服判息诉率，调解撤诉率，上诉改判、发回重审、再审改判数，审限内结案率，年人均结案数，季度结案率，结案均衡度，涉诉信访案件、卷宗归档率，司法统计数据，司法公开，人民陪审员参审案件率，等等，而这些考核指标的设置，又究竟产生了怎么样的现实效果？以上诉改判率、调解撤诉率这两项

考核指标为例，出于衡量调整法官工作业绩、业务水平、工作质效的考虑，诸多法院包括莒南法院纷纷采用上诉率和改判、发回重审数作为绩效考核的重要指标，这种考核标准在一定程度确实反映了法官的工作质效和专业能力，但这一考核指标的存在，也在很大程度上引导、指引主审法官努力采取调解的方式解决纠纷。调解案件不可以上诉，更加不会存在改判、发回重审的不利局面，但上诉作为我国程序法规定并赋予当事人的一项合法权利，用当事人是否行使该项权利及行使程度高低，作为考核法官工作的标准是否合理确实有待商榷。此次司法改革的重点之一就是去行政化，让审判权独立行使，但改判、发回重审数考核指标的存在，却逐渐加强了法院上下级之间的行政领导关系。根据《中华人民共和国宪法》《中华人民共和国人民法院组织法》的规定，上下级法院是指导监督关系，而非领导关系。仅从上诉改判率、发回重审数这两个考核指标的设置来看，上级法院握有可以考核和评判下级法院工作业绩和成效的重要评价标准，法院的上下级指导关系以及依法独立行使审判权的初衷逐渐被弱化。此外，调解撤诉率这一考核指标的设置，主要目的在于通过大力施行调解，督促争议双方或者达成协议或者主动履行，实现案结事了、服调息诉，以减少判决可能带来的矛盾激化、上诉、执行等问题。这一考核指标存在着一定的合理性的同时，问题也如影随形。司法到底是调解还是裁判？调解有长处也有短处，调解也存在诸多劣势，比如"调解常常会损害弱者与老实人，调解也会存在执行难，调解的非规则性和非程序性，调解也不一定经济等等"[1]。"基层法院作为我们国家基层的审判组织，工作人员占全国法院系统人员的 80% 以上，审判案件的数量占全国审判案件数量大约 80% 以上"[2]。所以本文以基层法院莒南法院为例，分析司法改革前后的绩效考核机制及设置初衷，总结现实效果，分析出现的问题，为研究探讨建立科学合理的法院业绩考评机制提出建议。

---

① 周永坤，《有关司法改革的几个司法理念与实践问题》，载《政治与法律》，2017 年第 1 期。
② 朱建华，《基层法院司法权威的重塑》，载《江苏法制报》，2013 年 8 月 28 日。

## 二、司法改革前后基层法院内部绩效考核指标设置——以莒南法院为例

2017 年为莒南法院按照要求开展司法改革第一年，在此之前的绩效考核对象为法院内部各庭室。司法改革完成后，原有的审判员制转变为员额法官制，在原有的以法庭为考核对象的绩效考核的基础上，另外又制定并实施了一套对员额法官的考核方案，两套考核方案共同施用。因考核方案中的考核指标数量众多，本文主要选取两套考核方案中与民事审判工作相关的主要几项考核指标进行分析，其他如信息调研、队伍建设、额外加减分项等暂不在本文探讨范围内。

### （一）以法庭为考核对象考核方案的部分考核指标

（1）服判息诉率考核，满分为 10 分。该项目值最高的部门记 10 分，其余部门每减少 1% 扣 0.1 分。计算公式：服判息诉率 =（1− 上诉案件数 ÷ 审结案件数）× 100%。

（2）民商事案件调解撤诉率考核，满分为 10 分。该项目值最高的部门记 10 分，其余部门每减少 1% 扣 0.1 分。计算公式：调解撤诉率 = 调解撤诉数 ÷ 审结案件数 × 100%。

（3）上诉改判、发回重审及再审改判案件考核，满分为 15 分。上诉案件或再审案件每有一件相反改判案件扣 2 分；重大改判及发回重审案件每有一件扣 1 分；部分改判案件每有一件扣 0.2 分。

（4）季度结案率考核，满分为 10 分（每季度为 2.5 分）。季度结案率每降低 1% 扣 0.5 分，每季度扣分以 2.5 分为限。季度结案率第一季度为 60%，第二季度为 70%，第三季度为 80%，第四季度为 95%。计算公式：结案率 = 审结案件数（新收结案数 + 旧存结案数）÷ 收案数（新收案件数 + 旧存案件数）× 100%。

（5）涉诉信访案件考核，满分为 5 分。需向县级以上部门（含县委、县人大、县纪委、县政法委等）报告的督查件，每超期报告一件扣 0.5 分，每有一件被县以上部门通报的信访案件扣 1 分，每有一件司法赔偿案件扣 5 分。

## （二）以员额法官为考核对象考核方案的部分考核指标

（1）结案率考核 60 分。部门结案率达到规定标准的员额法官计 30 分，员额法官结案率达到本部门结案率的计 30 分，每超过 1% 加 1 分，每减少 1% 扣 1 分。

（2）服判息诉率，满分为 10 分。达到该审判领域服判息诉率最高值的计 10 分，每减少 10% 扣 1 分。

（3）上诉改判、发回重审及再审改判案件考核，满分为 15 分。上诉案件或再审案件每有一件相反改判的扣 1 分；重大改判（标的与判项改判超过一半）及发回重审案件每有一件扣 0.5 分；部分改判案件每有一件扣 0.2 分。

（4）涉诉信访案件考核，满分为 5 分。需向县级以上部门（含县委、县人大、县纪委、县政法委等）报告的督查件，每超期报告一件扣 0.5 分，每有一件被县以上部门通报的信访案件扣 1 分，每有一件司法赔偿案件扣 5 分。

### 三、司法改革前后部分绩效考核指标合理性及其现实效果总结分析

对司法改革后以法庭为考核对象及以员额法官为考核对象的两套考核方案做了分析和对比，下面将对部分考核指标进行分析和研究。

1. 服判息诉率

从该项指标计算方式来看，上诉案件数作为分子，其数量的变化较之分母（审结案件数）的变化对该指标变化幅度影响更大。审判员 A 全年审结案件 100 起，上诉 1 起，审判员 B 全面审结案件 190 起，上诉 2 起，则审判员 B 全年审结 190 件案件反而不如全年审理 100 起案件的 A，这就造成了干多不如干少，干多了反而可能不讨好现象的出现。这个考核指标的设立，在督促承办法官提升审判质量、专业素质的同时，显然也对承办法官勇挑担、多办案是一种负面引导。同时，上诉权为当事人的一项正当权利，把这项正当权利的是否被行使，作为衡量评价承办法官工作质量的指标，缺乏合理必然的逻辑关系。

### 2. 调解撤诉率

调解撤诉率设置的初衷，在于通过大力施行调解，督促争议双方或者达成协议或者主动履行，以减少判决可能带来的后续问题。以司法调解为例，司法调解在我国有着悠久的历史，1949 年天津将司法调解作为民事诉讼的前置条件，后来，随着改革开放，案件激增，最高人民法院、中央政法委对司法调解几次遏制与推动，对于调解，目前又形成了进一步强化调解、建立大调解体系的方针，各地也随之采取各种方法强化司法调解，其中就包括将高调解率作为法官考核的政绩，但这是否会对诉讼法的调解自愿原则造成一定的冲击？面对汹涌而来的诉愿和执行难、面对维稳的压力，无视调解的短处，将调解作为解决问题的关键，选择性忽略了调解的诸多劣势，比如上文提到的调解常常会损害弱者与老实人，调解也会存在执行难，调解的非规则性和非程序性，调解也不一定经济，等等，显然与调解的设置初衷相违背。

### 3. 上诉改判、发回重审及再审改判案件考核

该项指标的设置，目的在于督促引导下级法院提升保证审判质量。该项考核指标一定程度上促进了下级法院提升审判质量，但也带来许多问题。《中华人民共和国民事诉讼法》第一百七十条规定"……（三）原判决认定基本事实不清的，裁定撤销原判决，发回原审人民法院重审，或者查清事实后改判……"这项规定赋予了二审法院极大的自由裁量权。仅从民事审判角度分析，进入二审程序的民事案件通常来说相对复杂和困难，双方当事人情绪矛盾较为激化，容易成为一个个"烫手山芋"，当前日益增多的案件数量也使法官感觉越来越难以为继。此外，在当前维稳高压之下，出于维稳的考虑，无论是法院还是法官都不愿意轻易受理一些可能引起重大社会影响或者当事人矛盾容易激化、容易上访、"闹事"的案件，而二审案件恰恰是这类案件的高发区。二审法官们对此类"高危"案件也是唯恐避之不及，出于这方面考虑，同时为了减少案件的积压，提升个人的结案率，某些二审法官就会倾向于把案件简单"踢"回一审法院了事。所以因事实不清，被上级法院发回重审的情况越来越多、屡见不鲜。与此同时，该项指标的设置，把上级法院

对上诉案件的审核作为评价下级法院工作成绩的一项指标，在一定程度上也在加强上下级法院的领导关系，这与本次司法改革主张的法院去行政化要求背道而驰。与上文分析的服判息诉率考核指标设置暴露的弊端相同，该项数据除了与业务水平高低、审判质量好坏等因素有关之外，办案越多的法官，出现改判或者发回重审的数量可能越多，该项得分就越低。

### 4. 结案率考核

该项考核指标的设置，目的在于督促承办法官提升工作效率，防止出现久拖不决、久拖不判的情况。其算法为一定期限的结案数除以该期限内的总收案数。结案率越高，得分越高。这就造成一个问题，按照民事诉讼法规定，被告自接到起诉状、开庭传票、应诉通知书等手续后，享有15天法定答辩期。也就是说，按照正常的程序，即使当天立案，然后立即给被告送达开庭手续，没有在途时间消耗，也不会出现因未找到或者无法送达被告所以需要延期甚至公告等情形时，最快也只能在15天以后方可开庭，这是最理想情形。但审判实际是，法院直接向数量众多、居住地各异甚至外地的被告直接送达开庭手续极不现实，一般通过法院专递的方式向被告邮寄送交开庭手续，当出现未能送达被退回情形，法院才采取直接送达的情况。所以这就造成自立案后，必然需要超过15天才有可能结案的实际情况。只有被告自愿放弃答辩期、双方自愿调解、原告撤诉等情形可以不受该限制，但此几种情形属于特殊情况，数量较少。这就造成了基层法院各业务庭室在各结案率考核日期临近前一段时间，被迫停止立案，以保证结案率达到要求。这显然与目前施行的立案登记制存在冲突与违背。

### 5. 涉诉信访案件考核

自2012年"全力维稳""维稳第一"这样的口号开始出现，"维稳第一"在司法中逐渐被具体化为法官和法院的"息诉"任务，这在民事审判领域体现为，部分矛盾尖锐可能引起上访、信访、群体性事件等维稳压力的民事诉讼逐渐变成"和稀泥"，诉讼的正义含金量也随之降低。虽近年来公平正义正日益受到重视，但涉诉信访案件考核指标的设置，仍然体现出"维稳"思想影响着司法这个不争的事实。上文也提到，面临维稳压力，上级法院面对可能触发重大社会影响或者当事人容易上访、"闹事"的案件时，很多时候也选择了以事实不清为理由，发回下级法院重审，将矛盾转移。

## 四、结语

绩效考核作为一种评价激励机制，其存在有其应有道理，但法院工作性质决定了法院有一套特有的运行程序并遵守着一定的审判规律，绩效考核中考核指标的设置如果能够做到科学、合理，符合审判规律，就可以发挥绩效考核应有的评价、指引作用，促使法官不断提高审判质效，提升自身的法律专业素养。但如果绩效考核指标的设置片面、机械，割裂了法院工作与工作实际，则在绩效考核机制指引下，法官作为理性经济人自觉或者不自觉会以考核排名作为工作方向、路线指引，而不是坚持以公平正义、客观中立作为价值导向。

# 参考文献

[1] 孙晓梁.论法院业绩考评制度——以刑事诉讼为视角 [D].济南：山东大学，2016.

[2] 沈彬.法院考核当走出"数字化陷阱"[N].深圳特区报，2015-01-05（A02）.

[3] 李福清.法院绩效考核机制之反思与重构 [J].东南司法评论，2015：73-83.

[4] 李拥军.司法改革中的体制性冲突及其解决路径 [J].法商研究，2017（2）：15-25.

[5] 周永坤.有关司法改革方向的几个司法理念与实践问题 [J].政治与法律，2017（1）：2-13.

[6] 沈明磊，谢新竹，王成.司法改革的价值向度——民本视阈下司法改革进路之分析 [J].法学，2011（4）：51-57.

[7] 仇剑科. 基层法院绩效考核制度的局限与完善——以最高人民法院案件质量评估体系为视角 [D]. 呼和浩特：内蒙古大学，2014.

[8] 傅爱竹. 被缚的法官：规训的逻辑与法官绩效考核制度之反思 [D]. 长春：吉林大学，2014.

[9] 孙宪忠. "调撤率"不宜作为法院绩效考核指标 [N]. 中国社会科学报，2013-4-10（A07）.

# 税收共治格局下大数据在地税系统的应用与实践

曹 乐[①]

**摘 要：** 税收共治是税收治理现代化的重要途径，同时税收现代化也是国家治理体系和治理能力现代化的重要组成部分。大数据时代，如何利用大数据助力税收现代化、服务国家治理是当前税收领域关注的焦点。本文通过青岛地税系统的应用和实践，围绕大数据在对地税系统中的重要意义、应用现状、面临的挑战和措施建议等四方面展开讨论，以期为推动税收工作转型升级、更好地服务经济社会发展、加快实现国家治理体系和治理能力现代化提供借鉴和参考。

**关键词：** 大数据　税收共治　风险管理　国家治理

随着大数据、云计算等新技术手段与社会经济领域深度融合，当前，数据已成为国家基础性战略资源。运用大数据推动经济发展、完善社会治理、提升政府服务和监管能力正成为趋势。对税务部门而言，税收大数据十分庞大，涉税信息深度利用在税收管理中的作用日益突出。深入挖掘大数据的"金山银库"，让数据发声，让数据增值，具有重要的现实意义。

## 一、税收共治格局下大数据应用的背景及意义

在我国长期的治税实践中，税务机关往往"孤军奋战""单打独斗"，几乎担负了治税的全部职责，而其他社会主体则很少参与其中。随着我国社会经济的快速发展，治税问题日趋广泛和复杂，治税的难度和成本也急剧增

---

① 曹乐（1990—），男，陕西渭南人，中国海洋大学 2016 级公共管理专业研究生。

加。在此情况下，税务机关"单打独斗"和"孤军奋战"的传统治税格局已难以为继，加强税收征管、降低征税成本和强化纳税意识迫在眉睫。为走出面临的困境，很多地方开展了协税护税或综合治税等税收保障工作，但这些工作尚难以构建一个良好的税收共治格局。我国亟待构建全社会共同参与治税的新格局，以优化税收环境和强化全社会诚信纳税意识。2015 年 12 月，中共中央办公厅、国务院办公厅公布了《深化国税、地税征管体制改革方案》，推进建立健全"党政领导、税务主责、部门合作、社会协同、公众参与"的税收共治格局。首次将"构建税收共治格局"作为深化国税、地税征管体制改革的主要任务之一，以"着力解决税收环境不够优、全社会诚信纳税意识不够强等问题"。

当前，数据已成为现代税收治理的核心资源，是税收科学决策和现代化的基础。大数据从四个层面推进税收治理现代化：在服务层面，大数据助推纳税服务的个性化；在操作层面，大数据助推风险管理的精准化；在管理层面，大数据助推内部管理的智能化；在决策层面，大数据助推税收决策的科学化。而大数据的利用为税收共治局面的构建创造了条件。一是大数据的应用能够发现传统征管技术难以展现的关联关系，从整体上提升税务部门的数据分析能力，让"用数据说话、用数据决策、用数据管理、用数据创新"的税收管理机制成为可能。二是大力推动了政府部门间的数据共享，使政府积极构建统一的数据开放共享平台，为政府各部门积极参与税收治理、构建税收共治格局创造了新机遇。

## 二、大数据在地税系统中的应用现状——以青岛地税为例

### （一）完善配套法律政策

2014 年 3 月 1 日，青岛市颁布了《青岛市税收征收协助条例》（以下简称《条例》），奠定了第三方信息工作的法律基础，加快了涉税数据信息获取工作的法制化进程。《条例》颁布以来，累计采集各部门涉税信息 2591 万条，经过对信息开展比对分析和调查核实，累计推送第三方任务 23 982 条，新增税收总额 104.68 亿元，占同期税收收入总额的 4.6%。同时建立涉税信息采

集目录制度。青岛地税与市财源办、国税局等部门于 2014 年联合制定发布了《涉税信息采集目录》，并根据经济税源的发展变化，每年进行动态调整，明确涉税数据的内容、方式、标准和提供时限，确保信息采集的完整性和有效性。

### （二）健全信息共享机制

依托《条例》，青岛市确立了"政府领导、财税主管、部门配合、社会参与、司法保障、信息化支撑"的社会综合治税保障体系。市政府将财源建设工作领导小组成员单位扩增至 33 个，涵盖了市直主要综合经济部门和中央（省）驻青相关单位。青岛地税主动作为，推动市政府及其职能部门研究出台了关于加强税源管理、建立协税护税机制的各项配套制度，并向地铁施工、新机场建设、法院财产拍卖等方面延伸，构筑起较为严密的税源管理网络。先后与工商、法院、国土等部门建立起协税护税机制，通过对零散税源实行委托代征、对易流失税源实行征收协助，强化了税收的源头管控，努力做到应收尽收。

### （三）升级财源信息管理平台

2017 年青岛地税联合国税、财政等有关部门搭建了新的财源信息管理平台并组织开展升级扩围，推进涉税数据信息的互通与共享，实现 15 个单位 49 项信息的互联互通和 16 个单位 34 项信息的模板报送，通过新平台实现各部门信息集成，破解信息孤岛困局，提升数据价值，将原先分散于各部门中的涉税数据统一整合到一套平台当中，为及时、准确、全面获取第三方涉税信息奠定了强大的平台支撑，同时也为深度利用税收数据完成重要的前期准备。

### （四）挖掘税收数据潜在价值

通过大数据智能技术的应用，提升智能化水平，为大数据的深度挖掘和风险管理水平的提高提供技术支撑。一是通过大数据信息智能采集技术，实现各部门各类信息的智能采集、安全存储；二是通过大数据信息智能管理技术，加强涉税信息报送管理，实现对信息质量实时把控；三是通过大数据信息智能聚合技术，实现对来源不一、口径不一的各类数据进行分类聚合；四是通过大数据智能信息分析技术，实现对海量数据的智能分析，融入风险管理。

### 三、大数据在地税系统应用中面临的挑战

#### （一）相关法律政策支撑不够充分

国家层面尚未出台税收保障办法和条例，对涉税部门和单位提供涉税信息的责任义务做出明确规定，造成税务部门信息获取缺乏有力抓手。同时，国税总局层面未建立统一的信息共享平台，依靠各地税务机关点对点的信息采集，无法实现对企业进行全方位、多层次的税源监控。

#### （二）数据信息获取渠道不够畅通

一是法律法规制度不够健全，虽然颁布了《青岛市税收征收协助条例》，但对于相关部门和单位的约束力不够，造成相关部门和单位积极性不高，同时业务部门不清楚哪些数据可以跨部门共享和向公众开放。多数部门抱着"多一事不如少一事"的心态，也就难以形成积极主动的数据开放共享环境。二是不愿意共享开放，政府部门各自为政，把拥有的数据当成自己独有的资源。一些部门难以看到数据开放共享给政府治理能力提升带来的好处，要么是不愿意放弃部门利益，要么是担心数据开放共享后会暴露自身的弱点，也就难以积极主动地对数据进行开放和共享。同时，部分部门和单位出于部门利益、数据安全等原因，对于提供第三方涉税信息的主观意愿不够，有的敷衍了事、消极对待，有的以国务院、部委的文件为依据，予以拒绝或不配合，造成涉税数据信息获取工作难以顺利开展。

#### （三）外部信息质量不够达标

目前地税部门采集信息数量虽然多但是信息质量较差，字段缺失现象严重，而且往往是关键字段未提供。这种情况一方面是由于政府部门之间的信息化水平层次不齐、信息化水平程度不一，少数部门无法实现前置机抓取信息，仅能实现模板报送，影响数据质量；另一方面，部分部门和单位采用各自的编码方式来标识管理对象，数据类型和口径千差万别，与税务部门存在

较大差异，导致税务部门无法识别使用，严重制约着第三方信息采集的质效。

### （四）大数据人才队伍建设有待提升

由于现有人才管理机制受到一定限制，税收大数据人才队伍还难以适应新形势下税收征管现代化的需求，其突出表现在以下几个方面：一是人才观念和人才意识还有待强化。人才工作机制、激励机制缺少创新，人才的流动不够畅通。重使用、轻培养，重学历、轻能力的观念在一定范围还存在。二是人才管理机制不健全。大数据人才是一种高层次人才，现有体制在人才聘任、绩效考核和薪酬管理方面限制了大数据分析人才的引进。

### 四、提升大数据在地税系统应用水平的措施建议

#### （一）夯实法制基础

在总局层面，应加强信息共享顶层设计，推动人大和国务院出台税收保障办法和条例等法律法规，对政府部门间信息的互联互通、信息标准和应用做出统一规定。与此同时，修订完善《中华人民共和国税收征管法》及其实施细则，细化各部门第三方涉税信息交换的权利和义务，明确相关法律责任，增强第三方数据信息交换工作的可操作性，为数据共享铺平道路，逐步形成覆盖各层级的立体化法制保障格局。

#### （二）与征管体制改革相融合

2015 年，中共中央办公厅、国务院办公厅印发了《深化国税、地税征管体制改革方案》，明确提到："以营造良好环境为重点，统筹税务部门与涉税各方力量，构建税收共治格局，形成全社会协税护税、综合治税的强大合力；建立健全党政领导、税务主责、部门合作、社会协作、公共参与的税收共治格局。"税务部门应以征管体制改革精神为导向，加快推进涉税信息共享工作，将推进涉税信息共享作为全面贯彻落实征管体制改革、建设现代税收征管体系的重要内容，借助政府和社会各界力量，强化部门协作，大力推进信息共享，加快第三方涉税信息获取进程。

#### （三）与政务信息共享相融合

2016 年，国务院下发了《政务信息资源共享管理暂行办法》提出了"以

信息共享为原则，以不共享为例外"的工作原则。青岛市也发布了《青岛市进一步深化国家政务信息资源目录编制试点工作实施方案》。青岛地税应以此为契机，积极作为，主动对接，大力推进与各级各部门的沟通配合，将财源信息管理平台与政务信息资源平台深度对接，全面获取涉税信息，加快促进涉税信息资源整合、共享和增值利用。同时，加强综合协调，明确责任分工，细化工作措施，完善激励约束办法，凝心聚力，统筹推进综合治税工作。进一步加强与有关职能部门的对接，对因政策调整和部门职能变化产生的新问题、新信息及时予以协调解决，提高涉税信息匹配程度。

### （四）提高数据智能化处理能力

充分依托大数据、云计算等先进技术，建立数据采集、清洗、归集、存储、分析、利用的外部数据处理流程。一是运用信息感知技术，识别有用的第三方数据信息，并转换为可利用的数据格式；二是运用信息安全技术，实现涉税信息在不同层级、不同部门之间的可靠传递，保障信息的合法使用和安全高效的身份认证与授权，严格遵守保密规定，确保第三方信息不被用于除税收征管工作外的其他领域；三是运用数据挖掘技术，开展对第三方涉税信息的关联分析、聚类分析、偏差分析等，提高信息利用率。实现信息自动采集、自动比对、自动预警功能，将第三方信息的应用贯穿于税收征管全过程，智能应用于税收分析、税源管理、纳税辅导、纳税评估和稽查等各项征管工作，充分发挥第三方涉税信息的作用和价值。

### （五）创新大数据人才体制机制

大数据人才是实现税收共治的核心，也是基本保障。为此，一是要牢固树立人才资源是第一资源的理念，坚持人才兴税。要把税收大数据人才队伍建设放在更加突出的位置。二是要大力推进人才工作体制和机制创新，坚持外引和内育并重的人才战略。对外创新体制机制，把优秀的人才引进来；对内继续实施全国税收领军人才建设，把有潜力的人才尤其是青年培养起来。三是要构建宽松的税收大数据人才成才环境，让优秀的人才脱颖而出，共同打造复合型的大数据专业人才，为税收大数据分析提供人才保障。

# 参考文献

[1] 王长林. 税收大数据服务国家治理的路径和措施研究 [J]. 税务研究，2017（10）：98-101.

[2] 余静. 大数据背景下推进税收治理的探索 [J]. 税务研究，2015（10）：21-24.

[3] 李万甫，黄立新. 构建"互联网＋税收大数据应用"机制的思考 [J]. 税务研究，2016（7）：45-48.

[4] 孙存一，谭荣华."互联网＋税务"推动税收大数据分析的路径选择 [J]. 税务研究，2017（3）：9-13.

# 户籍电子地图应用对税源管理的作用和意义的探讨

陈筠之 [①]

**摘　要：**随着微观经济实体的变化和宏观经济发展的变革，税源呈现多元化、复杂化的特点，对传统税源管理模式提出了挑战。大数据时代的到来促使税源管理走上"互联网+"的新模式，要求税收工作也要有现代化视角。户籍电子地图正是对新常态下税源管理难题的探讨，利用手机软件平台和政府网格化管理结构，创新出税源管理新模式，在保障税款征收、提升征管质效方面有重要意义。

**关键词：**户籍电子地图　税源管理　征管质效

## 一、税源管理的现状

税务部门进行的税前监控、税中征收、税后稽查等行为称为税源管理。税源管理是税收课征链条的出发点和立足点，包含除了税收立法之外的整个税收分配过程的全部工作，其重点在组织税款入库并开展与之相关的所有工作，受到经济发展总量、现行税收制度、税收征管体系和执法水平、外部信息等复杂因素的影响。伴随着宏观经济发展步入新常态，包括全面营改增、开征资源税等内容的新一轮财税体制改革进程不断深化推进，社会经济结构和产业结构发生深刻变化，经济税源呈现出多元化、复杂化的特征，对传统的税源管理模式提出了新的问题和挑战。特别是全面推开营改增试点以来，基层国税机关面对着纳税人数量大幅增加、需求不断增长的客观现状，在征

---

① 　陈筠之（1989—），女，山东青岛人，中国海洋大学 2016 级公共管理专业研究生。

管资源难以在短时间内大量扩充的现实条件下，"人少户多"的矛盾日益突出，传统的"人盯户"式管理模式已不能适应当前信息化、专业化的税源管理工作需求。纳税人户籍管理工作是税收征管的基础工作，当前纳税人户籍管理工作存在着基础信息不准确、不真实、更新难的问题，使税务机关对企业的经营情况难以及时掌握，导致企业虚开发票走逃、欠税走逃等情况时有发生，造成税收流失，给税收管理带来不利影响。

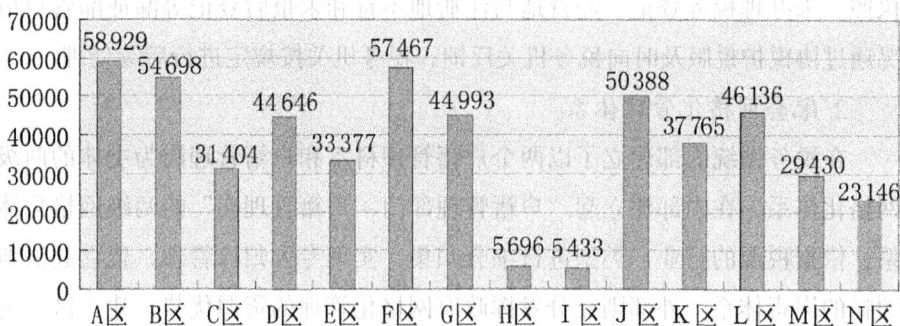

图 1　我市税源分布情况

以我市 A 区为例，本区楼宇经济发达，业态最为丰富多样，集中办公区高度密集，第三产业规模最大，个体工商户数量最多，全面推开营改增试点后，涉及四大行业营改增纳税人 3 万余户，约占全市税源总量的 11%，税源管理岗人均控管近 5000 户纳税人，户数总量与人均管户数均居全市前列。与税源数量激增同步而来的，是税源管理需求增长与有限征管资源之间的矛盾日益凸显，税收工作面临着征税难、监管难、增收难的巨大压力。

**二、户籍电子地图应用情况**

1. 移动平台应用软件

户籍电子地图软件开发应用以 GIS 地理信息系统、大数据分析为支撑，在手机终端全景式展现纳税人户籍分布状况，实现户籍信息实时采集和拍照上传归档、户籍管理任务推送、纳税人风险提醒等功能，为实现税源信息的真实性、准确性和精细化管理提供了便捷有力的工具。实现了"外部两类应用、

内部一个支撑"："两类应用"是指税务人员版、协税护税人员版两个 APP
版本，"一个支撑"是连接大数据应用中心实现信息集合。税务机关户籍管
理人员定期向协税员推送实地核实新办及变更登记企业的待办事项，发现企
业走逃等相关疑点信息的，也可以及时推送给协税员。协税员接到信息后根
据电子地图的指引进行核实。街道办事处可通过协税护税版软件随时查询本
辖区的户籍管理、税收收入变化情况，组织进行定期核查，对于未办理营业
执照、未办理税务登记、经营地与注册地不符和未报验登记等漏征漏管户情
况通过协税护税版及时向税务机关反馈，税务机关按规定进行后续处理。

2. 配套网格化管理体系

在税务系统内部建立了以两个户籍管理科室和户籍管理岗为主体的两级
网格化体系，在内部建立起"户籍管理部门＋户籍管理岗"的两级网格化体
系，依据税源的行业、类型进行细分归集，实现专人归口管理，建立起清晰
顺畅的岗责体系。外部则充分发挥政府网格化管理的资源优势，建立区、街
道办和社区三级网格化协税护税组织机构：每个社区为一个基本的网格，设
立一名以上的协税员；每个街道办事处形成二级网格，由各街道办事处协税
护税办公室负责统一进行调度。目前街道办事处的网格化管理具有三大优势：
一是全面，通过网格化的全覆盖，可以保证税源没有遗漏；二是及时，通过
网格管理员的定期巡查，可以及时发现税源的变化；三是精准，网格管理员
在纳税人的生产经营场所现场掌握第一手资料，可以保证税源信息的准确无
误。这些优势恰好弥补了目前户籍管理的短板。协税员在税务机关的指导下，
使用协税护税版手机户籍地图软件，及时做好本辖区范围内的户籍巡查工作，
完成税务干部推送的新开业户、变更户以及非正常户实地核查任务。同时，
组织开展漏征漏管户排查，及时发现、掌握最新税源情况，对特殊情况的企
业通过户籍地图软件上报税务机关，后期予以跟进应对，确保本辖区税源不
发生流失。

截至目前，户籍电子地图已覆盖 A 区 10 个街道办事处、63 个社区，总
计动员 170 余名协税人员。

### 三、户籍电子地图的优点及对税源管理的意义

经过前期的试点推广和不断完善优化，户籍电子地图在夯实基础税源管理方面显示出全新的特点和优势——全面、精准、及时。全面，是指通过发挥政府主导作用，建立起财政、国税、地税、街道办、社区等多部门密切沟通、相互补位的协作机制，有效调动多方力量，全面消除征管死角。精准，是指依托移动互联网应用平台，发挥大数据优势，借助社会化协作机制，准确定位税源，实体信息与系统数据相互印证，精确核实企业基本信息，有效提升税源管理精细化水平。及时，是指强化过程管理，借助社会协税护税力量，对企业经营、变化情况进行全过程监控，第一时间掌握税源变化趋势，以实时的信息数据交互提升税收征管基础信息的时效性和准确性，实现"线上数据多跑路，线下工作人员少跑腿"，最大限度降低征管成本。

#### （一）提高税收执法效率

户籍电子地图将税收执法和网格化管理相结合，相当于增加了税收征管力量，提高了税源管理检查效率。通过线上信息收集传递，减少入户走访和实地核查的次数，提高了税源信息收集和分析效率。充分发挥区政府网格化管理的资源优势，将税务机关户籍管理人员从繁重的日常事务性工作解放出来，将更多的征管资源投入风险管理等专业性工作。

#### （二）快速掌握税源变动情况

充分利用互联网传递方便、快捷的优势，随时掌握辖区内户籍情况，加强税源管理，能及时监控和查询辖区内任一涉税信息，实现户籍管理的定位、查询、监控和预警，最大限度减少漏征漏管户。运用户籍电子地图收集信息相当于对各辖区内纳税人实时进行摸底排查，掌握其经营情况，运行至今，经核实新办及变更企业信息 1000 余户次，经纬度匹配 200 余户次，通过户籍电子地图收集到街道办事处反馈的漏管户 1 户，追缴相关税款。

#### （三）协助社区日常管理等工作

户籍电子地图信息收集和反馈的强大功能，给街道、社区的各位提供了极大的便利：一是利用这款软件，协税人员可以直观地了解本辖区内的企业

经营、税源分布情况，随时随地掌握本辖区内税源的增减、变动情况；二是利用这款软件提供的相关涉税信息，结合协税人员对本辖区的充分了解掌握，可以及时发现税源、扩展税源，保障税源不流失，为区财政收入的增长提供保证；三是在基于各位街道、社区协税人员对本辖区情况充分掌握、了解的基础上，可以为税务机关打击税收违法犯罪行为提供线索支持，减少相关涉税案件的发生，保证国家税收收入不遭受损失。

### 四、推行过程中存在的困境和前景

#### （一）设备保障问题亟待解决

户籍电子地图 APP 作为一款新兴的协税护税软件，目前仅适用于安卓 4.2 以上系统的智能手机。在实际应用推广的过程之中，部分协税人员使用的手机不符合该软件的要求，因此出现了一些无法安装、无法注册、安装注册后无法正常使用的问题。为使该软件能顺利推广并普及使用，急需出台统一的规划措施，统一下拨专项财政经费，从硬件设备层面提供保障支撑。

#### （二）软件应用范围有待拓展

目前，户籍电子地图 APP 作为一款为加强户籍协助管理、保障税收收入而开发使用的软件，应用范围暂时限于税务机关户籍管理部门，主要用于解决企业提供的基础信息不准确、不真实，企业生产经营情况发生变化变更不及时的问题。而实际上，户籍电子地图作为目前已有效利用起来的户籍协助管理平台，不应仅仅停留在税源的户籍管理表面，更应将税源管理工作纵向挖深，及时加以改进优化，发挥更大作用。把纳税人的地理信息与大数据信息对接整合，建立一个真正全面的、空间立体化的税收查询、统计分析、监控综合软件，使全市各个地段的每个纳税人的涉税信息在电子地图中能够一目了然。可重点研究以下几项功能的研发：

一是重点工程模块。建安房地产行业因为分包公司众多，企业鱼龙混杂，异地施工情况较多，工程结束无处追缴税款，所以始终是漏征漏管问题的重灾区。将电子地图向房地产业推进，进一步发挥其优势特点，将有效解决建安房产业征收难问题。开发重点工程模块，充分借助社会协税护税力量，将辖区内在建工程进行信息补充和关联。市政工程类可涉及建筑企业、外包施工单位、项目备案、外管证开具核销和税款预缴等基本情况。房地产楼盘可涉及建设单位、开发商、项目规模、销售进度、项目备案和税款预缴等基本情况。以项目抓税源，堵塞征管漏洞。

二是实行分级分类管理。可以将纳税人生产规模、性质和信用等级引入户籍地图查询模块，根据不同情况进行科学的分类分级管理。在紧抓重点税源这一关键少数的同时，对增值税一般纳税人实行"户管"，对小规模纳税人实行"片管"，促进源头控管。对信用等级良好的企业，侧重于信息的变更和更新，而对于纳税信用等级 D 级以下的企业则要进行重点防控，防止其成为走逃户和非正常户。

### （三）信息互通共享需要加强

一方面，户籍电子地图 APP 目前的使用群体主要是税务机关工作人员和街道、社区的协税人员，软件所涉及的纳税人信息仅包括税务机关掌握的纳税人涉税信息和街道、社区的协税人员反馈的纳税人漏征漏管信息；另一方面，当前户籍电子地图作为手机"税税通"的延伸部分，只能通过手机使用操作，税务人员无法通过计算机直接登录或查阅户籍电子地图系统，在内网的工作环境也无法直接使用户籍电子地图信息，户籍电子地图并未实现与金税三期、大数据系统的全面对接，仅能将税务登记、违法违章等部分信息单向导入，同时无法直接进行数据反馈，大数据系统和户籍地图的优势没有得到充分发挥。针对上述问题，应该加强与地税、财政、银行、海关等部门的合作，对该软件的功能进行改进和完善。一方面拓展该软件的使用群体，实现全方位的社会参与；另一方面也应将户籍电子地图与其他部门已有的电子地图系统进行共享整合，例如地税征收管理地理信息系统、财政局出租房屋管理系统。统合多方数据，降低孤岛效应，使之成为一个更全面、更及时、更精准的信息交流平台，加强信息的共享，保障对纳税人的各种情形能及时跟踪、应对，从而真正地发挥"互联网 +"的优势，实现"多方协税谋共治"的集成效应。

# 参考文献

[1] 国家税务总局关于开展 2017 年"便民办税春风行动"的意见 [EB/OL].（2018-05-08）[2018-05-10].http：//www.bjcz.gov.cn/zwxx/yshj/t 20180508_911562.htm.

[2] 丁一. 纳税人权利研究 [M]. 北京：中国社会科学出版社，2013.

[3] [ 日 ] 北野弘久. 税法学原论（第四版）[M]. 陈刚，等译. 北京：中国检察出版社，2001.

# 地方政府环境公共服务能力提升研究

迟晓伟①

**摘　要：**加强环境公共服务建设，是社会公众对地方政府环境公共服务能力提出的更高要求。当前，我国地方政府环境公共服务供给中存在着供给主体单一、社会参与程度低、缺乏完善的监督评价机制等问题。地方政府应合理界定服务范围，准确定位自身角色，构建多方合作的多元化、多样化的环境公共服务供给体制，以及公众和非政府组织积极参与下的更加完善的环境公共服务监督评价机制，以满足社会公众日益增长的环境公共服务需求。

**关键词：**地方政府　环境公共服务　能力提升

党的十九大报告全面阐述了加快生态文明体制改革、推进绿色发展、建设美丽中国的战略部署。同时明确指出，我们要建设的现代化是人与自然和谐共生的现代化，既要创造更多物质财富和精神财富以满足人民日益增长的美好生活需要，也要提供更多优质生态产品以满足人民日益增长的优美生态环境需要。这从国家层面对地方政府环境公共服务能力提出了更高的要求。本文在已有研究的基础上，根据当前地方政府环境公共服务现状，剖析存在的问题，找出地方政府环境公共服务能力提升的有效途径。

## 一、环境公共服务的概念及特征

### （一）环境公共服务的概念

公共服务，指传统上一般由政府负责向社会公众提供的各种公共物品，包括教育、安全、文化、卫生、交通、环保等类型，公共服务旨在为社会公众参与社会经济、政治、文化活动等提供保障[1]。环境公共服务是各类公共服

---

①　迟晓伟（1989—），女，山东青岛人，中国海洋大学 2016 级公共管理专业研究生。

务中具有代表性的一类，具有公共物品的非竞争性和非排他性特征。这两种特征决定了环境公共服务的社会公益属性，所以，传统观念往往片面认为环境公共服务的供给主体只能是政府部门，这种理念也是导致当前地方政府环境公共服务能力不强的原因之一。

**（二）环境公共服务的特征**

**1. 非竞争性和非排他性**

非竞争性是指该产品被提供出来以后，增加一个消费者不会减少任何一个人对该产品的消费数量和质量，其他人消费该产品的额外成本为零，换句话说，增加消费者的边际成本为零。非排他性是指只要某一社会存在公共产品，就不能排斥该社会任何人消费该种产品，从而任一消费者都可以免费消费公共产品。环境公共服务属于公共物品之一，具备公共物品这两大特征。

**2. 公众关注程度高**

与其他公共服务相比，环境公共服务和公众的身体健康直接相关，因此受到公众更高程度的关注。随着社会经济水平的不断提升，公众的环保意识日益增强，对地方政府提供的环境公共服务要求也逐渐提高，不仅仅只停留在对已经发生的污染予以治理的层面，更加关注环境污染的预防，"金山银山"不再只是百姓关注的唯一，对"绿水青山"的追求，也逐渐成为人民群众的广泛共识。这些都对地方政府环境公共服务能力提出更高要求。

**3. 涉及面广，情况复杂**

环境公共服务涉及面广，水、空气、土壤、垃圾等等都是其中之一，而且各类别存在交叉污染，情况复杂，处理难度大。以垃圾处理为例，需要通过专业处理设施，通过粉碎、焚烧等手段进行处理，一旦处理过程不能按照标准要求进行，又会造成水、空气、土壤等的二次污染。

**4. 跨区域特征加大难度**

长期以来，我国实行的都是严格按照行政区域划分的管理体制，各行政区各自为政、条块分割的管理模式导致跨区域公共事务治理往往缺乏效率，流于形式。就环境公共服务而言，地方政府间存在着严重的地方保护主义思想，加之环境管理体制、协调机制、政策、法律法规等方面的缺失，导致了地方政府在面对跨区域环境问题时往往缺乏足够的环境公共服务供给动力。

## 二、地方政府环境公共服务现状及存在的问题

### 1. 供给主体单一，无法满足日益多样的环境公共服务需求

我国地方政府环境公共服务供给模式体现为一种中心单一、自上而下的政府主导模式。地方政府作为该区域内环境公共服务的主要供给主体，承担着环境公共服务的绝大部分职责。但是随着公众对环境公共服务的要求日益提升，地方政府想要满足公众日益增长的环境公共服务需求就必须投入更多的人力、物力、财力，环境基础设施建设所需资金投入越来越大，地方政府，特别是中西部很多经济发展程度不高的县、乡政府，其有限的财力物力就显得有些捉襟见肘了。与此同时，环境公共服务所需的专业技术要求也越来越高，需要更多精通环境技术的专业人才，而地方政府机构编制有限，很难容纳足够的环境技术人才和工人，这也是影响地方政府环境公共服务供给能力的因素之一。

### 2. 社会参与程度低，无法形成合力共同应对环境问题

环境问题具有较强的公共性，单纯的市场治理和社会网络治理往往可能导致失灵，需要政府通过强制力介入环境治理，但是这并不表示政府万能[4]。现代治理理论认为，由于偏好的多样性和区域的差异性，由政府单一主体提供公共服务是不够的，由此，该理论主张"政府善治"或"多中心治理"，形成主体多元政府、社会、市场、方式多样的公共服务供给均衡状态。[6]地方政府提供的环境公共服务也是如此，在严峻的环境形势下，要实现环境质量改善的目标，满足公众日益增长的环境公共服务需求，除了政府部门自上而下式的单一供给之外，还需要非政府组织、企业、社会公众的共同参与。但是就目前我国各地实际情况而言，社会参与程度并不高，非政府组织、企业在环境公共服务领域能够提供的服务供给数量少、比重小，供给优势未能充分发挥。更加需要注意的是，地方政府环境公共服务提供过程中，社会公众的参与角色缺失，严重制约了地方政府环境公共服务能力的提升。有研究

表明，社会公众参与不足主要体现在两个方面：一方面是社会公众对地方政府提供的环境公共服务信息认知不足，造成信息不对称，无法及时参与；另一方面是地方政府在环境公共服务供给过程中未向社会公众开放有效的监督渠道，导致公众无法进行有效监督。

3. 缺乏监督评价机制，影响地方政府环境公共服务能力提升

当前，在我国大部分地区，政府环境公共服务监督以内部监督为主，即自上而下的监督。而社会监督这种自下而上的监督则存在相当的困难。一方面，社会公众作为环境公共服务的接受者，对地方政府环境公共服务的水平最具发言权，理应承担主要的监督评价责任。然而，在现有的地方政府环境公共服务监督评价机制中，社会公众进行直接监督评价的渠道与途径相当有限。这就导致虽然社会公众参与环境公共服务监督的愿望十分强烈，大部分公众也已经充分意识到参与环境公共服务监督的必要性，但是，受渠道途径限制，公众实际参与度并不高。另一方面，非政府组织在地方政府环境公共服务监督评价过程中也并未发挥出应有的作用。在我国，随着公民社会的兴起，非政府组织环境公共服务社会监督无论是在地位上还是质量上都是呈上升趋势。但是因为非政府组织的地位由政府赋予和维护，因此，政府在履行环境公共服务职能过程中，非政府组织的监督难免会有所偏颇或是受到来自政府本身的压力，致使监督缺位或者失效。

### 三、地方政府环境公共服务能力提升途径

1. 地方政府应合理界定服务范围，准确定位自身角色，做好属于自己分内的工作

新公共管理理论认为，政府变革运动的趋向是构建服务型政府，但服务型政府应当是职能有限和运行有效的政府[6]。研究表明，地方政府环境公共服务的供给主要包括以下四方面的内容：一是与环境保护污染防治相关的服务，包括大气污染防治、水污染治理、土壤污染防治等；二是环境卫生服务，包括城市环境基础设施建设中的供排水管网建设和污水处理设施建设等；三是环境信息与技术服务，包括环境咨询、环境技术开发、环境宣传与教育、

环境信息的预测与公布；四是环境管理和监督，包括污染治理设施运营的管理、环境监测、环境审核等[3]。以上几方面的服务中，地方政府应当主要承担那些投资规模大、投资回报率低、投资回收期长的大中型环境公共服务，因为这几类需要足够的资金支持，民间资本很少能够有能力提供满足社会公众需求的服务。剩余那些投资规模小、投资回收期短的环境公共服务，在面对社会公众日益增长的环境公共服务需求的情况下，在构建有效服务型政府的前提下，地方政府应该积极借助非政府组织和市场的力量，构建环境公共服务多元供给主体模式，政府在其中要做到就是正确授权、有效监督，以保证社会公众环境公共服务需求得到满足。

2. 构建多方合作机制，多元化、多样化提供环境公共服务

发挥私人部门和非政府组织作用，推动多元主体参与其中。私人部门参与环境公共服务可以解决地方政府公共服务资金不足的问题。对于那些市场广阔、营利性较高的环境公共服务项目，通过市场的手段足够吸引私人部门参与其中。私人部门作为这类环境公共服务的提供者，可以充分发挥市场机制作用，灵活地为社会公众提供他们真正需要的服务，这样既解决了地方政府资金不足的困境，又能为公众提供质优价廉的服务。山东省青岛市西海岸新区政府在全国开创了政府购买公共区域环境责任保险的先河，因环境污染事件造成的第三者土壤、水体的无害化处理费用，第三者的财产损失以及施救、应急抢险产生的费用，政府买保险先行赔偿。承保前，保险公司先行在承保区域进行风险勘测，排查区域内的风险隐患。承保后，保险公司将主动组织专业力量对区域环境安全进行整体性跟踪分析评估，并提出整改意见和建议，为主管部门日常监管工作提供辅助，督促区域内企业及时整改存在的风险隐患，进一步增强区域环境安全防控能力。通过此举，山东省青岛市西海岸新区政府有效解决了环境污染致公共区域的群众财产受损该由谁赔付的问题，这也是私人部门参与地方政府环境公共服务供给的典型例子。

与此同时，结合地方实际情况，采用多样化的环境公共服务方式，满足社会公众的环境公共服务需求。一方面，政府可以通过付费的方式，和私人

部门签订行政合同，委托私人部门负责管理和运营现有的环境设施，发挥私人部门的先进技术和人才优势，提高环境公共服务质量。另一方面，针对那些可强制收费的环境服务项目，政府可以引入特许经营方式，将其拥有的某项环境公共服务的经营权以合同的形式授予受许人使用，受许人按照要求从事一定的经营活动，这样既达到了提供环境公共服务的目的，又使得特许经营者能够赚取必要的利润，最终使得政府与特许经营者双方分别获得社会效益和经济效益，达到共赢。

3. 推动公众和非政府组织积极参与，构建完善的监督评价机制

环境公共服务的监督评价是一个系统性的概念，不仅要包括政府内部的监督评价系统，还应构建社会方面的监督评价体系，即必须构建公众和非政府组织参与下的地方政府环境公共服务监督评价机制，杜绝地方政府在环境公共服务过程中的不作为和乱作为行为，保障地方政府环境公共服务的有效供给[6]。首先，要扩展社会公众的环境知情权，地方政府要及时公布环境状况，按照环境相关法律规定，及时公开环境决策依据、决策目标、项目进展情况、环境影响等内容，为社会公众获取环境公共服务信息提供有效渠道。其次，完善环境公共服务公众听证制度，使公众有机会参与交涉表达意见和提供信息，使环境公共服务建立在对参与各方的利益动机和事实情况的理解基础上，将政府对环境公共服务的独断转变为一种含有理解的集体判断。[3]最后，积极发挥非政府组织参与环境数据调查、立法建议、环境政策监督评价等过程中的作用，提高环境公共服务监督评价效率。

四、结语

公共服务能力的强弱决定了公共服务主体在整个公共生活过程当中是否能够真正承担并办理好所有的公共服务事项。环境公共服务能力是地方政府各项公共服务能力中非常重要的组成部分，地方政府只有明确自身定位，积极推动环境公共服务供给多元化，完善多方参与的监督评价机制，才能不断满足社会公众日益增长的环境公共服务需求。

# 参考文献

[1] 段雨鹏 . 环境公共服务特许经营 [D]. 北京：中国政法大学，2016.

[2] 张序 . 与"公共服务"相关概念的辨析 [J]. 管理学刊，2010（23）：57-61.

[3] 宫笠俐，王国锋 . 公共环境服务供给模式研究 [J]. 中国行政管理，2012（10）：21-25.

[4] 唐任伍，李澄 . 元治理视阈下中国环境治理的策略选择 [J]. 中国人口资源与环境，2014（24）：18-22.

[5] 张文明 ."多元共治"环境治理体系内涵与路径探析 [J]. 行政管理改革，2017（2）：31-35.

[6] 张开云，张兴杰，李倩 . 地方政府公共服务供给能力：影响因素与实现路径 [J]. 中国行政管理，2010（1）：92-95.

[7] 唐忠义，顾杰，张英 . 我国公共服务监督机制问题的调查与分析 [J]. 中国行政管理，2013（1）：19-22.

[8] 李娅 . 公共服务的社会监督机制研究 [D]. 武汉：武汉科技大学，2012.

# "互联网 + 政务服务"视角下的海事系统政务服务研究

崔 萌 ①

**摘 要：**"互联网 + 政务服务"时代已经到来。"互联网 + 政务服务"是政府利用互联网思维、技术和资源实现融合创新的过程，在这种过程中重构流程，重塑公共产品和行政服务，最终实现政府服务体系的升级和重塑。面对全国大范围大环境下的"互联网 + 政务服务"需求，海事系统按照服务型政府建设和"放管服"改革的一系列要求，海事政务服务的形式和内容也在不断提升与创新。本文研究了国内"互联网 + 政务服务"的运行情况，结合海事系统政务服务的特殊性，从历史、社会、现实等多个角度，进行了理性分析和深度剖析，得出了具有实践价值的结论，提出了有参考价值的工作建议，以期在打造海事政务服务时给予参考和借鉴。

**关键词：**互联网 + 政务服务 海事服务

2015 年开始，"互联网 +"行动计划在我国首次被提出，通俗来讲就是"互联网 + 各个传统行业"，但这并不是简单的两者相加，而是将互联网作为当前信息化发展的核心特征提取出来，并与工业、商业、金融业等服务业进行全面融合，创造新的发展生态。随后，"互联网 + 政务服务"这一政府层面的惠民行动被提出，旨在政府利用互联网思维、技术和资源实现融合创新，提升运作效率、服务能力、重构流程，重塑公共产品和行政服务，实现政府服务体系的升级和重塑。我国各级政务服务部门正在进入"互联网 + 政务

---

① 崔萌（1988—），女，山东青岛人，中国海洋大学 2016 级公共管理专业研究生。

服务"时代。

海事系统作为交通运输部的直属单位，在机构编制、职责事权等方面需按照直属海事系统的工作机制确定并运行，所负责的行政审批业务亦受直属海事系统有关法律法规、规范性文件的约束并需接受执法评议考核，海事系统的政务服务具有一定的特殊性，海事系统与地方政府政务服务的关系也需要继续加深。随着全国性的"互联网＋政务服务"改革不断深入，海事系统政务服务需要推出一系列特色的政务服务举措，提高海事政务服务水平，打造海事优秀政务服务。

本文研究分析了国内"互联网＋政务服务"的运行情况，并结合海事系统政务服务的特殊性，分析了海事系统"互联网＋政务服务"的建设现状，随后就海事系统"互联网＋政务服务"建设方面存在的问题、原因和对策进行了深入探讨。

## 一、"互联网＋政务服务"提出的背景

2015 年 3 月 5 日的十二届全国人大三次会议上，李克强总理在政府工作报告中首次提出"互联网＋"行动计划："制定'互联网＋'行动计划，推动移动互联网、云计算、大数据、物联网等与现代制造业结合，促进电子商务、工业互联网和互联网金融健康发展，引导互联网企业拓展国际市场。"

2015 年 7 月 4 日，经李克强总理签批，国务院印发《关于积极推进"互联网＋"行动的指导意见》（国发〔2015〕40 号），这是推动互联网由消费领域向生产领域拓展、加速提升产业发展水平、增强各行业创新能力、构筑经济社会发展新优势和新动能的重要举措。

"互联网＋"是信息化和工业化融合的升级版，将互联网作为当前信息化发展的核心特征提取出来，并与工业、商业、金融业等服务业进行全面融合。这其中关键就是创新，只有创新才能让这个"＋"真正有价值、有意义。通俗来说，"互联网＋"就是"互联网＋各个传统行业"，但这并不是简单的两者相加，而是利用信息通信技术以及互联网平台，让互联网与传统行业进行深度融合，创造新的发展生态。

很多地方政府及部门往往过于追求经济水平的快速进步，而忽视了以用户为中心的服务型政府角色的转型要求，对社会热点的关注不够，对公众需求的回应不足[1]。借助"互联网+"时代的"东风"，党和政府顺势而为，做出了推进"互联网＋政务服务"的战略部署。2016 年 3 月 5 日，李克强在政府工作报告中，在"互联网＋"基础上正式明确提出了"互联网＋政务服务"概念。

2016 年 4 月到 2017 年年初，在短短不到一年的时间内，国务院及国务院办公厅相继出台了《国务院办公厅关于转发国家发展改革委等部门推进"互联网＋政务服务"开展信息惠民试点实施方案的通知》（国办发〔2016〕23 号，发布日期：2016 年 4 月 14 日）、《国务院关于印发政务信息资源共享管理暂行办法的通知》（国发〔2016〕51 号，发布日期：2016 年 9 月 19 日）、《国务院关于加快推进"互联网＋政务服务"工作的指导意见》（国发〔2016〕55 号，发布日期：2016 年 9 月 29 日）、《国务院办公厅关于印发"互联网＋政务服务"技术体系建设指南的通知》（国办函〔2016〕108 号，发布日期：2017 年 1 月 12 日）。发文的持续性和密集性足见国家层面对"互联网＋政务服务"这一惠民行动的支持和推进力度。

《国务院办公厅关于转发国家发展改革委等部门推进"互联网＋政务服务"开展信息惠民试点实施方案的通知》明确提出以实现政务服务事项的"一号申请、一窗受理、一网通办"为主要任务。青岛市作为全国 80 个试点城市之一，早在 2015 年 8 月开始就积极响应国务院印发的《关于积极推进"互联网＋"行动的指导意见》国发〔2015〕40 号，主动出台了《青岛市网上行政审批服务设施方案》青政办字〔2015〕73 号，后续亦出台了进一步深化行政审批制度改革，推动行政审批提速增效。

## 二、"互联网＋政务服务"的概念解读

李克强总理在 2016 年的政府工作报告中提出了"互联网＋政务服务"，其内涵是实现部门间数据共享，让居民和企业少跑腿、好办事、不添堵[2]。具体来讲，就是指政府利用互联网思维、技术和资源实现融合创新的过程，

除了发挥互联网在生产要素中的优化和集成作用，提升运作效率、服务能力，更重要的是通过与互联网产生的"化学反应"和"基因再造"，重构流程，重塑公共产品和行政服务，创新政务服务模式，实现政府服务体系的升级和重塑。

"互联网＋政务服务"能够实现政府服务模式四个转变：一是政务服务向云端延伸，促进政务资源云化；二是互联网手段丰富了服务方式，推动政务服务方式向多元一体化发展；三是网上办事服务模式的不断渗透，促进政务服务内容向集约化、规范化发展；四是大数据技术的迅猛发展，推动政务服务模式从被动服务向主动服务转变。[3]

### 三、海事系统政务服务建设现状及存在的问题

中国海事局是中华人民共和国交通运输部的直属正司级行政单位，实行垂直管理体制，履行水上交通安全监督管理、船舶及相关水上设施检验和登记、防止船舶污染和航海保障等行政管理和执法职责。面对全国大范围大环境下的"互联网＋政务服务"需求，海事系统按照服务型政府建设和"放管服"改革的一系列要求，海事政务服务的形式和内容也在不断提升与创新。

近年来，海事系统广泛利用信息技术开展工作，基本实现了海事政务服务工作的电子化，各类业务软件已成为海事日常工作不可或缺的工具。现场动态监管以及船舶、船员、船舶检验等工作都有相关软件系统，大部分都实现了网上办理，船舶、船员的业务还实现了全国联网。但是，"互联网＋政务服务"不仅仅是将海事政务服务工作搬到网上，它需要我们用互联网思维改造整个服务体系，整合现有资源，利用大数据提供有效服务，构建海事智慧政务服务。[4]

海事系统在"互联网＋政务服务"过程中还存在一些问题，主要表现为以下几个方面。

### （一）信息资源不能有效共享

#### 1. 海事内部各应用系统资源

自从 2000 年原交通部批准海事系统开展水上安全监督管理信息系统工

程建设以来，经过十几年的海事信息化建设，在船舶管理、船员管理、船检管理、危防管理、应急管理、航海保障和综合管理等领域建设和推广应用了30 余个业务系统[5]。旧系统不断退伍，新系统不断上线。经常为了适应某项业务的发展，单独建立了一个业务平台，但没有考虑与其他相关业务系统的关系，导致一个个业务模块单独建设，一个数据往往需要在几个系统中重复输入，海事系统内部开发的各类应用系统之间形成许多数据壁垒，既不能实现数据共享与业务协同，也增加了工作人员的工作量。虽然 2017 年开始启用海事协同管理平台，但平台建设依然处于试运行和不完善阶段，目前仅能作为个别几个独立业务系统的登陆口。

2. 海事系统与地方政府资源

目前推行"互联网 + 政务服务"的信息惠民工程的全国各试点城市，用互联网思维和信息技术推进网上政务服务体系建设。以青岛市为例，青岛市行政审批服务大厅建立了全市统一的网上审批平台，实行网上审批、网上服务；建立了大厅制证中心，推行统一制证、快递送达服务，进一步破解审批放权"最后一公里"难题；深入推进行政审批"两集中两到位"工作，将审批事项和人员集中到行政审批处并整建制入驻大厅。青岛海事局作为驻青岛市行政审批服务大厅单位，却由于海事系统管理的特殊性，无法避免体外循环，无法完全融入青岛市行政审批业务，亦无法享受全市统一的网上审批平台所带来的信息共享并提供更加便民的服务。

3. 海事系统与涉海部门资源

海事系统在履职时需要其他相关涉海部门（如海关、边防、环保、港航等部门）的配合，当前各地海事部门均已与相关涉海部门建立起良好的合作关系，形成了常态化的合作机制。但海事与上述相关部门的信息化系统间缺少数据交换共享功能，影响了各部门协同监管效能的发挥以及行政相对人业务办理的便利性。[6]

**（二）政务服务模式单一**

海事系统对外业务的办理就全国来看绝大部分还是处于现场柜台式办

理，单业务单窗口办理，虽然船舶业务和船员业务申报已经开通了外网申报平台，但平台的稳定性、操作的复杂性等因素导致大部分的行政相对人还是选择到现场窗口办理。

### （三）信息服务能力较弱

近年来，在各级海事机构的努力下，经过多次的升级、完善，各地已经基本建立了较为完善的海事门户网站，网站的信息量日益增大，信息内容也日益丰富，已能够向公众提供全方位的涉及海事政务办理、业务咨询、信息查询等各类公共服务功能。但是网站的维护频率低下，很多已经发生变化的电话号码、申报表格等的更新不及时，影响行政相对人申办业务的快捷性；网站的互动体验也很少，只是单方面地提供官方规定的信息；新兴的微博、微信公众号等方式推广的力度较弱，关注的人群规模不大。

### （四）"互联网＋政务服务"应用效率不高

目前海事系统的审批业务中开通了外网申报的项目仍然存在双轨制的审批流程，所谓的"互联网＋政务服务"只是对传统审批流程的电子化。同时，现有的"互联网＋政务服务"模式往往拘泥于法规或体系的限定，成为传统审批流程的电子形态，该跑窗口的还要跑，该等审批日的还要等，并没有给行政相对人办事带来显著的便利和实惠，甚至由于除了提交一套纸质材料之外，在外网申报时还需要提交全部材料的电子版，导致需要准备两份材料，增加行政相对人的时间和技术成本。

### （五）"互联网＋政务服务"应用评估反馈体系不健全

外网申报平台注册与操作路径复杂，用户体验差，而海事系统中"互联网＋政务服务"建设的绩效评估又开展不到位，保障措施不够健全，造成行政相对人的体验不能及时、有效地反馈到维护管理单位和系统开发部门，造成系统的应用开发和更新依然不能满足用户的需求。

### （六）不同角色的信息化意识和水平参差不齐

#### 1. 海事政务服务工作人员

海事政务服务工作人员在实际工作中仍然存在习惯于传统的工作方式，

不会、不愿意或不善于利用现代信息技术获取信息，造成"互联网＋政务服务"推广的应用深度和广度不足。

2. 行政相对人

海事系统政务服务的行政相对人主要以船员和船公司为主。船员的综合文化水平较低，对互联网事物的接受和学习程度较差，需要工作人员更多的耐心和细心指导操作。

### 四、加强海事系统"互联网＋政务服务"的对策

#### （一）立足社会需求，更新政务服务理念

海事系统的政务服务工作应由管理本位向服务本位转变，在"互联网＋政务服务"推进中既要体现管理的便捷，又要考虑服务的贴心，实现管理与服务的有机融合，使互联网系统充满生命力。

1. 坚持以服务为本

服务是"以人民为中心"发展理念的本质要求，是政府职能转变的核心任务，因而也必然是加强和改进海事政务服务的出发点和落脚点。

2. 坚持高效便民

效率原则是行政程序的优先原则，是简政放权的重点内容，也必须成为海事政务的核心理念和工作追求。

3. 以人民满意为目标

人民满意是"以人民为中心"思想在实际工作中的具体体现，是衡量工作得失的重要标准，因而必然是海事政务服务的目标。

4. 勇于担当主动作为

"简政放权、放管结合、优化服务"改革，是国务院部署全面深化改革，转变政府职能的"先手棋""当头炮"，是一场从理念到体制的深刻革命。海事系统应该主动更新理念、转变作风，不等不靠，大胆地试、勇敢地闯，以理念创新带动机制创新、管理创新、服务创新。

#### （二）做好顶层设计和总体规划

从全系统的视角出发，紧密结合海事管理职能转变和海事管理模式改革，

聚焦海事内部用户和外部行政相对人的应用服务要求，以业务流程为驱动，统筹考虑信息系统的开放性、实用性，做好整体规划，制定统一的技术标准。

### （三）利用大数据将政务服务资源平台化，促进信息共享

海事政务服务建设中应该以部海事局和直属海事局两级数据库中心建设为基础，构建信息资源共享与业务协同的规范框架，充分考虑各系统之间的数据交换，以及不同业务部门、各级海事机构、数据中心内部之间的数据交换。以大数据推动与政府管理部门、涉海部门间形成信息合力，为内部协同管理和外部综合服务提供完整、准确、及时的数据和应用基础支撑。

### （四）进一步明确政务中心的职能定位

海事政务中心是本级海事机构集中办理行政许可和政务服务事项的综合办事机构，是海事政务服务和采集民意的主要窗口。随着行政审批制度改革的深化，政务中心要由"流转性窗口"向"职能型机构"转变。要进一步强化政务服务机构的相对独立地位和协调职能，使政务中心与各机关业务处室形成相互支撑又分工协作的管理格局。

#### 1. 服务与执行职能

服务是政务中心的核心职能，因此要强化政务中心政务服务的职责，要履行好行政审批、行政报备等政务服务事项的受理、审核、审批，办事指南、政务办理结果等政务公开，线上、线下等各种方式的政务咨询服务，线上线下政务服务举措落实，以及网上政务大厅的维护等政务服务职责。政务中心作为办事机构必须执行职能部门制订的相关制度，接受职能部门的指导和监督。

#### 2. 协调与指导职能

政务中心作为海事政务服务的核心与枢纽，在推进实施"三集中一分离""线上线下一体化"海事政务服务模式中，要主动做好与业务部门的协调、与横向政务中心配合以及上下级政务中心的协同配合，推动政务办理服务各环节高效运作、依法办理。各直属海事局政务中心要承担起对全局政务办理服务的协调，对各分支局政务中心政务服务业务的指导与监督，同时要协助相关职能部门做好对下级政务中心的管理。

### 3. 监督与管理职能

行政审批作为海事监督管理的组成部分，各级政务中心要正确处理监督与服务的关系，要把监督与管理寓于服务之中。按照《中华人民共和国行政许可法》等法律法规要求，做好对许可要件的审核把关，并通过建立实施与现场执法的工作联动，进一步加强事中事后监管，全面履行海事执法监管职能，合力打造公平有序的市场环境。

### （五）创新政务服务模式，推行政务服务一体化

政务服务模式的构建是对海事行政许可审批流程的再造，直接关系政务服务的质量和效率。要按照"一个窗口受理、一次性告知、一条龙服务、一站式办公"的要求，加快政务服务模式的转变。

### 1. 推行一站式办理

按照部海事局《政务服务办理服务规范》和"三集中一分离"的要求全面推行一站式办理。各分支局要按照"行政审批职责、审批事项和审批环节向政务中心全集中"（"三集中"）的要求，原则上将所有行政审批和政务服务事项都要集中到政务中心办理，审批权也要授权或委托政务中心。政务中心集中承担全部海事行政审批职能，统一受理、统一送达，实行政务办理事项"全部授权"，打造具备独立审批职能的政务中心。为强化海事处现场监管，按照集约化的原则，将行政审批与现场监管分离（"一分离"），凡是可以网上办理的行政许可项目和服务事项也要集中到政务中心办理。海事处不再设立政务中心，距离政务中心较远的海事处可以设立便民服务窗口，就近受理线下的政务服务事项。

### 2. 推行一个窗口受理

将原先按照业务类别分设的各个窗口调整为综合受理窗口，强化政务受理人员综合能力培养，培养"全科受理员"，实现任何一个窗口可受理全部政务服务事项，使行政相对人无须往返多个窗口即可完成业务办理，提升服务的人性化。

3. 推行一部电话对外

设立与 12395（全国统一水上遇险求救电话）类似的全国海事热线平台，设置分机与语音提示，让行政相对人一个电话号码可以咨询全国不同地区的海事业务。

4. 继续推进并扩大无纸化申办流程

目前船员的部分业务实现了完全的无纸化申报，其他政务服务业务应以此为目标，彻底实现外网申报无纸化的全覆盖。

5. 依托自媒体建设，探索信息服务新渠道

推广建设统一的"微政务"平台，完善微信公众号的政务服务功能，鼓励各单位利用政务微信为社会公众、相关企业提供精准信息服务。

6. 统一政务服务标准

认真贯彻落实部海事局《海事政务办理服务规范》《海事执法业务流程》《海事行政许可载量基准》和《海事政务办理类项目履职标准》，按照《行政许可标准化指引》（2016 版）编制《海事政务服务标准化手册》。统一规范海事政务办理承诺时限。建立并公布行政许可和政务服务材料清单，严格规范办理海事政务需提交的材料，并按照"放管服"和电子政务的发展减少不必要和重复提交的材料，做到清单之外无材料。及时更新《海事政务公开指南》，保障海事政务服务公开透明运行。严格按照《海事行政执法视觉形象建设标准》建设政务服务大厅。研究制定政务中心考核标准和社会满意度测评标准，促进政务服务水平的不断提升。

（六）加强"互联网＋政务服务"信息化意识和应用化能力

建立以教育培训为主导的人才积累机制，加强对海事内部管理人员和基层业务人员的信息化知识、应用技能的宣传和培训，提高海事系统广大干部职工的信息化意识和信息技术的应用能力。针对行政相对人的业务素质开展相匹配的外网申报平台注册和操作的培训与引导。

（七）建立完善的"互联网＋政务服务"应用评估反馈体系

构建海事系统"互联网＋政务服务"建设项目效能评价指标体系，建立

完善的应用体验反馈渠道，通过全面了解和掌握政务系统的应用效果，并针对应用反馈效果，及时提供更新升级服务，切实改善海事机构的公共服务能力和水平。

# 参考文献

[1] 冯钰.浅析"互联网＋政务服务"的主要挑战及对策建议[J].统计与管理，2017（7）：122-123.

[2] 国务院办公厅关于转发国家发展改革委等部门推进"互联网＋政务服务"开展信息惠民试点实施方案的通知[EB/OL].（2016-04-26）[2017-09-30].http://www.cac.gov.cn/2016-04/26/c_1118740514.htm.

[3] 张育雄."互联网＋政务服务"发展现状及服务模式浅析[J].现代电信科技，2016，46（4）：56-60.

[4] 徐永元.互联网＋背景下打造海事智慧政务的思考[J].中国水运，2016，37（8）：35-36.

[5] 程中如.服务型政府导向下海事电子政务发展取向及举措研究[J].中国海事，2015（9）：33-35.

[6] 徐剑豪，邹金祥，方志新.谈"互联网＋"与海事管理方式的改进[J].中国海事，2016（2）：50-52.

# 我国地方政府大部制改革的研究探析

邓冰梅 [①]

**摘　　要:** 我国地方政府大部制改革正在如火如荼地进行,这是大势所趋,但是,地方政府也面临着诸多问题。本文较为全面地分析了地方政府大部制改革的动因及改革中存在的难点和阻滞,充分借鉴我国各地改革的几种模式和西方经验,提出了大部制改革应遵循的原则、转变政府职能、具备总体规划和配套措施、完善第三部门、厘清综合管理部门与专业部门的关系等对策性建议。

**关键词:** 地方政府　大部制　改革

"在省市县对职能相近的党政机关探索合并设立或合署办公。"党的十九大报告中关于探索行政体制改革提出了"双合"改革,这也是大部制改革在新时代的创新和深化,为大部制改革指明了方向、提供了遵循。那么,大部制的内涵是什么,何为大部制的动因,目前我国地方政府的大部制改革进行到了何种程度,改革的难点和阻滞因素是什么,如何更好地进行大部制改革,这些都是我们应该思考和探索的问题。本文对以上问题给予浅析,提供思路,以供探讨。

## 一、大部制的内涵

何谓大部制?目前,我国对其定义尚未做出明确统一的规定。党的十九大报告中指出:"在省市县对职能相近的党政机关探索合并设立或合署办公。"根据这一思想,结合当前学术领域的资料,我们可以总结:大部制就是要求政府在机构设置上,拓宽横向的覆盖范围,将职能类似的部门尽可能集中

---

① 邓冰梅(1991—),女,山东青岛人,中国海洋大学 2016 级公共管理专业研究生。

在一个大部门中[1]，部门的管理主要从宏观上统筹规划，减少干预微观经济，整合部际关系，降低行政成本，从而提高政府的行政效能。

## 二、地方政府大部制改革的动因分析

### （一）推力因素——地方政府大部制改革的必要性

1. 地方政府大部制改革是适应市场经济发展的迫切需要

党的十八大之后的五年来，我国社会生产力水平总体上显著提高，社会生产能力在很多方面进入世界前列。改革开放40年来，我国经济持续发展，同时也伴随着政府与市场和社会之间关系的变化。为此，要在已有的社会主义市场经济体制的框架下，变革现行的行政体制，由政府为主导转变为由市场为主导的经济发展方式。因此，地方政府必须调整机构设置，构建适应市场经济发展的政府机构设置的模式。

2. 地方政府大部制改革是行政管理体制改革深化和突破的必然要求

党的十九大报告中指出，要深化机构和行政体制改革，统筹考虑各类机构设置，科学配置党政部门及内设机构权力，明确职责。统筹使用各类编制资源，形成科学合理的管理体制。而大部制改革是加快行政管理体制改革的关键环节，地方政府必须切实推进机构改革，提高保障和改善民生水平，加强和创新社会治理，建立科学合理的行政运行机制。

3. 地方政府大部制改革是实现政府职能转变的内在需要

党的十九大报告中明确提出，转变政府职能，深化简政放权，创新监管方式，增强政府公信力和执行力，建设人民满意的服务型政府。改革开放40年以来，我国进行了多次大规模的行政管理体制改革，但大多地方政府都未能完成服务型政府的职能转变，仍存在管理职能分散、机构职责交叉等问题。大部制改革的目的就是要将不同部门间相同或相近的职能进行整合，使其部门职能和权力配置有机统一，权责一致。

### （二）拉力因素——地方政府大部制改革的意义

1. 有利于深入落实习近平新时代中国特色社会主义思想

当前，我国全面深化改革已经进入"瓶颈期""攻坚期"和"深水期"，政府本身的行政管理体制改革势在必行。我国政府的行政管理体制仍有诸多理论和实践亟待完善，地方政府只有以习近平新时代中国特色社会主义思想为指导，立足于新时代，强化服务理念，创新管理体制，厘清各部门的关系，才能促进行政管理体制改革的完善。

2. 有利于优化行政运行机制，提高行政效率

过去的计划经济体制下的部门设置过多、职能交叉、权责不一致，造成了严重的后果。而大部制协调便捷，管理集中，能有效地对职能和范围相似、业务性质类似的政府部门重新进行整合，从而有效减少职能交叉、完善行政运行机制、提高行政效率。

3. 有利于实现决策、执行和监督的"行政三分"

在一元型决策执行体制下，政府集决策权和执行权于一身，容易导致人浮于事、资金浪费[2]、监督薄弱等一系列问题。而大部制将决策权、执行权和监督权有效分离，重建权力制衡与监督机制。一般来说，大部制可以分为两种模式："大三分"和"小三分"[3]。分别指部与部之间和部门内部之间的三分。党的十九大报告中提出，要构建党统一指挥、全面覆盖、权威高效的监督体系，把党内监督同国家机关监督、民主监督、司法监督、群众监督、舆论监督贯通起来，增强监督合力。这就意味着同体监督和异体监督都将成为大部制改革的强大监督力量，进而落实问责追责制度，增强政府的责任感和公信力。

## 三、大部制改革目前存在的难点

### （一）综合管理部门与专业管理部门的关系问题

目前，我国地方政府的综合管理与专业管理职能配置不够科学。综合管理部门的权力往往过于集中。与之相对，专业管理部门的职能不到位、权力分割，在项目、资金、规划等问题上都要由综合管理部门逐层审批，不利于发挥其统筹协调的作用，难以在短时间内出台有效的政策以解决问题。因此，必须进一步厘清综合部门与专业管理部门的关系，使之各司其职、相得益彰。

## （二）大部制改革的法律保障问题

由于历史原因，我国各部门出台各自法律体系的情况屡见不鲜。大部制改革后，相关的执法主体、诉讼管辖和法律适用往往会出现一定的问题[4]，某些情况下，有关机构改革中法律适用问题可以由全国人大常委会做出相关决定。与此同时，大部制改革涉及法律法规的修改问题，应借助此契机，强化我国法律体系的统一协调，并探索实施综合立法。

## （三）大部制改革的机构磨合问题

大部制并非多个小部门的简单叠加，而是将多个原部门整合为一个大部门并行使原来的各项职能[5]。新部门的磨合期不可避免，也会受原部门的影响，甚至可能会演变为"形同神异"的机构。这段磨合期很可能会成为我国地方政府大部制改革推进的阻滞因素。

## （四）市场体系和"第三部门"尚未成熟

西方大部制具有广泛的群众基础，公民参与政治的热情高，且渠道畅通。但长期以来，我国公民参与公共事务管理的热情相对不高，参与渠道不畅，缺乏"第三部门"。我国目前市场体系和"第三部门"尚未发展成熟，成为改革的一大难题。

## 四、我国地方政府大部制改革模式概述

### （一）随州模式——合并与精简

湖北随州是全国最早尝试大部制改革的城市之一[6]。早在 2000 年，随州就提出，职能基本相近的单位能合并的尽量合并，设置职能衔接较紧的单位采取挂牌，设置职能交叉的单位能不单设的尽可能不单设。同时，精简机构人员，严格事业单位的规模，与我国同级市普遍有 300 多个事业单位相比较，随州只有 120 个。

### （二）深圳模式——"行政三分"改革

2004 年，深圳市多措并举：一是撤并专业经济管理部门[7]，建立综合经济管理部门，即贸易工业局；二是在交通、农业、城管、文化等领域实行大部制部门整合；三是率先开展了"行政三分"改革。同时，逐步把传统意义

上的社会管理职能下放给社区和民间组织承担，从而培养和提高了社会自我管理的能力。

### （三）成都模式——统筹城乡管理

2004年起，成都市先后实施了农业、水务、交通、园林和林业等30多个部门的行政管理体制改革[8]，逐渐形成了"大农业""大交通"等大部制格局。此外，按照"政事分开"的原则，实行广电局台分离，撤销了7个行业协会，逐步从制度设计上实现了政府对城市和农村的统筹管理。

### （四）富阳模式——专委会制度

2007年3月，富阳针对当时"四散"现象，在行政管理体制框架和机构设置不变的基础上，设置了规划统筹委员会等13个"专委会"[9]，负责统筹协调行政执行部门的运行，而不行使重大事项的决策权。该制度从一定程度上起到了淡化部门界限、打破部门壁垒、强化整体合力的作用，全市"一盘棋"的行政管理格局得以初现雏形。

### （五）顺德模式——党政机构联动

2009年9月，佛山市顺德区开始实行党政机构大部制改革。顺德党政机构由原来的41个精简到16个[10]。新成立的部门开拓创新，实行新的干部管理制度，即增设区政府政务委员与区委常委、72副区长共同兼任16个大部门的首长并参加区联席会议决策。重大的决策权集中由区联席会议行使。

## 五、推进大部制改革的对策性建议

### （一）大部制改革的原则

1. 坚持权力法定原则

改革需要法律先行。根据"权力清单""责任清单"和"负面清单"等三张清单，政府需做到"法无授权不可为"和"法定责任必须为"。行政机构设置应该有明确的法律依据，严格依法办事。在大部制改革的过程中，尤其是地方政府，应加强立法，将地方大部制改革纳入法治轨道[11]。

2. 坚持相互监督制约原则

各行政机构必须有明确的分工，并且相互制衡。由于行政机构改革的目的是为了提高行政效率，而相互扯皮最终会损害人民群众的利益，因此，行政权力相互制衡具有相对性，要合理安排行政权的配置，真正实现大部制改革的目的。

3.坚持因地制宜原则

大部制改革认真试点、稳步推进，针对不同地方的地域、人口、城市化等差异化处理，避免一刀切。如 2013 年的国务院机构改革，撤销铁道部、重新组建国家能源局等都充分说明了大部制改革应符合经济社会发展的需要。地方政府的改革也应如此，在机构增减上要充分论证与调研，符合当地发展的实际需要。

（二）切实转变政府职能

大部制改革的关键是推进政府职能的转变 [12]。其核心内涵是在整合职能的基础上进行机构调整，其目的是实现政府职能的有机统一，确保政府顺畅运转，而非机构数量与规模。地方政府要抓住职能有机统一的关键点，整合职能和部门。

（三）具备总体规划和配套措施

大部制是一项系统工程，要在现有政治体制下，做出总体规划，并完善配套措施。推进大部制改革，建设服务型政府，还要求我们重视公共财政体制改革，将预算与编制相结合，健全预算管理体制，发挥预算管理改革对巩固机构改革成果的约束作用。

（四）完善"第三部门"，创新公共产品的提供机制

西方国家推行大部制的成功经验主要有两方面：一是建立了市场为主导的经济体制；二是"第三部门"较发达，承担社会管理的诸多功能。因此，借鉴西方成功经验，我国大部制改革应明确政府的宏观调控职能，同时授权将一些不该管也管不好的职能交给市场和"第三部门" [13]，由它们依据市场规律自行完成这些职能。

（五）厘清综合管理部门与专业部门的关系

一是明确综合管理部门的基本职能，包括制定战略规划、方针政策等。

二是拓宽专业管理部门的管理范围，为研究解决行业存在的重大问题、草拟法律法规方案等提供技术支持。三是设立负责经济社会事务的专门机构，统一协调职责交叉及综合管理事务。

## 六、结语

大部制改革是一个积极探索、循序渐进的过程，并非一步到位、一蹴而就。改革需要大刀阔斧的魄力，也需要科学合理的策略。地方政府大部制改革势在必行，充满艰辛和复杂，我们要以辩证的历史唯物主义眼光看待改革，正确对待改革的阶段性，建立和完善容错机制。同时，也要有"一张蓝图抓到底"的精神和"功成不必在我"的胸怀，久久为功，接续奋斗。当然，大部制改革不局限于本文探析的几方面内容，还有许多问题值得思考，有待于进一步地研究和探讨。

# 参考文献

[1] 左然. 国外中央政府机构设置研究 [J]. 中国行政管理，2006（4）：74-77.

[2] 吴锦良. 政府改革与第三部门发展 [M]. 北京：中国社会科学出版社，2001.

[3] 沈荣华. 积极稳妥地探索实行职能有机统一的大部门体制 [N]. 光明日报，2008-02-08（2）.

[4] 汪玉凯. 大部制改革应如何推进 [J]. 行政管理改革，2013（4）：12-15.

[5] 陈文泉，张新. 十七大以来我国理论界关于"大部制"讨论综述 [J]. 甘肃行政学院学报，2008（2）：97-100.

[6] 刘文俭. 地方政府推行大部制改革的实践探索与借鉴意义 [J]. 行政论坛，2009（3）：11-14.

[7] 佚名.深圳行政管理体制改革的主要经验 [EB/OL].（2009-11-21）[2007-09-30]. 鄂州市财政与编制政务公开网.

[8] 唐蓉.大部制改革的样本城市——以成都实践为个案 [J].理论月刊，2009（7）：58-61.

[9] 朱宁玲.大部制与政府效能——以浙江富阳市行政体制改革为例 [J].消费导刊，2009（13）：228.

[10] 钟旭辉.顺德党政机构大部制改革概述 [EB/OL].（2010-03-19）[2017-09-30]. 中国选举与治理网.

[11] 石亚军，于红.大部制改革：期待、沉思与展望——基于对五大部委改革的调研 [J].中国行政管理，2012（7）：52-55.

[12] 蔡长昆.大部制改革研究述评 [J].天津行政学院学报，2012，14（4）：62-67.

[13] 李培林，徐崇温，李林.当代西方社会的非营利组织——美国、加拿大非营利组织考察报告 [J].河北学刊，2006，26（2）：71-80.

# 公安机关处置群体性事件机制分析

丁 一①

**摘 要**：群体性事件是当前影响我国社会政治稳定的主要因素之一，而公安机关作为维护社会政治稳定的基础力量，其处置机制的建立健全具有重要意义，因而，需要对公安机关处置群体性事件的理论基础加以阐释，并对我国现行的群体性事件进行动态和静态的分析，从中找出问题并加以完善。

**关键词**：公安机关　群体性事件　处置机制

当前，随着改革开放和经济体制改革的不断深入，社会利益格局和社会财产分配不断出现重新组合，造成各种深层次的社会矛盾凸显，群体性治安事件不断增多，严重影响了正常的社会治安秩序和生产、生活秩序，影响了社会稳定和经济发展。从马鞍山"6·11"事件到江苏启东事件，各地不断出现的群体性事件，不仅是对党和政府的执政能力的一个巨大挑战，公安机关如何应对也是一个现实而又紧迫的问题。公安机关作为维护社会政治稳定的基本力量、处置群体性事件的重要参与和执行机构，在群体性事件处置过程中具有举足轻重的作用。

## 一、公安机关处置群体性事件的理论基础

公安机关处置群体性事件的法律依据法律法规是公安机关处理群体性事件的指针，在依法治国成为我国基本治国方略的当下，只有在有效法律法规的框架内才能更好地对群体性事件进行明确而公正的处理，才能最大限度地定纷止争、维护社会安定。可有可无、模棱两可的权宜性处理只能暂时压制矛盾，却不能最终消弭矛盾，其效果只能是对群众不利，于社会有害[1]。

---

① 丁一（1981—），女，山东威海人，中国海洋大学 2010 级公共管理专业研究生。

当前，我国处置群体性事件的相关法律法规还不健全，尚无关于群体性事件方面的统一立法。在宪法层面上，我国宪法第二十八条规定："国家维护社会秩序，镇压叛国和其他危害国家安全的犯罪活动，制裁危害社会治安、破坏社会主义经济和其他犯罪的活动，惩办和改造犯罪分子。"公安机关是维护国家安全、维护社会稳定的根本力量，该条款为公安机关处置群体性事件提供了重要的法律依据，也是国家在最高层面对公安机关处置群体性事件的概括赋权。在法律层面上，根据《中华人民共和国突发事件应对法》《中华人民共和国人民警察法》《中华人民共和国治安管理处罚法》《中华人民共和国集会游行示威法》等法律规定，人民警察在对群体性事件进行现场处置过程中，有行使警察强制权的权力，可以视情况采取相应的强制措施。这些法律赋予公安机关在处置群体性事件过程中可以酌情行使上述种类的警察强制权，充分保障了公安机关履行维护社会政治稳定职责所必需的权力。特别是 2007 年 11 月 1 日实施的《中华人民共和国突发事件应对法》，是我国应对包括群体性事件在内的突发事件中法制建设的一个里程碑，对有效预防和处置各类群体性事件及维护社会政治稳定具有重大意义。在行政法规、部门规章的层面上，《公安机关处置群体性治安事件规定》《关于处置紧急治安事件的通知》等相关法规中均规定了公安机关在处置群体性治安事件中的权力与职责。《公安机关处置群体性治安事件的规定》中指出：由公安机关出警直接处置的应当仅限于群体性治安事件……发生在校园、单位内部的罢工罢课事件尚未发生行凶伤人或打砸抢行为的，以及由其他人民内部矛盾引起、矛盾尚未激化、可以化解的群体性行为都不得直接动用警力处置，更不得采取使用警械和采取强制措施等可能激化矛盾、恶化态势的措施。

以上法律法规对公安机关在群体性事件中的主要任务的规定都很宽泛，对公安机关在处理群体性事件中所应承担的责任划分不清，实践中不易操作，很难把握标准，这导致公安机关在具体的处置工作中经常处于两难境地。

公安机关处置群体性事件的职责与其他职能部门相比，更多地体现在对已出现的群体性事件苗头的防范处理和对已发生的群体性事件的处置上。因此，公安机关在预防、制止和处置群体性事件中的职能主要包括以下三个方面：做好情报信息工作、维护事件现场的治安秩序和依法处置事件中的违法犯罪行为。

## 二、公安机关处置群体性事件机制分析

群体性事件的处置就是要对社会功能失调、矛盾激化这一现象进行控制与矫正，为处置群体性事件建立起来的工作机制必须能够满足控制群体性事件的发生、发展以及进行秩序恢复的基本要求。在群体性事件处置机制中，国家政权机构特别是以公、检、法为主体的执法单位是重要的参与者。群体性事件爆发时，公安机关在处置机制中处于最前端的位置，公安机关需要将事件的动态和发展向同级或上级党委、政府汇报。党委和政府则处于宏观掌控的地位，对公安机关及其他相关机构进行具体指示，并根据局势的发展和已采取措施的效果进行行动调整。接受党委和政府的领导并在权限范围内采取具体措施，构成了公安机关在面对群体性事件时的总体处置机制。当没有群体性事件发生时，该处置机制处于静止备用状态；一旦进入预警或者具体处置程序，该处置机制立即转为动态实施状态。

### （一）群体性事件处置机制的静态分析

群体性事件处置机制大致包括以下内容：群体性事件处置的领导机构、群体性事件处置的协调结构以及公安机关在群体性事件处置中的职权。处置群体性事件中，各级党委和政府是领导机构。作为群体性事件的重要参与者，在处置群体性事件过程中，公安机关需要及时汇报情况，执行党委和政府的指示，并会同有关主管部门，在其他部门和社会组织的配合下形成固定的协调机制。根据有关规定，人民警察在对群体性事件进行现场处置过程中，有行使警察强制权的权力，可以视情况采取强制带离现场、拘留、现场管制、强行驱散、新闻管制、设置临时警戒线、强制传唤直至使用武器、警械等强制措施，还可对群体性事件中的参与人员视行为情节、作用、影响，追究其行政法律责任和刑事法律责任。

### （二）群体性事件公安机关处置机制的动态分析

群体性事件发生后，公安机关的处置过程一般可以划分为前期处置、中期处置、后期处置三个阶段。公安机关前期处置的中心任务是迅速赶赴现场并采取果断措施控制局势。根据预案或接到指令后要闻警而动，在第一时间赶到现场，边处置，边报告；如事态扩大，立即请求增援。在矛盾激化、现场混乱的危急情况下，迅速拉警戒线、设隔离墙，控制挑头的违法人员，有效平息事态。中期处置的中心任务是调查取证。在常态情况下，以公开的治安、交通管理为主，维护治安，疏导交通，并由涉事单位介入疏导、化解[2]。在控制现场后，公安机关就要马上开展具体调查工作，摸清群体性事件的全貌，进行深入、细致、全面的调查研究，获得群体性事件的详细材料，并进行仔细筛选，从而为制定妥善的善后处置打下良好基础。后期处置的中心任务是平息矛盾和冲突，恢复社会秩序。对于即将发生或已经发生的群体性事件，公安机关通过积极干预，与有关部门密切配合，消除事件发生、发展和进一步恶化的隐患，迫使事件群体中止危害社会进而解体，并且消除其重新集结的可能性，保证群体性事件局势完全处于公安机关的控制之下，现场处置工作向消除危害后果、恢复正常秩序阶段过渡，直至完结。

### 三、我国公安机关群体性事件处置机制的完善

公安机关要积极预防和妥善处置群体性事件，必须建立运作良好的处置工作机制。然而，根据以上对公安机关处置群体性事件机制的分析，不难发现，上述处置机制中的领导机构、协调机制、动态过程虽取得了一定的效果，但仍然存在如下问题：①现场决策指挥机制不顺畅，各部门协调机制失灵。一些公安机关在处置现场不知如何适时取得其他处置单位的行动支持，也不知如何回应其他处置单位及其人员发出的协助请求。事件处置警力或是分小组合成作战或是分区域分散作战，警队单位及其人员之间多处于相互陌生的关系状态，其处置行动的展开多是各自为战，协同支持配合很少，难以形成整体合力。②现场处置指挥混乱。由于群体性事件的突发性与通信技术不足，一些处警单位接令赶往群体性事件现场后，对在事件处置中的工作任务、目

的、权限和警力调度区域、协同单位等不清楚，以致大量警力到达事件现场却大多处于被动待命状态，未能及时对有关情况进行相应处置。参与处置的不少民警对处置工作不熟悉，缺乏应急、疏导、解释、劝慰的相关知识，往往到了现场也不知道如何开展工作。③信息搜集和预警机制不完善。公安机关在一些容易引发事端的重点行业、重点部位已经建立起灵敏高效的情报信息渠道，但信息搜集的覆盖面还不能做到无死角，情报信息和阵地控制的基础工作还有待加强。而群体性事件的信息搜集在很大程度上有别于刑事、治安等公安基础业务，其信息具有市井性和不明确性的特点，公安机关往往难以及时获取深层次、内幕性、高质量的情报信息，造成处置工作的被动。针对上述问题，必须完善公安机关处置群体性事件机制。

**（一）完善现有的群体性事件相关法律制度**

目前我国只在某些法律法规中对相应的群体性事件规定了处置主体和可以采取的处罚措施，公安机关作为群体性事件的一个处置主体可以引为依据，但对已经发生但尚未形成治安和刑事危害的群体性事件，因为没有法律法规的明文规定，公安机关大多只能采取非警务活动的方式加以疏导和预防，没有办法采取职权性行动。对此，一方面，我国应该制定法律法规来明确群体性事件的处置主体资格，将职责落实到具体机构，杜绝相关部门因不愿承担责任，而相互推诿、扯皮的问题。另一方面，我国应该对群体性事件处置工作制定更为明确、操作性强的执法规范。《公安机关处置群体性事件规定》虽然对群体性事件处置工作做了一些规定，但仍然比较宽泛，还不能够达到具体指导群体性事件处置实践的程度，有必要对接警、处警、现场处置、调查取证、控制和抓捕治安违法人、犯罪嫌疑人等各个环节做出明确、具体的规定。对于各种群体性事件警务处置行动，公安机关都可以以预案为基础制定具体的现场处置工作程序和步骤，并对每一个步骤提出具体的执法要求。

**（二）完善处置群体性事件预警信息系统**

在处置群体性事件的过程中，公安机关经常出现工作被动的情况，其中一个主要的原因是工作缺乏预见性，信息运行不畅。为了应对这种情况，公安机关必须建立一套科学高效的预警体系来应对突发的群体性事件。

### 1. 完善信息网络建设

准确、及时的信息是实施决策和有效指挥的重要保障。在信息应对方面，公安机关既要建立健全上下相通、左右相连的信息网络，又要建立健全人联络、机联网、人机相结合的信息平台。广泛收集重点时段、重点领域和重点地区的各种信息，争取时间和空间上的超前性。具体来讲，公安机关要加强以各种社会组织、企事业单位的安保负责人为主体的情报信息主渠道建设，获取更多的动态性情报信息；要建立以群众自治组织成员和治安保卫积极分子为主体的情报信息员队伍，努力获取全方位、多角度的情报信息[3]，争取把情报信息触角延伸到社会的各个方面、各个角落。

### 2. 建立社会不安定因素数据库

对公安机关在日常警务活动中掌握到的涉及社会不安定因素的有用信息，建立专项信息建档管理制度，做到一件一册，设立责任人负责制度，把管理、追踪和化解的责任落实到具体责任人身上，把任务的完成情况列入相关民警的工作业绩考核体系。该数据库的内容主要包括四个方面：人的方面，就是收集国内高危群体、极端分子，境外敌对势力、恐怖组织、激进教派等的情况；物的方面，就是采集爆炸、剧毒、核生化等高危物品的分布、储藏和管理情况；在时间上，就是注意政治敏感期、大型活动期间、节假日，以及气象、地质骤变期等高危时间；在空间上，就是重点保护本地的党政首脑机关、标志性建筑、人群聚集公共场所等要害部位，以及易于地质变化的地段、河流的灾害多发地域。

### 3. 完善群体性事件应急处置预案

公安机关需要依据以往处置群体性事件的实际经验，针对可预见的群体性事件种类制定应急处置预案。公安机关要建立专门的群体性事件信息分析系统，组成由相关专家和主管领导组成的核心小组[3]，成立危机研判中心，加强对敌情、社情、气象、地质等情况的信息集成，分析群体性事件各种发展势态的规律和特点，综合设计应对策略。并且，公安机关要进一步严格处置群体性事件过程中的信息报送制度，抓紧出台具体的信息报送奖惩措施。公安机关不仅"要建立常规性的应急处置预案，还要注意平时的实战演练，模拟各种现场环境，提高警员的实践能力"[4]，将应急预案的效能最大程度地发挥出来，同时这也是对应急预案的检验，有助于应急预案的进一步改进与完善。

**（三）提高公安机关处置群体性事件的能力**

提高处置群体事件的能力和水平是公安机关面临的一项艰巨而又刻不容缓的任务。

**1. 加强公安机关处置群体性事件专门能力建设**

面对当前我国群体性事件已经成为影响我国社会政治稳定的重要冲突形式的现实，公安机关作为和平时期社会秩序的主要维护者，必须适应形势变化，加强处置群体性事件专门能力的建设。这种能力，首先是快速反应能力，公安机关一旦发现群体性冲突迹象或行为，就要迅速接处警，在第一时间出现在群体性事件现场。其次是谈判和协商能力，群体性事件参与者人数众多，形势和情绪很容易失控，解决群体性事件的前提是通过谈判和协商稳定住群众情绪。再就是解决问题的能力，也就要公安机关妥善采取措施解决民众所要求解决的问题，从而消除群体性事件的矛盾点，即使只是一些初步的解决问题的意愿和举动，也能够防止群体性事件继续发酵。

**2. 加强处置群体性事件实战演练**

群体性事件处置的公安机关及其民警必须根据处置群体性事件预案组织必要的演练，并实际操作群体性事件执法操作规范。这样可以达到两个目的：一是由于群体性事件处置本身的复杂性，制定的处置预案和执法操作规范难免有不完备的地方，可以通过演练加以改进；二是群体性事件是动态的，没有绝对的规范可以遵循，关键在于通过实际的执法实践和平时有组织的演练增强执行力。因此，公安机关应常态化地开展处置群体性事件单项战术训练和综合实战演练，提高公安机关各警种、各内设机构乃至与其他政府部门的协作配合能力，强化现场处置效果，确保在紧急情况下能够牢牢控制局面。

### 3.加强信息公开和舆论引导

信息公开不仅对群体性事件的解决有利，而且对公安机关良好形象的维护以及群众对公安机关的信任也有很大的作用。公安机关所公开的信息必须是正确的、真实的，不是经过删节的不完全信息，更不能是掩盖事实真相的假信息。传言、流言和谣言已经成为处置群体性事件的大敌，关键的问题是能否尽早尽快地使群众了解事件真相。因此，公安机关在群体性事件发生后采取信息跟踪、动态掌握的措施，适时向群众公布事件真相及发展情况。增加信息传播的开放性，将大大压缩违法犯罪分子蛊惑群众的空间，也有利于公安机关正确引导社会舆论，减少阻力，获取支持。

## 参考文献

[1] 阳红光.浅谈群体性事件的处置 [J].公安研究，2005（3）：15-17.

[2] 张德华.群体性事件处置方略 [J].上海公安高等专科学校学报，2008，18（3）：61-65.

[3] 梁国聚.关于预防和处置群体性事件的思考 [J].公安研究，2006（5）：9-14.

[4] 赖少彬.公安机关对群体性事件的处置策略研究 [D].重庆：西南政法大学，2010.

# 青岛市网约车行业监管困境
# 与对策研究

董晓丹 [①]

**摘　要：** 与国内大多城市相似，青岛市的网约车监管新政仍然沿袭了传统巡游车过度依赖行政许可的政府监管方式，致使监管新政成为传统出租车行业的政策庇护。事实上，针对服务平台搭建的双边市场特性，政府不妨适度弱化政府监管的刚性，以包容的态度充分发挥行业自律的辅助作用，最终实现"监管"与"自律"的兼容。为了更好地应用共享经济，就监管方式创新提出四点政策建议：一是完善立法；二是确立政企合作的监管模式；三是加强智能化与专业化监管；四是提高行业自律水平。

**关键词：** 网约车　监管　行政许可

## 一、网约车行业简述

本文所称"网络预约出租汽车"（下称"网约车"），是指利用其接入的互联网服务平台中，平台企业提供的乘客需求信息，向需求群体提供满足其个性化需求（如汽车品牌、用车时间等）的互联网预约式出租汽车服务的特定车辆。目前国内互联网专车市场的主要营运商有"滴滴专车""易到用车""曹操专车"及"Uber"等。与传统的巡游式出租汽车相比，网约车的不同之处如下：

（1）非巡游，只接受服务平台的预约订单。网约车不在马路上空驶巡游，只有乘客在其接入的服务平台上下单后，平台会向在其地理位置附近的网约

---

① 董晓丹（1986—），女，山东淄博人，中国海洋大学 2015 级公共管理专业研究生。

车司机派送订单。网约车司机接单后出发去往乘客的叫车地点接驾，后将乘客送至目的地。

（2）传统出租汽车通常由公司统一采购相同的车型，出租车司机则多为公司派遣或自主挂靠形式。而在网约车市场，汽车租赁公司通过汽车租赁、劳务派遣公司通过派出专车司机或私家车司机通过人车共享的方式均可以接入网约车平台，从而实现车辆和驾驶员的高度集约利用。按照乘客的预约需求，平台又可以分别为各种类型的车辆，例如出租车、约租车、顺风车或拼车，提供信息服务。

（3）涉及多元化行为主体。传统出租车运营行为主体通常由相对简单的出租车公司、司机及乘客三元结构组成。网约车在运行过程中则涉及更为多元的法律主体，其法律关系也异常复杂：服务平台与汽车租赁公司之间因签订汽车租赁合同，提供专车运营的车辆而形成合同关系；平台与劳务派遣公司因签订劳务派遣合同，提供专车司机形成合同关系；平台与司机形成劳务关系；平台通过承诺乘客在 APP 应用上的邀约订单，与其达成消费合同关系；乘客与司机之间也有消费关系。在这整个运行过程中，网约车服务平台作为整个法律关系的主线，支配着上述多重的、相互交叉的法律关系 [1]。

（4）服务方面更完善。网约车的服务平台独有的计价系统，能够匹配车辆与乘客的实时需求，并结合天气、时间及路况等因素来动态调节服务费率；同时可以实时计算道路上能提供服务的车辆供需比例，利用价格杠杆调节市场供求平衡。此外，平台的实时监控系统使得网约车行车轨迹与费用明细对乘客随时可见，有效避免绕路高收费等欺骗行为。

在互联网与市场环境的双重推动下，充分利用了移动互联网信息共享技术的网约车服务，颠覆性地创新了国民的公共出行理念，一定程度上缓解了公共交通体系不发达的地域中，居民出行供给能力不足与服务水平不高的问题，也完善了乘客差异化出行的需求。服务平台企业作为中介平台，维系了司机与乘客的运营关系，在提供信息服务的同时，也整合了社会资源，提供了一部分用工岗位。然而，在打破了传统出租车和汽车租赁的运营模式的同时，网约车行业也模糊了传统上营运车辆的定义，使得专职与兼职、营运与非营运的界限逐步模糊、难以界定。另一方面，目前行业中也出现了许多有损乘客利益的负面现象，例如司机随意取消订单、乘客难以维权、乘客人身财产安全受到侵害等问题。

## 二、青岛市现行网约车管理办法的特点

作为一种新的商业模式，政府需要出台相应的政策以填补监管空白。2016 年 7 月交通部联合七部委颁布《网络预约出租汽车经营服务管理暂行办法》，青岛市也在 2017 年 1 月正式施行《青岛市网络预约出租汽车经营服务管理暂行办法》（下称《暂行办法》）作为管理细则。然而，目前青岛市内的网约车平台仍在向不合规车辆和司机派单，致使乘客安全、道路顺畅度都受到了影响。另一方面，难以取得的运输证和驾驶证、游走在灰色地带的平台和司机，都让青岛市民们对城市网约车的未来产生疑虑。造成这种现状的原因，是由于青岛市的《暂行办法》对网约车经营提出了较为严苛的要求。青岛市《暂行办法》不仅涵盖了八部委《网络预约出租汽车经营服务管理暂行办法》对网约车监管的全部内容，而且针对网约车经营中出现的安全、服务、欺诈等乱象提出了更苛刻的要求，主要表现在三个方面：一是对车型、排量、车龄等车辆属性提出了更高要求，达到这些要求的基本上是 B 级车辆，而这些车辆属性在八部委《网络预约出租汽车经营服务管理暂行办法》中没有提及；二是对驾驶员的户籍进行了限制，要求持本市户籍或持一定时期的居住证，这不仅超出了中央监管新政的限定，而且与从事专车、拼车或顺风车经营驾驶员的实际情况不符合；三是要求取得网络预约出租车驾驶员证，并在营运中张贴网约车专业标识，同样超出了中央监管新政的限定。对比国内其他较发达城市的网约车新政，青岛市出台的管理细则将网约车定位在了满足中高端出行需求，实质上是通过对驾驶员、车辆、营运和审批流程等的附加限制，达到减少网约车数量规模的政策目标[2]。另一方面，青岛市《暂行办法》套用固有的行政许可模式来监管网约车这一新的商业模式，要求服务平台在本市设立分支机构，逐一申请经营许可，这必将导致网约车的地域性分割，

忽略了互联网的开放性特征，与互联网的无边界特征形成冲突。

### 三、青岛市网约车行业监管的建议

#### （一）完善立法，让监管科学有理

现行网约车的许可准入，并不完全符合职权法定原则，其上位法的缺乏造成其监管效力的低下。另一方面，实施行政许可的目的应在于规范管制网约车市场，形成良好的秩序，但就目前青岛市网约车发展现状来看，网约车市场秩序被强力改变，非营运车辆直接被排除在外，违背了共享经济的市场发展规则。而且行政许可的强行套入挫伤了广大网约车司机群体及平台的积极性，方便快捷的出行方式大量减少，损害了人民群众利益，也并未真正稳定市场秩序，手段和目的之间已出现失衡。因此，明确的法律依据和授权是地方制定行政许可的立法基础。目前，在宏观层面上完善监管的立法依据和授权已迫在眉睫。由于法律具有滞后性，立法过程漫长，所以，在短期法律法规无法快速跟进的情况下，不妨依据《中华人民共和国立法法》的有关规定，在符合《中华人民共和国行政许可法》第十二条至第十四条规定的前提下，由国务院采用决定的方式设定行政许可，给地方网约车立法提供法律依据，待实施后，由国务院及时提请全国人民代表大会及其常务委员会制定相关法律或自行制定行政法规。

#### （二）确立政企合作的监管模式

"互联网＋"业态是跨界的经济模式，而且网约车平台企业通常只需要一个主要营业机构所在地，即可面向全国甚至全球提供服务。现行的监管模式仍然按照属地管辖原则来划分管辖范围、分配管辖资源，使得县市一级监管部门无法有效监管，且势必会人为割裂以互联网信息技术为依托的网约车行业的有机统一。事实上，任何行业的监管方案都必须有行业自身的协作才能够成功。网约车行业显然尤为如此——对实际经营服务信息的掌控，服务平台远超政府监管部门。平台公司借助现代 GPS 技术和网络双向互动评价机制第一时间掌握监管所需的信息，诚然，政府有权要求共享信息亲自监管，但是单纯的政府监管人员和经费有限，很难针对网约车日常经营活动实时监

管，因为政府就算获得足够信息也无力对其进行实时分析处理[3]。不妨由监管部门设置车辆和驾驶员的准入条件、安全运营标准等，由平台企业负责具体实施日常监督管理责任，协助政府进行监管，再根据实际运行情况与反馈效果决定是否改善监管政策，放宽行业发展要求。

## （三）加强智能化监管与专业化监管

由于服务平台搭建的是双边市场，原来适用于单边市场的监管政策失灵。正是平台公司的数据处理技术优势产生了监管信息的不对称，政府担心在准租金分配中失去剩余控制主导权，才重新选择了适用于单边市场的传统出租车监管方式。在共享经济飞速发展的今天，政府应当提高监管的智能化水平，通过信息技术手段减少监管中的信息不对称，通过技术革新而不是借助行政许可固化政府监管。另一方面，现行的管理办法凸显了政府倾向于通过多主体协同监管、多方面行政许可方式追求监管质量，然而，多主体监管增加了政府监管的制度成本，也可能使得被监管对象无所适从，甚至造成部门之间的相互推诿。应当提高监管者的专业化水平，吸引专业化人才或引入第三方监管机构参与监管体系建设，尤其是强调通过数据挖掘技术，研判平台公司搭建的双边市场主体的声誉、信用和服务质量等信息，把握行业自律监管的规律[4]。

## （四）提高行业自律水平

建立服务质量数据采集、信誉考核、信用体系，形成网络化的社会共治，能够极大发挥行业自律的高效性，弥补政府监管的局限。例如，对于网约车运行过程中出现的司机辱骂殴打乘客、甚至威胁乘客人身安全的行为，服务平台与司机担负连带责任，以此倒逼服务平台加强监管。此外，建立完善的车辆评价机制，确保乘客可以通过评价系统对每一次服务进行真实评价，并保证乘客评价后的人身、信息安全，使得平台及监管部门能通过乘客的评价得知每一辆网约车最真实的运营情况。进一步畅通反馈渠道，提高反馈处理效率，使每一起投诉都能得到及时有效解决。服务平台不妨定期通过多种渠道发布常见纠纷的处理方式，引导乘客化解矛盾的同时，也可提醒网约车司机提供高质量的服务。

## 四、结语

探索建立符合"互联网＋"发展方向的"政＋企"式监管新路径，即"政府管平台，平台管网约车"。由政府制定监管标准，监视市场运行，评估监管效果，服务平台公司则负责实施监管标准并承担法律责任，通过二者的合作监管，来实现技术创新和公众安全的平衡。总之，由于网约车行业打破了营运与非营运的界限，原有的禁止性规定遭受了巨大的动摇。在市场竞争机制的调整下，传统的非营运车辆及司机也可以在合乎监管要求的前提下，为人们提供合法规范的客运服务。不仅如此，整个社会和政府的思维模式也进行了一次"头脑风暴"，当一项新技术或新商业模式出现时，基于竞争理念和公共政策的考虑，不能一概将其排斥于市场之外，否则经济发展就会渐渐缓慢直至最后停滞不前。

## 参考文献

[1] 侯登华. 网约车规制路径比较研究——兼评交通运输部《网络预约出租汽车经营服务管理暂行办法（征求意见稿）》[J]. 北京科技大学学报（社会科学版），2015（6）：96-103.

[2] 青岛市人民政府. 青岛市网络预约出租汽车经营服务管理暂行办法 [EB/OL].（2016-12-28）[2018-02-01].http：//www.qingdao.gov.cn/n172/n68422/n68424/n31280703/n31280713/161228165708465865.html.

[3] 弗里曼. 合作治理与新行政法 [M]. 毕洪海，译. 北京：商务印书馆，2010.

[4] 蔡瑞林，庄国波. 分享经济时代政府监管方式的创新路径——以网约车新政为例 [J]. 内蒙古社会科学（汉文版），2017（5）：132-139.

# 环境治理中的政府职能研究

杜 舜①

**摘 要：** 在我国的生态环境治理中，政府发挥着重要的主导性作用。然而，在政府的环境治理中还存在着许多问题。一方面，环境问题损害着国内社会公众的利益，另一方面，作为世界上最大的发展中国家，我国在国际社会上承担的环境治理责任也越来越重要。不断加剧的环境问题，对我国社会的可持续发展提出巨大的挑战。环境治理是一项负责的系统工程，解决环境问题，离不开科学技术的进步，离不开法律制度的约束和规范，离不开环保部门的严格执法，离不开广大群众和非政府组织的积极参与，但更离不开政府职能的发挥。因此，研究环境治理中的政府职能，对于做好环境保护工作具有非常重要的意义。

**关键词：** 环境治理 政府行为 应对措施

## 一、政府承担环境治理责任的必要性

### （一）作为公共物品的环境

众所周知，环境是一种公共物品，它具有公共物品的非竞争性和非排他性这两个重要特征，这种情况下的"公地悲剧""搭便车"及其所产生的外部效应现象，是环境污染的根本原因。因此想单纯依靠市场运作提供环境资源的想法是不现实的。实践已经证明，自由市场难以提供环境资源这种公共物品，起码不能单一地承担环境治理的责任。此外，政府作为社会公共事务的管理者，环境治理也是其职能之一。因此，在环境治理的问题上，政府必须作为主体，承担主要责任。

---

① 杜舜（1989—），男，山东青岛人，中国海洋大学 2016 级公共管理专业研究生。

### （二）环境对社会经济发展的作用

随着社会经济的不断发展，人与环境之间的矛盾与冲突日益明显。环境问题开始反过来制约社会经济的发展。我国北方地区严重的雾霾、南方地区的酸雨以及水污染等已经严重影响公众利益，政府每年都需要投入大量的资金治理环境。据统计，北京近 5 年来在雾霾治理上的投资已经达到 700 亿元。近几年因环境问题所产生的国际纠纷事件呈上升趋势。环境治理不仅仅是对国内民众的权益负责，更关系到维护社会稳定和国际关系的稳定。

目前，环境治理中的政府行为主要分为以下几点。

1. 环境干预

为了经济和社会的可持续发展，政府必须对环境问题进行干预。干预的方式主要是对微观市场经济主体的行为进行直接规制，即主要是通过限制、禁止、制裁等方式来严格控制环境质量。这种环境治理并不必然损害企业竞争力和经济增长，相反，严格的环境治理一方面会对严重危害环境的企业造成退出风险，打击环境污染行为，同时也会促进企业开发环保技术、引进先进设备、提高资源利用率，提高企业的生产效益和竞争力。

2. 环境建设

环境是典型的公共物品，环境保护则是典型的公共行为。作为一项公共事业，环境治理往往存在责任主体难以判断或责任主体太多、投资回报较低或没有投资回报的领域。因此，政府必须发挥其主导作用，加大对环境领域的公共产品和公共服务的投入力度。政府在环境建设方面的作用主要体现在两个方面：一方面，政府是环境公共基础设施建设的主体，在诸如城乡环境综合整治，建设污水处理厂、垃圾处理厂等领域发挥重要作用；另一方面，政府是环境科学研究和环境标准建设的主体，政府具有动员国家和社会各种资源的能力，有责任组织研究重要环境技术和制定环境标准。

3. 环境教育

公众的普遍参与是环境治理得以顺利实施的重要保证。政府在环境治理中的职责还在于其能够发挥提高公民环保意识的引导作用，加大环保教育和宣传力度，普及环境科学知识和环保理念，使大众认清环境的重要性和环境问题的危害性，并形成完善的环境治理机制，努力和有关环境的非政府组织、民间学术机构和团体一起形成合力，发挥公众保护环境的主动性。

但政府在环境治理实践中也往往具有局限性，存在政府的环境治理行动不能增进经济效率或政府资源配置不当的"政府失灵"现象。首先，政府不具备完全理性。政府的政策和目标作为国家意志可能是明确合理的，理论上也是有效的，但经过政府官员个人的参与和执行，会掺杂上个人意识和寻租等代理人问题，使政府无法突破有限理性的局限。其次，政府行为很难实现客观中立。在环境治理实践中，政府及其部门往往并不是客观中立的第三方和"裁判员"，而也是环境权益的参与方，政府会有选择地执行环境规制。

基于市场的环境治理模式是当今世界各国环境治理的主要模式和发展趋势。基于市场的环境治理，既发挥了政府在环境治理中的突出作用，又允许社会多元化和政府外部力量的存在和参与，充分考虑了环境治理的成本因素，体现了现代国家社会管理的新特点。在这一模式下，政府利用市场机制，激励微观层面的企业为环境污染治理主动行动起来，政府就可以从微观环境管理事务中脱身。这一模式明确了政府和市场的各自优势领域，为两种力量留下各自发挥作用的空间，除了要发挥政府的主导作用外，还充分重视市场机制和社会机制的作用，为增强环境整理能力、提高环境治理效率、提升环境治理水平提供了重要的支持和保障。

## 二、我国政府环境治理面临的主要问题

### （一）环境治理法律体系仍需健全

我国的环境法律体系建设已经有了长足的发展，但是环境立法和法制环境还远不能满足环境治理的现实要求。第一，环境立法的漏洞较多。环境法律之间存在冲突，不同国家机关、不同部门制定的法律法规有出于各自部门利益而存在狭隘的部门利益倾向。第二，目前的环境保护法规政策体系主要是政府直管为主的管理体系，侧重于污染物排放达标等治污方面，总体上属于"先污染、后治理"的末端治理性质。第三，环境保护法律规范滞后，操

作性不强。我国环境资源立法中有相当部分已经不能满足经济全球化的需要，这就要求可持续发展的新理念、新情况及时贯彻到环境法律法规中去。

### （二）政府环境意识缺失

现在政府仍然存在以 GDP 论成败的观点，追求经济发展而不顾环境恶化；在治理环境中存在着急功近利的心态；认为环境问题无所谓，不需要大力治理；不注重环境治理工作的整体性和配合性；忽视公众与社会环保组织在环境治理中的作用，等等。治理环境是一个系统的、长期的过程，需要投入大量的人力、物力、财力，多部门相互配合，通过长期的努力才能见效。有些政府由于有上述的错误观点，缺乏对环境治理的重视，造成环境治理的"政府失灵"现象。

### （三）环境治理执法过程缺乏权威性

各级环境监察部门都要受政府管理，在政府的指导下进行工作。而一个区域的政府，不仅要关注环境治理问题，还要关注经济发展、城市建设等多方面问题。一些领导为了提高政绩，只追求经济的增长，进行招商引资，降低了环境监管，造成了环境破坏。在这种情况下，环保部门很难进行治理。此外，相关部门的人员专业素质缺乏、职业能力差，相关设备老旧落后也是导致环境治理执法过程缺乏权威性的重要因素。

### （四）环境治理缺乏监督问责机制

环境保护法律体系不健全导致了环境治理有法可依但是无法定罪。很多高污染企业排放超标、破坏生态环境的现象一直都有，而惩治的措施大多局限于经济上的行政处罚，很多企业的排污盈利远远大于处罚金额，所以根本不在意。同时企业不停工，污染不停止。此外，环境监督部门监督不严、徇私枉法的行为也时有发生，我国环境治理仍然缺乏监督和问责机制。

### （五）公民及社会环保组织参与环境治理渠道缺乏

环保组织作为一种公益性组织，其所倡导的目标有可能与政府追求经济增长的目标出现冲突而成为不受政府欢迎的"异类"；作为公益组织的社会环保组织由于资金缺乏，无法不断扩大规模与影响力，其专业水平会因此受到限制；公民个人因为环境意识淡漠以及处于政府的管理之下而较少参与环境治理。由此可见，公民及环保组织在参与环境治理的道路上前行并不顺利。总体来说，当前我国公民及社会环保组织参与环境治理的途径主要存在于在监督这一环节，即将已经出现的环境问题上报给政府，再由政府出面解决问题，因此作用非常有限。我国在环境治理机制上，比较注重政府管制的作用，可称之为"强政府"。环境政策中的各种具体措施，大部分是由政府部门直接操作，并作为一种行政行为通过政府体制实施的，而特别缺乏来自民间的公众参与。同时，社会公众作为环境治理的重要主体，也没有得到切实的重视，公众参与环境治理缺乏必要的制度保障，直接导致公众参与环境治理的程度与效率不高，且以末端参与为主。在现有机制下，环境治理主体具有不完整性，环境治理行为往往需要消耗较多的财政资源，而不能够撬动更广泛的社会资源和力量，急需通过组织创新，优化环境治理结构，推动公众和非行政力量积极参与，从行政性治理转变成为多元共治，突破环境治理困境。

## 三、解决措施

### （一）转变发展观念，树立环境责任意识

要改变环境治理中"政府失灵"的局面，关键是要转变传统的发展观念，树立环境责任意识。这就要求政府继续贯彻落实以人为本的科学发展观，认真执行中央政府的各项环境政策。改变以经济增长率论英雄的传统观念，做到既重视经济价值，又重视生态价值，既关注眼前利益，也着眼长远利益，既注重局部利益，也着眼整体利益；转变传统环境治理中末端治理的观念，从源头抓起，倡导绿色经济，鼓励科技创新，切实履行政府行使公共管理的职能，促进社会经济的可持续发展，保证人民群众根本利益。

### （二）进一步完善环境治理法律体系

使环境治理行为有法可依，对违法行为产生真正的约束是提高治理水平的第一步。针对政府对环境监管部门的越权干预问题以及违法行为收益大于违法成本的现象，立法机关应该继续完善当前环境法律体系，在法律层面为环境治理提供运行保障。对于企业及个人的违法行为，需要制定完善的法律，

规定违法行为应该受到的相应惩罚，让环境监管部门的执法行为真正做到有法可依，加强对违法行为的约束力。

### （三）加强环境治理部门执法的权威性

加强环境治理部门的权威，要做到以下几个方面：首先，制约政府在环境监管方面的权利，这需要立法机关结合我国环境现状和现有的环境监管模式，对现有法律、法规在对环境监管中的政府职责进行更为详细的规定，防止政府的权力过大而职责不清，在赋予政府权力的同时，用相应的法律责任与义务进行约束，避免政府在环境问题上的不作为，同时也避免政府为追求经济发展而违反环境监管制度问题。其次，加大对环境监管部门的财政投资力度，根据环境监管部门现有人员编制情况及需求，对人员不足的部门编制加以补充；大力引进环境监管部门专业人才，提高监管水平；对监管部门工作人员进行定期培训，提高工作人员的专业素质及专业技能；在财政允许的情况下为环境监管部门更新设备，完善环境监管需要的子项设施，提高环境监管部门的监管能力。

### （四）建立完善环境治理监督与问责机制

这里的监督与问责，主要是针对政府、环境监管部门，以及企业的违法行为。首先，要牢固树立政府是环境治理第一责任人的意识，建立环保政府领导问责制，对违法行为进行责任追究，只有建立完善的问责机制，才能对政府领导行为构成约束，使其不敢碰触环保红线；各个环境监察机构也应该设立相应的监督、上访接待室，接受来自社会各方面的上访、监督，提升环境治理质量。其次，充分利用价格这一杠杆优化环境资源配置，进行环境资源开发，利用价格制度创新，并予以法律的保障，例如，通过提高征收排污费限制企业污染物的排放，实施环保型价格政策，建立排污者缴费、治污者受益的机制。

### （五）建立全民参与的环境治理

环境治理仅仅依靠政府的作用是远远不够的，因此政府必须建立一种全民参与的机制，拓宽公民及社会环保组织的参与渠道。首先，要在社会上树立一种环境意识，让全社会公民意识到环境问题与自身利益息息相关，积极主动地投身到环境治理当中来。其次，政府在确定一项政策是否可行时，除了指导专家意见外，也要让公众和社会组织参与进来，听取他们的意见，集思广益，减少决策中的失误。再次，公民与社会环保组织协助政府加强在环境治理当中的管制，同时对政府行为进行约束与限制。最后，建立政府与社会环保组织的沟通机制，密切政府与社会环保组织的合作关系，让社会环保组织发挥应有的作用。

### （六）充分运用市场化治理工具

环境法律法规具有强制性，是发达国家治理环境的基本手段。但强制性的手段也具有成本高、不利于激励企业进行技术创新等缺点。因此，发达国家越来越重视通过征收环境税、财政补贴等经济手段来解决环境问题，以降低治理成本和激励企业持续进行技术创新，达到提高环境治理的效率和灵活性的目的。美国在 20 世纪六七十年代的环境治理中，多采用命令型环境政策工具，虽然收到的环境治理效果明显，但付出的直接和间接环境治理成本是巨大的，在一定程度上甚至抑制了经济增长。20 世纪 80 年代末以后，美国政府改进环境政策，开始制定和实施基于市场的环境政策，多采用市场化的环境政策工具，不但使环境污染得到更加有效的治理和控制，而且还有效地促进了经济的持续增长，取得了环境治理和经济发展双赢的效果。而世界上环境治理比较成功的瑞典早在 1991 年就推出了碳排放税，随后，与环保相关的税收在瑞典总税收中所占比重迅速上升，碳排放税不仅可以有效减少二氧化碳的排放，而且使得能源使用效率有了很大提高。我国也应借鉴发达国家的经验，注重利用经济手段来开展环境治理，进一步完善环境税收体系，完善鼓励节能环保的财税体系，深化绿色税收、绿色采购、绿色贸易等环境经济政策，完善实施包括资源税、排污收费、环境补偿费、超标罚款、排污权交易、治理设施保证金、对节能产品补贴等治理措施，运用市场工具强化环境治理的成效。

# 参考文献

[1] 方世南. 环境友好型社会与政府在环境治理中的作为 [J]. 学习论坛，2007（4）：40-43.

[2] 王策. 论政府在生态环境治理中的角色与责任 [J]. 经营管理者，2015（33）：344-345.

[3] 娄树旺. 环境治理：政府责任履行与制约因素 [J]. 中国行政管理，2016（3）：48-53.

[4] 联合国环境规划署. 全球环境展望 [M]. 北京：中国环境科学出版社，2008.

[5] 郭瑞雁. 外国环境治理经验及其对中国的启示 [J]. 山西高等学校社会科学学报，2008，20（7）：44-47.

[6] 王金南，等. 中国环境政策改革与创新 [M]. 北京：中国环境科学出版社，2008.

# 浅析独立审判制度

范 清①

**摘 要：** 在现代社会，无论是资本主义国家的法律还是社会主义国家的法律，审判独立都被作为民事审判的一项重要原则，并且认为"司法独立乃是法治的真谛"。本文通过对独立审判制度的内涵、法律依据，独立审判的重要意义，当前我国独立审判制度的现状，构建独立审判制度等问题的思考，综合运用调查法、个案研究法、文献研究法，从分析独立审判制度的内涵与现状入手，反思我国独立审判制度存在的问题与弊端，探究阻碍独立审判制度发展的原因，发现目前我国独立审判制度主要存在审判权地方化、法官任免待遇公务员化、审判权行政化等问题，并对构建完善独立审判制度提出建立独立的司法和行政区划、强调法官职业的技术性、改变法院内部管理运作模式等相应建议，促进我国独立审判制度的发展与完善。

**关键词：** 独立审判制度　司法公正　法官独立

独立审判制度，是指法官享有全权审理和裁判案件的权利，同时，对自己的不正确或错误裁判承担完全责任的审判制度。

独立审判在西方社会又被称为司法独立。这一法律原则是西方资产阶级在近代的革命过程中所提出来的。孟德斯鸠在《论法的精神》中指出："如果司法权不与立法权和行政权分立，自由也就不存在了，如果司法权与立法权合而为一，则将对公民施行专断的权利，因为法官就是立法者，如果将司法权与行政权合而为一，法官便具有压迫者的力量。"为了防止权力滥用，保证政治自由，司法、行政、立法三种权力不仅要分立，并且要互相制衡。

---

① 范清（1988—），男，山东青岛人，中国海洋大学 2015 级公共管理专业研究生。

伴随着资产阶级革命的胜利，独立审判原则在资产阶级宪法中获得确认。并且我国宪法、人民法院组织法及三大诉讼法也都明确规定："人民法院依照法律独立行使审判权，不受行政机关、社会团体和个人干涉。"这是我国国家权力分配的基本特征。

独立审判能够成为现代法治国家普遍遵循的一项基本原则的原因，在于其适应审判活动自身的要求和政治体制运作。第一，从政治方面来看，独立审判能够有效限制行政机关以及立法机关过分集中的权力，从而避免权力的腐败和专制。正如约翰·亚当斯指出的那样，"司法权应当从立法和行政两部门中分离，并独立于它们，使得它能对这两个部门形成制约"。第二，从司法方面来看，独立审判是审判公正实现的前提条件，符合审判活动的自身要求。审判作为公民权利行使及社会公正实现的最后保障，公正始终是其孜孜追求的最高价值目标。这就要求司法机关应该以事实为依据，按照法律规定来判决其所受理的案件，做到不偏不倚，而不应该有任何限制。唯有如此，才能保证程序公正，体现法官形象公正，并最终实现实体公正。

## 一、独立审判制度的内涵

### （一）独立审判的概念

独立审判，又称审判独立，是指行使审判权的法院和法官依据法律独立地审判案件，不受任何干涉。也就是法官依据自身对法律的理解和案件事实的判断，独立自主地做出判决，不受来自任何方面或由于任何原因的间接或直接的影响、限制、压力、诱导、干涉或者威胁。独立审判不仅是法官的权利，更是其义务。

### （二）独立审判制度的内容

对于独立审判制度的内容，我国的众多学者与法律专家各持己见，主要包括内部独立和外部独立。内部独立，是指在我国司法系统内部，法定审判组织（比如说我国的合议庭、独任庭）与做出判决的法官之间的互相独立。内部独立的主要内容包括三项：第一是法官之间的独立；第二是不同级别法院之间的独立；第三是审判组织在各自的权力范围之内相互独立。外部独立，是指司法系统对来自司法系统之外的影响以及权力的独立，主要表现在以下两个方面：一是司法职能的独立，二是司法机构的独立。

### （三）独立审判的功能和作用

独立审判制度作为现代法治国家普遍加以确立和承认的一项基本原则，其不仅仅是一项司法审判活动的基本准则，而且是一项宪法原则。独立审判制度对于我国实现依法治国，保障公民的权利和自由，达到公平正义，都具有十分重要的意义。第一，独立审判制度是保证和指引司法公正的重要方式，是我国实现社会正义和公平的重要手段。第二，独立审判制度保证了行政权与司法权的分立，使法律能够起到规范和控制社会生活、国家生活和国家权力的作用，为我国建立法治社会奠定坚实的基础。第三，独立审判制度是贯彻国家权力制约思想的产物，它可以确保法院在独立行使审判权的过程中对其他国家权力进行有效的制约，防止专制和集权情况的出现。

## 二、我国独立审判制度的现状和成因

### （一）我国独立审判制度的现状

我国的法官独立审判制度，是指法官享有全权审理和裁判案件的权利，同时，对自己的不正确或错误裁判承担完全责任的审判工作制度。众所周知，司法权是中立性权力，司法权若无法保持中立，法治便无从谈起。要保持司法权中立，需要同时满足以下两个基本条件：第一是独立审判，法官除向法律负责外，不需向任何机关负责；第二是在政治体制上，我国的司法权只能够接受监督，不能够接受命令。因此，我国在赋予了法官独立的地位和相对较大权力的基础上，必须要建立和完善权责分明的法官责任制度。从世界各国诉讼制度的发展来看，一方面是在立法及司法实践中，应该不断强调和重视法官的创造意识和主动精神，具体表现为，在立法中一般性条款受到重视以及在司法中自由裁量权的广泛运用。在另一方面，对法官个人行为的约束在制度上也不断加强。建立法官的独立审判制度也是培养、锻造精英法官，建设法官职业化的需要。总之，更应该成为当前我国改革审判方式所不断追求的目标。

党的十五大提出 "推进司法改革，从制度上保证司法机关独立公正地行使审判权和检察权"。在十七大上，胡锦涛总书记再次提到必须保证检察机关和审判机关能够依法公正独立地行使检察权、审判权，可谓意义深远。我国现行宪法规定：人民法院依照法律规定独立行使审判权，不受行政机关、社会团体和个人的干涉。我国宪法作为国家的根本大法，明确规定了由人民法院独立行使国家的审判权，是从制度上根本性地确立了国家审判权由人民法院进行独立行使。从党的十五大到党的十七大，党和国家领导人反复提出要保证审判机关依法独立公正地行使审判权，一方面说明了党对保证我国人民法院独立行使审判权的重视，另一方面也折射出一个问题，那就是在过去的时间内，人民法院在独立行使审判权方面还有很多不尽如人意的地方，人民法院的独立审判权没有得到根本保证。

### （二）存在问题及原因分析

#### 1. 审判权地方化

审判权地方化主要体现在两方面：一方面，地方法院由同级人民代表大会产生，法官由同级人民代表大会任免，并需对其负责；同时根据目前我国的干部管理制度，地方法官还需要先由同级别的党委在事前讨论决定后，才能够由同级人民代表大会任免或者选举；另外，所有法官的调动又需要经过地方的党委组织部门进行办理。所以，地方的党委、人民代表大会完全可以通过对地方法官的任命或者选举来影响甚至控制法官与法院，从而影响甚至干预法官与法院的独立审判活动。另一方面，各级地方法院的财政预算由各级地方政府进行管理、发放与编制。一些地方政府现在甚至给当地法院下达招商引资的经济任务，这就充分说明了由于法院财政预算不独立，在一些地方行政长官看来，人民法院也不过是各级行政机关的下设附属机构。

#### 2. 法官任免、待遇公务员化

法官任免、待遇公务员化体现在我国的法官等同于政府机关的公务员，法官在任期内普遍缺乏足够稳定的身份保障与保证。法官在审判中，最重要的也许不是考虑什么样的判决公正，而是考虑什么样的判决才不至于被公众指责或是被免职。所以各地就出现了一些疑难案件、重大案件，特别是在当地影响比较大或者是牵扯到一定级别干部、一定部门的案件，要报当地政法委协调处理，而且说是协调处理，其实往往到最后是政法委说了算。

### 3. 审判权行政化

审判权行政化主要体现在案件审判过程中法官受法官的领导。在现阶段，人们常将法院里的院长或者庭长这些具有领导身份法官的双重身份混为一谈，从而使得院长或者庭长干涉法官独立审判成为一种正常现象。突出表现在案件报批上，庭长、院长有权控制、指挥审判的进行及审批案件的判决，有权改变合议庭、独任庭的意见，成为法官之上的法官；对一些重大疑难案件，审委会在进行研究之后，可以直接下达定案指示，独任庭或者合议庭必须无条件地服从，明显就是一种命令与服从的关系，审委会就成为审判组织之上的审判组织。司法者根据自己的法律良知做出主观的判断是司法权运作的首要原则，办案的法官由于不能自己做出主观的判决，进行独立思考判案的能力就可能出现退化，进行公正司法的积极性就有可能受到打击。"当个人法律素质的高低并不决定案件审判结果的时候，恐怕没有太多的上进心去钻研业务，也不会在乎案件处理的质量。结果，法官成为一种人人皆可为之的职业，法官职业的专业技术特长荡然无存。"同时司法实践也反映出，庭长、院长如此的"把关"形式及审委会的决策方式不仅难以发挥其遏制个别人的主观恣意与任性的功能，而且有时倒成了个别人干涉司法的"合法性"工具。

### 4. 上下级法院之间的关系行政化

现阶段在上下级法院关系上，存在着将法律规定的上下级法院之间的审级关系异化为行政领导关系的倾向，比如说，案件请示制这一做法是毫无法律依据的，却已经在法院系统的内部存在了很长时间。当前在强调案件审判责任情况下，一些法院更热衷于案件请示，以求减少发回、改判数，并冠以"尊重上级、主动接受监督"的美名，其实是不尊重办案法官自己，推卸法律责任的不负责任的做法，其结果是严重损害了审级制度，愚弄当事人。

再比如说，上级法院派法官到下级法院就任领导，因为现在在法院内部的审判操作上面，领导往往具有决定性的权利，故也易造成下级法院因为被派法官的原因而受上级法院领导，从而有违上下级法院独立。还有现在许多上级法院对于下级法院办理的一些重大案件进行"提前介入"，或者利用司法行政资源影响甚至控制下级法院等一些做法，都是独立审判制度的直接障碍。宪法第一百二十七条规定：上级法院监督下级法院的工作。我们发现这一规定明显不同于宪法对行政机关、检察机关上下级之间关系的规定。对行政机关、检察机关上下级之间规定为领导关系。"领导"意味着上下级之间的从属关系，"监督"则说明上下级之间首先是相对独立的，才需要对相对独立的行为进行监督。然而这种监督关系是通过我国法律规定的审判审级而体现出来的。如果上下级法院之间变成行政的领导与被领导关系，则法律规定的案件审级制度就形同虚设。在这里讲的虽然是"法院独立"的问题，但是既然我们谈及法官独立审判，就肯定会涉及各级别法院相互之间的关系。因为"独立的法院在人事上组织和协调着独立的法官，以保障其在业务上独立地行使审判权"。

### 三、对于如何真正构建独立审判制度的思考

人民法院能够依法独立行使审判权的历史可以追溯到我国1954年颁布的第一部宪法。近年来，法学理论界和审判实务界探讨的热点又集中到了司法独立问题上来，而这也说明独立审判权的原则没有得到很好的遵守和执行。要使审判独立的宪法原则得以实践，在现阶段必须正确认识和处理以下问题。

#### （一）要对法院和立法机构、政府的关系有准确的认识

对于司法机关的个案监督的问题，是目前人大监督和法律独立审判之间关系的一个主要的矛盾点。《中华人民共和国地方各级人民代表大会和地方各级人民政府组织法》第四十四条明确规定"监督本级人民政府、人民法院和人民检察院的工作，联系本级人民代表大会代表，受理人民群众对上述机关和国家工作人员的申诉和意见"是县级以上地方各级人大常委会的职权之一。但是，在我国的宪法中却没有明确的法律条文规定法院的独立审判制度

不受人大的监督和干涉。搞个案监督是不合理的，因为这不仅仅会损害我国司法的独立，还会造成"立法者又兼任法官"的现象，是立法权对司法权的一种侵入，破坏了现行的宪政体制，会导致国家权力失衡。但是在正常的立法和司法体系中，立法权和司法权是要分开的，而且不仅仅要分开，还应当做到两种权利的相互监督、相互制约，不能使其中的任何一种权力过大，超乎其他权力之上。如果法院失去的终身裁判权，那么我们现行的政体也就不复存在。为了维护我们现如今的政体，保护法律至上的权利，我们就应该坚持法院的独立审判权。如果没有非常直接和准确的证据证明法官是错误的，我们就应当承认法院的判决结果；如果有证据证明法官是错误的，我们也应当采用正常的程序来维护自身的合法权益，追究法官的法律责任，而不应该由权力机关去干涉法律的整个审判过程，过问审判结果。目前这些关系没有理顺，主要是制度设置方面存在问题，要从法院的编制、机构设置、经费保障方面改变领导与被领导的关系。

## （二）要正确理解法院独立审判和审级独立的关系

完善法院的独立审判制度的一个基本问题就是要厘清法院独立审判和审级独立的关系。审级独立，是建构我国现行四级法院二审终审制度的脊柱。二审程序是一个独立的阶段，但是要真正实现这一阶段的独立，就要使其拥有自己的审判方法、步骤和原则，并且还应当让其做出的审判具有独立的法律效力。二审的主要任务就是对一审的复查，对于一审中的证据是否准确、法律法条的运用是否恰当等等进行核实，并且要进行全面的重新审理和审查，以保证判决的正确性和准确性。对于错误的判决，也应当及时予以纠正，确保法律的公平公正。然而，现在却出现了在一审时就"提前介入""请示汇报"，使得两审变成了一审，就不能更好地对一审的判决进行全面的审理审查，对于上诉制度和抗诉制度造成了根本上的毁灭。在这样的一种不良的状态下，一审判决实际上就体现了二审的旨意，使二审失去了其原本的目的和意义，不能够很好地保证程序的公正性，使得二审形同虚设。

### （三）要对法官和法院独立审判之间的关系有正确的认识

法院和法官独立审判之间的关系问题是法院独立行使审判权的核心问题。在现如今的法治国家，法院的独立审判大致可以分为三个方面：首先是司法权的独立，其次是法院的独立，最后是法官的独立。这三者又是相符相依的，其中法官的独立是司法独立的实质和核心，因此法官行使独立的审判权是应然的也是必然的。在我国的诉讼程序法中就有这样的一种规定：要求法官审判案件必须在法庭上且诉讼双方均到庭的情况下进行。俗话说："众人拾柴火焰高。"从理论上来讲，让更多的法官亲自参与到庭审中去，更加有利于集思广益，同时也能够更好地保证司法的公正性和公平性。但是，国家的人力资源是有限的，不可能保证每次庭审都有这样充足的法官资源来维护司法的公平性和公正性。不可否认的是，现如今我国法官队伍的专业化素质还不够强，与发达的法治国家相比还有很大的差距。但是，无论法官的专业化素质如何，我们都应该首先坚持法官的独立制度。因此，对于我国来说，更应该设立更为严格的条件挑选合格的法官，解决法官的专业素质不高的问题，使得法官能够独立审判。

# 参考文献

[1] 魏中赫. 审判独立问题研究 [J]. 法制与社会，2009（17）：180–181.

[2] 张懋，蒋惠岭. 法院独立审判问题研究 [M]. 北京：人民法院出版社，2003.

[3] 钱宁峰. 我国人大与司法机关之间关系的宪法文本分析 [J]. 学海，2005（5）：156–161.

[4] 贺卫方. 中国司法管理制度的两个问题 [J]. 中国社会科学，1997（6）：116–129.

[5] 王利明，姚辉. 法院机构设置及审判方式改革问题研究 [J]. 中国法学，

1998（3）：3-13.

[6] 李修源. 司法公正理念及其现代化 [M]. 北京：人民法院出版社，2002.

[7] 王立军. 人大信访工作的定位 [J]. 人大研究，2009（11）：31-33.

[8] 易延友. 走向独立与公正的司法——司法改革研究述评 [J]. 中外法学，2000（6）：739-765.

[9] 魏守仁. 宪法学 [M]. 北京：北京大学出版社，2001.

[10] 徐继敏. 司法公正与审判制度改革 [J]. 探索，2000（2）：103-106.

[11] 姜伟，杨荣新. 民事诉讼机制的变革 [M]. 北京：人民法院出版社，1998.

[12] 刘瀚，夏勇. 中国社会主义民主与法制 [M]. 江西：江西人民出版社，1996.

[13] 任允正，刘兆兴. 司法制度比较研究 [M]. 北京：中国社会科学出版社，1996.

[14] Nedzed N E. Legal Reasoning, Research, and Writing for International Graduate Students [M]. New York：ASPEN Publishers，2004.

[15] Editors of the Columbia Law Review, the Harvard Law Review, the University of Pennsy lvania Law Review, and The Yale Law Journal. The Bluebook：A uniform System of Citation [M]. 18th Edition. Cambridge： the Harvard Law Review Association，2005.

[16] Cheng E K. Independent judicial research in the Daubert age [J]. Duke Law Journal，2007，56（5）：1263-1318.

# 我国政府机关办公室工作
# 基本职能研究

高 冲 ①

**摘 要：** 政府机关办公室作为机构内设的综合性辅助办事部门，起着承上启下、沟通协调、文件处理、综合调研、后勤保障的中枢作用，是政府机关各项工作能否顺利完成的基础和保证。近年来，办公室工作事务大量增加，工作职能内涵有所变化，都对办公室工作提出了更高的要求。本文在简要总结阐释办公室相关定义，对办公室管理内容与工作特点进行概括性总结，分析我国政府机关办公室工作职能履行中出现的新问题的基础上，对办公室工作基本职能的升级和拓展进行了探讨，以期促进办公室工作效率的有效提高。

**关键词：** 办公室工作　基本职能

办公室工作是政府机关管理的核心中枢，在日常管理中起着不可替代的作用。办公室人员既担负着执行、调研、智囊等宏观管理职能，又承担着文件起草、督办协调、业务接待、通讯收发等微观服务任务。近年来，在改革、发展两大趋势下，办公室工作在保持传统特色的同时，也逐渐呈现出新时期的新趋势和新问题。因此，对政府机关办公室工作进行总结梳理、研究分析，是非常迫切而必要的。

国外办公室管理理论相关研究自19世纪末开始萌芽，20世纪初期形成独立学科，20世纪20年代到50年化快速成长，到20世纪60年代日臻成熟。狄更斯同布赖共同编写的《办公组织与管理及秘书工作》被视为办公室系统理论研究诞生的标志，该书首次将办公室工作定义为"大神经中枢"；普莱

---

① 高冲（1990—），女，山东青岛人，中国海洋大学2016级公共管理专业研究生。

斯与海克斯合作出版的《办公室管理》，第一次完整精确地把现代办公室管理作为理论提了出来，并说明了办公室管理工作的一些内容[1]。总体而言，国外所研究的办公室管理理论经过数百年的发展，已经相对成熟和现代化。

我国的办公室工作研究起步较晚，基本上都是把办公室工作作为行政管理的一部分进行分析。研究论著多为实物性操作指南简易读本和具体事务工作对策与建议，内容大多大同小异。特别是没有详细地分析办公室管理工作中存在的不足，没有提出应对的办法，也没有系统介绍新形势下办公室职能的转变，评价办公室管理工作的方法相对陈旧，测量方法和数据结论有待商榷。

本文简明总结阐释了办公室定义、管理内容、基本特点，重点分析了我国政府机关办公室在行使职能过程中出现的缺点及需要迎接的挑战，研究了新时代办公室原有职能的升级，以及新增工作职能的工作方法和发展思路。

## 一、传统办公室的概念界定及作用特点

### （一）传统办公室的概念界定和工作职能

狭义的办公室为办理公务的处所，而广义的办公室定义则涵盖了办公室的工作内容、职能范围。学术界基本认可广义的办公室指的是在国家体系出现和行政部门成立之后，慢慢发展起来的以行政中枢为外显特征的综合性、辅助性办事服务机构。

纵观现代组织发展，各类组织中都设有办公室性质的场务，提供类似办公室的服务，尽管每个单位设立的办公室在形式上、名称上是不同的，但是都有着相似的工作职能，总结起来大体有综合办事、枢纽协调、信息管理、参谋助手、后勤保障等。

### （二）传统办公室工作的作用和特点

机关办公室是行政工作的主体，行政过程中的一切活动都是以办公室工作为基础开展。正确的工作思路、合理的人事安排、可行的工作手段、有效的评估监督均依赖于科学合理的办公室工作。因此，办公室工作研究始终是管理学的最基本问题之一。

与组织中其他具有辅助性职能的工作机构相比，办公室工作是重、苦、杂、

难的代表，具有中介性、直接性、全面性、服务性、机密性、突击性、程序性、时效性等特点。重，是指地位重要，办公室工作对内直接决定了机关工作能否顺利进行，对外则是机关的窗口、形象。苦，是指工作辛苦，办公室日常工作繁杂，临时突发工作多，机要性强，工作强度很大。杂，是指事务繁杂，大至重要决策，细至后勤内务，上至决策领导，下至普通员工，内至核也机密，外至社交人情，几乎全有涉及。难，是指工作难度大，办公室工作是全方位、开放型的，要把握好轻重缓急，做到不遗漏、不误事，是一件难事。

我们必须清楚认识到，只有紧跟经济社会和时代的进步轨迹，不断转变办公室的工作职能，找到合适的工作方式，加快管理思路和方法的创新，做到理论和实践的统一、创造性和继承性的统一、创新和现实的统一，才能使办公室不断提高办公质量和效率、提高服务水平，才能使办公室跟上经济发展的速度，适应行政管理的改革[2]。

**二、新形势下我国政府机关办公室工作面临的挑战**

当前，经济社会高速发展，办公室工作所面对的情况也更加复杂、新颖。在组织结构变革多样化、法治化进程加快、行政方式多样化、多种管理理念的引入的大背景下，日渐呈现出决策工作数据化、政务工作信息化、行政工作规范化、管理工作精细化、接待工作标准化、事务工作社会化等发展方向。办公室工作面临着以下问题。

第一，传统思维模式制约。办公室工作人员在工作中缺乏主动思考，并没有充分认识到办公室工作的重要性，甚至把办公室单纯地作为后勤服务机构而忽视其参谋助手等作用[3]。工作缺乏总体目标和规划，随意性大，科学管理程度低[4]。

第二，人力资源配置不合理。办公室工作人员往往花费大量精力在处理日常事务中，反而缺乏管理知识的系统学习，从而导致业务了解浅薄，操作任意程度大，工作中靠经验，对办公室工作效率影响极大[5]。

第三，运行机制不顺畅。办公室工作方法大多延续从前，很少根据客观环境的变化而完善，精细化管理水平相对较低[6]。无章可循、有章不依或执章不严也是造成办公室工作效率不高的重要原因之一。办公室由于接触的行政相对人数量多且对象复杂，往往容易过多地考虑到人与人之间的关系等问题，没有严格做到规范服务[7]。

第四，考核机制不科学。办公室是辅助机构而不是核心机构的本质，决定了办公室工作在组织机构绩效考核中处于劣势。大部分组织机构资源考核配置一直倾斜于核心部门，不太注重对辅助机构，尤其是办公室工作的考核和激励。忽视物质和精神激励作用，不利于吸引人才和推动工作[8]。

### 三、我国政府机关办公室工作基本职能的升级与拓展

近几年来，我国政府机关办公室队伍不断加强，人员素质明显提高，各项工作得到了长足的进步，逐步规范、制度和科学，办公室工作呈现出蓬勃发展的新局面。但由于思想观念、工作模式、精细化服务等方面与经济社会发展要求还有一定差距，办公室各项传统工作职能的履行亟待升级，同时一些新的职能也在工作中占据越来越重要的位置[9]。

#### （一）传统办公室工作基本职能的升级

第一，文书工作。在办公室的所有工作中，最基本的可谓是办理公文。首先要保证公文的质量。做好公文审核，把好文件质量关，提高公文输出的质量，是办公室工作的基本功和必修课。其次要加快文件办理的速度。从办公室文件办理的速度就能看出整个办公室的工作效率。最近几年，各类政府机关都积极完善文件督办制度，加强督促检查。督办的思想观念已经和工作程序、内容和管理办法逐渐融合，建立了督办结构，规定了文件办理的步骤、文件运转的要求和每个步骤的责任，日渐成熟。

第二，决策参谋工作。决策参谋是办公室的辅助性职权，包括提供咨询、方案、建议等。决策参谋的目的是实现组织目标、协助直线人员有效开展工作。办公室是为决策提供可行性方案和可行性意见的智囊参谋部门，负责帮助决策者发现问题、明确目标、拟订方案，并做出论证评估，帮助决策者发现、纠正偏差，提供修正决策和追踪决策方案。决策参谋主要包括三类：辅助参谋，即按照上级给出的决策方向进行工作；相反参谋，即在上级决策没有

做到一切从实际出发时，勇于提出相反意见；提醒参谋，即当上级将关注点放在某方面时，也要提醒其同时关注其他方面，防止片面性。当然，决策参谋工作的基础是一定保证前期有充分的调查和论证。

第三，会议组织工作。会议组织是办公室传统职能之一，会议是指导工作、信息交流的重要方式。调查统计的结果显示，决策层的工作时间一般有35%左右，有的甚至高达85%是由会议占据的。全世界每天至少有五千万个会议在召开[10]。在诸多形式各异的会议组织工作中，最应当引起办公室人员重视的是会议计划和会议预算。会议也是组织的一项投入产出活动，会议投入是有形的，产出是无形的，应当通过合理的计划，减少投入，增大产出。精减可开可不开的会议，提高会议效率，改变会议作风，创新会议方式，是新形势下对办公室办会的要求。

第四，沟通协调工作。所谓沟通协调，指的是"利用信息互动、协调关系、倾听各种建议，来激发每个人员工作热情以便更好地完成工作。在某个单位内部，存在着很多不同的部门，而每个部门的职能、立场又是不同的，所以在对待一件事情上可能会有很多不同的意见"[11]。一定要优化工作办法，增强协调沟通能力，既按照原则办事又具有一定的灵活性，遇到问题不逃避，合理地解决，既抓住机会又不急功近利，坚持一切从实际出发，真正保证各个部门目标统一、行动统一、紧密相连、循序渐进，处理好各种问题，激发各种力量，团结起来完成任务。

第五，档案管理工作。档案管理工作是直接对档案实体和档案信息进行管理并提供利用服务的各项业务工作的总称，是一项隶属于办公室的管理性工作、服务性工作、政治性工作[12]。随着社会现代化的发展，办公自动化的应用使档案的生成方式发生很大变化。在档案信息化过程中，办公室应注意采用相对统一的社会化档案电子管理系统，同时加强档案管理者的能力，不断规范档案的管理工作。

第六，机要保密工作。我国经济的发展与行政管理的进步，对保密工作提出了更高的要求。市场经济的开放性、竞争性和市场主体的趋利性，现代通信技术、计算机及其网络技术的应用，都大大增加了保密工作的复杂性和艰巨性，同时又使保密工作兼具专业性和技术性。在新形势下，办公室工作必须加强创新，适应保密新形势的需要。

第七，接待工作。一方面，要在接待过程中广泛收集各方面的信息，并进行整合反馈；另一方面，要加强对细节问题的把控，开展人性化、差异化接待；同时，我们也应当看到当前的接待工作需要务实、节俭，严格控制"三公"经费支出。

**（二）新形势下办公室工作基本职能的拓展**

随着我国对外开放程度的加深，各类先进的管理理念先后被引入国内。以互联网为载体的新媒体快速发展，传播速度快，传播范围广，维护费用低，影响力大，使办公室工作基本职能得到了深入的拓展。

第一，政务办理集成模块化。在多年的实践中，以各地政府设立的政务中心为典型的集成模块化办公，已经凸显其综合化、消耗化和高效化的优势。集成模块化管理具有可减少内部消耗、增加办事效率、改善机构办事形象等优点，在日常的工作中，办公室工作人员应当主动思考优化办事流程和方法，整合出简单高效的办事流程，强化对自身工作的深层理解的同时，改善外部对办公室工作的印象和看法。

第二，管理工作法制化、规范化。管理工作法制化是指依照法律对管理工作的各个活动、各个环节进行规范和调节，将管理工作的技术方法、协调手段、行为方式、步骤和程序法律化；管理工作规范化是指在管理实践中，对重复性事物和概念，通过制定、发布和实施标准（规范、规程和制度等）达到统一，获得最佳秩序和效益。

第三，官媒管理主动即时化。官媒是官方所拥有的宣传载体，它一切的声音都是为组织本身所服务，是组织在宣传领域的唯一代表，在管理创新、信息公开、舆论引导、树立形象、公众参与等方面起到了积极的作用。随着以互联网为载体的新媒体快速发展，舆情防控、官媒管理日渐重要。因此办公室工作需要更加专业化、规范化，不断提高发布内容质量，完善互动功能，重视服务功能，真正发挥官媒作用。

第四，应急处理迅速专业化。在当前的媒体环境下，机关内部一个细微的差错都会快速传播开来，影响社会形象。因此，办公室应该制定出合理的应对危机的制度，合理利用新技术进行信息的传播和整合，尽量减少单位的损失[13]。

### 四、总结

政府机关办公室工作覆盖范围广，工作内容繁杂，是参与决策制定、执行，负责上传下达、部门协调、内外联络的综合部门，其工作质量会对机关单位的运转起到决定性作用。改进和完善政府机关办公室管理，提高办公室管理水平，从根本上说必须提高对办公室工作的重视程度。要不断优化办公室的硬件设施和工作环境，积极推进办公室建章立制工作，倡导团队精神，真正地将办公室职能履行好。办公室工作人员要有高度的责任感、强烈的事业心和严谨的工作作风，养成依法办事、保持沉默、只做不说的习惯。只有不断转变思路、调整工作态度，才能平稳高效地推进我国政府机关办公室工作的改进和提升。

## 参考文献

[1] 孙荣. 办公室管理 [M]. 上海：复旦大学出版社，1999.

[2] 黄良友. 办公室工作与管理 [M]. 北京：首都经济贸易大学出版社，2011.

[3] 张浩. 办公室主任必备素质与技能手册 [M]. 北京：海潮出版社，2014.

[4] 吴卫华. 办公室工作的新服务观 [J]. 领导科学，2005（1）：42-43.

[5] 赵锁龙. 管理秘书实务 [M]. 北京：中国人民大学出版社，2011.

[6] 宋文强. 图解 6S 管理实务 [M]. 北京：化学工业出版社，2010.

[7] 娄成武. 行政管理学 [M]. 北京：高等教育出版社，2010.

[8] 胡占国. 新编办公室人力资源管理制度与表格 [M]. 北京：海潮出版社，

2014.

[9] 李琪珊 . 企业行政管理实务 [M]. 北京：北京大学出版社，2010.

[10] 财政部 . 行政事业单位内部控制规范 [EB/OL].（2012-11-29）[2018-02-01].http：//kjs.mof.gov.cn/zhengwuxinxi/zhengcefabu/201212/t20121212_713530_html.

[11] 柳新华 . 党政机关办公室工作 [M]. 北京：经济科学出版社，2010.

[12] 姜忠喆，张忠夫，等 . 哈佛管理全集：办公行政 [M]. 沈阳：辽海出版社，2013.

[13] 秦启文 . 突发事件的预防与应对 [M]. 北京：新华出版社，2008.

# 浅谈地方政府部门的绩效管理问题
## —— 以青岛市为例

韩伟倩①

**摘　要：** 随着我国改革开放的进一步深入以及政府管理工作的不断变革，政府部门的绩效管理工作受到越来越多学者和我国政府管理人员的关注，在国外一些先进的国家已经形成了较完备的理论，并在实践应用中取得了较好的效果，然而由于我国对此研究较晚，相比之下缺乏完善的管理理论和实践经验，所以在实践应用中还存在着一系列的问题。本文以青岛市为例，在研究了目前国内外对此课题研究现状的基础上，分析了青岛市地方政府部门在绩效管理方面存在的问题，并提出了针对性的措施，旨在为促进我国地方政府的绩效管理工作提供参考和建议。

**关键词：** 地方政府部门　绩效管理　问题研究

政府绩效管理是在学习和借鉴企业绩效管理方式的基础上产生的，是在20 世纪末期形成的一种新的国家治理方式。政府绩效管理就是政府部门在充分体现民意的基础上，科学地制定各部门和各单位的绩效指标，通过采取科学的管理方法实现预订的目标和指标，从而不断提高政府对社会事务的管理能力，提高为人民服务的水平。由于我国引入这种管理方式的时间还很短，所以理论研究方面还很不足，而且在实际的应用过程中还存在着这样或那样的问题，需要不断完善，所以对本课题的研究具有非常重要的理论意义和现实意义。

---

①　韩伟倩（1990—），女，山东青岛人，中国海洋大学 2016 级公共管理专业研究生。

## 一、国内外研究现状

### （一）国外研究现状

平衡计分卡最早产生于企业界，是由美国著名管理学会计学家卡普兰和复兴方案公司总裁诺顿于 1990 年在研究未来的组织绩效测量方法之后提出的。1999 年 11 月，卡普兰发表了《平衡计分卡报告》，在其中提到了"公共组织的平衡计分卡"，这也为人们研究在公共组织中运用平衡计分卡奠定了基础。随后，在 2000 年，维特科尔出版了《在联邦政府中运用平衡积分卡》一书，叙述了政府组织运用平衡计分卡如何提高战略执行能力。2003 年，保罗·R.尼文出版了《面向政府和非营利组织平衡计分卡实施步骤》一书，丰富了基于平衡计分卡的政府绩效评估的认识和实践。国外学者对于平衡记分卡的研究主要在于指出平衡计分卡应用于政府机关的可行性以及其特殊的功效，至于如何设计平衡计分卡的指标，并没有过多涉及。

### （二）国内研究现状

我国在借鉴国外经验的基础上，最初是将平衡计分卡理论应用在企业管理的过程中，后来，朱衍强将这一理论引入政府绩效管理的工作 [1]，之后更多的学者也相继对其进行了一些研究，总结起来主要有两方面的理论：一方面是从政治学和行政学的角度出发去研究，另一方面是从运用管理学的角度去研究。分别从不同的角度出发，将平衡计分卡理论运用到政府绩效管理工作中。在当时影响较大的文章如刘旭涛的《制度、战略与方法》，在叙述了平衡计分卡的内容、发展后，对在我国公共行政中运用的有效性进行了论述 [2]，又如范柏乃的《政府绩效评估与管理》，运用管理学理论，针对政府中定性和定量两种评价指标，通过计划任务法对平衡计分卡加以完善并引入我国政府绩效管理中做了探讨 [3]。

从我国目前对于政府绩效管理方面的理论研究成果来看，从政治学、行政学的角度对平衡计分卡在政府绩效管理工作中的应用研究，已经通过有效的分析和研究形成了一定的理论体系，但是对于这一理论在具体管理工作中的运用步骤以及工作方式，还需要进一步研究。

## 二、青岛市地方政府部门存在的绩效管理问题

### （一）缺乏统一的地方政府绩效管理领导主体

地方政府绩效管理是一个复杂而长期的工作，需要引起领导足够的重视并建立独立且完善的管理部门，配备以领导为首的全面的管理人员，以便顺利地开展绩效管理的相关工作。国际上一些发达国家或者是在地方政府绩效管理工作取得良好效果的国家，都是在开始此项工作之初就建立起完善的领导管理主体。而目前从我国的发展现状来看，由于领导认识程度不够，在地方政府绩效管理方面还不是很正规，大部分地主政府没有建立起完善的绩效管理主体，几乎没有领导参与，而且多数只是成立一个简单的部门，由几个非专业的工作人员负责此工作，管理混乱，缺乏科学性和规范化的管理。

### （二）地方政府绩效管理的环节缺失

目前我国地方政府在进行绩效管理方面存在着环节缺失的现象，由于领导的不够重视、人员专业知识的缺乏等原因，一些地方政府的绩效管理工作只是进行单纯的绩效评估环节，这种管理环节的缺失使绩效管理不能很好地发挥其应有的作用[4]。首先，缺乏绩效管理目标的设定，而且一些地方政府部门即使设定了管理目标，多数也是一个形式，并没有考虑到其科学性和可操作性；其次，缺乏领导重视，导致在绩效管理工作中缺少必要的投资，没有对相关人员进行有效的培训，对绩效管理工作缺乏有效的监督和管理；再次，缺乏信息反馈和完善环节，科学、有效的管理应该对实施过程中存在的问题进行反馈、解决，才能使之不断地完善，而青岛市地方政府在绩效管理工作方面没有注重这一环节，使得存在的问题不能得到有效解决。

### （三）内生性矛盾关系处理难度大

地方政府的绩效管理在制定管理目标和相关考核内容时和企业绩效管理不同，由于不同的政府部门表现出多元化的特点，所以在使用统一的绩效管理项目时可能存在着各种矛盾，比如总量与发展速度的矛盾、复杂性和简单性的矛盾、共性和个性的矛盾，这些矛盾的存在使得不同单位希望确定的绩效考核内容以及所占比例是不一样的，给地方政府实际绩效管理工作造成了

较大的难度。

### （四）缺乏相应的制度环境和绩效文化

一方面，虽然青岛市政府已经制定并下发了在绩效管理方面的相关政策和文件，但是从整体来看，在制度建设以及法律规范方面还存在着不足之处，现有的相关制度文件还不足以支撑绩效管理工作顺利、有效地进行；另一方面，缺乏与之配套的相关法律文件，使地方政府管理工作在实际的运行过程中缺乏有效的法律支撑。

## 三、完善青岛市地方政府绩效管理的措施

### （一）树立科学绩效管理理念

在进行地方政府绩效管理工作过程中，首先应该树立起科学的绩效管理理念，在坚持以公民为导向的原则基础上确定绩效管理的目标，使之能够充分体现人民的意愿，只有在此基础上进行的绩效管理工作才是科学有效的，并根据此目标制订具体的实施计划，从而形成一套科学、合理的地方政府绩效管理体系[5]。

### （二）营造良好的地方政府绩效管理氛围

要使地方政府绩效管理工作真正地落到实处，发挥其最大的作用，应该努力为其营造良好的氛围和环境。首先，通过进行专业的培训，并结合多种方式的宣传教育，不断提高相关工作人员以及领导者对绩效管理工作的重视和认识；其次，在各级地方管理内部，通过采取有效的激励措施以及制定考核目标，形成有效的竞争机制，通过在政府管理内部团结互助的基础上进行公平竞争，从而不断提高政府的绩效管理水平和能力；再次，通过采取有效的鼓励政策和正确的引导，吸引社会上的先进力量参与到地方政府的绩效管理中来，加强对绩效管理工作的监督，使之不断完善[6]。

### （三）坚持在实践中不断改进提高

由于我国对政府绩效管理工作的研究起步较晚，而且也是最近几年才逐渐在各地区开始实施，绩效管理作为一个新鲜的工作在实际的运行过程中难免会存在着一些问题或矛盾，为了使这项工作得到不断的完善和改进，真正

地做到实处，在进行此项管理工作时应该坚持"持续改进"的工作思路，就是不断地发现问题、不断地解决问题，在具体的工作中应该坚持以下原则。

### 1. 统筹考虑

在制定地方政府的绩效管理目标和考核标准时，对于存在矛盾的方面应该科学地权衡，结合多个方面进行综合考虑，坚持以大局为重，以多数者的利益为重。比如，在给含有数量和效率加分因素的指标赋权时，优先考虑工作效率情况。

### 2. 力求精简

为了使地方政府的绩效管理工作便于操作和监督，在进行工作流程的设计时，应该在保证此工作的完整性、可操作性的基础上，最大限度地简化工作流程，这样不仅可以节省大量的人力物力、缩短工作周期、提高工作效率，而且还便于内部和外部实现有效监督。在设计的过程中，还可以充分利用现代计算机技术和网络技术，建立网络自动管理系统和网络平台，便于管理数据的获得和对管理过程中有效监督。

### 3. 区别对待

在对绩效指标进行考核时，为了更好地避免差异性的存在，对不同的单位或部门应该区别对待，可以选择"纵比""横比"或者二者相结合的比较方法进行分别评价。比如，对于差异不大的部门之间可以建立比较关系，采取"横比"的方法；对于存在较大差异、不宜建立比较关系的部门进行"纵比"，也就是通过和自身近年的发展情况进行比较，还可以根据需要综合运用两种比较方法进行考核评价。

### （四）优化绩效制度环境，推动绩效文化建设

由于地方政府绩效管理工作在青岛市刚刚起步，还没有建立和形成完善的制度环境，相关的文化建设也需要进一步加强，所以青岛市应该在充分吸收国外成功经验的基础上，通过分析各地区的具体情况以及在实施过程中存在的具体问题，进行符合我国国情的、针对各地区不同情况的具体的制度建设和文化建设。一方面，在实践中不断完善相关制度；另一方面，通过宣传

教育和必要的引导，不断提高管理者以及相关工作人员的价值取向，形成良好的相关文化氛围。

地方政府部门的绩效管理工作是国家进行社会管理事务的一项重要工作，对于我国来说，也是一种创新的工作方法。青岛市发展地方政府部门的绩效管理工作对全国来说是一个尝试和表率，在实施过程中虽然存在着一些问题，遇到一些矛盾，但是这一管理工作是促进社会进步、提高政府工作质量的有效措施和必然趋势。所以，各地区应该结合我国国情，在有效借鉴国外成功经验的基础上，根据各地方的不同情况，通过不断提高认识，加强制度建设、法制建设以及文化建设等方面，有效解决地方政府部门的绩效管理问题，提高管理水平，加强政府对社会事务的管理，使之更好地为人民服务。

# 参考文献

[1] 朱衍强. 中国地方政府绩效管理研究 [M]. 北京：经济管理出版社，2013.

[2] 刘旭涛. 政府绩效管理：制度、战略与方法 [M]. 北京：机械工业出版社，2014

[3] 范柏乃. 政府绩效评估与管理 [M]. 上海：复旦大学出版社，2012.

[4] 郑方辉，李振连. 论我国地方政府整体绩效评价 [J]. 当代世界与社会主义，2010（1）：119-122.

[5] 姜洁. 政府绩效管理工作部际联席会议召开第二次会议 [N]. 人民日报，2012-3-17.

[6] 张永军. 中国宏观经济形势分析与政策建议 [J]. 中国市场，2013（7）：31-34.

# 公共服务购买：地方政府提升服务的新路径——基于费县村级便民服务专职代办员的实证分析

姬 玉①

**摘 要：**地方政府花钱购买服务作为政府提供公共服务的一种新模式，是政府适应公共服务改革的一种新的体制创新。本文笔者从实践经验的角度论述了研究政府购买公共服务的理论意义和实践意义，对地方政府购买公共服务给予了内涵界定，具体阐述了临沂市费县政府购买公共服务的新路径——招聘村级便民服务专职代办员这一案例，最后对政府购买公共服务给予总结。

**关键词：**政府购买服务 新路径 村级便民服务专职代办员

政府购买公共服务顺应了服务型政府的改革理念，为政府的改革提供了一种新的模式、新的路径选择。政府购买公共服务对于提升公共服务的质量、促进服务型政府的建设、实现公共服务的均等化等方面有着重要的意义。关于政府购买服务，西方国家已有 30 多年的历史，我国也有 20 多年的实践经验，但国内外的观点基本都是从合同外包或者契约方式购买公共服务，缺少一种新的服务模式，而如何提升政府购买公共服务的现实效果，并在机制设计上对其进行改进成为一个令人思考的问题。因而，这就需要选择一种新的政府购买路径来解决。

## 一、问题的提出

自 20 世纪 70 年代以来，西方各国掀起了政府社会服务供给改革的浪潮，

---

① 姬玉（1989—），女，山东临沂人，中国海洋大学 2016 级公共管理专业研究生。

传统形式的政府垄断公共服务的供给方式逐步让位于政府购买公共服务。进入 20 世纪 90 年代中后期，我国也将政府购买社会服务的方式从过去的"隐性购买"过渡到"显性购买"[1]。经过 20 多年的实践，这一制度迅速地发展，许多地方政府都将其作为一种制度创新，从而大力推进和推广。目前，在公共事业领域，政府通过购买公共服务来提升公共服务的水平方兴未艾，它既有利于政府和社会之间的合作与交流，又可以满足公民多方面的需求。

笔者之所以选择这一研究主题，一方面，政府通过花钱购买服务来提升公共服务的水平是目前多国政府，包括我国地方政府在内都在实践的路径；另一方面，笔者曾担任过临沂市费县的一名村级便民服务专职代办员，对于政府通过购买服务提升公共服务水平这一新的路径选择比较熟悉，对其中取得的成果和存在的问题也比较了解。本文在对临沂市费县村级便民服务专职代办员的情况进行具体介绍的基础上，对其取得的成就进行剖析，为其他地方政府提供可借鉴之处，并对其存在的问题进行深刻剖析，对有关策略进行阐述。

本课题的研究意义包括理论意义和实践意义两个方面。

在理论研究领域，以往对于政府购买服务来提升服务水平的研究都从合同外包或者契约方式购买公共服务来探讨，而缺少新的选择路径，本文以临沂市费县为例，提出了一种新的政府购买服务方式，一定程度上是对原来研究的丰富和深化。

在实践应用方面，纵观我国政府购买服务的实践模式，不难发现我国政府购买服务大多是在一线大城市开展的，而基层政府购买服务的情况少之又少。临沂市费县招聘村级便民服务专职代办员的这一做法是基层政府花钱购买服务的典型事例，笔者通过对临沂市费县村级便民服务专职代办员的深刻剖析，可以为其他基层地方政府花钱购买服务、提升服务水平提供借鉴。

## 二、地方政府购买公共服务的内涵界定

政府购买公共服务作为政府在公共服务领域的职能转变和市场化改革的一项重要手段，将过去的政府直接提供公共服务转变为政府只出资购买，由

各类社会组织来具体提供社会公共服务 [2]。通过政府部门的招标购买和各类组织之间的市场竞争，可以有效提高社会公共服务的质量和效率。政府购买服务所购买的是一种无形的社会公共服务，与货物和工程等实体产品的采购相比，政府购买服务体现出非实物性、非生产性、不可储存性、不可贸易性和即时性等特征 [3]。

许多国外学者都认为，政府购买公共服务就是公共服务合同外包，即政府通过与营利或者非营利组织签订承包合同的形式来提供公共服务 [4]。而由于我国在政府购买服务方面起步比较晚，很多国内学者对于什么是政府购买公共服务有很大的分歧。笔者比较赞同赵立波的观点：政府购买公共服务是指政府为了履行服务公众的职责，通过政府财政向各类社会服务机构支付费用，用以购买其以契约方式提供的、由政府界定种类和品质的全部或部分公共服务，是一种"政府出资、定向购买、契约管理、评估兑现"的政府公共服务供给方式 [5]。

因此，笔者认为，定义政府购买公共服务应该从字眼着手，明确政府购买与公共服务两者的含义。公共服务是指为了公共利益的需要，向不特定的社会公众提供的具有非营利性和非实物形式的服务。在此前提下，可以从资金来源、购买方式、供应方来理解政府购买，即政府通过财政拨款，以合同形式向公共服务提供者购买公共服务的行为。因此，把政府购买与公共服务的概念联系起来，政府购买公共服务是指政府利用财政拨款向社会招聘对象出资，每月给予固定资金作为生活补助，通过签订劳动合同，向招聘对象说明工作职责，招聘对象作为公共服务的提供者，可为公民百姓无偿地提供相应的公共服务，以此来提高政府的服务水平和效率的项目。

## 三、地方政府购买公共服务新路径的案例分析

### （一）案例介绍

2014 年年初，临沂市费县县委县政府，提出了费县构建"3+4"治理体系（指建立起农村基层班子建设长效机制、农村财务有效监管机制、农村基层社会矛盾有效调处化解机制等 3 个机制，农村基层班子运转保障、农村

特困群众救助保障、农村公益事业和基础设施建设投入保障、村级群众事务代办保障等 4 条工作线），解决农村社会治理问题。费县村级便民服务专职代办员作为地方政府购买公共服务的新路径选择，是费县"3+4"治理体系中的一项，即村级群众事务代办保障这条工作线。为贯彻这条工作路线，费县县委县政府联合费县政务大厅、费县人力资源与社会保障局，于 2014 年 7 月份首次向社会公开招聘 220 名村级便民服务专职代办员，公示结束后，与录用人员签订服务合同（首次签订合同为 3 年，3 年后可续签）。8 月份，这 220 名村级便民服务专职代办员被分配到全县 421 个行政村（每人负责 1~2 个村）工作。在聘用期间，费县政府每月向每名村级代办员发放一定的生活补助。

可以说，费县村级便民服务专职代办员（以下简称代办员）这个职业是费县县委县政府为了切实解决全县 421 个行政村群众办事"摸不着门、找不到人、办不成事"的"老大难"问题，提高村级为民办事的效率和质量，畅通服务群众"最后一公里"，切实提高群众满意度，为民提供更多便利，而通过政府购买服务公开考选的特设岗位。代办员的办公地点设在村委办公室，他们按时到村里上班，专门为农村群众代办各类事项：党团组织关系转接，低保、新农合、农村各项补贴的申请，养老保险申请，合作医疗报销，大病救助，证件办理，等等；咨询事项，包括法律咨询、政策咨询、农技知识咨询等等。这些事项当场能办理、能答复的，他们当场给予解决；当场解决不了的，他们到街道、县城有关部门代为办理，办理结束及时给村民回复。这样，代办员打通了联系服务群众"最后一公里"，这可以说是费县县委县政府花钱购买服务，解决群众"办事难"的一项惠民政策，也是临沂市的一个先例，自 2014 年实施以来受到来了社会及广大群众的一致好评，笔者也认为这是地方基层政府购买服务、实施管理的一个好案例。

费县县委县政府配齐配强代办员，实行一站式办公、一条龙服务、一律限时办结。规范完善县、乡、村三级便民服务平台。以县政务服务中心为龙头，乡镇（街道）便民服务中心为依托，按照"十个一"（一个场所、一块牌子、一套制度、一本台账、一部电话、一台电脑、一处公示栏、一名代办员、一套办事须知、一张便民服务卡）标准，打造村级便民服务室；利用专用终端设备采取双向视频连接，实现县、乡、村三级便民服务平台互联互通，推行电子政务、远程服务，提升便民服务代办工作信息化水平。

针对代办员，费县实行坐班制和重点项目、重大事项"特事特办、急事急办、马上就办"机制，保持 24 小时通信畅通，确保群众不出村就能享受到各项优质公共服务；采取"短期内差额递补、长时期招考补充"的方式，建立健全代办员"进出平衡"机制；将代办员队伍建设和村级便民服务室运行管理情况纳入目标责任制考核和党风廉政建设责任制考核，严禁借调借用，确保专职专用。

为完善三级管理机制，实现便民服务高质量，费县县委县政府实行了多种制度。

立体管理机制：县政务服务管理办、县委县政府出台管理办法，采取实地检查、视频系统监察、监督意见箱等多种方式对代办员进行立体式监管，按月对代办事务的件数、质量等情况进行统计排名。

评议倒逼机制：实行逆向评议，即让基层群众评价代办员，让代办员评价基层干部，让基层干部评价县直部门单位，倒逼代办员、基层干部和县直部门单位协同联动，改进工作作风，密切联系群众。

监督考核机制：制定考核办法，设置代办实绩、民主评议等 5 个方面的量化考核指标，考核结果与评先创优、绩效工资等直接挂钩。县里将代办员队伍和村级便民服务点建设管理情况纳入乡镇（街道）党（工）委、政府（办事处）目标责任制和党风廉政建设责任制考核重要内容，督促乡镇（街道）加强管理，提高服务工作水平。

（二）案例中取得的成效

费县代办员的专职代办工作织密了村级群众事务的保障网。截至 2017 年 12 月，代办员已累计报送稳定信息 610 余条，主动参与化解村内矛盾纠纷 430 余起，入户走访发放便民服务联系卡 24.8 万余张，建立村民档案 19.6

万户，建档率达 96%。累计为群众提供咨询协办事项 18.52 万件，为群众全程代办事项 43.7 万件，每年为群众节约交通误工费用 1500 余万元。形成了"村民有事动动嘴，专职代办跑跑腿"的工作氛围。

费县代办员的工作从开展就受到了各界的报道和好评，曾先后受到大众网、人民日报、中央电视台、山东电视台、齐鲁网、新华网、人民网等有关媒体的宣传报道；在人民群众中更是得到了一致的好评和赞扬。笔者通过与群众的交谈了解到，群众都这样夸赞费县的代办员：

"代办员小耿真是个热心人，帮了我们家大忙了。我们家老头子可以正常领取养老金了。"山东费县上冶镇西毕城村的葛大娘逢人就夸奖小耿办事利落、服务热情。

"自从代办员到了我们村，可是方便了我们老百姓了。以前办个事可愁人了，自己年龄也大了，到趟镇里也分不清个东西南北。现在有点事，有代办员给我跑腿，可是省了心啦！"费县费城街道一位村民说。

"代办员挺好，真能帮老百姓办事。"办好了粮种直补存折更名和儿子的准生证后，山东费县胡阳镇幸福屯村村民邵士民难掩内心的高兴，"过去到镇上办事，总得几个来回，耽搁好几天。自从村里有了代办员，俺们方便多了，有问题找代办员办理就行。"

"这几天忙着秋收，正愁着如何给老父亲审核养老金呢，这下可好了，国庆节期间还有代办员给跑腿代办，真省心！"费县费城街道一村民高兴地对到村里来的代办员说。

从这些群众的谈话中，可以深切地感受到费县代办员给村民带来的便利，费县县委县政府花钱购买服务的这项政策是非常有效的，确实提高了政府服务的水平和效率。

### （三）案例中存在的问题

临沂市费县县委县政府花钱购买服务，招聘代办员的这一举措是深得人心的，取得了良好的效果，但是这项政策在具体实施的过程中也存在一些问题是值得思考的。

1. 双重管理，多头领导

一方面，代办员在工作过程中受县政务服务大厅的领导、管理和考核，同时也受乡镇街道组织部门的管理。因此，在实际工作中，代办员会受到县级部门和街道乡镇部门双重管理的冲突，尤其是工作任务和工作时间上的冲突。另一方面，代办员在村级工作，除了受县政务服务大厅的领导和乡镇街道部门的领导外，还受村书记的领导，这种多头领导的局面容易让代办员感到分身乏术。

2. 职责不清，界限模糊

费县县委县政府招聘代办员的初衷是为村民百姓办实事、解难事，但在实际的工作过程中，代办员还被赋予了"政策宣传员、矛盾调解员、信息稳定员"的角色，这么多角色集于一身，无形当中会影响代办员工作的初衷。此外，由于受多头领导的局面，部分代办员在实际工作中成了乡镇街道的"助手"，更有部分代办员成了村两委成员的"助理"，整天的工作围绕村级事务展开，而忽视了为村民百姓做实事。

（四）解决策略

针对临沂市费县代办员这一政府购买服务的行为在实际工作过程中表现出来的问题，笔者提出以下解决策略。

1. 简化领导程序，规范领导职责

县级领导部门与乡镇街道部门分清各自领导职责，乡镇街道部门仅负责管理代办员的日常生活，对其具体工作（无县级部门的指示）没有调度领导权。县级部门负责对代办员日常工作的安排领导，负责日常的监督（是否按时上下班、按时在职在岗）和年度考核。

2. 明确职责，按责做事

在实施代办员政策的过程中，必须让代办员的职责规范化、明确化。首先，县级部门必须给予代办员规范、明确的职责界定；其次，乡镇街道部门和村级成员必须明确代办员的工作性质和工作职责，不得随意安排其他工作；再次，代办员自身必须明确自己的工作任务，按责做事，不能忘记自己的本职工作。

### 3. 建立合理的奖惩机制

县级有关部门根据实际情况建立合理的奖惩机制，在具体实施过程中引入竞争机制，对遵守规定的乡镇街道部门和代办员给予表彰激励，对不遵守规定的给予惩罚，并对严重违规者实施淘汰机制。

### 4. 实施弹性化的管理模式

弹性化管理模式是指在地方政府购买公共服务的实施过程中，管理者和公共服务提供者之间可根据实际的情况，在双方沟通、协商的基础上，合理地调整合同中的服务内容，以期实现更好的公共服务水平。

政府购买服务在社会管理、政府转型中扮演着重要的角色，临沂市费县县委县政府招聘代办员的这一举措是基层地方政府花钱购买服务、提升服务水平的成功事例。这一做法实施三年多来，尽管存在不足之处，但仍取得了巨大的成就，形成了规范化的模式，这是其他地方政府购买服务的可借鉴之举。

## 四、结论与讨论

无论是在国内还是在国外，政府花钱购买公共服务来提升服务水平和效率已有几十年的历史，然而，纵观国内外政府购买公共服务的路径选择，地方基层政府花钱购买公共服务的实例却不多。本文从研究政府购买公共服务的问题提出入手，分析了地方政府购买公共服务的内涵，通过对费县地方政府购买服务的新路径选择——招聘村级便民服务专职代办员的案例分析，总结出了地方政府在购买公共服务上的新路径——政府财政出资，向社会公众招聘公共服务的提供者，进而提出了地方政府在购买公共服务新路径选择上遇到的问题：双重管理，多头领导；职责不清，界限模糊。并在此基础上提出了一些对策措施。

第一，简化领导程序，规范领导职责。在地方政府购买服务的新路径选择上，必须建立规范的领导程序。程序规范是一种制度性保障，虽然不一定必然带来高效和高质量的服务，但规范的程序是防范与规避风险的有效方式。美国政府购买服务的程序从明确社会服务需求开始，到最终评估服务效果的全过程，每个环节都辅以严格的制度规范。[6]

第二，明确职责，按责做事。在地方政府购买公共服务的过程中，要依据政府购买岗位的行业特点和工作内容，确立岗位职责规范和胜任特征，制定内容翔实、职责明确、流程清晰、标准清楚的岗位说明书。在此基础上，对聘用人员进行有效的培训和管理，引导他们不断在公共服务实践中提升能力、施展才能。公共服务提供者的职责明确、规范是健全和完善公共服务，提升政府购买服务规范化的前提。

第三，建立合理的奖惩机制。地方政府在购买公共服务的实施过程中，建立奖惩机制，通过督查、评估，引入竞争，实行"能者上，弱者下"的淘汰制度。根据我国大城市政府购买服务的一些经验做法，在公共服务实施过程中，必须引入市场竞争机制，通过竞争来促进公共服务的资源优化配置，从而更好地转变政府职能，促进公共服务提供者在公共服务领域中更好地发挥作用。

第四，实施弹性化的管理模式。弹性化管理模式是美国政府购买公共服务管理的一个重要特点。当服务项目开展一段时间以后，服务对象的构成和需求都可能会发生变化，服务效果和效率也会初步显现。因此，基于上述变化和服务结果，重新厘清新的服务对象、调整资金投入、制定新的服务计划等，都可能导致服务项目开展后的具体内容与签订合同时有较大的差异。基于这种情况，双方在充分沟通信息的前提下，共同商议和决策，并可依照相关规定基于变化调整合同里的服务内容。这种弹性的管理模式，不仅提升了公共服务的有效性和针对性，也促进服务传输过程能够更为高效地回应社会需求的变化，更好地实现公共责任 [6]。

上述对案例的分析总结，为其他地方政府购买公共服务、提升服务水平的新路径选择提供了借鉴意义。笔者认为在当前的国情下，政府购买公共服务一定能有承前启后的作用，促使社会的飞速发展，促进政府职能的转变，提高社会公共服务的水平，实现社会主义社会的和谐发展。

# 参考文献

[1] 张海，范斌．政府购买社会组织公共服务方式的影响 因素与优化路径 [J]．探索，2013（5）：150-155.

[2] 陈辉．论政府购买社区公共服务 [J]．云南行政学院学报，2009（2）：95-98.

[3] 陈少强，宋斌文．政府购买社会工作服务初步研究 [J]．财政研究，2008（6）：51-54.

[4] 贺羽．关于我国政府购买公共服务的思考 [J]．经营管理者，2014（10X）：291.

[5] 赵立波．完善政府购买服务机制　推进民间组织发展 [J]．行政论坛，2009（2）：59-63.

[6] 吴帆，周镇忠，刘叶．政府购买服务的美国经验及其对中国的借鉴意义——基于对一个公共服务个案的观察 [J]．公共行政评论，2016（4）：4-22.

# 关于青岛西海岸新区在全国
# 担当海洋强国战略新支点的研究

李朝阳 [①]

**摘　要:** 在全国担当海洋强国战略新支点,是国家赋予青岛西海岸新区( 以下简称西海岸新区) 的发展定位和战略任务。文章围绕承接国家战略、担当新区使命,从担当海洋强国战略支点的基本内涵、现实条件、实现路径、保障措施等方面进行了研究。

**关键词:** 青岛西海岸新区　海洋强国　支点

海洋强国是指在开发海洋、利用海洋、保护海洋、管控海洋方面拥有强大综合实力的国家。我国正式提出建设海洋强国,始于 2003 年 5 月国务院印发的《全国海洋经济发展规划纲要》,提出 "逐步把中国建设成为海洋强国" [1]。党的十八大强调 "提高海洋资源开发能力,发展海洋经济,保护海洋生态环境,坚决维护国家海洋权益,建设海洋强国" [2]。习近平总书记指出,建设海洋强国是中国特色社会主义事业的重要组成部分,对实现全面建成小康社会目标,进而实现中华民族伟大复兴都具有重大而深远的意义;要坚持陆海统筹,坚持走依海富国、以海强国、人海和谐、合作共赢的发展道路。2017 年 4 月,习总书记在广西考察调研时,首次提出打造好 "向海经济"。李克强总理在 2017 年政府工作报告中强调,推进海洋经济示范区建设,加快建设海洋强国 [3]。我国东部沿海省份十分重视海洋事业发展,山东、浙江、海南、辽宁等省均提出了 "发展海洋经济、建设海洋强省" 的目标。山东省第十一次党代会用较大篇幅对 "加快建设海洋强省" [4] 做了部署。

---

① 李朝阳(1989—),男,山东青岛人,中国海洋大学 2016 级公共管理专业研究生。

海洋强国战略是国家围绕建设海洋强国这一战略目标，在海洋领域谋求国家利益、处理海洋事务的规划布局和行动方案，以及实现目标的策略、途径和手段的总称[5]。海洋强国战略涵盖了经略海洋的方方面面，也是国家整体战略的有机组成部分。"一带一路"倡议等都与海洋强国战略有着密切关联，这些重大战略共同组成国家战略体系，集中体现了新一届党中央治国理政新理念、新思想、新战略。

在全国担当海洋强国战略新支点，就是在我国推进海洋强国建设中发挥支撑点、着力点作用，推动海洋新产业、新技术、新业态率先发展、走在前列，加快新旧动能转换，支撑引领和辐射带动青岛市、山东省及周边区域发展，进而撬动我国实现由海洋大国向海洋强国的历史性跨越。

**一、发展优势**

西海岸新区依海而生、因海而兴，具备担当海洋强国战略新支点的雄厚基础和良好优势，具体体现在七大优势。

一是政策集聚优势。西海岸新区是国务院批复设立的国家级新区，"以海洋经济发展为主题，打造海洋强国战略支点"是国家明确赋予新区的战略使命。国家发改委、国家海洋局、省委省政府、市委市政府等出台了支持西海岸新区发展的一系列政策，全国海洋经济发展"十三五"规划等高层次规划把西海岸新区列为重点发展区域，使西海岸新区成为政策高地。

二是海洋经济优势。西海岸新区拥有海洋特色鲜明的现代产业体系。船舶海工产业拥有规模以上企业 18 家，形成了以船舶、海工装备、集装箱制造为核心的产业链，年造船能力 200 万载重吨，海工装备钢材加工量 35 万吨，是全国三大造船基地之一。港航物流产业优势明显，拥有前湾港和董家口港两个国际深水大港，万吨以上泊位 64 个，年吞吐量达 5 亿吨，集装箱吞吐量世界第七，与 170 多个国家和地区的 800 多个港口有贸易往来，40 万吨矿石码头、30 万吨原油码头、全自动化集装箱码头均达到世界领先水平。海洋生物等涉海新兴产业和特色产业加速崛起，海藻酸钠、功能糖醇等产品达到国际领先水平，是全球最大的海藻加工基地。2016 年完成海洋生产总值 866

亿元，分别占全市、全省、全国的 1/3、6.7%、1.2%；新区海洋生产总值增长 21.3%，增速分别超过全市、全省、全国 6 个百分点、23 个百分点、12 个百分点；海洋生产总值占 GDP 比重 30.2%，分别超过全市、全省、全国 5 个百分点、11 个百分点、21 个百分点。

三是自然禀赋优势。西海岸新区拥有海域面积 5000 平方千米，海岸线 282 千米，沿海分布 23 处港湾、21 座岛屿，滩涂面积 83 平方千米，港口全年不冻不淤，无暴风雪、风暴潮等自然灾害，历史上也没有发生过地震、海啸等重大灾害，海洋生态环境优美，环境资源承载能力强。

四是区位交通优势。西海岸新区是沿黄流域主要出海通道、亚欧大陆桥东部重要端点、"一带一路"交汇点，与朝鲜半岛、日本列岛隔海相望，具有辐射内陆、连通南北、面向太平洋的战略区位优势。跨海大桥、海底隧道联通胶州湾两岸，青连铁路、多条地铁加快建设，正在迈入"地铁时代""高铁时代"。

五是海洋科技优势。青岛是我国海洋科技的领军城市，集聚了全国 30% 的海洋科研机构、50% 的海洋高层次科研人才、70% 的涉海两院院士。西海岸新区拥有国家级科研机构 24 家，省级以上重点实验室、工程技术研究中心 520 家，发明专利申请、授权量居全省首位。清华大学、复旦大学、中科院大学、哈尔滨工程大学等 11 所高校加快建设，驻区高校将增至 20 所。人才总量 43 万，占全市 1/4。"科学"号海洋考察船在新区驻泊，"蛟龙"号、"深潜号"等由区内企业参与研制。正在建设全球最大的海洋基因库。

六是开放平台优势。西海岸新区拥有经济技术开发区、前湾保税港区、中德生态园、西海岸出口加工区等开放园区，是全国国家级园区数量最多、功能最全、政策最集中的区域。东亚海洋合作平台永久性会址、新华社蓝色经济指数发布平台落户西海岸新区，是"一带一路"建设的标志性工程。青岛国际啤酒节等具有全球影响力的重大节会在区举办，是西海岸新区走向世界的新窗口。

七是海洋文化优势。在西海岸新区孕育兴起的琅琊文化，是海洋文化的典型代表，强化了新区人经略海洋、向海发展的意识。西海岸新区在改革开放实践中形成的海纳百川、勇于创新、开放包容的城市品格，是现代海洋文化的重要元素。新区文化融汇古今、特色鲜明，引领作用突出，具备担当海洋强国战略新支点的软实力。

## 二、短板和问题

对照"海洋强国战略新支点"的定位，西海岸新区还存在一些短板和问题，"面不广、量不大、点不高"，支撑和引领能力有待提升，突出表现在三大短板、三大问题。

### （一）三大短板

一是海洋经济规模偏小。2016 年，西海岸新区完成海洋生产总值 866 亿元，是滨海新区的 1/4，与舟山群岛新区相当。海洋生产总值占 GDP 比重 30.2%，同期滨海新区占比超过 35%，舟山群岛新区达到 70.2%。海洋经济产值多由港口、造船等领域的"大块头"国有企业创造，民营经济占比不高、活力不强，缺乏有竞争力和知名度的民营龙头企业。

二是产业结构有待升级。船舶海工产业产品相对单一、档次不高，本地配套率低，研发设计环节比重低，高端产品、优势企业呈点状分布，高技术船舶产值仅占船舶海工产业产值的 20%，低端产品的利润率和竞争力不高；企业分属不同集团，各自为战，资源缺乏整合，本地配套率仅为 10%，尚未形成块状发展格局。海洋交通运输业缺乏贸易、金融等现代航运服务平台的支撑，物流企业规模较小、分散粗放，疏港体系很不完善，发展空间受限。海洋渔业，生产单位集约化、组织化程度低，在远洋、极地渔业和产品精深加工方面与先进地区差距较大。滨海旅游业产品比较单一，偏重观光型产品，资源深度开发不足。海洋油气业、海洋盐业及化工业基本是空白。海洋能源、海洋生物、海水利用等新兴海洋产业占比偏低，缺乏"拳头"产品，尚未形成集群规模。海洋信息、海洋监测等服务业发展相对滞后。

三是海洋科技创新力度还需加大。缺乏国家海洋实验室、国家深海基地这类世界一流科研院所，现有"国字号"和"海字头"院所均属分支机构，科研实力有限。部分涉海企业重加工制造，轻研发投入，企业 R&D 经费投入比例不高，科技成果孵化、转化率偏低，创新能力强、产品迭代快、发展潜力大的创新型领军企业发展十分缺乏，国家级高新技术企业数量仅为滨海新区的 1/7、浦东新区的 1/8。2016 年西海岸新区完成技术合同交易额 16.3 亿元，占全市的 15%；国际专利申请量 124 件，占全市的 21%，同期深圳国际专利申请量为 6.9 万件，差距极大。

### （二）三大问题

一是海洋意识还不够强。"重陆轻海"的传统思想仍然存在，比如，重要规划的编制仍以陆域为主要立足点，没有充分体现陆海统筹一体化的理念。

二是海洋管理模式滞后。现行管理体制是以分部门、分行业为典型特点的分散管理模式，职责划分不清，政策分散笼统，规划、开发、管理、保护等工作缺乏统筹协作，存在"都管都不管"问题，政出多门，效率不高。

三是海洋生态保护有待加强。沿海养殖池、违章建筑等长期未得到彻底整治，污水直排、垃圾倾倒问题仍然存在，部分岸线破坏严重，城市形象和生态承载力受到不利影响。

### 三、实现路径

国家赋予西海岸新区的"四区一基地"定位，每一个定位都与海洋经济发展主题紧密相关，与新区发展基础和特色优势紧密相关，为新区打造海洋强国战略支点提出了具体目标、指明了实现路径、点出了突破口。担当海洋强国战略新支点，应高点站位、突出重点、精确发力，坚持世界眼光、国际标准、新区优势，围绕实现"五大定位"，突出前瞻设计、规划引领，突破一系列重点工作，推动新旧动能转换，形成可复制、可推广、可持续的"西海岸经验"，始终走在前列，提升辐射带动作用。

一是建设海洋科技自主创新领航区。重点在三个方面领航：领航科技研发，加快引进高水平海洋科研机构或分机构、中试基地和领军企业，加快中船重工海洋装备研究院、国家海洋基因库、国家海洋实验室海上试验场建设。新区批复以来，共引进建设海洋物探及勘探设备工程实验室等 10 个国家级重点实验室和工程技术研究中心、20 个国家级众创空间；开展科研攻关行动，突破海洋工程装备、海洋生物、海水综合利用、海洋可再生能源等重点领域 100 项关键技术。领航成果转化，建立高校和科研院所成果承接转化合作机制；推进"千万平米"孵化器建设，打造海洋科技成果中试基地和成果转化基地，建设海洋技术交易服务与推广中心，科技成果转化率达到 50% 以上；突出企业创新主体地位，发挥产业联盟在定向招商、标准制定、技术合作、市场开拓和自理自治等方面的积极作用，引导企业加大研发投入，优化产品结构，企业研发经费占 GDP 比重达到 4% 以上；培育 500 家国家高新技术企业、100 家高成长"四新"企业和 50 家创新领军企业。领航人才培养，发挥国家级引智示范区、省级人才改革试验区政策优势，以高校、科研院所、产业项目为平台载体，集聚一批有较强国际竞争力的领军人才和符合战略性新兴产业布局的尖端人才团队；支持驻区高校设立海洋学院，开设涉海专业；推进一批海洋智库永久落户。

二是建设深远海开发战略保障基地。着力强化三大保障：强化海工装备保障，依托海西湾船舶海工基地、山东海工仿真中心，提升海工装备设计和建造特别是总装建造能力，形成长链条、大配套产业格局，推出特种船舶、深海油气平台等一批重大装备和"拳头"产品，以及海洋防腐涂料、海工高性能材料等周边配套产品。强化深远海探测保障，依托哈工程青岛研究院、702 所、712 所等大院大所和"科学"号考察船基地，积极参与"透明海洋"工程实施和无人潜航器、深海实验平台等重大装备的设计建造，推进仪器仪表等关键设备研发，打造以深海探测为导向的国家深远海开发重大创新平台和推动深海探测开发装备产业基地。强化海洋服务业保障，组建港口航运、海洋旅游产业联盟，加快培育海洋文化、涉海金融和海洋公共服务业。加快山东国际航运中心建设，发展航运保险、航运经纪、海事仲裁及其衍生业态。加快北方国际水产品交易中心和冷链物流基地建设，提升水产品精深加工能力，支持远洋渔业做大做强。

三是建设海洋经济国际合作先导区。突出三大先导领域：以港口为先导，促进前湾港与董家口港联动发展、向枢纽港转型，推进水路与铁路、公路、航空运输多式联运，拓展国际中转业务，设立区域性大宗商品交易中心、国际航运交易所，打造全国战略物资中转基地、东北亚国际航运中心，争取三年内港口货物吞吐量突破 6 亿吨、集装箱吞吐量突破 2000 万标准箱。以园区为先导，争取商务部、海关总署等国家部委支持，推动自贸试验区政策在新区落地；依托保税港区、中德生态园、中英创新产业园等开放平台，深化与在海洋产业合作、科技教育、文化交流等方面先行先试，拓展同芬兰、巴西等国合作，建设具有国际影响的影视文化交流中心、会议会展中心；争取西海岸保税物流中心（B 型）年内获得海关总署批复；探索与海上丝绸之路沿线国家和地区共建产业园区；加快海洋高新区海洋生物产业园、海洋新兴产业园规划建设。以平台为先导，高标准建成东亚海洋合作平台永久性会址，筹办东亚海洋博览会，建设东亚海洋经济合作示范区。

四是建设陆海统筹发展试验区。深化陆海统筹综合配套改革试点，构建海洋事业发展大框架，推动建立陆海统筹一体化发展。统筹陆海规划布局，以现代产业体系为驱动、多元功能复合共生为发展特点，规划建设体现陆海统筹理念的产业小镇。统筹陆海资源配置，加快董家口至丝路大通道等重大基础设施建设；加快董家口国家级能源和战略物资储运中转保障基地建设。发展海水综合利用，扩大董家口海水淡化示范工程规模，建设海水淡化装备集成基地。开展竹岔岛、灵山岛等海岛开发利用。统筹陆海生态环境保护，实施"从山顶到海洋"一体化污染控制工程，开展"蓝色海湾"整治行动，推进国家级海洋公园建设。推广海洋循环经济模式，构建海洋生态产业体系。

# 参考文献

[1] 国务院.全国海洋经济发展规划纲要 [Z].2003-05-09.

[2] 国务院.2017 年国务院政府工作报告 [Z].2017-03-05.

[3] 中共山东省委.山东省委十一次党代会报告 [Z].2017-06-13.

[4] 张海文，王芳.海洋强国战略是国家大战略的有机组成部分 [J].国际安全研究，2013（6）：58-59.

# 电子商务在"千年商都"的实践应用

李高群 ①

**摘 要：**电子商务是网络化的经济活动，具有成本低、传播快、市场覆盖广、消费受众定位精确等特点，对传统商业模式产生着变革性影响，已成为全球一体化生产和组织的重要方式。本文通过深入阐述发展电子商务的迫切性，分析即墨区发展电子商务的区位优势，给出了发展电子商务的合理化建议，相信通过搭建发展载体和合理的政策引导，能够推动互联网与实体经济融合发展，推动市场持续繁荣。

**关键词：**电子商务 商业模式 区位优势 政策引导

如何巩固商贸和传统制造业优势，激发网络创业，推进有形和无形"两个市场"融合发展，从而在未来竞争中保持优势地位，是一个地区经济发展面临的重大课题。目前，各地区日益重视通过电子商务争夺资源配置主动权、提高经济竞争力。为发挥"千年商都"优势，充分利用国内国外两个市场两种资源，综合运用"互联网 +""品牌化 +"等新模式，根据即墨区实际情况，就加快发展电子商务进行了调研。

## 一、加快发展电子商务迫在眉睫

近年来，即墨区电子商务应用显露雏形，但仍处于初级阶段，而经济转型升级迫切需要加快发展电子商务 [1]。

一是电子商务整体竞争力不强。电子商务规模偏小。据不完全统计，目前即墨区市场业户在"淘宝网"开设的网店约 3000 家，仅占全省的 1.5%，与即墨区在全省的商贸业地位不相称。即墨区自发形成的小微网商主要分布

---

① 李高群（1990—），男，山东即墨人，中国海洋大学 2015 级公共管理专业研究生。

在曼谷阳光、御园、海信马山新城等小区，大部分租赁房屋经营。电子商务应用普及率较低。据商务局 79 份有效调查问卷统计，即墨区仅有 39% 的规模以上工业企业加入了"淘宝网"等第三方电子商务平台，尚无一家工业企业建设独立电子商务应用平台；即墨区仅有 2 家第三方电子商务平台：市场建设服务中心旗下的"中国即墨市场网"、青岛三明网络科技公司旗下的"即墨商城网"。缺少政策引导和支持。2012 年 7 月崂山区出台了《关于加快推进电子商务发展的实施意见》，每年区财政投入 2000 万元专项资金支持电子商务发展；城阳区引进的总投资 12 亿元的青岛国际电商基地将于今年 11 月开工建设；临沂市罗庄区引进的临沂国际电子商务运营中心已于 2012 年 3 月投入使用，目前正在规划建设总投资 45 亿元的中国临沂电子商务产业基地。而目前即墨区电子商务产业园区是空白，还没有出台加快电子商务发展的扶持政策及规划，缺乏对电子商务的有效管理和引导推动，落后于周边城市，与即墨区在全省的经济地位极不相符。

二是传统市场发展模式面临严峻挑战。一方面，中小企业传统优势正在削弱。随着劳动力、原材料成本的逐渐上升，土地、资金等要素资源制约日益加深，即墨区中小企业的传统优势正在被持续削弱[2]。而电子商务在发掘商机、推广营销、拓宽销售渠道和削减成本方面具有显著优势，且这种优势一定会随着时代发展加速增强，对于即墨区中小企业，无论是拓展外贸市场还是深耕国内市场，都具有非常重要的意义，应是即墨区产业转型升级的核心议题[3]。另一方面，传统专业市场转型"时不我待"。全国重点市场交易额前 5 名的义乌中国小商品城、绍兴中国轻纺城、沈阳五爱小商品批发市场、辽宁城西柳服装批发市场和临沂批发城毫无例外地将本地实体市场与网络虚拟市场有机结合，特别是临沂市现已建立 6 家第三方电子商务平台、48 个市场网站，与阿里巴巴合作建立了全国第二个网商服务中心。而目前即墨区服装批发市场、小商品城还没有网商进驻，网上市场只有"中国即墨市场网"和"即墨商城网" 2 家，目前网上成交额极少，网上交易规模远远落后于先进地区。

三是现代物流支撑力不足。阿里巴巴携手银泰百货集团、复星集团、富春集团及顺丰、申通、圆通、中通、韵达快递公司成立菜鸟网络科技有限公司，启动中国智能物流骨干网建设[4]。这一实事充分印证"得物流者得天下"，物流是电子商务的支点和基础，更是实现电子商务大发展的关键所在。而即墨区物流业发展仍处于企业规模小、物流方式传统、信息化水平不高的粗放型、低水平阶段，物流业缺乏有效管理和长远规划，传统物流企业"小、散、乱、弱"，申通、圆通、韵达等快递公司尚未形成集约化发展，尚未有一家全国性第三方物流企业进驻即墨区，物流业发展水平远远不能满足电子商务发展需求。

## 二、加快发展电子商务优势所在

一是专业市场和传统制造业繁荣，网货资源丰富。即墨区拥有专业市场 28 处，年交易额 450 亿元以上，其中即墨服装批发市场经营服装、纺织品、针织品等三大类 2800 余个花色品种，即墨小商品城经营小五金、小电器、办公用品等二十四大类近 5 万个品种；拥有工业企业 1.49 万家，年产值 2100 亿元以上，其中规模以上企业 759 家，主要生产纺织服装服饰、机械加工、家电电子等传统工业产品。即墨区专业市场经营的产品和传统工业企业生产的产品均符合当前网货价廉、丰富的特点，为即墨区发展电子商务提供了丰厚的货源基础。

二是交通区位优势显著，物流便捷发达。即墨区地处山东半岛重要交通枢纽，扼青岛通往全国的陆上"咽喉"，青银、青新、威青、青龙 4 条高速公路及胶济、蓝烟、青荣 3 条铁路贯穿全境，距青岛国际机场 15 千米，距青岛港 70 千米[5]，特别是随着 42 个全国性铁路物流节点之一的济铁即墨综合物流园及第四方物流——林安物流项目的规划建设，将构筑起即墨区公路、铁路、航空、海运多式联运的大物流格局，必将降低网货物流成本、提高网商核心竞争力。

三是"洼地效应"显现，电子商务经营主体涌入。由阿里巴巴牵头组建的菜鸟网络科技有限公司第三大股东——上海复星集团计划在即墨区规划建设占地超过 130 万平方米的以"天猫"为电子商务平台、以"菜鸟网络"为物流平台的"复星网上商贸新城"。由腾讯旗下的上海易迅电子商务发展有限公司投资兴建的易迅电子商务仓储物流项目一期 8000 平方米仓库于今年 8 月份投入使用。青岛元和丰纺织制造有限公司联合韩国 Mods International 集团，将韩国 Fashionmil 电子商务网站引入即墨区，计划建设占地超过 13 万平方米的"韩国童装电子商务物流园"。台湾微克股份有限公司将在即墨区投资建设网货云端防伪认证中心——"优品网"，推广网货云端防伪应用，开展第三方网货防伪认证服务，完善电子商务信用认证功能。

### 三、加快发展电子商务的建议

经过多年来的探索实践，先行地区电子商务正处在产业链条基本健全、布局加速完善的发展阶段，区域性电子商务基地、综合服务平台等产业资源已被先行城市和实力企业挤占，但即墨区仍具备整体融入、局部抢先的发展机遇[6]。建议把电子商务作为战略性、先导性产业重点培育，坚持特色化、差异化发展思路，找准定位，科学布局，争创后发优势，推动即墨区电子商务实现跨越发展。

#### （一）明确发展目标

总体目标：力争用 5 年时间，聚焦一批有较强市场竞争力的网商队伍，使即墨区电子商务发展处于全国前列、全省领先水平，电子商务成为重要新兴产业，基本建成江北最大的日用消费品网货采购中心、网商集聚中心，将即墨区建设成为产业集聚度高、市场竞争力强的山东半岛电子商务之都。

具体目标：

（1）应用规模处于全国前列、全省领先。用 5 年时间，使即墨区规模以上企业和市场经营户电子商务应用普及率分别达 90% 和 80% 以上，培育电子商务交易额超 1000 万元的企业 100 家以上，孵化中小电子商务企业 1000 家以上，即墨区电子商务交易额超 2000 亿元。

（2）产业集聚度提高。重点规划建设"复星网上商贸新城""青岛纺织服装电商贸易新城""青岛电商物流新城"3 个电子商务产业基地，整合建设 3 个以上电子商务主题楼宇；培育引进 2~3 家交易额超过 5 亿元的第三方电子商务平台和 10 家以上市场占有率超 20% 的专业性行业门户网站。

（3）支撑环境优化。健全物流仓储、金融服务、电子支付、诚信体系、软件和信息服务业等支撑体系；培养引进电子商务高层次人才 100 名以上，培训电子商务技术、运营、营销人才 1 万名以上。

（4）争创国家电子商务示范城市。力争 1~2 个电子商务产业基地入选国家级电子商务示范基地，创建国家电子商务示范城市。

### （二）搭建发展载体

按照"产城一体、差异发展"的理念，规划建设高水平的电子商务集聚区，集聚一批优质电子商务企业，形成集聚发展效应[7]。

1. 复星网上商贸新城

学习借鉴"阿里巴巴华南物联网营运中心""中国·金义电子商务新城"运营设计理念，加快项目的引进建设。

项目定位：将引领新的商务模式形成，产品供应商与网商之间将通过新城项目实现库存数据共享，吸引国内外网络定制销售型制造业厂商向新城汇流，实现根据消费者需求进行个性化设计、柔性化生产的目的。最终，促使现有的"生产—消费"消费形态向"消费—生产"新消费形态转变，使电子商务产业成为主流商务模式，推动即墨区商贸业和传统制造业转型升级。

功能规划：主要包括物联网订单履约中心、电子商务金融服务中心、电子商务数据处理中心和区域电子商务企业总部等四大功能板块。

（1）物联网订单履约中心：通过射频识别（RFID）、红外感应器、全球定位系统、激光扫描器等信息传感设备，按约定的协议，把网货与互联网连接起来，进行信息交换和通信，以实现智能化识别、定位、跟踪、监控和管理网货。

（2）电子商务金融服务中心：以专业化金融服务为依托，融资金流、信息流和物流为一体的电子商务金融服务平台，为客户提供信息发布、在线交易、支付结算、分期付款、融资贷款、资金托管等全方位的专业化电子商务金融服务。

（3）电子商务数据处理中心：提供电子商务 B2B、B2C、C2C 及在线支付、移动支付、网络旅游、云计算行业市场交易数据。一方面是发现问题，并且找到问题的根源，最终通过切实可行的办法解决存在的问题；另一方面，基于以往的数据分析，总结发展趋势，为网络营销决策提供支持。

（4）区域电子商务企业总部：集中建设成片的专业性电子商务楼宇群，通过构建内聚外联的总部经济体系，引导制造业企业在总部中心设立职能性研发总部、营销总部、采购总部等。实现入驻企业的经营和生产在区域上分离，着力引进和培育电子商务企业区域性总部，建成电商企业总部集聚中心，形成效益数倍增长的总部经济。

2. 青岛纺织服装电商贸易新城

依托"青岛国际服装产业城"和"韩国童装电子商务物流园"中小纺织服装企业聚集优势，规划建设"青岛纺织服装电商贸易新城"，引导具有外贸业务的传统企业通过电子商务"走出去"，推动跨境电子商务发展，逐步实现全球采购、全球分销，巩固和提升即墨区"外贸大市"的地位。

3. 青岛电商物流新城

以蓝村小城市试点、青岛新机场选址落定胶州市胶东街道办事处及济铁即墨综合物流园引进建设为契机，抢抓骨干电商企业纷纷布局物流网络的机遇，将南泉、蓝村区域规划为"青岛电商物流新城"，加大物流基础设施投入，积极吸引国内外知名电商企业建设区域性仓储物流配送中心，大力引进全国性第三方和第四方物流企业进驻，鼓励一批知名快递物流企业设立区域总部，建立高效、畅通的电子商务物流配送体系。

（三）加强政策引导

建议设立电子商务办公室，统筹协调即墨区电子商务发展，制定电子商务发展规划，研究出台加快电子商务发展的扶持政策，重点从四方面引导。

1. 推进传统企业电子商务应用 [8]

支持龙头骨干企业开展自主电子商务，选择一批标准化程度高、产品系列齐全、品牌效应明显和销售网络健全的工业企业建立自主网站，实现采购、生产、销售全流程电子商务，对其当年度依托电子商务平台拓展市场相关投入（自建电子商务网站、平台技术服务、网络营销推广等经费）给予一定奖励。鼓励中小企业开展网络销售，对通过第三方电子商务平台以本企业名义开设官方旗舰店、专卖店、网上商城等网络零售终端并有实际销售的，按每进驻一家电子商务平台给予一定奖励。

2. 引进培育壮大网商队伍

加大国内外知名电子商务企业的引进力度，积极引入第三方交易平台及总部或区域性企业，鼓励支持企业和个人通过 B2B、B2C、C2C 等模式开展网络营销[9]。国内外知名的综合性或专业性电子商务企业在即墨区设立总部或建设对即墨区电子商务发展有重大影响的项目，实行"一企一策"专项扶持政策。对设立的第三方电子商务平台，按其缴纳税收地方留成部分基数和增量的一定比例给予奖励，用于平台升级和总部建设；对年税收 50 万元以上的第三方电子商务平台，按项目当年实际投资额的一定比例给予资助。对注册地在即墨区、年度纳税超过 50 万元的电子商务企业，按其缴纳税收地方留成部分基数和增量的一定比例给予奖励。

3. 整合建设网络商城、电子商务主题楼宇

网络商城：依托专业市场优势，加强与国内外知名第三方电子商务服务平台合作，建立网络销售特色行业专区，推动即墨区专业市场向网络商城转型。鼓励盘活专业市场存量资源发展电子商务，对利用闲置楼层引进电子商务企业的，对企业用房租金给予一定比例的补助。电子商务主题楼宇：充分发挥"旧城改造"和"退二进三"的政策引导，加快推进电子商务楼宇项目的开发建设和运营管理，发挥小微电商创业孵化功能。鼓励电子商务企业向楼宇聚集，对投入运营的电子商务专业楼宇且建筑面积 1 万平方米以上、具备电子商务企业运营所需的网络设施、电子商务企业入驻面积率达 80% 以上的，给予楼宇业主一定资金支持，对楼宇业主按其当年度收取该楼宇租金所缴纳税收地方留成部分的一定比例给予一次性奖励。吸引电子商务企业入驻电子商务主题楼宇，对新设立或新迁入电子商务专业楼宇的电子商务企业实

施租金补贴。

4. 鼓励开展电子商务人才培育[10]

财政每年安排专项资金，依托淘宝大学、阿里学院等各类电商培训专业机构，开展对工业企业、电子商务企业、配套服务商的电子商务人才教育和培训。对有关行业协会组织工业企业的电子商务培训给予一定补助。

# 参考文献

[1] 金碚，吕铁，邓洲.中国工业结构转型升级：进展、问题与趋势 [J].中国工业经济，2011（2）：5-15.

[2] 贾根良，张峰.传统产业的竞争力与地方化生产体系 [J].中国工业经济，2001（9）：46-52.

[3] 陈云，王浣尘，沈惠璋.电子商务零售商与传统零售商的价格竞争研究 [J].系统工程理论与实践，2006，26（1）：35-41.

[4] 谭清美，冯凌云，葛云.物流能力对区域经济的贡献研究 [J].现代经济探讨，2003（8）：22-24.

[5] 张复明.区域性交通枢纽及其腹地的城市化模式 [J].地理研究，2001，20（1）：48-54.

[6] 蓝伯雄，郑晓娜，徐心.电子商务时代的供应链管理 [J].中国管理科学，2000（3）：1-7.

[7] 邱小亮，刘申.县域经济发展中产业载体空间布局研究 [J].山西建筑，2016，42（25）：17-18.

[8] 李虹.基于产业互联网平台实现传统产业电子商务转型的影响因素实证研究 [J].企业科技与发展，2017（7）：11-13.

[9] 周江.第三方交易平台在中小企业电子商务中的应用 [J].中国商论，2010（6）：82-83.

[10] 王学东.我国电子商务人才培养体系研究 [J].图书情报知识，2002（3）：38-41.

# 论美国地方政府管理模式
# 对我国的借鉴意义

李佳芮①

**摘　要：**从美国地方政府的组织形式及其管辖权限看，美国地方政府拥有的自主权较大，且地方政府的活动与美国民众的日常生活息息相关。从地方长官和地方议会的产生到地方政府任何一项权限的实施都涉及广大民众的普遍参与。美国地方政府之间相互独立，各自在其管辖范围内行使其职权。随着中国市场经济体制的建立与发展，现行以"市管县"为主的地方行政体制存在的问题日益暴露，已经难以适应市场经济发展和国家行政管理体制的需要。本文借鉴美国地方政府的结构形式和管理模式的经验，对我国现行的地方政府管理模式进行了思考。

**关键词：**美国　地方政府管理　市管县

## 一、美国地方政府组织形式及管理模式

美国是最典型的联邦制国家，崇尚自由与平等，不实行中央集权的政治体制，而采用地方分权的法治体系。美国的政府体系可以简单地分为联邦、州、地方政府等三级。美国的州政府不属于地方政府，而是构成联邦的成员政府。州以下的县、市、乡、镇和特别区才是地方政府。每一个县、市、镇、学区或特区都形成一个政府个体。美国地方政府素有自治的传统，在单一制的框架内，地方政府也有一定的自治权。县是美国州以下最普遍、最稳定的地方行政建制，是州政府为了分散某些职能而设立的行政单位。随着工业化

---

① 李佳芮（1990—），女，山东青岛人，中国海洋大学 2016 级公共管理专业研究生。

和城市化，城市人口日益增多，城市的地位提高，由此出现了大量的城市自治体。这些城市由居民自愿申请，经州特许成立，享有自主管理城市的权力。因此，县和市有较大区别：县主要是州的行政管理单位，不具有法人资格；市是地方自治团体，具有法人资格，享有较大的自治权。

### （一）美国县政府

美国县政府的职能主要是完成州政府委托的事务，没有实行"三权分立"。多数县的议会就是行政机关，实行议行合一。县政府的组织形式主要三种：①县委员会制，选举产生的委员会兼行议决权和行政权。②县委员会－经理制，委员会行使决议权，另聘任一名管理专家担任经理。③县委员会－县长制，县委员会和县长都由选民选举产生，分别行使议决权和行政权，带有分权制衡的色彩。县行政长官下设预算、劳资关系、人事、计划、采购、就业和社区服务等部门，分别负责有关方面的管理。

### （二）美国市政府

美国市政府的组织形式与县政府类似，呈现出多样化。这是因为美国实行联邦制，各州可以决定不同类型的市政体制。美国城市政府的组织形式主要有三种：①市长－议会制，这种体制以分权为原则，市长行使行政权，市议会行使立法权，这种体制内部有强市长和弱市长两种不同类型。②市议会－经理制，小城市较多地实行这种市政体制，市议会行使议决权，并公开聘任一位专家任市经理，授予市经理统一指挥市政府工作的全权，包括独立任免政府部门首长的权力。市议会议长兼市长，但只有礼仪性的职权。③市委员会制，市委员组成市委员会，市委员会既是议会又是政府，每位委员既是议员又兼任若干个政府部门的首长，委员会推选其中一位主持会议，他就是市长，若轮流主持，市长就轮流担任。市长没有否决权，只有一些礼仪性的职权。

### （三）美国乡镇

美国除县和市以外，各州设有更小的行政单位，这些单位的名称各州很不相同，如乡、镇、村镇等。即使同一个名称，其实际设立标准、法律地位、行政职能各州也不同。所谓"更小"，是就规模而言：在一个县的地域内，可能存在市、镇、乡或村镇；在一个市的范围内，也可能存在县、镇、乡或村镇。这些行政区域都是州的更小分治单位，是由州政府创设的，而不是由市或县创设的。它们虽然处于某个县或市的地域内，却并不意味着它们在行政上归某个县或市管辖。这些政府独立存在，作为综合职能的地方政府，分别执行各自的职能，其职能主要有维持治安、保养道路、管理福利等。

### （四）美国特别区

特别区是所谓单一职能的地方政府，即在其辖区内只行使某种特别的职能。特别区与上述县、市、镇等的区别在于，后者是为进行全面和普遍的行政管理而设置的普通行政区域，是综合职能的地方政府。虽然有些特别区也可能同时行使某几项职能，但通常是相近的、专业性较强的几项职能。特别区种类繁多，如学校区、灌溉区、公园区、消防区、水管理区、土壤保护区、公墓管理区、卫生区等。特别区的一大特点，是其区划往往与普通行政区域不一致，也不属于所在的县、市、乡政府，甚至切割普通行政区域的疆界，但在有的情况下，某些特别区如学校区也同乡、镇的区划一致。

## 二、我国地方政府行政体制现状及问题

我国现行省、市、县、乡四级行政管理体制，基本上是与传统计划经济体制相适应的，虽然这种体制也曾发挥过一些积极作用，但是，随着社会经济的发展，原有地方行政体制的弊端逐渐暴露出来。

### （一）我国地方行政体制现状

我国地方政府从横向机构而言，目前存在四种类型：一是为了一般地域管理的需要而设置的地域性地方政府，如省、县、乡；二是为了各民族的团结和对少数民族地区进行特殊的管理而设置的民族区域型地方政府，如自治区、自治州、自治县；三是为了人口密集的城镇地区实行专门管理而设置的城镇型地方政府，如直辖市、地级市、县级市、镇；四是某一特殊需要而设置的特殊类型的地方政府，如林区、矿区、特别行政区等。在纵向上，按照宪法规定，我国的行政层级分为省、县（自治县、市）、乡（民族乡、镇），但现行行政层级却由省、市、县（市）、乡（镇）四级组成，而这种四级体

制的实行存在则要追溯到"市管县"体制的确立[1]。

"市管县"又称"市领导县",是指以经济比较发达的中心城市作为一级政权来管辖周边的一部分县、县级市的体制。这种体制的形成是我国城乡经济一体化和政府管理一体化两个过程同步进行的重要结果,是我国由典型的农业国逐步转向工业国的重要标志。中华人民共和国成立初期就有少数城市实行"市管县"体制。此后,实行"市管县"体制的城市逐渐增多,20 世纪 50 年代末达到第一次高潮,60 年代初开始回落并进入低潮,70 年代又逐渐复苏。从 1982 年开始,我国又掀起新一轮的"市管县"体制改革浪潮。目前,"市管县"体制已成为我国大多数地区的行政区划体制。

**(二)我国"市管县"体制存在的问题分析**

(1)除少数大城市外,实行"市管县"体制的地级市往往不具备中心城市的实力和功能,对周边地区的辐射与带动能力不足,不能真正发挥组织和推动区域经济一体化发展的作用。人们把这种现象称之为"小马拉大车"[2]。

(2)"市管县"政区范围的划分不尽合理。"市管县"的范围,有些是原有地区行署的辖县,有些则是地级市政府和省政府"讨价还价"的结果,没有充分考虑到中心城市的辐射范围及市县经济联系的密切程度。结果,有些实力较强的中心城市管辖的县偏少或不辖县,而不具备中心城市实力的地级市则管辖较多的县;经济上很少联系的市县被纳入一个行政区,经济关系密切的市县则被从行政上分隔开来。经济区与行政区的范围很不一致,不利于区域经济的发展。

(3)某些地级市的市区范围偏小或市县同城地级市与其辖县同处于一个城市连续建成区中。这既限制了中心城市的发展空间,又容易导致重复建设和引发市县矛盾。

(4)"市管县"体制改革不同步,政府职能没有根本转变,市县关系没有理顺,有些地级市政府仍然用计划经济体制下传统的行政管理方式管辖下属各县,影响县域经济的正常发展。

(5)地级市领导县级市缺乏法律依据。我国宪法规定直辖市和较大的市可以领导县，但没有关于直辖市和较大的市可以领导县级市的规定。

### 三、美国地方政府管理对我国的借鉴意义

20世纪80年代以来，美国地方政府的改革趋势主要体现在组织形式上的多样化导向、政府间关系的合作化导向、公共产品和服务对象上的顾客导向、纵向权力关系上的分权导向、内部管理上的企业化导向。美国地方政府的改革经验值得我们去学习，但是要注意因地制宜，我们既不能因循守旧，也不能急于求成。坚持一切从实际出发、实事求是的辩证唯物主义方法论，充分发挥各级政府的主观能动性，抓住有利时机，敢于碰硬，有领导、有步骤、有秩序地进行实质性的改革，这才是当前和今后我国行政体制改革的最佳选择。

#### （一）以法律的形式实现中央与地方的合理分权

地方政府改革的成败，从根本上说，取决于中央与地方关系的重新组合。从我国的实践来看，现行的中央与地方关系模式下的地方制度已无法满足经济、社会发展的需要，迫切需要创新，其主要目标就是实行法律分权制。赋予地方自治的法律地位，依法明确划分中央与地方的职责权限，实现中央与地方权限划分及其运行机制的法定化、制度化和程序化。一是依法明确规定中央与地方的职责权限，包括中央政府的专有权、地方政府的专有权、中央政府与地方政府的共有权，以及禁止中央政府与地方政府行使的权力，使中央与地方的权限划分有法可依。二是在中央与地方合理分权体制下，集权和分权都是有限度的。中央集权的上限是不能导致国家领导人的个人过分集权和专断，不能导致某一国家机关或组织的过分集权和专断；下限是不得侵犯和剥夺地方自主权，不得侵犯和剥夺企事业、社会团体的合法权益，不得侵犯和剥夺公民的合法权益。地方分权的上限是在政治上，不得危及国家的统一、主权和领土完整，不得损害国家统一的政治、法律制度，不得损害中央的合法权威，在经济上，不得妨碍社会主义市场经济体系的建立、形成和发展；下限是不得侵犯和剥夺公民的合法权益，不得侵犯和剥夺企事业、社会团体、社会中介组织的合法权益。三是纵向分权与横向分权要有机结合，要使中央与地方的权限划分科学合理，运行有效，就必须处理好横向分权与纵向分权

的关系，并使二者结合起来[3] 。

## （二）改革地方行政区划体制，实行地方制度创新

一是根据中国经济、政治和社会发展的需要，从中国地理环境相对同质性出发，重新划分省级行政区域，缩小省级区划，增加省级区划单位。这样既可以减少官僚层次，又可以适当扩大中央政府和省级政府的管理幅度，使政府结构与现代化建设和信息社会的发展要求相适应。二是减少地方行政区划层次，统一地方行政层级。与缩小省区、增加省数区划体制改革相配套，根据行政管理幅度和省级区划改革要求，结合我国地理环境的特点，我国省级以下地方行政区划采取省、县市 、乡镇 三级制为宜。三是实行地方和基层自治的制度创新。现代国家的地方自治是指"国家特定区域内的人民，基于国家授权或依据国家法令，在国家监督之下，自组法人团体，以地方之人及地方之财，自行处理该区域内公共事务的一种政治制度"。中华人民共和国成立后在较大范围内实现了地方自治，在少数民族聚居地区实行民族区域自治，在农村基层实行村民自治，1997 年以后在香港和澳门特别行政区实行高度自治。但总体来看， 发展还很不平衡，需要进一步创新。

## （三）转变政府职能，建设服务型地方政府

我国地方政府的建设应适应社会主义市场经济的要求，由传统的管理型政府向服务型政府转变。在治理方式上，要改变过去由政府单方面行使权力、提供服务、维持管制、解决社会问题的传统方式，致力于政府与市场、政府与社会、政府与企业、政府与公民之间互动状态的构建和实现。当前，尤其是要把建立和完善社会组织、提高社会自我管理能力作为改革的重要内容。

## （四）重构地方政府结构

一是在地方政府层级的选择和职责权限的划分上，应当根据地方公共物品的分布特征来设置地方政府的层级和职责权限。在地方政府层级设置上，允许多样化的存在。在地方政府职责权限划分上不强求一致，有的地方职能可以强化，有的地方的职能可以弱化。二是在地方政府规模的选择上， 应依据其承担的职责和功能来确定规模。也就是说，在解决我国地方政府机构臃

肿和人员过多的过程中，不必按照统一的比例进行人员的精简，应当根据各级政府所承担的职责来进行，允许地方政府的规模在不同地区的同级政府之间存在一定差异。三是在地方政府机构的设置上，应根据地方公共物品的数量、种类和分布特征选择。这就是说，在地方各级政府机构设置上不强求所谓的"对等原则"，而应依据地方政府履行职责的需要来设置机构。有些机构在这一级地方政府设置，而在另一级政府中就可能没有存在的必要；有的政府机构在这一地区设置，而在另一地区则可能是不必要的。一切都要与本地区政府所担负的职责和功能相一致[4]。

## 参考文献

[1] 徐仁璋. 中国地方政府的系统结构 [J]. 中国行政管理，2002（8）：29-31.

[2] 王春霞. 市管县体制：变迁、困境和创新 [J]. 城乡建设，2002（12）：12-13.

[3] 施富兰. 美国地方政府的管理方式及其借鉴意义 [J]. 新疆社科论坛，2005（4）：41-43.

[4] 杜钢建. 冲出市管县体制樊篱 [J]. 中国经济周刊，2004（4）：22.

# 青岛市海洋科普工作开展情况研究

李 倩[①]

**摘 要：**青岛市作为重要的沿海开放城市、"一带一路"倡议重要支点城市，凭借多家涉海科研院所和高校的科研优势、高级海洋人才的引领作用，有效利用海洋资源，积极开展了多种形式的海洋科普工作。文章主要分析了青岛市海洋科普工作现状及存在的问题，进一步提出推进青岛市海洋科普工作开展的对策与建议。

**关键词：**海洋科普　青岛市

党的十八大做出了建设海洋强国的重大部署，习近平总书记强调，要进一步关心海洋、认识海洋、经略海洋，发展海洋科学技术，推动海洋科技向创新引领型转变。青岛市作为重要的沿海开放城市、国家"一带一路"倡议中新亚欧大陆经济走廊主要支点城市和海洋合作重要支点城市，积极响应国家建设海洋强国战略，大力发展海洋经济。

作为海洋科学城，青岛汇聚了国内30%以上的海洋科研和高校以及40%以上的海洋专家学者，承担了大量国家重点海洋科研项目，这些使得青岛拥有大量海洋科普资源，为青岛市海洋科普工作的开展奠定了基础。

## 一、海洋科普工作的重要性

海洋科普工作是我国海洋事业发展的助推器。海洋科普主要是普及海洋科学知识，包括海洋的诞生、生命的起源、海洋国土安全、各种海洋资源的形成、海洋自然灾害的科学成因等知识的宣传和普及，可以有效提高公众的科学素质和海洋科学知识水平[1]。

---

① 李倩（1990—），女，山东青岛人，中国海洋大学2015级公共管理专业研究生。

目前，在建设海洋强国的背景下，我国海洋经济快速发展，公众对海洋的了解不断加深，海洋意识较过去有了一定提升，主要表现在对海洋资源有了更多了解、对海洋国土安全更加关注、对海洋环境保护更加重视等等。但上述这些提升仍然不足，公众对海洋知识的认知仍停留在较浅层面，对海洋时事的关注程度不高，对海洋科技相关动态不能及时把握。

通过海洋科普工作，可以给公众传输更加系统的海洋知识，有助于提升公众的海洋科学素养和海洋意识，是积极响应国家海洋强国战略、为实现青岛市建设国际海洋名城目标所做的应有的贡献。

## 二、青岛市海洋科普工作现状及存在的问题

### （一）青岛市海洋科普工作现状

#### 1. 政府牵头主导海洋科普工作开展

近年来，青岛市政府依靠中科院海洋研究所、青岛海洋地质研究所、国家海洋局第一海洋研究所等多家涉海科研院所和中国海洋大学等涉海高校的科研优势，充分发挥高级海洋人才的引领作用，有效利用海洋资源，积极开展了多种形式的海洋科普工作。

为了积极响应国家海洋强国战略，青岛市整合了多家涉海科研院所、涉海企业、海洋科普场馆、海洋特色教育机构等单位，邀请中国海洋科学界领军人物加入，成立青岛海洋科普联盟，打造青岛海洋特色科普品牌。通过这个平台，实现了多家机构不同科普资源的共建共享，为科普工作开展打下了良好的基础。通过借助各家机构的高端科研资源，举办一系列海洋科普活动，向公众全方位宣传海洋科普知识，满足公众多样化的科普需求。

为了激发青少年对学习海洋知识的兴趣和探索海洋知识的热情，青岛市教育局还联合青岛出版集团推出了公益性海洋科普课堂——"小海米蓝色课堂"。通过邀请海洋科研人员为学生讲解海洋科普知识，将海洋科学带入课堂，让学生近距离接触海洋科学，充分了解海洋资源、海底矿产、海洋灾害等知识，培养学生对海洋科学的兴趣，逐步提升学生的海洋意识，树立科学开发、利用海洋的思想。政府还投入专门经费，用于海洋特色教育的发展，并编制

系统化海洋教育教材，在义务教育阶段全面普及海洋教育。

此外，青岛市还不断完善海洋科普场馆建设，主办大型国际海洋科技展览会展示海洋科技新成果、新技术，组织各类海洋科普讲座，录制并通过网络、媒体等传播媒介向社会公众宣传海洋科普相关的纪录片，以各项优惠政策和扶持吸引企业参与海洋科普工作，多方向推进青岛市海洋科普工作的开展。

2. 中小学校开展多形式的海洋特色教育

为了全面做好学生的素质教育工作，多家中小学校结合青岛现有的海洋科普资源，在课程设置时加入了海洋科学知识方面的内容，通过开展海洋特色教育，引导学生走进海洋科学。主要是通过开设海洋教育地方课程、与海洋科研院所及高校建立战略合作。一方面定期组织学生到战略合作单位参观海洋科普相关的实验室、科技馆，学习海洋知识，参观最新科研成果；另一方面邀请科研工作人员到校，将海洋知识带进课堂。高年级的学生还可以在科研工作人员的指导下，开展海洋相关的科学研究和实验，通过这种互动方式，在拓展课余生活的同时提升了海洋知识水平。

此外，许多学校还通过组织海洋科普知识竞赛、夏令营和冬令营等多种方式，向学生普及海洋科学知识，提升学生的海洋科学素养，为培养未来海洋人才奠定基础。

3. 海洋科研院所充分发挥科研优势投身科普工作

作为海洋科普工作的主要参与者，海洋科研院所凭借科研优势，向社会公众提供大量海洋科普资源的同时，还定期向公众开放国家级重点实验室、海洋科考调查船、科技馆、标本馆等自有场所，让公众能够近距离接触海洋科研工作。

为了向公众更好地宣传海洋科普知识，多家海洋科研院所结合单位重点研究领域，编写并出版相关海洋科普刊物，制作海洋科普动画或者纪录片，将原本枯燥的海洋科学知识以生动形象的方式展现在公众面前。为了增加公众的直观感受，多家科研院所还将虚拟现实技术应用到海洋科普工作中，增加科普工作的互动性和趣味性，有效提升公众的参与度，更好地推进海洋科

普工作的开展

为了海洋科普工作在中小学校的有效推进，有的科研单位将海洋科普工作与学生的社会实践活动相结合，为战略合作学校的高年级学生特殊定制研学科普实践活动。通过实践活动，学生可以一边听科研人员讲解相关知识，一边更加直观地感受相关知识在现实生活中的展现。此外，为了让学生们近距离感受远洋科考工作，有的科研单位通过视频连线以船岸互动的方式让学生们与执行远洋科考任务的科学家们"近距离"接触，科考船上不同国家的科学家们用镜头带领学生观看了远洋科考工作的过程，讲解相关科学知识，通过视频互动让学生们看到科学、感受科学。

### 4. 涉海企业积极投身海洋科普工作

近年来，依靠海洋科技创新，以海洋生物资源为原料，从事海洋科研和海洋化工、海洋食品、海洋药物等产品生产的海洋科技企业在青岛发展。这些涉海企业在发展自身生产经营业务的基础上，也积极投身海洋科普工作。他们围绕企业相关产业，出资建设海洋科普馆，亲自运营管理，面向社会公众尤其是中小学生开放，除了设置专职讲解员为公众讲解科普知识，还以多种方式与公众互动，让公众在接受科普知识的同时有着良好的互动体验，有些科普馆还荣获"全国科普教育基地"等荣誉称号。这些涉海企业集海洋知识与海洋科技为一体建设运营海洋科普馆，有效补充了青岛海洋科普场馆的不足，成为青岛海洋科普工作中重要的一环。

### （二）青岛市海洋科普工作存在的主要问题

#### 1. 部分科普活动难以满足公众不同层面的科普需求

目前，不少科普场馆日常的参观对象是零散前往的社会公众，涵盖了各年龄段、各层次文化水平和各类职业的公众，与以团队形式提前预约前往的人群不同。团队形式前往的人群往往在一个团体里面年龄相当、文化水平相当，可以对他们进行针对性的科普讲解。而在面对日常零散人群时，科普场馆的专职讲解员基本按照固定的通用讲解稿进行讲解，一些比较灵活的讲解员有时会按照自己对这些科普知识的理解，根据当前听众对讲解内容的反应进行适当增减。

由于这种固定模式讲解没有对受众人群进行有效区分，仅凭讲解人自身水平在一定程度上对讲解内容进行增减，有时难以满足不同受众群体不同层面的需求。对于面前不同年龄段、不同文化水平的人群，同样的讲解内容在一些人眼中十分容易理解，而对于另一些人来说就难以理解，这就在一定程度上影响了科普效果。有时面对人们提出的问题，专职讲解员对一些知识的讲解往往仅限于讲解稿，不能很好地对人们的问题做出专业的解答，这也使得一些知识不能很好地宣传到位。

2. 专业科研人员参与科普工作的机制有待完善

受科研项目进度考核的影响，为按期完成科研项目的节点任务，多数科研人员的科研任务较为繁重、日常事务较多，往往受精力限制，难以抽身投入科普工作。许多参与科普工作的科研人员也都是抱着向公众宣传科学、为社会服务的心态，挤占休息时间准备科普材料来为公众进行无偿科普讲解。而当前科研项目考核并没有将科普工作开展情况纳入考核体系，科普工作占用了过多的时间也难免影响项目进展，再加上缺乏对这些热心科普工作的科研人员的奖励制度，一定程度上影响了高水平专业科研人员参与科普工作的积极性。

3. 参与海洋科普工作的企业行为有待规范

参与海洋科普工作的企业通过投资建造和经营管理科普场馆，在很大程度上推动了青岛市海洋科普工作的开展。这些科普场馆多是围绕企业相关产业进行相关海洋知识的科普，包括海洋化工、海洋食品、海洋药物等。不可避免地，这些科普场馆里会适时展出企业相关产品，这也是企业在完成社会公益职能的同时对企业产品进行宣传。这种行为本身对科普工作没有过多不利影响，但有时，一些企业在开展科普工作时，淡化了海洋知识科普本身，过多地介绍企业产品，俨然对前来参观学习的公众变向做起产品推广，这种行为则有不妥。毕竟政府对积极参与海洋科普工作的企业在生产经营方面是有一定政策优惠措施的，是对企业开展海洋科普工作的鼓励和补偿，倘若企业在享受政策优惠、以海洋科普吸引人群的同时一味推广企业产品、没有做好科普工作，这也违背了政策优惠措施的初衷。

### 三、进一步推进青岛市海洋科普工作开展的对策与建议

#### （一）精分科普受众群体，丰富科普内容层次

科普知识内容设置时，充分考虑不同层次的科普受众群体对科普知识的需求不同，有针对性地设置不同内容层次的科普知识内容，并相应建设针对不同人群的场馆分区。例如，针对低龄儿童，科普知识内容应浅显易懂，呈现形式更加多样化，能够吸引低龄儿童的注意力，场馆分区多以卡通形象、动画等适合低龄儿童的心理的方式呈现；针对青少年，科普知识内容设置时就相对深入，在确保青少年能够接受的前提下，适当提升难度，引导他们深入思考，并增强讲解人员与青少年的互动，充分激发学习热情，场馆分区则增加互动体验设施的建设，有条件的还可以设置小型模拟实验装置，增加青少年的体验；针对成年人，则需将科普知识讲解得较为通俗易懂，做到科普知识的最大化普及。

在设置不同层次的科普知识内容时，还应注重丰富科普展示手段的多样化。除了传统的讲座、文化墙、展板、纪录片等灌输式手段，重点打造虚拟现实、3D全息投影等新技术手段，鼓励海洋科普展览作品的创作，以增加科普知识的多样化展示，增强互动性。

#### （二）完善科普队伍建设，注重科普工作质量

通过改进科普工作机制，将科普工作纳入科研人员绩效考评当中，充分调动科研人员参与科普工作的积极性，形成一支由专职科普讲解员、科研人员、知名专家学者组成的海洋科普队伍，有效提升科普工作质量。对专职讲解员定期开展培训，不断丰富相关科学知识，做到专业化的同时兼顾相关科学知识周边，尽可能满足不同层次社会公众的科普需求。对科研人员的专业所长进行适当划分，以其各自专业对应不同科普需求的人群，在各自专业内开展科普工作，最大化发挥专业能力，解答专业领域内人们不同深度的问题，充分做好科学知识普及的深度。由于是自己专业领域内的相关知识普及，不

需要额外付出过多的时间精力，也适当减轻科研人员的科普工作压力。

在科普工作开展时，科普人员还需注重讲解效果，充分考虑受众群体的接受程度，及时调整讲解内容、方式和技巧，确保科普知识有效讲解，提升科普工作质量。

### （三）鼓励社会组织参与，探索市场化运作模式

通过进一步完善政策优惠措施，吸引更多的社会组织参与科普工作，充分调动社会组织参与的积极性，并加强对参与单位的监督和管理，避免出现借科普活动过度推广企业产品的行为。

过去，科普工作一直由政府主导推进实施，取得了一定的成果。考虑到"专业的事由专业的人做"，下一步政府可以寻求科普工作职能的转移，探索市场化运作模式，将科普工作的具体事务交由社会组织来完成，政府只需做好引导者、规划者、监管者，从具体的事务性工作中解放出来。通过社会组织的参与，以其所具有的专业性可以有效完成科普工作，甚至由于其专业性，所组织的科普活动可能会比政府组织的科普活动更加新颖、更加吸引社会公众。同时，由于引入了竞争，也可以激发社会组织积极探索科普方式的变革，有助于科普产品的进一步丰富。

# 参考文献

[1] 屠强，仝开健，杨娟.动员社会力量参与海洋科普事业研究 [J].海洋开发与管理，2013（6）：43-46.

[2] 李佳芮，张健，孙苗，等.关于海洋科普信息化建设的探讨 [J].海峡科技与产业，2016（11）：75-77.

[3] 吕绍勋.青岛公众海洋意识调查研究 [J].青岛职业技术学院学报，2017，30（2）：9-25.

[4] 李营.新形势下提升海洋科普水平对策 [J].科技创新导报，2010（23）：214-216.

# 主体需求视阈内的大学生村官调查研究
## ——以北京市为例

李雅楠①

**摘　要：**此次研究，以大学生村官的主体需求为研究方向，通过调查问卷和个别访谈了解他们在任职期间的收获、遇到的困难以及对未来的期望。然后实地考察他们的工作、生活环境以及工作成果，咨询村干部、村民等对大学生村官的建议和意见。通过这些客观的反映，理性地甄别大学生村官需求的合理性和盲目性，针对合理的需求在政策层面上提出建议，针对盲目的需求在学校教育和个人心理调适的层面提出建议。

**关键词：**大学生村官　主体需求　调查研究

## 一、基本理论

党的十九大明确指出，中国特色社会主义进入新时代，到 21 世纪中叶，在基本实现现代化的基础上，再奋斗十五年，把我国建成富强民主文明和谐美丽的社会主义现代化强国。建设社会主义现代化强国，需要明确我国社会主要矛盾已转化为人民日益增长的美好生活需要和不平衡不充分的发展之间的矛盾。这就是满足人们的不同层次的需求。马斯洛的"需求层次理论"把人类纷繁复杂的需求分成生理需求、安全需求、社交需求、尊重需求和自我实现需求五类，由较低层次到较高层次排列。随着社会的发展，中国人的需求层次逐渐提高，从最初的对衣、食、住、行等基本生活要素的需求发展到对尊重和自我实现的精神需求。"以人为本"将成为国家战略转型的方向。

---

① 李雅楠（1991—），女，山东青岛人，中国海洋大学 2016 级公共管理专业研究生。

本文以大学生村官为例，以当前形势和国家政策为重点研究对象，以探讨如何满足大学生村官的主观需求为目的。

大学生村官政策的出台一是为了拓展大学生就业渠道，二是为新农村建设输送优秀人才，三是为党和国家培养踏实能干、有基层经验的后备干部。结合图1可以看出这些目标既有短期的计划，又有中长期的规划，并且是从短期策略向长期策略转变的趋势，即在保证人民基本需求的同时逐步提高人民的满足感，加强社会的和谐度。同时这一政策既有微观效用，又有宏观效用，且二者联系紧密，即个人满足与社会需求的相互作用。具体来说，大学生村官问题的实质是我国农业的问题，更好地发展农业，大学生村官才更能安心工作，服务农村，提高他们的满足感，他们才能促进农村建设。如果结合需求层次理论剖析，就是在解决大学生就业的基础上满足他们的自我实现需求，让他们将农村工作视为值得追求的事业，扎根农村、奉献农村，满足人民的心理需求也是构建和谐社会的关键。

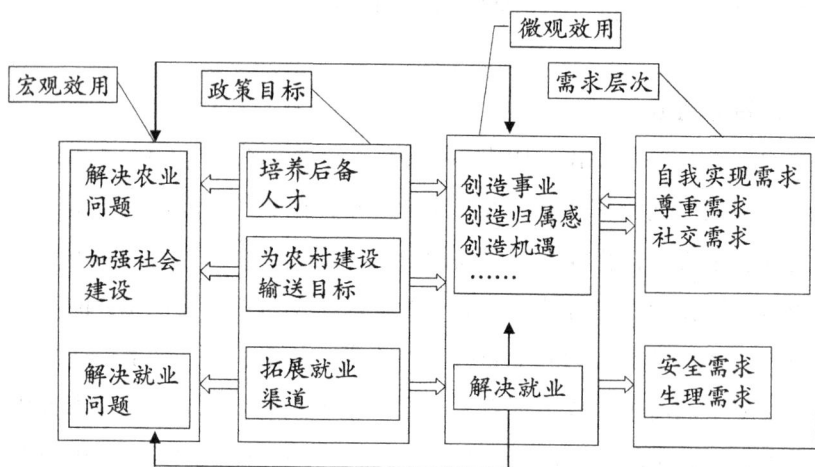

图1 满足大学生村官主观需求的途径

依据图1的逻辑，满足大学生村官的需求就要在继续保持扩大就业渠道的同时加强农业建设，为大学生村官提供更多、更好的工作机会，满足他们的精神、物质需求，发掘他们的才干。欲要进行深入的探讨，首先要简单了解一下我国的就业和农业现状。

### （一）农业

农业是人类衣食的根本，我国更是一个拥有 9 亿农民的农业大国，农业始终在我国发展和建设中居首要位置。自改革开放以来，家庭联产承包责任制度的实施和市场经济体制的改革，调动了农民的积极性，极大促进了农业生产力的发展。农业的发展，使我国仅依靠世界 7% 的耕地便养活了 13 亿多人口。

但在发展过程中，我国的农业也逐渐显露出一些问题，例如教育科研与农业推广严重脱节、农业生产具有盲目性、产业化经营组织不完善、城乡分割的二元体制扭曲了工农关系和城乡关系等。

因此，农村发展的战略转型刻不容缓，其方向便是"从过去的以数量为中心转向以质量为中心和效益为中心，从过去的以传统技术为主转向以现代技术为主，从过去的以自给自足农业为主转向以市场化农业为主，从过去的以资源消耗为主转向农业可持续发展，从过去的农业支援工业、城乡分割的体制转向工业支持农业、城乡协调发展的体制"[1]。

完成上述转变需要在农业生产方式、农村组织方式、农民思维方式上进行深刻变革。这是一项迫切、艰巨的任务，需要新的思维、新的领导力量在农村生根发芽，为未来农村的深刻转变铺好道路。选聘大学生村官对改善农村基层干部队伍结构、培养新农村建设骨干力量和党政干部后备人才，推进新形势下农村改革发展，夯实党在农村的执政基础具有重大意义。

### （二）就业

我国自 1998 年开始连续多年大学扩招，大学生"天之骄子"的地位被逐渐淡化，大学生就业难问题逐渐凸显，到 2005 年，我国在校大学生人数已突破 2300 万，如何安排每年 500 多万毕业生的就业，成为摆在从中央到地方各级政府面前的一项重要课题。

2008 年，美国爆发的"次贷危机"演变成了全球性金融危机，与世界深度接轨的中国也深陷其中。由于全球金融危机的影响，我国国民经济体系中外向型经济产生强烈震荡，进而造成大学毕业生就业困难等一系列问题。危机面前，政府深刻认识到了出口拉动型经济的严重弊端，决心从扩大内需入手，转变发展模式，实现内需拉动经济。

我国的经济建设总体上是重视工业，轻视农业；重视城镇，轻视农村。然而经过几十年的发展，城市和工业领域的就业吸纳力已明显下降，在战略上难以开辟更多的空间给源源不断的就业大军。另一方面是农村、农业发展相对滞后，逐渐成为我国经济结构中的薄弱环节。但是，从另一个角度看，农村和农业却有巨大的发展空间，农业现代化建设和社会主义新农村建设，能吸纳数量巨大的劳动力，提供经济发展的崭新动力，是打开经济内需之门的一把钥匙。

我国现在面临的农业、就业问题孕育了大学生村官这一特殊职业，而大学生村官也正是解决这些问题的重要因素。二者互相作用，以满足大学生村官的需求为目标，完善现行政策，调动大学生村官的积极性，使他们能更有效率地服务农村，进而推进新农村的建设。

为此，通过实地调研、电话采访、文献研究等多种方式，以大学生村官的视角为出发点，了解、反映他们的真实生活、工作状况。

## 二、调查情况

### （一）就业状况

首先考察大学生村官是否满足他们当前的就业状况，这是判断该项政策是否能满足大学生基本物质需求的重要标准。

问题 1 为什么选择做大学生村官？

表 1 对"你为什么做大学生村官"的调查结果

| 回答 | 人数 | 比例 |
| --- | --- | --- |
| 农村的发展空间更适合我 | 122 | 15% |
| 专业知识适合在农村发展 | 18 | 2% |
| 就业压力导致城市求职难 | 242 | 31% |

| 锻炼自己，为以后打下基础 | 325 | 41% |
| 受村干部事迹的感染 | 20 | 2% |
| 因为家里或学校的引导 | 51 | 6% |

通过表 1 可以看出，占比例最大的两项"锻炼自己，为以后打下基础""就业压力导致城市求职难"，分别从主观需求和客观现实角度反映了大学生村官这一职业的当前特点。可以看出，在严峻的就业形势下，一部分当代大学生有了更加理智、更为长远的就业观，不再一味好高骛远，能够踏实地选择基层工作，锻炼自己，提高能力。通过进一步采访了几位大学生村官，就这一问题和他们进行了深入的探讨。

大学生村官 A 是北京人，她说："当时找工作不容易，村干部待遇还不错，选择的村子又离家近。本身就是农村出身，当村干部就是目标，向往这项工作。"

听到她的话，在潜意识里，似乎"无奈"才是理所应当的回答。但后来仔细想想，这名大学生村官的话反映了一部分大学生村官的心声。很多大学生出身农民，有很深的农村情结，他们并不像一些人想的那样，出于无奈或某种目的才选择做村干部，而是更多出于一种天然的情感。每个行业都有热爱它的人，只是现代社会对农村工作有一种偏见，致使许多置身事外的人，包括调查研究人员总是不自觉地以自己固有的思维来衡量他们。

随着交谈的深入，发现她选择当大学生村官不仅仅是出于主观情感。据了解，北京市大学生村官的待遇是"第一年平均每人每月 2000 元，第二年平均每人每月 2500 元，第三年平均每人每月 3000 元。按照地域和学历的不同，可参照此标准适当上下浮动。并按照国家和北京市有关政策，由政府为其缴纳各类社会保险" [2]。在她所在乡镇的花销并不多，每月大概 200~300 元，生活完全够用。而且她所在乡镇的五十几名大学生村官全部住在一个集体宿舍，有乒乓球、台球、羽毛球等娱乐设施，如同大学生一样，生活丰富多彩。而北京市一名应届毕业本科生的初始工资平均不到 2000 元，仅高昂的房租就难以应付。

当然这只是一类人的看法，另一类大学生村官却说出了他们不同的声音。

大学生村官B是外地人，他说："毕业时赶上了经济危机，就业形势严峻，找工作困难，当时就想拥有北京户口，于是选择考取村干部。"

这名大学生村官说得很现实，他选择村干部有明确的目的，这种声音虽然刺耳，但却真实地反映出问题。这名大学生村官强调了"户口"，他的话并非没有道理。传统计划经济体制的一个弊端就是城乡分割的二元体制，也就是户籍制度。

在我国，从20世纪50年代中期开始，为了完成从农业向工业提供"剩余"的目标，逐步形成了以户籍制度为核心，由城乡分割的财政体制、金融体系、社会保障体制、劳动就业体制等构成的城乡分割体制。改革开放，经济体制改革基本也是在农业和同村、工商业和城市这两个板块内部进行的，城乡分割体制没有被突破。城乡分割体制造成了城市建设飞速发展，城市工资快速提高；农村建设缓慢，农民生活水平低下。

对于中小城市，户籍制度有了巨大的改革，放宽了申请条件，大幅度降低了在城市落户的门槛；但是对于北京、上海等一线城市，却是抬高了准入门槛，仅为引进特殊人才"开绿灯"。以最新出台的"京十五条"为例，如果非北京户口的公民想在北京购房，需提供北京有效暂住证和连续5年含以上在北京缴纳社会保险或个人所得税缴纳证明。对于刚刚毕业的外地户籍学生而言，短时间内很难在北京谋得一块真正属于自己的空间。因此这名大学生村官迫切获得北京户口的心情是可以理解的，他反映了一名普通大学生的心声。期望有关部门及专家学者能够研究出更完善的户籍管理制度，解决千万人的困难。

问题2 合同期满你的出路是什么？

表2 对"北京市合同期满大学生村官去向"的调查结果

| 2009年 | 2010年 | |
| --- | --- | --- |
| 合同期满人数 | 2016 | 2800 |
| 获得新岗位人数 | 1792 | 2600 |
| 公务员 | 385 | 428 |

| 事业单位 | 254 | 276 |
|---|---|---|
| 企业录用 | 450 | 800 |
| 乡镇专项事业编制 | 129 | 120 |
| 续聘 | 137 | 441 |
| 社区工作者 | 313 | 400 |
| 考研升学 | 23 | 20 |
| 自主创业 | 22 | |

表 2 所反映的很多情况，可从个人和国家两方面进行分析。

从个人角度可以看到，合同期满的大学生村官基本都获得了新的岗位，就业率在 90% 左右。可见，三年的大学生村官生活不仅没有消磨他们的知识，更增加了他们的工作经验，使他们在劳动力市场上具备优势。

从国家角度分析，比较复杂。通过表 2 可以看出有不小比例的人成了公务员或者进入了事业单位。吸纳一批有基层工作经验的人加入国家公务员、事业单位队伍对于完善国家人才体制是好的，相比初出茅庐的应届毕业生，这些人有经验、更踏实，有基层工作经历，更深刻地理解我国基本国情。这无疑是一条好的选才、用才途径。但是，一个不能忽视的事实是这些人中只有极少数选择留在了农村。他们中的多数是在城镇解决就业，被国家行政机构吸纳。我国现在面临的就业压力是城镇，工业已经很难开辟更多的就业空间，只有通过新农村建设，开辟更多的就业空间，才能从根本解决就业难题。

客观讲，大学生村官制度确实解决了一部分应届毕业生的就业问题，其中或许还有不尽如人意的地方，但在当前严峻的就业形势下，一般的大学生还是满足这种工作待遇的。从"需求层次"理论分析，现有的政策是能给人们提供基本的生活保证，满足这些人的生理需求和安全需求。在此基础上，需要继续考量这些人的精神需求是否得到满足。

## （二）工作状况

问题 3　你平时都做些什么工作，你感到满意吗？

大学生村官 C："帮助支书档案管理，做会议记录，处理文件。组织村民开展文艺活动，比如鼓队、健美操队、秧歌队、合唱比赛等。还和其他大学生村官组织了一个创业小组，办杂志。工作还是挺充实的。"

这名大学生村官的描述反映了农村生活确实有了极大的改变，农民生活愈发丰富多彩了。她描述的大学生村官生活并没有想象的那样枯燥无味，她能够塌下心来，认真做好这些简单的事务，并且还能积极地组织文艺活动，帮助村民提高精神文明。可以说，她是找准了现阶段大学生村官的位置：切实可行地履践自己的责任。丰富村民的精神文化生活，起到"润物无声"的作用。在新农村建设的大背景下，逐渐改变农民的思想观念，为新农村建设铺下坚实的精神基础。

大学生村官 D："我们都是助理，为村党支部书记和主任服务，主要从事文件写作和电子政务方面的工作，也偶尔涉及财务方面。总的来说比较闲散，感觉有力使不出。"

这里需要强调一下，在现实中，多数大学生村官的实际工作岗位是村党支部书记助理或村主任助理，这是一个有些"特殊"的职位。据了解，这一职位的设定有迫不得已的原因。我国农村的日常生活本着"自我管理、自我教育、自我服务"的原则，实行"民主选举、民主决策、民主管理、民主监督"。这些原则由《中华人民共和国村民委员会组织法》体现，该法令中有一条："村民委员会主任、副主任和委员，由村民直接选举产生。任何组织或者个人不得指定、委派或者撤换村民委员会成员。"所以，国家只能为大学生村官安排"助理"这样一个职位。从法令上看，大学生村官不能直接成为村委会组成人员，他们的工作没有明确的规定，因人而异，取决于村领导的个人选择。因此，多数大学生村官往往从事一些文字处理工作，这导致他们中很多人自身所学专业的发挥受到了限制。

村委会通常从事人民调解、治安保卫、公共卫生与计划生育等工作，承担本村生产的服务和协调工作，促进农村生产建设和经济发展，维护以家庭承包经营为基础、统分结合的双层经营体制，以及宣传宪法、法律、法规和国家的政策，教育和推动村民履行法律规定的义务，等等。由于我国农村仍是以家庭为单位、自给自足的农业模式。村委会对于本村的经济建设并不起太大的管理作用，基本工作只是维护村里的安定团结。由此可见，即使大学生村官直接进入村委会也只能从事文件管理、宣传政策、法律的工作，与许多人想象的在农村"大展拳脚"是有不小差距的。

这些问题的根本原因是我国农业的落后，产业化组织不完善，有专业农牧知识的大学生或许还能解答农民的一些问题，但有经济、管理、法律知识的却很难发挥作用。

问题 4　你认为新农村建设最需要什么？

大学生村官 D："资金、人才，最重要的是思想。"

资金和人才自不必说，无论城镇还是农村，要想发展都离不开资金和人才。在这里，大学生村官们提出了新农村建设需要新思想，正好切合"十二五"规划中提出的加快转变发展方式的要求。近年来，在经济高速发展的大潮中，先进的科学技术传入了农村，但由于很多老思想的影响加之市场的利益导向，使得先进的科学技术没有扎下根来，反倒是一些低投入、高回报、高污染、高浪费的产业逐渐在农村兴起。另一方面，在村干部选举、管理过程中，许多旧的习俗和思想犹存，其中还夹杂个别投机行为。这些都为我国新农村建设设置了阻力。试想，国家在已经开展技术下乡的同时，仍然让很多并非农业专业的大学生担任村干部，应该也希望他们能够为农村的思想带来一股清新之风。

问题 5　你会扎根农村，成为真正的村干部吗？

大学生村官 D："不会，竞争太激烈了，我们这些人要想竞争村干部实在困难，担任助理也不是个着落。况且真要扎根农村，未必受欢迎。"

在大多数人的意识里，总以为大学生村官嫌弃农村落后，不甘心在农村工作，但他的话却是另一种无奈。

《中华人民共和国村民委员会组织法》规定村委会成员由村民选举产生，而且参选人员的身份有限制，对于户籍不在本村的，需要在本村居住一年以上，本人申请参加选举，并且经村民会议或者村民代表会议同意，才能参加竞选。这里又涉及户籍问题，有些讽刺意味的是，以往谈及"户籍"，关注点在于农村劳动力向城市转移，抑制了农民生活水平的提高。但在竞选村干部上，它却更多锁定于本地群众，成了外来人才扎根的障碍。其根本原因是相同的，城市、农村成了两个独立运行的个体，各自封闭起来，各自保护起来。这一制度，严重阻碍了劳动力的流动，为经济发展增添了不必要的成本。

虽然《中华人民共和国村民委员会组织法》规定，在本村居住的外地人有参选资格，但对于一名想要扎根本地的普通助理来说，难度非常大。首先，"在本村居住一年以上"并不容易达到。因为有些大学生村官是住在乡镇的集体宿舍里的，并不是住在农村。其次，还要经过村民会议的通过，这里的问题很难说清。即使通过，一个刚毕业的大学生，要想在农村建立威信并不容易，仅仅认真工作是不够的，他们没有丰富的人脉资源，没有坚定的支持者，除非能在做助理期间做出巨大贡献，得到村民的高度评价和广泛认同，否则他们是竞争不过当地村民的。当然，做出巨大贡献的例子也有，但对于有志扎根农村的大学生村官这个群体来说，有些贡献的生成需要调研，需要探索，更需要时间。

大学生村官有知识、有思想、有热情，但缺少威信和人脉。从现状分析，农村管理更注重安定团结，而不是活力创新。因此，让大学生村官治理农村未必合适。要发挥他们的才干，必须另辟蹊径，不能仅仅把他们局限于农村社会治理的参与者，更应促使他们成为农村具体领域的问题解决者、创新实践者和活力带动者。

作为大学生村官的同龄人，能够体会到他们的苦衷。很多投身村干部事业的大学生，都是为了通过三年基层工作积累经验、获得户口，以求今后更好的发展。这些人心中都有远大的理想和抱负，对他们来说，比基层经历和户口更为重要的是，如何利用三年任职为将来理想抱负的实现积累能量和经验。显然，村干部助理这个以辅助为主的职务是无法满足一部分大学生村官的需求的。

对于工作的态度反映了大学生村官的精神状态，这既有客观事实的作用，也有个人心理因素的影响。精神需求的层次是很难准确界定的，但基本可以看出他们的社会需求和尊重需求还是得到满足的，一部分人所表现的失落感是出于自我实现这个层次上的缺憾。欲消除这种"英雄无用武之地"的感觉，需要丰富建设新农村的手段，为大学生村官提供更多具有创造力的岗位。

问题 6　几年的农村工作，你最大的收获是什么？

大学生村官 B："成长了很多，切身体会到了现实中的工作关系。学会了同基层的群众交流，对国情、国策有了更深刻的认识。"

大学生村官 E："有人交流的能力强了，身体也壮实了，更了解农民的辛苦了。"

农村工作不轻松，在乡镇科室工作还好些，到了每月下村的时候，风吹、雨淋、日晒是经常碰到的，还要徒步行走。人瘦了、黑了，但也结实了，从前弱不禁风，现在能挑能抗。学生时代说话总是高谈阔论，不着边际，和人交流，三句不和就怒目相视；现在心态平和了，与人说理细心、耐心，能抓住要害，又不失诙谐。到了农村才知道什么叫辛苦，以往一点劳动就叫苦不迭，现在看来实在荒唐。大事不敢想，就想为村民做几件实在事。

与此同时，大学生村官们真正走进了农村，踏上了农田，或许在他们同学中间，没有人比他们更了解农村，没有人比他们能更深刻了解我国的基本国情。在最淳朴的农村中，他们能够接触到我国最传统的人际关系和工作关系。一位大学生村官诉说他到了农村，才了解到什么才是中国的"酒文化"，才发现原来学会同最基层的农民交流才是最大的财富。

这是大学生村官们在农村工作后的感受。基层工作的确锻炼人，这些大学生村官没有了学生的稚气，多了份成熟稳健，谈笑间能感受到他们宽阔的心胸和坚定的信念。

### 三、总结

大学生村官制度在协助村主任、村干部贯彻落实国家政策，提高农村的教育水平等方面取得了辉煌的成就，同时也暴露了一些问题，这些问题也正是新农村建设中所必须直面的问题。大学生村官问题和农业问题是紧密联系、不可分割的，必须统筹考虑，不可就大学生村官论大学生村官，单纯从大学生村官制度入手提出的建议只能解决一时、一地的问题，不能从长远、全局上根治。彻底解决了农业、农村问题，大学生村官的问题则自然解除，而如果确实下决心、下力气去解决农业积弊，那么大学生村官会成为这项工程的助力。

从大学生自身来看，大学生村官制度为一些大学生提供了就业机会和锻炼机会，使他们避开了就业拥堵并获得了后续"转业"的优惠政策，同时能够解决北京户口也为大学生日后的发展和生活提供了便利。另一方面，可以看到很多村镇并没有真正吸纳大学生村官，大学生村官们在类似于文秘的职务上花费了太多时间。但由于他们并没有获得真正的发挥空间，所以他们的"跳板"意识越来越浓。这样一来，原本的工作就会成为大学生村官为将来谋发展的"阻力"，这势必会影响工作效率以及大学生村官们的幸福感。

归根结底，大学生村官的抱怨主要体现在工作形式过于单一，不能调动积极性，他们无法将其当成毕生事业来全力奉献。因此，调研组认为，应当扩展大学生村官工作的领域，使其不囿于村务管理而能够发挥专业所长和兴趣所在，更为积极地扎根农村，奉献青春。

**四、建议**

**（一）拓展大学生村官工作领域**

工作形式单一，既不能调动大学生村官的积极性，又不利于新农村建设，可以从下面四个方面考虑拓展大学生村官的工作领域。

第一，我国农工业科技推广乏力，在于"推广机制不活，推广手段落后，基层科技推广队伍素质不高，推广的后续服务不到位，尤其是技术推广与产品销售服务脱节，即只管推广技术而不管销售产品"。为此可以为大学生村官开辟一个新的岗位——科技推广员，提供给有农牧专业知识的大学生，负责在农村推广新技术，完善后续服务，让他们学有所用，以此发挥他们的专业优势，提升他们的工作价值感，调动他们的工作积极性。

第二，当前"市场惠农"结构还不完善，一个重要表现就是农民作为市场主体的发育程度偏低。农村缺乏代表农民利益的经济组织，农民以无组织分散的状态进入市场，缺乏市场竞争力和自我保护能力。生产上的农村合作社已经被否定了，但尝试销售上的"合作社"未必不可行。农村需要有代表农民利益的经济组织，村干部是很难适应这一组织的建设和管理工作的，由国家统一收购却又有太强的政策干预性，而且往往不能顺应市场规律，起到相反结果。那么，政府可以出资建设这样的组织，聘任优秀的人才担任领导管理工作，可以作为另一种形式的大学生村官，但必须严格挑选。

第三，家庭联产承包制虽然调动了农民的积极性，但也产生了小生产与大市场的矛盾。解决之道就是农业产业化经营——在稳定家庭承包责任制的基础上，大力发展社会化服务体系。通过社会化服务体系，为农民提供产前、产中、产后服务，使家庭经营与社会生产联系起来。

第四，许多专家称城乡分割的二元体制是我国农业问题的根本。这一体制必须要打破，否则贫富差距继续拉大，社会将陷入大范围的动荡。改革户籍制度、就业制度、教育制度、社会保障制度等，使劳动力流动起来，同时加大对农业的财政投资，既提高转入城镇者的收入，又减少土地负荷，扩大农户的土地经营规模，增加农民收入，而且更能吸引力大学生扎根于此。

### （二）丰富工作阅历

给大学生村官更多的实践机会。在调研过程中，极少会有大学生村官对基层工作抱怨的，大家都渴望通过三年的锻炼，真正地增长才干，不虚三年光阴。所以，大学生村官们普遍希望能够给他们更多的农村工作，哪怕是深入田间地头，而不是做一个文秘。

此外建议能够调整大学生村官任职的制度，将三年村干部助理变为两年助理，一年酌情考虑提供实职。这些实职可以是一些最基础的工作，哪怕是给一些村干部做副手，使大学生村官们有机会真正接触村里工作，使大学生村官获得更多的锻炼。同时通过实际的工作会让一部分大学生村官酌情考虑自己是否适合在村里的工作，使一部分人真正爱上村干部工作并最终留下来，也会使一部分人重新考虑自己的选择。

### （三）精神层次的关心

对于大学生村官，国家除了出台相应的保障政策之外，也应当切身去关心大学生村官的生活需求。首先应当确保大学生村官们能有固定的交流机会，不仅仅局限于网络，应当切实让他们能够找到志同道合的伙伴，大学生村官们只有告别了孤独，才能愉快地工作，发挥更大的作用。例如大兴区的村干部集体宿舍就值得推广。

# 参考文献

[1] 林善浪，张国．中国农业发展问题报告 [M]．北京：中国发展出版社，2003．

[2] 北京市人事局．关于引导和鼓励高校毕业生到农村基层就业创业实现村村有大学生目标的实施方案的通知 [EB/OL]．（2006-01-25）[2018-02-01]．http://www.110.com/fagui/law_104101.html.

[3] 王少峰．北京市"大学生村官"政策的由来与变迁 [J]．高校教育管理，2009（6）：14-19．

[4] 成亮．大学生村官计划发展瓶颈探析 [J]．内蒙古农业大学学报：社会科学版，2010（1）：265-266．

[5] 申建军，周永华．完善大学生村官退出机制的思考 [J]．法制与社会，2010（7）：212-213．

[6] 宋远军，刘文慧，颜勇，等．破解大学生村官身份困境的合理途径探析 [J]．安徽农业科学，2010（30）：17285-17288．

# 我国推进城乡社区治理现代化的路径新探索
## ——以青岛市"全国社区治理和服务创新实验区"
## 国家级试点创建为例

李 哲①

**摘 要：**城乡社区是社会治理的基本单元，是居民群众安居乐业的家园。近年来，国家民政部探索在各地开展"全国社区治理和服务创新实验区"国家级试点建设，主要是以推进城乡社区治理体系和治理能力现代化为目标，围绕民主治理、依法治理、专业治理、智慧治理四个重要领域和加强基层基础工作这一关键环节创新治理体系，不断探索实践社区治理和服务新模式、新路径，本文主要探讨分析了推进城乡社区治理现代化的背景和主要做法。

**关键词：**社区治理 现代化 新路径

党的十八届三中全会提出，全面深化改革的总目标是完善和发展中国特色社会主义制度，推进国家治理体系和治理能力现代化。2017 年 4 月，党中央、国务院印发《关于加强和完善城乡社区治理的意见》，明确提出要"促进城乡社区治理体系和治理能力现代化"。城乡社区治理体系和治理能力现代化既是国家治理体系和治理能力现代化的组成部分，又是实现国家治理体系和治理能力现代化的重要基础。青岛改革开放起步早，经济社会发展快，经济转轨、社会转型特征明显，20 世纪 90 年代就曾探索出农村基层党组织建设的"莱西经验"和城市社区建设的"青岛模式"，在社区服务、社区建设方面积累了丰富的经验，也为创新社区治理打下了坚实基础。2013 年以来，

---

① 李哲（1989—），女，山东临沂人，中国海洋大学 2015 级公共管理专业研究生。

国家民政部先后确认了数批"全国社区治理和服务实验区"国家级试点,黄岛区和市北区被列入第一批和第三批试点范围。黄岛区试点以社团化治理、项目化运作、构筑社区公共服务新体系为主题,市北区试点以健全社区、社会组织、社会工作人才、社区志愿者多方联动机制为主题。实验区项目为青岛探索城乡社区治理现代化提供了有益平台。随着经济体制深刻变革,社会结构深刻变动,"互联网 +"深刻影响,人民群众对社区治理和服务的需求更加多样化、个性化、专业化,但社区治理面临主体不够多元、制度规则不健全、社会力量参与不足、信息化应用水平不高等种种问题,需要通过理论、实践和制度创新破解治理难题、提升工作。

## 一、社区治理现代化的基本内涵

按照现代社会发展要求,根据我国实际,现代化的城乡社区治理应当是具有较高的法治化、科学化、精细化水平和组织化程度,由基层党组织领导、基层政府主导、以民为本、服务居民的多方参与、共同治理的社区治理[1]。这一点可以对比西方社会,这些国家自产业革命以后即开始了加速向现代社会转型的进程,已建立了比较完善的资本主义市场经济体制与政治法律制度,社会高度发达。各类大型的正式组织取代了家庭家族在社会生活中的核心地位,非个人的、不具感情色彩的业缘关系成为社会关系的主要纽带,人们的行为主要受法律、规章的控制,社会具有很强的异质性。总体要求是把城乡社区建设成为和谐有序、绿色文明、创新包容、共建共享的幸福家园。其实现路径是坚持以基层党组织建设为关键、政府治理为主导、居民需求为导向、改革创新为动力,健全体系,整合资源,增强能力。其主要功能是管理公共事务,提供社区服务,管理公共资产,培育良好市场环境,表达社区群众利益诉求,协调矛盾纠纷,塑造社区文化,增进社区认同。

## 二、主要做法

### (一)以民主治理为核心,构建多方参与"共同体"

坚持多元共治,以区域化党建为统领,在城乡社区建立由社区党组织、社区居委会、社区社会组织、物业企业、业主委员会和驻区单位为主体,以社区联席会议为机制的"6+1"社区治理格局。坚持"协商于民、协商为民"，出台《关于加强城乡社区协商的意见》，在区（市）、街道（镇）、社区（村）三级全面推行协商民主，发挥社区（村）党组织在基层协商民主中的领导核心作用，整合居（村）委会、驻社区（村）单位、社区社会组织等各类主体，着力破除基层治理中"小圈子、老面孔、封闭化、公信差"的旧习弊端，探索建章立制保障协商、议题确定层层协商、群众为主全民协商、规范有序全程协商、丰富形式灵活协商、反馈督办落实协商的一整套完备机制。围绕居民群众关心的热点难点问题，综合运用民生热线、微博微信、社区议事会、现场直播等多种方式，形成了"有事多协商、遇事多协商、做事多协商"的基层民主治理新模式，推进基层协商民主经常化、规范化、制度化。如，李沧区购买"社区协商民主暨社区民主自治"服务项目，打造协商民主规范样本；市北区在全国率先建立起民主党派参与社区治理新模式。在部分区（市）探索全面释放社区公共资源，开放社区服务中心给各类组织，为社区居委会、社会组织、社会工作专业人才、志愿者提供交流合作、开展活动的公共空间，着力实现多方参与、联营共治、活力迸发。

## （二）以依法治理为保障，铸造强基固本"稳定器"

充分利用青岛市地方立法权优势，制定出台 20 多部加强基层社会治理的地方法规和政府规章，将社区工作纳入规范化、法治化轨道，发挥好法治这个"稳定器"的作用。社区事项准入"大精简"。厘清社区权责，推进社区"去行政化"，制定出台《社区工作清单》《城市社区服务居民使用社区居委会印章目录清单》，对社区工作实施准入事项清单管理，社区承担青岛市级部门任务由 118 项减少为 48 项，既为社区松绑减负，又为居民提供更好服务[2]。综合行政执法"大部制"。在胶州市、黄岛区推行行政综合执法改革试点，整合七大领域 1500 余项行政执法权，组建综合行政执法局，大力推进跨领域、跨部门综合执法，建立权责统一、职责明确、权威高效的行政执法体制，提高执法成效。全面推行行政权力清单和责任清单制度，向区（市）和镇（街道）下放审批事项，提高基层行政效能。矛盾纠纷"大调解"。巩固和发扬群众工作优势，坚持用法治思维和法治方式调处矛盾纠纷，完善"大调解"工作机制，发挥各级各类调解组织在化解基层矛盾纠纷中的作用。在各区（市）、镇（街道）普遍建立法律顾问制度，推行"1+X"法律服务模式，整合律师、调解员、法律援助、行政调解等资源，开展法治宣传、综合调解、法律援助等活动，实现矛盾纠纷"小事不出社区、大事不出镇（街道）"。

### （三）以专业治理为抓手，打造各类组织"生力军"

系统推进社会化、网格化和标准化，不断提高社区治理的专业化和科学化水平。激发整体活力。鼓励社会力量参与社区治理和服务，支持部分区（市）出台《进一步推进社会组织改革与发展的意见》等文件先行先试，加强政策引导和资金支持，孵化和培育生活服务类、公益慈善类、专业管理类、文体活动类等各类社会组织。引导区（市）采用公益创投和打包购买方式引入专业服务，创建项目化运作机制，形成政府出资引导、社区支持监督、社会组织承接、专业社工服务、社区志愿者参与的联动服务模式，精准对接了居民群众需求，日间照料、为老服务、心理咨询等服务项目供不应求。目前，全市共有活跃社会组织 4000 余家，注册志愿者 115 万名，持证社工 2200 余名。深化网格管理。坚持分级负责、划格定责、人人有责，统筹城市管理、市场监管、民生服务等公共管理资源，强化网格功能，聚焦解决问题，在各网格配备"1+N+X+Y"名网格管理员（1 名网格负责人、N 名网格指导员、X 名网格员、Y 名志愿者），全面负责网格内矛盾隐患排查、基础信息搜集、问题处置核实和群众服务等工作，实现了"网中有格、格中有人、人在格上、事在网中"的全天候、无缝隙管控。建立标准体系。实行"标准化+"，对居民通过"12345 市长热线""行风在线"反映的问题按照轻重缓急程度分为直接答办、分类转办、现场催办、专报批办等分级分类方式进行处置。对事件办理时限进行严格规定，要求责任单位对紧急事项第一时间处置。强化媒体和公众监督，公开督办事项处置情况，定期曝光不作为、乱作为行为，对职能部门处置情况进行满意度评价。对承办事项拖延不办或敷衍塞责、谎报办理结果的单位和个人，严肃追究责任。

### （四）以智慧治理为支撑，搭建民生服务"智能网"

打破政府部门间信息壁垒，整合各部门各区（市）延伸到社区的业务系统，促进政务信息资源共享，形成"一次采集、多方共享，一站受理、一网协同"的数据共享体系。加强地理信息、人口、企事业单位等基础信息的采集和整合，推动建立包含亿万信息的社区治理"大数据"中心，通过信息分析研判摸清规律、把握趋势，有针对性地提供多样化服务。调整社区服务窗口为综合业务受理窗口，精简流程提升效率，实现"信息多跑路、居民少跑腿"。在市北区试点"互联社区"建设"O2O"（Online to Offline）模式，以居民需求为导向，整合政府公共服务、社区志愿服务、便民综合服务等资源，实现线上线下有效互动。在线上，居民提出诉求，区、街、居、格及物业等组织发布通知、提供咨询。从线上到线下，围绕居民诉求，由居委会召集利益主体，集中协商解决。从线下再到线上，诉求办理结果统一在线上平台反馈，居民对服务进行评价，打造系统、精准的全流程服务闭环。

### 三、取得的成效

青岛市围绕推进城乡社区治理现代化的目标，在社区治理与服务创新方面不断开展实践探索，初步构建了以民主治理、依法治理、专业治理、智慧治理为重点的治理体系，取得了良好成效。几年来，青岛市城乡社区治理能力显著提升，多元化的治理参与更加广泛，民主化的协商形式更加拓展，普惠化的社区服务更加便利，亲民化的管理决策更加高效，智慧化的数据服务更加精准。江必新先生提出，从统治、管理到治理，言辞微变之下涌动的，是一场国家、社会、公民从着眼于对立对抗到侧重于交互联动再到致力于合作共赢善治的思想革命；是一次政府、市场、社会从配置的结构性变化引发现实的功能性变化再到最终的主体性变化的国家实验；是一个改革、发展、稳定从避免两败俱伤的负和博弈、严格限缩此消彼长的零和博弈再到追求和谐互惠的正和博弈的伟大尝试[3]。城乡社区初步实现了和谐有序、宜业宜居、创新包容，为夯实党的执政根基、实现人民幸福安康和社会和谐稳定提供了有力支撑，也为推进城乡社区治理现代化奠定了坚实基础。提升了群众参与度和获得感。通过各种制度化的协商渠道，让居民更加广泛、持续地参与民主决策、民主管理、民主监督，保证了治理过程的公开化、透明化，形成了良性互动，夯实了治理的社会基础。通过民生服务"智能网"、社区服务中心和各类社会组织等，广大居民可以随时通过网络或在家门口享受便捷高效的服务，得到实实在在的改革红利。

# 参考文献

[1] 俞可平. 论国家治理体系和治理能力现代化 [M]. 北京：社会科学文献出版社，2014.

[2] 窦泽秀. 街道体制改革与城市社区治理模式变迁研究 .[EB/OL].（2008-10-13）[2018-02-01].http：//mzzt.mca.gov.cn/article/hxsqyth/ztfy/200810/20081000020621.shtml.

[3] 江必新. 推进国家治理体系和治理能力现代化 [N]. 光明日报，2013-11-15（1）.

# 浅谈智慧城市系统架构及主要建设内容

李 子①

**摘 要:** 中国特色社会主义进入新时代, 随着社会主要矛盾的改变, 智慧城市的构建和发展正是对人民美好生活需要和向往的搭建路径, 因此智慧城市的推进应用和系统架构变得十分重要。本文从五个方面论述了智慧城市的系统架构, 列举了包含 4 个服务平台和 9 个应用工程在内的建设内容, 对智慧城市未来发展方向进行了展望。

**关键词:** 智慧城市 架构 应用工程

党的十九大报告主题中提出从 2020 年到 21 世纪中叶分两个阶段的发展目标, 即从 2020 年到 2035 年, 在全面建成小康社会的基础上基本实现社会主义现代化, 从 2035 年到 21 世纪中叶, 在基本实现现代化的基础上, 把我国建设成富强民主文明和谐美丽的社会主义现代化强国, 并提出以城市群为主体构建大中小城市和小城镇协调发展的城镇格局, 推动新型工业化、信息化、城镇化、农业现代化同步发展。当前, 中国特色社会主义进入新时代, 我国社会的主要矛盾已经转化为人民日益增长的美好生活需要和不平衡不充分的发展之间的矛盾, 人民美好生活需要日益广泛, 不仅对物质文化生活提出了更高要求, 而且在民主、法治、公平、正义、安全、环境等方面的要求日益增长, 而智慧城市的构建和发展正是对人民美好生活需要和向往的正面回应和搭建路径。

---

① 李子 (1990—), 女, 山东青岛人, 中国海洋大学 2015 级公共管理专业研究生。

2017 年年末，我国城镇化率达到了 58.52%，比 2016 年年末提高了 1.17%。越来越多的人尤其是年轻人选择居住在城市和城镇，同时随着我国城市规模的不断扩大，"城市病"也不断凸显，环境污染、交通拥堵、房价虚高、管理粗放、应急迟缓等社会问题日益严重[1]，城市的发展受到严重制约。在这样的背景下，我国推动智慧城市建设正逢其时，可以说智慧城市建设是解决"城市病"最亲民的方式。智慧城市概念首先提出是在 2008 年 11 月，为了使金融危机中企业能取得更高利润率，IBM 公司首次提出了"智慧地球"理念，将公司主营业务的重点从以往的硬件转向了软件及咨询服务等。2012 年，住建部在召开的国家智慧城市试点创建工作会议上，公布了第一批 90 个国家智慧城市试点（地级市 37 个、区县 50 个、镇 3 个），意味着智慧城市在国内正式开始推行。

## 一、智慧城市系统架构的意义

进入 21 世纪以来，信息化革命愈演愈烈，信息化互联网应用已逐渐从大型计算转向智能终端设备，应用范围越来越广，彻底改变和提升了人们的学习方式、工作方式、生活方式，新一代互联网、云计算、智能传感、通信、遥感、卫星定位、地理信息系统等技术的结合，将可以实现对一切物品的智能化识别、定位、跟踪、监控与管理，从而使建设"智慧地球"从技术上成为可能。智慧城市是一个很大的系统性概念，缺乏智慧城市的系统架构将会导致智慧城市建设过程中产生局部的、零散的、单点式的建设成果，而非从单纯收集、储存信息阶段或单个数字化功能的零星存在走向更广泛、更智能化、更整体化的运用。尤其是对于中小城市智慧城市建设，需要有整体的发展规划、蓝图和思路[2]，缺乏整体性的顶层涉及会导致资金和资源的整合低效，城市的各个部门和系统也将产生各自为政的局面，最终形成信息孤岛。智慧城市系统架构对于中小城市智慧城市发展和建设过程起到的是引领性的核心作用。

## 二、智慧城市的系统架构

智慧城市是指在城市综合发展过程中，通过创新应用互联网、物联网、云计算、大数据和网格化管理等技术，实现信息共享和业务协同，促进城市规划、建设、管理和公共服务的精准化、智能化、便捷化和高效率。通俗地说，就是通过深层次信息共享和连接，提高居民在城市中的生活品质和满意度[3]。智慧城市是一个包含着多个子系统的复合型系统，主要架构包括多个要素，子系统和要素之间存在内在紧密联系和相互依存、制约的关系。

1. 开放的体系架构

智慧城市需要遵循体系建设规律，运用系统工程方法，通过"强化共用、整合通用、开放应用"的思想[4]，构建一个开放的体系架构，使得体系内各要素相互依存、相互作用和制约。

2. 通用基础平台

为有效管理城市基础信息资源，提高系统的使用效率，要构建一个通用的基础功能平台，实现各类信息资源的统筹调度管理和服务化使用，用以支撑整个城市区域公共管理与服务智慧化。在整体开放架构的基础上，为了使城市的感知更加精确、信息系统互联互通和惠民服务无处不在，必须实现构建一张"天地一体化"的城市信息服务栅格网作为共性基础"一张网"，实现智慧城市架构的平台基础。

3. 大数据资源系统

从本质上来说，智慧城市系统是一个开放的大数据平台。云计算模式的不断发展和广泛应用，数字信息在各个领域不断发挥着巨大作用，智慧城市在我国的建设和发展也基于大数据的发展不断得到突破。业内人士普遍认为智慧城市的"智慧"二字也是体现在大数据系统的构建和应用上。海量数据是智慧城市的特有产物，要建立一个开放共享的数据体系，通过对数据的收集、整合、处理和应用，进而有效提高决策支持数据的生产与运用，进一步提升城市治理的科学性和智能化水平。

4. 运营管理主体角色

智慧城市的规划、建设、运营和管理是一项涉及多个方面主体参与角色的一项复杂的系统工程，因此需要不同主体角色的广泛参与，并进行合理分工，进而形成一个系统性的运营管理中心。根据智慧城市的特点和基本发展规律，主体涉及政府、企业与市民，其中企业是智慧城市建设与运营直接参与者，主要包括有运营商、智慧城市相关业务的提供商及解决方案提供商等，同时他们本身又是智慧城市的最终用户。政府的角色定位主要是智慧城市的倡导者、管理者及应用者。市民是城市的主人，是智慧城市的最终参与者、体验者和维护者。为更好地对城市的宏观经济、基础设施、公共安全、生态环境、民情民意等状况有效收集和管理，需要构建多个主体角色参与的智慧城市统一的运行中心。

5. 统一的评价标准体系

标准化是智慧城市规范、有序、健康发展的重要保证，科学合理的评价标准体系对于引导和指挥智慧城市发展有着良性的作用。评价标准体系需要通过当地政府主导，结合各城市特色，建立健全具有统一标准的评价体系。评价体系主要由智慧城市评价指标来衡量和构成，按照"以人为本、惠民便民、绩效导向、客观量化"的原则制定，一般包括客观指标、主观指标、自选指标三部分[5]。客观指标，主要是对城市发展现状、发展空间、发展特色进行评价，包含惠民服务、精准治理、生态宜居、智能设施、信息资源、网络安全、改革创新等成效类指标和引导性指标，既能反映智慧城市建设实效，又能对智慧城市发展潜力进行评估。主观指标主要是通过面向市民发放调查体验问卷的方式，引导群众对智慧城市发展现状的满意度和社会参与度进行评价。自选指标是由各地方参照客观指标和城市特点自行制定的指标，自选指标形成的评价体系正是一个城市智慧化发展的特色。

## 三、智慧城市建设主要内容

### （一）智慧城市服务平台

1. 基础大数据平台

首先搭建大数据基础框架，再逐步推进数据的归集和共享。大数据基础平台将包含交通、民生、环保、安全等城市运营管理的相关数据，并实现数据存储、查询、分析和应用。其中包括智慧交通数据平台等专项数据平台，利用大数据服务平台的存储服务以及智慧城市虚拟现实管控平台的地理信息服务，结合人工智能算法、最优路径算法、车牌识别算法、车流识别算法对智慧交通提供底层支撑服务。

2. 物联网平台

搭建物联网平台服务框架，通过物联网终端设施的建设，逐步将城市中的能耗、安全、环保等信息实时汇集到城市大数据基础服务平台和智慧城市虚拟现实管控平台，经人工智能自动分析处理，自动显示设备运行状态、故障及人员巡检处理情况。

3. 智能与算法服务平台

依托大流量、高速率的云平台系统，满足图像传输、音视频传输等大流量传输需求，通过人工智能与深度学习技术提供更多的智能服务与算法服务，对特定区域人员进行识别显示，动向监控，自动记录，自动预测，实现对系统数据的挖掘、分析与反馈。

4. 虚拟现实管控平台

利用物联网、云计算、大数据等新一代信息应用技术，基于"无插件多人实时在线平台"，依托地理信息平台和系统，搭建跨平台、跨浏览器、实时在线的智慧城市虚拟现实管控平台框架[6]。随着传感器等数据采集设施的建设，逐步将城市中个人、车辆、事件等相关数据采集融合，通过挖掘分析，采用类 3D 实景图，在平台中自动报警、显示与管理。

**（二）智慧城市应用工程**

1. 智慧教育文化服务工程

建设教育信息化和校园安全防护工程，在农村薄弱学校加强信息化建设及应用。建设同步课堂，推进城乡教育一体化发展。实施中小学（幼儿园）安全防控设施建设，接入公安报警平台一键报警装置和报警系统。在市直学校、基层中心中学实施硬件设备智能化升级改造，与市安全防控平台连接。

2. 智慧交通及安居工程

在重要路段设置诱导系统，对部分信号灯进行完善，在国省道、县乡道进行智能交通建设。继续深化公安视频监控系统工程补点建设工作，在社会治安重点部位、视频监控盲区增加视频监控数量[7]。在辖区内交通要道、城乡交界、与周边县市交界部署治安卡口，形成内、中、外三层视频监控防护圈，建设人脸识别系统和视频图像双网双平台，保障区域大型安保任务。

### 3. 智慧安全防控系统

围绕公共安全管控系统，通过新一代的视联网、物联网、云计算等信息技术的应用，采用智能化、网络化、层次化的方式，将城市管理中的各个子系统彼此联系、相互促进，全面、准确、及时地掌握特殊事物、危险源事物的动态发展情况，提前预防控制突发公共安全事件。完善智慧城管建设，提高城市管理水平。在行政办公中心、行政服务中心、市民文化中心等重点区域加强安全监控管理，推进综治平台建设。智慧安全防控系统中着重加强重点人员管控系统建设，通过摄像头及执法人员手机端取证两种方式，对重要区域、重点人群进行实时监控和信息记录。采用视频流结构化处理技术进行人脸识别。系统对数据源进行自动记录、自动分析、自动预测。对视频流、照片、同一镜框中多人进行识别，实时监控重点人员位置并自动报警，强化城市综合管理，预防打击犯罪，处置突发事件，维护社会稳定。

### 4. 便民服务系统

涵盖民生热线服务、"智慧城市"APP、寄递物流管控等多项内容在内的服务系统，实现数据与上级智慧城市业务系统互联互通。通过采集来电号码等信息，实现人物、事件按类归集。具备短信派单、自动提醒、督办与考核等功能。通过事件累积、挖掘、分析，逐渐形成民生诉求大数据，通过对数据进行整理分析，形成报告，提前预警，为市政府决策提供参考。逐步开发"智慧城市"局域APP，逐步整合政府网站、为民服务微大厅、违章查询、公交线路查询等公众服务资源，提供事项查询、交通出行、充值缴费等服务。建设二维码货物标识认证系统、机器视觉和神经网络图像识别系统、危爆物品智能检测系统、后台大数据自动研判分析系统，实现货物流向跟踪管理、人口信息及地图查询定位和重点人员比对查询，自动识别检测辖区内的违禁品，掌握重点区域流向的物品信息、投寄物品的人员信息以及重点人员收寄包裹信息等，通过生活服务各个细节实现智慧城市便民。

5. 智慧行政审批系统

以行政审批"一窗式受理"为建设目标，围绕"统一受理、接办分离、限时办结"的审批流程，打通部门业务数据系统[8]，用"数据多跑腿"换来"群众少跑腿"。逐步归集群众申报资料，形成群众办事大数据，解决群众反复提供证明材料等问题。

6. 安全生产防控系统

对酒店、工厂等使用燃气的场所，安装管控终端和传感器，进行实时监测。在厂矿企业安装粉尘传感器、有毒有害气体传感器、温度传感器，对粉尘超标、有毒有害气体超标或温度超过设定值进行监控并预警。所有传感器数据上传到智慧城市虚拟现实管控平台，实时显示，异常报警。

7. 生态能源环保监测系统

在重点企业、河流等安装传感器，实现污染源监控、水质监测、空气监测、生态监测等数据实时上传，并通过大数据形成数据分析、综合评价、预警、处置等。在生态绿色环保监控基础上逐步实现能源管控系统，通过安装传感器，在线监测生产线和关键设备生产能耗，实时采集能耗数据，并将电、水、气、热量等数据传输到主站中心，通过管控平台对能耗进行实时监控，对数据进行查询、统计、分析，下达调控指令，实现节能。对公共场所灯光、电器、办公设备进行智能管控，定时开关，建设更加智能化的亮化景观，实施亮化提升改造，进行节能控制，降低城市基础设施运行和管理成本，提高智能化。

8. 社区公共服务系统

面向农村及街道社区，完善智慧社区服务系统。以信息服务亭为基础，整合便民服务、信息传播、社会管理等功能。建设集触摸屏技术、自助服务技术、物联网技术、多媒体技术于一身的公用网络自助服务终端。打通以社区为中心的"一公里便民服务圈"，开辟社区公告、民生事务、便民驿站等服务板块，建立"指尖"上的一站式服务平台。整合物业、商家、业主等各种资源，打造多元化服务圈和便民、利民、惠民的智慧社区。

9. 智慧健康保障体系

重点推进"数字卫生"系统建设，建立卫生服务网络和城市社区卫生服务体系，构建以城市区域化卫生信息管理为核心的信息平台，促进各医疗卫生单位信息系统之间的沟通和交互。以医院管理和电子病历为重点，建立居民电子健康档案，以实现医院服务网络化为重点，推进远程挂号、电子收费、数字远程医疗服务、图文体检诊断系统等智慧医疗系统建设，提升医疗和健康服务水平。

**四、展望**

当前，智慧城市建设面临着概念不清、外延不明、有可能会进一步加强信息孤岛局面、企业信息化进一步被边缘化[9]，以及信息安全问题、国家管理层面的缺失、智慧城市建设与新型城镇化建设相脱节等主要问题。从战略性新兴产业维度、信息化工业化深度融合维度、城镇化战略维度来反思问题[10]，这些问题不解决，就难以把握智慧城市建设的真正内涵。为此我们应采取以下措施。

1. 重在破题，宜用先行推动重点领域突破

要充分结合政府政策大环境智慧城市建设工作统一部署，结合地区智慧城市建设实际情况，早期在云数据中心建设、智慧教育、智慧医疗、智慧社区、城市公共信息平台等重点领域进行突破。以数据库建设为重点，利用移动通信、电信、联通、广播电视已建成的数据传输覆盖网络，深挖前期设计的城市公共信息平台的潜力，加强基层设施建设，特别是云数据中心的建设，进一步深入全面的加强数据库收集整理工作，突破行业壁垒，消除信息孤岛，为各部门打造一体化的、共享的基础信息交换平台。

进一步采集、整合城市的政治、经济、社会、文化、资源、国土、环境、人口等各方面信息资源，拓宽开发完善电子政务平台，强化应急指挥系统、智能交通系统的应急处置功能，新建平台的模拟演练等功能，指导和引导各行各业积极应用城市公共信息平台，发挥平台具有的社会效应和经济效益。

2. 建立融合工业化、新型城镇化的信息化模式创新带动产业发展[11]

形成产业创新性综合发展机制，积极引导社会资本参与智慧城市建设，发挥市场在资源配置中的决定性作用，发挥政府的引导和服务功能，探索多元化智慧城市投融资模式，带动智慧产业快速发展。建立研究机构、投资企业、解决方案提供商、基础运营商等多位合一的联合体，共同推进市场化智慧城市项目建设。

3. 多主体协同做好智慧城市建设

在全国智慧城市发展规划和当地智慧城市建设规划的大框架下，积极开展城市各部门及平台互联互通建设，真正做到公共信息资源开放和共享。加强云数据中心及城市公共信息平台的软硬件建设，确保各建设项目数据的开放与共享。通过政府主导型、市场导向型、混合型发展模式其一或融合使用，同时吸收政府与市场两种力量，实现自上而下和自下而上的有机结合。

# 参考文献

[1] 学习中国. 习近平为"城市病"开良方 [EB/OL].（2015-12-24）[2018-02-01].http：//www.xinhuanet.com/politics/2015-12/24/c_128564708.htm.

[2] 王永昌. 总体部署——推进智慧城市建设一兼谈智慧城市建设的决策机制 [J]. 信息化建设，2012（5）：26.

[3] 央广网. 详解十三五：我国将推出 100 个新型"智慧城市"试点 [EB/OL].（2016-07-29）[2018-02-01].http：//www.cac.gov.cn/2016-07/29/m_1119305993.htm.

[4] 张学记. 智慧城市：物联网体系架构及应用 [M]. 北京：电子工业出版社，2014.

[5] 史璐. 智慧城市的原理及其在我国城市发展中的功能和意义 [J]. 中国科技论坛，2011（5）：97-102.

[6] 巫细波，杨再高. 智慧城市理念与未来城市发展 [J]. 城市发展研究，2010（11）.

[7] 王丽. 青岛市建设"智慧城市"的思考 [J]. 中国信息界，2011（6）：27-28.

[8] 万军. 社会建设与社会管理创新 [M]. 北京：国家行政学院出版社，2011.

[9] 蒋建科. 智慧城市建设别陷入更大信息孤岛 [N]. 人民日报，2012-05-21.

[10] 李光乾. 智慧城市 VS 新型城镇化 [J]. 新经济导刊，2013（5）：83-87.

[11] 吴瑞坚. 智慧城市建设与政府治理结构性转型——整体政府的视角 [J]. 探求，2012（5）：20-24.

# 居民参与与社区管理——
# 众筹与权力下放的博弈

梁 蒙[①]

**摘 要**：居民参与度是社区管理一直以来备受关注的问题。自 2000 年全面推进社区建设以来，十多年间，学者们对居民参与现状、问题与对策研究等方面开展了多学科研究，并取得了丰富的成果。然而，随着社会经济改革的进一步深入，尤其伴随着城镇化进程、旧城改造速度的增快，我国基层社区的管理模式、居民参与管理的方式、居民权利意识与社区管理机制的矛盾等方面都发生了新的变化。本文通过梳理近几年关于社区居民参与的相关理论与实践，分析居民参与与社区管理之间的联系，从管理学角度提出建议。

**关键词**：居民参与 社区管理 权力下放

## 一、居民参与与社区管理的内涵

### （一）居民参与的内涵

在城市，住房制度改革引致业主委员会这一居民自发性组织的出现，自 20 世纪 90 年代即备受关注，被认为是"中国公民社会的先声"[②]。直至目前，业主委员会仍然是居民参与社区治理的一个有效且积极的方式，但其作用的有限性及居民参与度的不确定性使其成为当下备受关注又备受争议的组织之一。

居民参与也被认为是狭义上的社会参与，即社区居民个体或群体在政府或其他社会组织、社区自治组织、民营组织等多元主体的协助下参与社区公共事务的决策、管理和监督，并通过自身的实践和努力不断影响社区治理过

---

① 梁蒙（1988—），女，山东日照人，中国海洋大学 2015 级公共管理专业研究生。

② 夏建中.中国公民社会的先声——以业主委员会为例 [J].文史哲，2003（3）：115-121。

程的行为。当代主流的居民参与方式已经升级为公民参与，即公民通过国家政治制度规定的参与渠道，试图影响国家的立法和公共政策的制定和执行的过程①。从居民参与走向公民参与是低层次参与向高层次参与的提升，是从影响社区到影响政府的嬗变，更是居民参与向更高层次国家政治参与转变的必然趋势。

### （二）社区管理的内涵

按照滕尼斯"共同体理论"的解释，社区无非是一种按照共同体方式生活的、自己满足的有机体。与西方社区从地缘共同体向精神共同体过渡的自治目标不同的是，我国城市社区首先是作为行政共同体存在的，国家介入的痕迹随处可见。虽然西方一直都在反思 20 世纪社会衰退的根源，并且通过城市邻里生活的转型、居民参与及社区功能的转变等诸多经验研究证实，有必要对自然社区做适度的修正。但是我国城市社区行政化的出身，从一开始便让社区成员失去了自治的理念及机能，面对居委会以自治主体的身份背向社区居民为政府谋事的现状，社区成员在艰难索取自治主权的过程中，陷于二元区隔的自治主体格局②。

有学者研究提出，社区治理是在一定的贴近公民生活的多层次符合的地理空间内，依附政府组织、社会组织、民营组织以及民间公民组织等各种组织化的网络体系，应对地方公共问题，共同完成和实现公共服务和社会事务管理的改革和发展的过程③。当前，人们普遍认为，社区治理应当是多主体、互动化、目标内成模式，然而居委会行政化的"出身"导致了在社区管理上主体单一化（权威性）、业务行政化，从而互动不强、服务不足。这是我国大多数社区在管理上的通病，也是亟待解决的问题。

---

① 贾西津.中国公民参与：案例与模式 [M].北京：社会科学文献出版社，2008.
② 闵学勤.社区自治主体的二元区隔及其演化 [J].社会学研究，2009（1）：162-163.
③ 陈胜勇.政府创新、治理转型与浙江模式 [J].浙江社会科学，2009（4）：34-35.

## 二、居民参与与社区管理的关系

### （一）社区治理为居民参与提供良好平台

首先，社区治理强调多元主体广泛参与社区公共事务的治理，以社区为平台，政府行政功能和社区自治功能达到完美结合，这为社区居民主动自愿参与、社区自治组织自主管理、政府自觉依法行政提供了制度保证。

其次，社区治理的提出使得社区各类民间组织、社区自治组织、社团组织等在社区公共事务中发挥着越来越大的作用，在有些新兴社区，甚至还出现了社区管理委员会、社区监察委员会等，社区居民依托这些社区组织越来越多地参与到社区公共事务的治理中去。

最后，居民在参与社区事务的过程中，参与意识和参与热情不断高涨，参与知识和参与技能不断提升，参与的效能感也在不断增强。在多方博弈的过程中，居民逐渐学会了用理性的方式表达利益诉求，逐渐养成了理性宽容地对待公共问题的习惯，逐渐习得了现代民主的程序和规范，社区居民逐步转化成理性的现代公民。

### （二）居民参与是实现社区治理的基础

只有居民才最了解自身的公共需求，因此居民必须亲自参与争取自身权益的过程，政府也只有在广泛听取民意和集中民智的基础上才能促进基层治理的实现。

第一，居民参与可以加强社区资源的整合。居民是社区治理的主体，通过社区居民的广泛、直接参与，可以逐步培养居民的社区认同感和归属感，进而使得社区各类资源得到最有效整合和最充分利用，推动社区治理有序、健康发展。

第二，居民参与程度可以衡量社区治理的成功与否。社区治理的主体和服务对象都是社区居民，社区治理的目标之一就是为居民提供优质服务，从而提升社区居民的生活质量。如果脱离社区居民的现实需求，没有为居民提供优质高效的公共服务，就算不上成功的治理。有了居民的广泛参与，就可以使社区组织者真正了解居民的现实需求，从而在治理过程中更有针对性，并由此产生良好的社会效益。

### 三、居民参与社区治理中的问题

#### (一)居民参与社区治理的渠道有限

参与渠道是居民参与社区事务的基础,然而当前,居民参与社区管理的渠道非常有限。有调查表明,在社区中,有近四成的居民不知道参加社区活动的途径,并认为应当增加居民参与的路径;此外,有三成的居民认为社区应该发挥自治组织的功能;其他居民认为应当扩大居民参与范围、创新居民参与形式等[①]。由此可见,居民参与社区事务的渠道还不够丰富,虽然每个社区都设有居委会意见箱,但由于意见反馈不及时,居民使用率很低,在部分社区也建立了 QQ 群、微信群,但只有少数人加入,整体上还未形成广泛参与的平台。

#### (二)社区居委会行政化程度严重

虽然越来越多的人认可社区居委会是基层群众性自治组织,但是仍有很多人认为居委会是政府派出机构。早在 1989 年颁布的《中华人民共和国城市居民委员会组织法》中,居民委员会就被定义为"居民自我管理、自我教育、自我服务的基层群众性自治组织",然而,经过了这么多年的发展,居委会至今认为改变其"政府管理终端"的角色,且随着城市化的不断深入及政府服务社会内容的不断精细化,居委会疲于应付行政事务,几乎无法回应社区居民的现实需求。根据调查,有三成左右的居民认为社区组织活动的目标是为了完成街道下派的任务或者迎接上级部门的检查[②]。可想而知,如果社区居委会继续承担过多行政事务,其自治功能则被涂上过多行政化色彩,必将持续影响居民参与社区活动的热情。

---

① 罗帅.社区治理理论视角下城市社区居民参与研究——以杭州市城厢街道为例 [D]. 杭州:浙江工商大学,2013.

② 同上。

### （三）居民参与社区治理的相关制度不够完善

目前，与社区治理有关的制度大致有居民代表大会制度、社区居务公开制度、民主评议制度、信访制度、社区志愿服务保障制度等。虽然有关法律对以上制度都做了规定，但由于这些规定还不够详尽，相关配套措施（居务公开的程度、违反规定的惩罚机制等）也没有建立，从而经常出现居民想监督居委会工作却不知道怎样监督的现象。

在社区中社区志愿组织成为居民参与社区治理的有效途径，然而，由于志愿组织法律地位不明确，也没有相应的法律制度保障社区志愿组织的合法性，导致居民对志愿组织的认同度逐步降低，进而影响了居民通过志愿组织参与社区治理的热情。同样，社区中的民主测评也缺乏详尽的制度规定和措施保障，多数居民无法参与其中，行使居民的选举权与被选举权，影响了居民参与水平。

### （四）居民意见影响力有限

当前，由于居委会的行政化角色，居民的意见在社区事务决策中属于弱势比例，这种情况使居民对于自己参与社区治理的效能感到不满意，并进一步影响了其继续参与社区治理的热情。

## 四、提升居民参与社区治理的对策

### （一）规范政府和社区权能

首先，增强社区居委会自治功能。如果社区没有真正的自治权，居民就不会积极参与社区事务，而对于社区事务，只有居民才有最高发言权，应该要由他们自己去管理，才能实现基本需求的满足。要实现社区自治功能的回归，政府应该从以下两方面着手：第一，细化社区工作准入制度。自 2004 年全国试点性推行社区工作准入制度，积极推进政府职能转变，并提出原则上不在社区设立行政性机构。但由于政治体制原因，同级赋权与监督难以准确实施，准入制度的落实并不到位。因此，政府必须不断细化相关规定，让赋权的职能部门真正起到审核监督的作用。第二，下放社区居委会的人事权和财产权。社区居委会最重要的职能是服务社区居民，而现实中其行政化色彩浓重，因而仍承担着大量的行政事务。要使其回归自治，就要确保社区享有独立的人事权和财政权。可以采取财政支持、社会赞助、社区自筹等多种方式筹集社会经费，同时，要保证社区财政经费不被街道或相关职能部门任意平调或用于其他地方。

其次，完善居民参与相关制度规定。《中华人民共和国城市居民委员会组织法》等国家性法规对社区治理中的居民参与规定得过于原则化，地方性法规又由于其立法层次低，缺乏较高的法律效力而在实际运用中作用有限。所以，加快制定不同层次的法律法规，并对其进行具体细化就显得尤为重要。政府可从以下几方面入手：第一，制定社区居委会直选细则。目前，我国城市社区居委会选举是居民参与社区政治事务的最主要渠道，实现居民参与权利也主要通过选举体现出来，怎样保证居民直接选举权利的实现，必须有切实可行的直选制度。例如，设立特派员，全程监督直选的合法性、规范性和公开性，记录直选过程中的不法行为，同时，特派员接受全社区居民共同监督。第二，建立健全居民日常参与相关制度，比如，社区重大事项预告制度和公示制度、社区听证制度、社区居民意见反馈制度。完善相关参与制度可以改变居民被动接受的灰暗心理，使居民能真正以社区主人的身份参与到实际社区管理当中去。

### （二）构建多元社区组织网络

首先，发挥社区现有组织合力。第一，继续发挥社区党组织核心带头作用。社区党组织不是社区自治组织，但是在社区治理中扮演着重要的角色。党的领导是政治上和思想上的领导，党在社区治理中的作用要通过发动社区党员积极参与社区建设来实现。可以召开党组织联席会议，实现社区资源共享；同时，不断丰富社区活动开展形式，进一步增强社区党组织在社区治理中的凝聚力和战斗力。第二，强化社区居委会组织协调能力。在社区治理过程中，社区居委会应从本社区客观实际出发，从解决社区居民普遍关心的热点、难点出发，切实解决问题，提高社区居民参与积极性。社区居委会应经常性地就涉及居民切身利益的重大问题召开居民座谈会、社区研讨会或者社区听证会，为居民参与社区事务搭建良好平台；同时，社区居委会还应发挥好协调作用，积极化解居民之间、居民与社区组织之间的矛盾，维护社区的公共秩序和社会的稳定。

其次，大力培育社区自治组织。发展多元的社区自治网络可以消解现代民主政治的多重压力，为城市基层民主的发展提供良好的社会基础。第一，积极拓展社区自治组织的资金筹集渠道。政府可以通过加大扶持力度，增加财政拨款，不断增加社区自治组织的活动经费；还可以通过购买服务、分包项目等形式扶持社区自治组织的发展；同时，要动员社区企业为社区自治组织注入资金，政府可以通过减免税收等方式鼓励企业投资，从而在全社会形成良好的捐助氛围。第二，要加强自身能力建设，树立良好形象。好的社区自治组织要具备以下特点：一是要有能力提供高质量的服务，在方便居民生活的基础上提高居民参与积极性；二是要具备较强的利益表达能力，能把居民参与的利益诉求表达出来并进一步影响相关部门做出决策行动；三是要有良好的沟通能力，能够有效协调各方利益并利用社会媒体做好宣传，获取自身发展的各项社会资源。

最后，加快"数字社区"建设步伐。快速发展的网络技术为居民参与社区治理提供了更快捷的渠道，居民获取社区信息的成本大大降低，提高了居民参与社区治理的时效。社区居委会作为管理主体，要做好以下几点：一是逐步建立居民参与平台，如建立社区网络空间、论坛，成立微信群、QQ 群并设置业主作为管理员，能够及时反应居民急需解决的问题，切实做到服务到位。二是逐步构建起连通街道、社区、小区的三级网络平台，进一步提升信息公开、上传下达，保障社区居民知情权，带动广大居民参与。

（三）培养居民自主参与意识和能力

首先，增强居民社区参与意识。社区意识的形成是以社区共同利益为基础的。要提高居民的社区参与意识，要从以下两方面入手：第一，继续开展社区宣传教育。从实践来看，开展宣传教育是增强居民社区参与意识的有效途径。宣传教育要有针对性，形式要多样化，营造共同关注、积极参与的良好氛围，使广大居民树立起"社区是我家"的社区意识。第二，促使居民利益社区化。利益是居民参与的重要驱动力。居民利益社区化就是要充分发挥利益在连接居民和社区关系上的桥梁作用，使居民在共同利益基础上产生参与的意愿和行动。

其次，提升社区居民参与能力。要实现真正意义上的社区治理，必须有成熟理性、训练有素的社区居民，社区治理鼓励居民广泛参与社区事务，在事关居民利益的社区事务上有更大的发言权。因此，可从以下几点着手：第一，扩充自身知识储备。社区居民应当提高自身的政治常识与相关管理理论储备，把自己塑造成为有理性思维、能真正运用自身知识储备参与社会决策的人。第二，提升自身参与技能。居民参与能力的强弱与其参与行为有着显著的关系。只有积极参与社区事务，充分训练个人的沟通能力、表达能力，才能进一步提升参与兴趣。社区管理层要动员居民积极参与社区实践，并且要勇于表达自己的利益诉求，只有在不断的参与实践中才能逐步提升参与能力，增强参与的有效性。

## 五、结语

治理离不开政府，但更离不开公民，没有公民的积极参与，治理就无从谈起。居民作为社区多元治理主体中的一员，其参与程度直接影响着社区治理的效果。居民参与能否在真正意义上得到实现，有赖于政府职能方式的转变、社区公共活动空间的拓展、社区居民参与意识和参与能力的提高。因此，在社区治理过程中，要切实保障居民的各项权利，不断完善居民参与制度，规范居民参与行为，不断加强社区自治组织能力建设，积极培养居民参与意识和参与技能，为社区居民参与更高层次和更广范围的国家政治生活提供更多经验积累。

# 参考文献

[1] 闵学勤. 社区自治主体的二元区隔及其演化 [J]. 社会学研究, 2009（1）: 162-183.

[2] 王星. 利益分化与居民参与——转型期中国城市基层社会管理的困境及其理论转向 [J]. 社会学研究, 2012（2）: 20-34.

[3] 刘晔, 刘于琪, 李志刚. "后城中村"时代村民的市民化研究——以广州猎德为例 [J]. 城市规划, 2012（7）: 81-86.

[4] 张宇, 欧名豪, 蔡玉军. 整村统筹——解决城中村土地利用和发展问题的一个探索 [J]. 城市规划, 2015（2）: 93-98.

[5] 李东泉. 中国社区发展历程的回顾与展望 [J]. 中国行政管理, 2013（5）: 77-81.

[6] 陈胜勇. 政府创新、治理转型与浙江模式 [J]. 浙江社会科学, 2009（2）: 34-35.

[7] 盖布勒. 改革政府: 企业家精神如何改革公共部门 [M]. 上海: 上海译文出版社, 1996.

[8] 滕尼斯. 共同体与社会: 纯粹社会学的基本概念 [M]. 北京: 北京大学出版社, 2010.

[9] 十七大报告辅导读本编写组. 十七大报告辅导读本 [M]. 北京: 人民出版社, 2007.

[10] 登哈特 JV, 登哈特 RB. 新公共服务: 服务, 而不是掌舵 [M]. 丁煌, 译, 北京: 中国人民大学出版社, 2010.

[11] 李晓非. 拿来、改造、中国式运用——社区概念中国化的思考 [J]. 学术探索, 2012（9）: 36-41.

[12] 庄文明. 治理范式下的社区居民参与研究 [J]. 山东行政学院学报, 2010（4）: 20-23.

[13] 石静. 城市居民社区参与状况分析 [J]. 人民论坛, 2010（20）: 226-227.

[14] 罗帅.社区治理理论视角下城市社区居民参与研究——以杭州市城厢街道为例 [D].杭州：浙江工商大学，2013.

[15] 梁莹.居委会善治与居民参与社区志愿服务的意愿——基于互动关系视角的分析 [J].东南学术，2012（2）：41-53.

[16] 马丽娟.社区发展与居民参与——关于银川市 C、J 小区的调查 [J].北方民族大学学报：哲学社会科学版，2011（5）：56-59.

[17] 林尚立.社区民主与治理——案例研究 [M].北京：社会科学文献出版社，2003

[18] 贾西津.中国公民参与：案例与模式 [M].北京：社会科学文献出版社，2008.

[19] 夏晓丽.城市社区治理中的公民参与问题研究 [D].济南：山东大学，2011.

[20] 姜晓萍，衡霞.社区治理中的公民参与 [J].湖南社会科学，2007（1）：24-28.

[21] 刘少艾.社区居民参与的激励因素——"周庄现象"的思考 [J].资源开发与市场，2007（10）：916-917.

[22] Ojha H R，Ford R，Keenan R J，et al.Delocalizing communities：Changing forms of community engagement in natural resources governance[J].World Development，2016，87：274-290.

[23] Pozzebon M，Cunha M A，Coelho T R.Making sense to decreasing citizen eParticipation through a social representation lens[J].Information and Organization，2016，26（3）：84-99.

# 我国保障性住房建设中存在的
# 问题及建议

林　铄[①]

**摘　要：** 实施住房保障制度是政府的重要责任。加大保障性住房建设力度，对民生建设和社会稳定具有十分重要的意义。近年来，我国政府不断加大对保障性住房建设的投入，力求让中低收入人群住有所居，从而保障居民的住房需求。我国现行的住房保障制度虽然对改善居民住房条件发挥了很大作用，但也暴露了许多亟待厘清和解决的问题。因此，本文结合我国保障性住房建设的现状，分析其中存在的突出问题，并相应地提出完善我国保障性住房建设体系的建议，从而促进我国保障性住房建设的健康发展。

**关键词：** 保障性住房　政府　民生　建设

我国的宏观调控政策对保障性住房建设给予了很大的关注，政策上有很大的倾斜，在党和政府政策引导和鼓励下，各参与主体已经被充分调动起来，我国已进入规模的保障性住房建设时期。但是，在我国建设保障性住房过程中还存在着思想观念陈旧、管理体制落后、政府管理部门认识不清等问题。由于保障性住房利润空间有限，在保障性住房建设中，企业资金压力比较沉重，工程款结算经常拖延，工程质量很难保证，这应当成为政府关注保障性住房建设的重点。

## 一、我国保障性住房建设的意义

### （一）保障性住房建设有利于社会的安定有序

保障性住房建设是涉及千万中低收入家庭、关乎社会安全稳定的重大问

---

① 林铄（1989—），女，山东淄博人，中国海洋大学 2016 级公共管理专业研究生。

题,是民生建设中的大事,它是关乎广大中低收入家庭的安居工程、民心工程。此项工程能够大大改善原城中村和棚户区居民的居住条件,缩小城市住房条件上的差距,有利于城市社会稳定。

### (二)保障性住房建设能带动房地产的发展

保障性住房的建设能够带动周边产业的共同发展和繁荣,包括钢铁、水泥在内的各项原材料消费和需求都会因为保障性住房的建设而提高。有权威测算反映出,新增75亿元租房建设投资能够拉动65万吨钢材需求和50万吨水泥需求,这对于调整原材料产业具有十分重要的意义[1]。

### (三)保障性住房建设有助于政府调控房价

近年来我国商品房价格不断攀升,引起中央政府和各界学者的广泛关注,百姓对房价的关注和议论更是从未停止。我国保障性住房建设能够大大增加住房市场的供给,有效调节供求关系,在住房刚性需求之下增加市场供给,满足人们的住房需求,有利于控制高房价,对于国家目前的房地产调控政策有促进作用。

## 二、我国保障性住房建设的现状

据统计,2009~2015年,七年中总共开工建设保障性住房5 080.62万套,建成3 633.99万套,政府投入的财政资金约为22 008.60亿元[2]。2013~2016年,我国建成城镇保障性安居工程住房、棚户区改造和公租房2485万套,改造农村地区建档立卡贫困户危房158万户,这使得许多住房困难家庭居住条件有了很大改善。随着大量保障性住房的开工建设和落成使用,我国将迎来商品住房和保障房并存的住房双轨制时代。大量保障性住房进入住房供应市场,将有利于遏制房价的过快上涨,促使房地产市场的理性回归。

现阶段,保障性住房建设能否得到有效落实,是我国保障性住房建设中的核心问题。在过去的保障性住房建设经验中,上海、深圳等发达城市曾出现过当年保障性住房任务完成量只占当年计划建设数量的1/10的情况,那么其他中等城市和欠发达城市的建设情况就可见一斑了。为解决计划完成不足的问题,国家将保障性住房任务予以分解,各省根据自身情况完成各自的任务目标。尽早计划，尽早开工，保证质量，尽早验收，保证质量前提下的任务完成量已经成为地方政府政绩考核的重要内容。在问责机制的配合下，地方政府有各自的硬性指标，中央政府综合政策体系将地方政府对保障性住房建设的重视提高到了前所未有的高度。

### 三、我国保障性住房建设中存在的问题

#### （一）保障性住房建设总量不足

住房改革鼓励了商品房建设，繁荣了商品房市场，商品房供给大幅提高，在满足大量住房需求的同时促进了我国经济的快速发展。但是，市场化的住房改革也存在着种种弊端，市场对资金的吸引和资本的趋利性相结合，造成资金流向利润率高的商品房市场，造成无购房能力和欠购房能力的人的基本住房需求无法满足。全国保障性住房建设体系中廉租房、经济适用房建设在商品房大量盈利的对比之下，建设标准过高，目标群体定位不准，造成保障性住房建设成本增加，导致有切实需求的人无法购买[3]。

#### （二）商品房与保障性住房配比结构不合理

房地产市场的繁荣造成商品房大量建设，房地产公司不断涌现，各类资金涌入房地产市场，在大量泡沫和趋利性的推动下，商品房建设出现户型过大、数量过多的现象，地方政府在土地财政诱导之下鼓励高出售价格的商品房用地出让，这就对房地产市场不良结构的出现具有诱导作用。

另外，保障性住房建设比例不够合理。廉租房建设远远落后于经济适用房建设，低收入群体无力购买经济适用房，同时又无法入住廉租房，造成基本住房需求无法满足。部分中低收入群体，面对经济适用房建设面积偏大、超出基本住房需要、靠近改善性住房需要甚至接近奢侈性住房需要的现实情况，本应购买经济适用房却只能住进廉租房。这种比例上的失调让保障性住房建设政策难以达成政策初衷。

#### （三）政府保障性住房政策缺乏统一性

从中央到地方，各级政府对于保障性住房的建设都有一定的重视程度，都成立了相关的部门来主要负责保障性住房工作。但是，由于各级政府面对

的情况不同，目标也就不同，因此政策上缺乏统一性。各级政策运行了一段时间后，发现政策不统一的弊端渐渐显现。保障性住房开发商在进行房地产开发时，招标、施工、监理、移交都要经过政府有关部门的认定，但由于政策不一，就给这些环节的工作带来手续烦琐的麻烦。在统一的政策规定出台前，各种纠纷无法得到协调一致的解决。工商、税收、交通、环保等各个部门都有自己的规定，让很多工程单位无所适从，严重影响了保障性住房建设的效率[4]。

### （四）保障性住房资金来源不足

保障性住房建设资金来源主要有三个途径：第一是10%的土地出让净收益；第二是住房公积金的增值收益；第三是各级财政的补助。从上述三条来源看，除了第一条有硬性的定量约束，其余都没有，这就造成了各级政府按照自身需要进行自由裁量。有些地方政府财政资源紧张，财政资金大多数用于能够快速促进经济发展的领域，对于保障性住房建设没有给予足够的重视。住房公积金的增值收益是不稳定的，并且存在着极大的风险，还要扣除管理费用等成本，公积金的增值收益寥寥无几。从政府角度讲，中央政府的预算投入利用率很高，但是中央政府的投入在全国范围来看毕竟数量有限，社会资金对保障房建设的投入更是少之又少，或许利用保障性住房"去库存"，激活"沉睡"的公积金与宅基地等路径，可以为保障性住房建设资金和房源"开源节流"[5]。

### （五）住房保障尚未立法，执行中缺乏约束力、强制力

按照《国务院关于解决城市低收入家庭住房困难的若干意见》及住建部等部门的有关政策及规章，各地应根据本地区实际情况，制定保障性住房政策。但经调查，全国大部分地区所出台的住房保障政策是以行政管理部门规章形式出台，而不是以政府文件或地方性法规形式出台，而且国家也尚未出台住房保障法，导致对社会及政府相关部门缺乏约束力、强制力和执行力，对解决中低收入家庭住房困难问题缺乏有效的法律支撑点。各地保障性住房体系在工作机制、工作体制运转模式上良莠不齐。大部分地方政府住房保障

的机构为临时、非政府管理部门，尤其是基层实施部门，存在机构不健全，人员、经费不足等问题[6]。

## 四、推进我国保障性住房建设的措施

### （一）政府在保障性住房体系中应发挥主体地位

自 1998 年住房制度改革以来，我国保障性住房出现的一系列问题，其根本原因就在于政府作为管理主体的缺位。根据国外经验，公共住房的运行是一个系统工程，需要由政府作为主体设立专业管理机构来负责。一方面，政府应将保障性住房的投入纳入财政预算，这是建立住房保障体系的基本保障。另一方面，政府应切实加大廉租房、经济适用房和中低价位、中小套型普通商品住房建设用地的土地有效供应，加大住房需求调节力度，引导合理的住房消费。随着住房保障的推进，政府未来的制度设计宜致力于平衡数量控制的刚性与效用控制的弹性，做到因地因时制宜，以满足地方需求并提高居住质量为目标追求，在制度设计上保持中央宏观政策目标与地方实践的有机统一[7]。

### （二）明确政府职能，加大公共财政支持力度

住房保障建设是政府必须承担的社会责任，是财政必须覆盖的范围。保障性住房建设的资金主要来源之一，为中央财政资金的划拨及地方财政资金的配套。中央财政应承担起住房保障建设支出的主要责任，提供有效的财力保障，并适时调整住房保障政策的方向，地方政府也应不断加大资金投入力度，提高土地出让净收益的投入比例，积极引入社会资金用于保障房建设。建立有效的住房保障的财力机制，就要明确中央政府和地方政府在各自住房保障上的职责，合理分配财权和事权，做到中央推动、地方行动，中央出钱出政策、地方出力出管理。

### （三）制定住房保障法，并完善相关法律法规

曾在 2010 年就被列入国务院立法工作计划的住房保障法，在搁浅两年之后有了新进展。由于立法的形式牵涉的利益主体比较多，争议也较多，酝酿许久的住房保障法将降格为基本住房障条例。条例草案拟对保障性住房的

公平分配、退出管理等方面的制度和路径进行规定。为确保保障性住房"保障基本住房需求"的基本功能，经济适用住房再上市交易政府优先回购、公共租赁房动态租金管理制度等，都有望通过条例在全国推行，其总原则就是消除保障性住房牟利空间。从长远来看，住房保障法的出台不仅是住房保障的客观要求，也是住房市场持续、稳定、健康发展的要求 [8]。

### （四）简化行政流程，降低企业风险

政府为了鼓励并引导民间资本对保障性住房建设的支持，相继出台了很多优惠政策，鼓励、提倡保障性住房的建设。在这个过程中有很多房地产企业响应政府号召进入保障性住房建设的行列，因此，政府应该进一步简化行政流程，切实为这类企业开辟通畅的行政办事流程，提高保障性住房建设的效率，缩短保障性住房建设的周期，这样才能从行政上对企业进行有效的支持。由于房地产特别是保障性住房建设的投资大、周期长、回报率低，为了保障这类企业的合法权益，保护这类企业支持政府政策的积极性，政府应当提供绿色通道或综合办事窗口，提供住房回购的指标性文件，以此降低这类参与保障性住房建设企业的市场风险，从而有效引导企业进行保障性住房建设 [9]。

### （五）探索保障性住房建设的模式

美国、英国、日本、德国、法国、新加坡等发达国家在保障性住房建设方面的经验可以概括为四大方面：一是保障房建设立法先行，二是以政府财政支付为后盾确保资金来源，三是通过金融创新引入社会资金，四是建设模式。前三种模式在上文中均有所提及，这里我们重点探讨建设模式 [10]。

保障性住房建设模式最重要的选择依据是建设模式与实际情况相吻合。各地政府应根据当地的实际情况，探索适合的保障性住房建设模式。项目代建制是我国借鉴国外的经验形成的，其过程是：专业单位通过投标方式取得业主在建设期间各项活动的代理权，成为代建单位；代建单位以自身专业技术力量为基础，对代建工程进行全过程管控，并在建成后交付业主单位。由代理单位代理业主可以提高工程管理的专业化水平，提高效率，减少浪费。

## 五、结语

保障性住房建设是我国一项长期的基本国策，为社会稳定人民安居乐业做出了巨大贡献，是构建和谐社会的一项重要举措。为此，我们必须对保障性住房建设中遇到的问题有一个清醒的认识，积极改进方法，解决问题，从而推动保障性住房建设顺利进行。

## 参考文献

[1] 阿里巴巴冶金资讯.http：//info.china.alibaba.com/news.

[2] 宫兵，姚玲珍.中国城镇保障性住房建设政府投入价值测算——以 2009~2015 年安居工程为例 [J].财政研究，2018（1）：78-91.

[3] 邓志锋.对推进保障性住房建设的几点思考 [J].价格理论与实践，2010（5）：32-33.

[4] 黄波.我国保障性住房建设中存在的问题及建议 [J].魅力中国，2011（2）：141.

[5] 秦鸿滨.保障房建设资金和房源"开源节流"的路径分析 [J].通化师范学院学报，2017（11）：104-109.

[6] 刘雅琴.保障性住房建设存在的问题和建议 [J].中国城市经济，2011（4）：44.

[7] 武中哲.住房保障制度实践中的政府行为与后果 [J].上海行政学院学报，2017（5）：21-27.

[8] 马绍玉.关于完善社会保障性住房体系的思考 [J].新财经（理论版），2011（3）：132.

[9] 刘茂林，范电勤.论我国城镇住房保障制度的发展与完善——以基本权利为视角 [J].宁波大学学报：人文科学版，2008（6）：111-116.

[10] 李文斌.美国不同时期的住房补贴政策：实施效果的评价及启发 [J].城市发展研究，2007（3）：77-80.

# 浅谈新时代基层街道工作的思路转变
## ——以青岛市市北区敦化路街道为例

林潇潇①

**摘　要：** 习近平同志所做的党的十九大报告，宣告开启了中国特色社会主义新时代，对决胜全面建成小康社会做出战略部署，描绘了全面建设社会主义现代化国家的宏伟蓝图。我们学习党的十九大精神，坚持新时代中国特色社会主义的基本方略，遵守党章规定的行动指南。本文以青岛市市北区敦化路街道为例分析了十九大精神对基层街道工作的指导意义，就调整基层工作思路、转变基层工作方式进行了深入探讨，真正承担起新时代基层建设发展的使命，主动作为，勇担使命，为初心梦想贡献基层的实践力量。

**关键词：** 十九大　基层工作　思路转变

习近平同志所做的党的十九大报告，宣告开启了中国特色社会主义新时代，对决胜全面建成小康社会做出战略部署，描绘了全面建设社会主义现代化国家的宏伟蓝图，必将极大增强中华民族的凝聚力和向心力，带领新一代人踏上中华民族复兴的新征程。我们学习党的十九大精神，要按照学懂弄通做实的要求，深刻领会习近平新时代中国特色社会主义思想的核心要义和创新观点，坚持新时代中国特色社会主义的基本方略，遵守党章规定的行动指南。本文以青岛市市北区敦化路街道为例分析了十九大报告对基层街道工作的指导意义，就调整基层工作思路、转变基层工作方式进行了深入探讨，真正承担起新时代基层建设发展的使命，主动作为，勇担使命，为初心梦想贡

---

①　林潇潇（1991—），女，山东青岛人，中国海洋大学 2016 级公共管理专业研究生。

献基层的实践力量。

## 一、十九大报告对基层街道工作的指导意义

### （一）十九大报告明确了基层街道工作的历史方位

十九大报告指出："经过长期努力，中国特色社会主义进入了新时代，这是我国发展新的历史方位。"认清发展所处的历史方位，是决定发展成功的根本性问题。对一个国家如此，对基层街道更是如此，十九大报告为市北区敦化路街道的未来发展指明了所处历史节点和时间方位。

认清历史方位绝非易事，从当前社会发展的阶段性特征来看，我们所处的时代经济发展进入新常态，人民生活在实现从贫困到温饱再到总体小康历史性跨越基础上向着美好生活迈进，社会事业发展加快，社会主要矛盾发生变化，已经转化为人民日益增长的美好生活需要和不平衡不充分的发展之间的矛盾。作为基层街道，要坚持以经济建设为中心，做好街道招商引资工作，进一步促进敦化路街道经济发展，解放和增强街道整体活力，努力提高街道发展的水平、质量和效益，不断增强街道发展的充分性，更好地满足辖区人民在经济、政治、文化、社会、生态等方面日益增长的需要，更好地推动人的全面发展、社会全面进步。

### （二）十九大报告推进基层街道共建共治共享社会治理格局

习近平总书记围绕如何做好基层工作这一重大时代课题，进行了一系列实践探索创新，形成了包括"四下基层""滴水穿石""马上就办"等在内的基层工作方法体系，彰显了马克思主义科学方法论的精髓和要义。习近平总书记基层工作法是从思想方法和工作方法两个方面创造性地运用和发展马克思主义科学方法论和科学思维方式的重要结晶；是一脉相承、相互贯通的统一体，必须整体把握、一体贯彻；是运用马克思主义世界观、方法论分析和解决实际问题的时代典范，要持之以恒地继承好、坚持好、发扬好[1]。

敦化路街道办事处为打造好共建共治共享的社会治理新格局，用十九大报告中的理论武装自己，提高保障和改善民生水平，加强和创新社会治理，始终把辖区居民的安危冷暖放在心上，抓住居民们最关心、最直接、最现实

的利益问题，抓早抓小，件件抓实，不留死角。用新时代精神构成街道党委在前进道路上战胜各种困难和风险、不断夺取新胜利的强大精神力量和宝贵精神财富。新时代精神也鼓舞着我们基层党员干部敢为天下先，敢于承担责任，勇于承担使命，在党的领导下实现基层新作为。

**（三）新时代给基层街道工作提出新要求**

在新时代下，我们必须清醒地看到，群众工作出现了不少新情况、新特点，面临不少新挑战。基层街道党员干部要结合自身实际，认真审视、深刻反思在群众观念、群众立场、群众工作、群众作风和干群关系上出现的新情况、新问题，坚持好的做法和好的传统，认真改进工作而不回避问题，在基层建设中不断提高工作能力。面对新时代的严峻挑战，基层党员干部唯一的出路就是不断加强学习，自觉提升个人素质，在实践中努力锤炼工作能力，积极主动适应时代变化。

**二、在新时代下调整基层工作思路、转变基层工作方式**

**（一）科学认识当前发展新的历史方位，找准基层工作总基调和政治站位**

结合敦化路街道实际，近年来，我们更加能切身感受到人民群众日益增长的美好生活需要，特别是对城市环境整治提升、高层次文化生活需求、教育医疗品质提高、社区养老服务及其他生活类便利服务的需求日益增长，群众参与社区建设、维护主张自身权益、参政议政的意愿也日益强烈，从政务热线的数据增长量来看，居民的需求越来越高，反应需求的愿望越来越强，要求满足诉求的紧迫性也越来越强。这对我们的工作是一种鞭策，也提出了更高的要求。

伴随着城管执法中队、食药所、市场监管所等执法力量的下沉，基层要承担的执法及执法后的民意引导工作也逐渐增多，需要我们真正沉下心来认真调研，认准工作的定位，找准基层工作的总体基调，明确基层工作的总体思路。我们要切实打牢基层基础，补齐工作短板，使基层宣传思想文化工作真正强起来 [2]。

以敦化路街道为例，我们将立足新时代、新思想、新要求，紧紧围绕区委、区政府中心工作，聚焦主责主业，以抓党建、抓治理、抓服务三条主要内容为主线，努力将街道建设成为党的建设坚强有力、楼宇经济活力充足、城市治理模式新颖有效、安全稳定守土有责、民生服务幸福满意的宜商宜居街道，为市北区建设宜居幸福创新型国际城市核心区贡献力量。

**（二）凝聚时代力量，全面推进党建引领的共建共治共享社会治理格局**

推进党建引领，要始终坚持党领导一切，坚定不移全面从严治党，以"不忘初心，牢记使命"为主题，深入推进"两学一做"学习教育常态化制度化，真抓实学，坚定"四个自信"，永葆共产党人政治本色，推动全党更加自觉地为实现党的历史使命不懈奋斗。街道社区要聚焦城市大党建格局，推动"三会一课"与"主题党日"有机衔接，加强党建品牌建设，凝聚党员群众向心；强化党建生命线，突出作风建设，健全严格党组织生活和党员管理的各项制度。加强换届后社区"两委"队伍建设，发挥骨干党员服务引领作用，延伸社区党组织链条。落实区域化党建"六联六化"模式，健全区域化党建联席会议制度，打造党群服务中心，以党建促进楼宇经济发展，做强街道"大党工委"和社区"大党委"，积极开展共驻共建，实施党建事务项目化运作，释放新时代基层党建新活力。

推进共建共治，要善于从基层实践中总结当前社会治理的新机制、新模式。党的十九大从统筹推进"五位一体"总体布局和协调推进"四个全面"战略布局的高度，加强和创新社会治理，明确打造共建共治共享的社会治理格局。习近平总书记强调："基层是一切工作的落脚点，社会治理的中心必须落到城乡、社区。"街道探索打造共建共治共享的社会治理格局，要充分发挥街道党工委、社区党委的核心作用，同时强化基层社会治理责任制的落实。探索党工委委员、办事处副主任分管工作的同时，落实好分管业务的社会治理责任，建立"街道—科室—社区—片区—网格"多级联动的社会治理网格化责任落实机制，建立社会治理领域权力清单，强化"责任到人"的责任追究制度建设，形成权责明晰、奖惩分明、分工负责、齐抓共管的社会治理责任链条。

推进共享社会治理，要牢牢掌握意识形态工作领导权，加强社会主义核心价值观的培育和践行。以习近平同志为核心的党中央反复强调，意识形态工作关乎旗帜、关乎道路、关乎国家政治安全，一刻不能放松和削弱。基层党工委书记、各级党委书记要牢牢记住这一嘱托，发挥好第一责任人的作用，把关好、指导好、引导好本辖区人民群众的意识形态工作。一是推进马克思主义中国化、时代化、大众化，以我们正在做的事情为中心，坚持问题导向，聆听时代声音，深入推动马克思主义同当代发展具体实际相结合，赋予鲜明的时代活力。二是坚持不懈加强理论武装建设，基层街道社区要加强"四德工程"的建设、各级"草根"理论宣讲的建设、各级道德模范的推选。三是加强网络建设和治理，强化舆论监控与引导，弘扬正能量，消解负能量。最后，严格落实意识形态工作责任制，增强责任担当，旗帜鲜明支持正确言论，培育和践行社会主义核心价值观，旗帜鲜明反对和抵制错误观点，做到守土有责、守土负责、守土尽责。

**（三）着力解决基层突出问题，以实际行动提升群众满意度、获得感和幸福感**

习近平总书记曾经说过："人民对美好生活的向往就是我们的奋斗目标。"检验我们一切工作的标准，最终是人民群众的满意度。当前，基层人民群众关心关注的问题，主要反映在城市治理、城区环境、安全生产、民生服务、文化生活等与群众生产生活密切相关的领域[3]。

所谓痛点也同时都是突破点，我们要真正让改革发展的成果更多更公平地惠及全体人民，首先就要从解决这些影响群众满意度的问题着手。

一是迎击痛点难点，建设"美丽市北美丽街道"。清理城市治理负面清单，实现环境大提升。街道要发挥牵头作用，针对管区内乱贴乱画、乱搭乱建、占路烧烤、占路经营四大难点开展常态化每周联合执法清理，形成高压常态。针对抚顺路批发市场周边、中央商务区周边、山东路两侧等重点区域，明确整治时间节点，挂图作战，倒逼解决。要循序渐进地推进老旧楼院改造工程，同步解决辖区公共部位损坏问题，进一步完善公共配套设施，推进老城区更新。要坚持多网合一，通过以"一张基础网格、一支网格队伍、一个信息平台、一套运行机制、一套监督体系"为主题内容的"五个一"网格化社会治理体系，实现网格化治理一格多用、多格一用，重塑城市治理服务体系，形成多元城市治理新常态。

二是突出安全稳定机制双防，深入推进安全生产"两个体系"建设。压实企业主体责任，发动企业全面分析、排查、研判、管控各类安全风险点，建立有效的安全生产、职业健康风险管控和隐患排查治理双重预防机制；继续聘任第三方开展专业安全检查，做到"一般隐患立即整改，突出隐患限期整改，重大隐患挂账督办"。稳步推进社区"三防"建设。推进视频监控探头安装，实现社区"天网工程"无缝隙全覆盖；强化群防群治，整合治安巡逻队、社区辅警等力量，加强巡逻和民情日记，形成"邻里守望互助"格局。健全社区矛盾调解流程，强化法律援助，调解矛盾纠纷，规范调解程序，探索建立小区司法行政工作室，从源头解决矛盾纠纷。

三是持续推动民生社会保障事业和多元共治模式，为一方居民兜底。要深入推进改革，加强基层基础建设，加大服务群众工作力度，健全帮扶困难群众长效机制[4]。实施精准帮扶解困救难，坚持"托底线、救急难、可持续"的社会救助方针，完善街道"大救助"信息平台建设，按照"一帮一""组联户"工作思路，坚持"日联系、周走访、月汇总、季问效"，落实精准帮扶责任，针对个体需求，随时解决实际问题。完善社区民主协商自治。积极推进社区、社工、社会组织、社区志愿者在内的多元互动，探索社区自治组织的项目化服务模式；通过"邻居节""党员便民服务大集"等活动形式，积极开展政策服务、文化惠民、宣讲问计等活动打包进社区、进楼院，密切党群干群关系；完善"互联网+"服务功能，依托线上线下同频共振，打通服务群众"最后一公里"，不断提升居民获得感和幸福感。

党的十九大精神是一个系统的理论体系，涵盖了从意识形态到具体的社会治理的思想指导，是指引我们适应新时代、创造新作为的指路"灯塔"。

基层工作实践中要时刻牢记理论指导，切实做符合新时代要求的忠诚、干净、担当的好干部，切实在新时代下，扎实转变工作思路，运用好新时代理论，并不断在实践中进行理论丰富和创新。

## 参考文献

[1] 杨雅厦. 习近平总书记基层工作法的丰富内涵与时代价值 [J]. 经济社会体制比较，2017（5）：13-21.

[2] 范卫平. 做到六个强化 夯实基层基础 [J]. 时事报告，2015（6）：44-45.

[3] 福建日报采访组. 始终与人民心心相印 [N]. 福建日报，2014-10-30（1）.

[4] 李昌禹. 深入学习贯彻习近平新时代中国特色社会主义思想 扎实做好党的群团工作 动员广大群众建功新时代 [N]. 人民日报，2018-01-14（1）.

# 基层政府共商共建共享
# 社会信用体系建设探究

刘　晨[①]

**摘　要：** 讲信用、守信用是立身之本、齐家之法、兴业之基、为政之道，是中华传统文化的重要基石和根本遵循，对于一个城市的经济社会发展至关重要。党的十九大报告提出，"推进诚信建设和志愿服务制度化，强化社会责任意识、规则意识、奉献意识"。而随着社会的发展和不断进步，社会征信体系建设不仅仅是金融问题、经济问题，也是社会问题。本文研究了国内外社会信用体系建设的情况，以借鉴经验，分析了基层政府现阶段社会信用体系建设上存在的问题，随后就如何建立共商、共建、共享的社会信用体系进行了探讨。

**关键词：** 社会信用体系　基层政府

## 一、国内外社会信用体系建设情况及经验借鉴

### （一）国外社会信用体系建设的基本模式

从国际信用建设演进历程看，社会信用体系作为市场经济体制中的重要制度安排，建设模式有三种：一是以美国为代表、以私营征信服务为特征的企业经营模式；二是以德国等欧洲国家为代表、以公共征信服务为特征的政府主导模式；三是以日本为代表、以协会征信服务为特征的行业协会模式。

### （二）国内社会信用体系建设的基本模式

20 世纪末，国家有关部门和地区相继开展了多种形式的社会信用体系建设试点工作：人民银行建立了企业和个人信贷征信系统；国家发展改革委员

---

① 刘晨（1990—），女，山东青岛人，中国海洋大学 2015 级公共管理专业研究生。

会组织实施了"社会征信服务体系联合建设示范工程";商务、工商、税务、质检等有关部门也开展了本行业的信用管理工作,整顿和规范市场经济秩序。同时,全国有27个省(市、区)积极开展了本地区社会信用体系建设的探索。作为经济较发达地区,上海市、浙江省、深圳市社会信用体系建设因为先天条件优异,起步早,发展快,形成了较有代表性的信用建设运行模式,为我国其他地区信用体系建设提供了先进的建设意见:一是注重加强信用法规制度建设,出台信用信息征集、评级和披露等一系列政策措施,使征信活动有法可依、有章可循,社会征信体系建设在一个有序的轨道运行;二是需要政府推动和支持;三是建设公共数据库;四是分步实施;五是营造诚信环境,它是信用建设的社会基础。

### (三)国内外先行地区社会信用体系建设的经验与启示

从调研结果来看,全国信用体系建设都处于探索起步阶段,对信用数据应用普遍持谨慎态度。要做好社会信用体系建设,必须围绕完善制度、畅通机制、建设征信平台、培育市场、试点示范和共商共建等方面凝聚共识,明确任务,压实责任,扎实推进。

1. 制度建设

法规先行是社会信用体系建设的根本保障。国内外的建设实践表明,要建立健全社会信用体系,信用法规建设必须先行。重点是要构建起一个包含规范征信活动、信息标准、共享与披露、信用奖惩、市场监管等内容的信用法规体系。

2. 体制机制

政府推动和支持是社会信用体系建设的重要条件。国内外的建设实践表明,信用建设必须要有政府的协调、引导和支持。重点是要发挥政府在整合信用信息资源、引导信用需求、制定规章制度、监管信用市场和培育发展信用服务机构等方面的作用。

3. 征信平台

建设联合征信系统是社会信用体系建设的核心工程。国内外的建设实践表明，联合征信系统建设是推进信用监管和提供信用服务的基础平台。重点是要建好"一网"信用网站、"两库"企业和个人联合征信数据库，为社会信用体系建设提供技术支撑。

**4. 信用服务**

市场化运作是社会信用体系建设的基本方向。国内外的建设实践表明，市场化运作是信用体系持续发展、长久运行的生命力所在。重点是要大力培育信用服务机构，有效激发信用需求，发展壮大信用服务行业。

**5. 试点示范**

分步实施是社会信用体系建设的基本方法。国内外的建设实践表明，社会信用体系建设是一项系统工程，要遵循由简入繁、由易到难的程序，采取先行试点、逐步推开的路径，循序渐进，有序发展。

**6. 共商共建**

共同参与是社会信用体系建设的有效途径。国内外的建设实践表明，社会信用体系建设必须充分调动各级政府、部门、企业和公众的积极性。重点是创新体制机制，为社会力量参与社会信用体系建设创造条件和提供渠道。

## 二、当前基层政府在社会信用体系建设上存在的问题

### （一）缺乏上位法律法规支撑

目前，社会信用体系建设缺乏国家层面的法律法规支持，信用配套制度制定、信用数据应用等缺乏法律依据。基层政府在推进社会信用体系建设时，可以参照的法律法规不多，可借鉴的案例范例更少，仍旧属于摸索阶段。发达国家如美国、日本等，都具有比较完善的征信管理法律法规制度，征信立法比较健全，如美国的《公平信用报告法》《公平债务催收作业法》，英、德、意三国出台的《数据保护法》，日本颁布的《贷款业规制法》《行政改革委员会行政信息公开法纲要》等，为征信市场的完善和发展提供了良好的外部环境。

### （二）行业壁垒问题不同程度存在

国家有关部门已经制定了行业内信用征集管理办法，但行业间数据尚未

互联互通和信息共享。从目前本地区基层政府公共信用信息共享与交换平台试运行情况看，个别部门因上级制度限制、科室条块分割等原因致使数据收集、归集难度较大，数据完整性、时效性得不到保障。同时，内部数据库的数据不共享也使得跨行业的信用信息共享难以实现，造成信息闭塞，不能达到信息互通共享。

### （三）缺乏统一的信用评价等标准规范

国际惯例使用 AAA、AA、A，BBB、BB、B，CCC、CC、C 三等九级制标准区分信用状况。目前，国家层面在信用评价、修复机制等方面缺乏统一规范的具体标准，各地制定的标准存在差异。信用信息的管理部门都有各自的评价办法，如税务部门将纳税企业分为 A、B、C、D 四类信用等级，金融、质监等部门也有各自的评定办法。由于缺乏一个协调统一的评价机构和评定办法，信用体系建设推进极易出现冒进、走弯路等问题。

### （四）信用服务市场体系尚未建立

第三方征信服务机构参与社会信用体系建设程度比较低，缺少专业的信用服务机构和懂信用服务与管理的专业人才。信用应用需求不旺，信用产品目前应用仅限于公共资源领域。由于信用服务市场体系制约等原因，各地在信用信息应用方面大都持谨慎态度。

### （五）社会信用管理体系监管不到位

社会信用体系在运作上本身就没有形成固定的行业，因此在监管上也没有统一的监管机构和明确的管理标准。不同地区的监管单位各不相同，有基层政府，有相关部门，也有行业主管部门。虽然人民银行有管理信贷征信业的职能，但是并未被明确规定为社会信用体系的监管部门。

### （六）信用宣传教育有待强化

社会信用体系建设是系统工程，也是一项全民工程，需要全民参与、全民共建。目前，基层政府在诚信宣传教育方面普遍缺乏整体性、系统性、全面性，公众对社会信用体系建设的认知和认同度还不够高。

### 三、下步推进建议

社会信用体系建设是系统工程，需要政府主导、行业示范、全民参与、社会共建。建议基层政府围绕制度完善、平台建设、市场培育、产品应用和诚信宣传等关键环节，畅通共商共建的信用工作推进机制，重点完善信用制度体系和公共信用信息共享平台，推进信用信息归集、记录、共享和应用，逐步建立守信激励和失信惩戒机制，全面推进信用示范工程建设，助力区域经济社会发展。

**（一）健全信用管理制度体系，促进法制保障**

完备的法律法规是社会信用健康发展的保障。建议结合实际，根据上级部门关于信用工作一系列实施意见，大胆借鉴先行地区经验，深入基层一线汲取民智民计，做好信用与现有行业规范、监管措施有机结合，研究制定信用承诺、联合惩戒、红黑名单管理办法、备忘录等诚信管理规范性、系统性文件，逐步完善信用事前承诺、事中分类监管、事后联合惩戒制度体系和管理机制。

**（二）统筹平台管理，促进信息共享**

实现公共信用信息共享与交换平台与行政执法平台的互联互通，部分数据直接从行政执法平台数据库中获取，解决二次上报问题。倡导基层部门将所有行政执法信息都上传至行政执法平台，加大行政执法的电子化程度，强化上传相关执法凭证。建议利用大数据建设的大好时机，进一步优化升级行政执法平台、行政审批平台，实现行政处罚与行政许可信息全覆盖，让这两个平台成为基层政府大数据建设及公共信用信息的坚实后盾，切实提高工作效率和质量，打破部门与行业壁垒。

**（三）推进信用信息产品应用，促进市场培育**

信用是市场经济高效运行的润滑剂，既有市场属性，又有公共产品属性，必须要发挥好政府和市场的双重作用。建议培育和发展信用服务机构，支持信用服务机构开发、创新信用产品，为社会提供专业信用服务；探讨引进符合国家信用部门标准要求、信誉度高、实力强的信用中介机构落户，填补基层信用服务市场空白。

### （四）聚焦信用示范工程，促进全社会共建

聚焦商贸流通、金融、工程建设、电子商务四大领域。商贸流通领域，加快推进"诚信市场"建设，推进服装市场新用户信息平台全面运行，开展市场诚信体系"一条街"建设，并逐步在主要商圈推广应用，打造全国示范工程。金融领域，建议基层人民银行支行借鉴总行建设经验，探讨实现银行征信信息与基层信用信息共享，力争打破壁垒。电子商务领域，建议探讨与第三方机构合作，深入挖掘电商交易数据，结合信用记录、资金流以及线下经营状况，构建电商信用评价体系。工程建设领域，建议尽快搭建完成工程建设和公共事业两大监管平台，通过红黑名单机制、联合惩戒等措施强化监管，进一步规范行业秩序，减少安全事故、欠薪欠费、群体上访等情况。政务、税务等其他信用建设示范工程，对标先进、积极创新、全面推进。政务领域，完善机关事业单位工作人员诚信档案，加强政府采购、PPP项目、招投标、招商引资等领域信用建设。税务领域，探讨研究以个人所得税、个体工商户纳税为切入点加强纳税人信用建设。司法领域，进一步加强对被执行人信息的监管应用，完善失信被执行人"黑名单"制度，强化行贿档案查询与应用的社会联动机制。深化旅游、交通、知识产权等领域信用体系建设，重点研究联合惩戒措施，充分发挥信用实际应用效能。加强公务员、企业法人及教师、律师、医师等群体公共信用信息数据库建设和信用记录形成机制。

### （五）深化诚信文化宣传教育，促进全民共识

加强诚信宣传教育，强化信用意识，目前基层信用信息实际应用工作尚未全面展开，需要不断加强宣传教育的深度、广度。建议将诚信教育纳入公务员培训和领导干部进修课程，将信用教育纳入中小学思想品德课程。开展信用宣传教育进机关、进学校、进企业、进社区、进村庄、进家庭活动，通过电视、报纸、网络等媒体，采取喜闻乐见形式进行广泛宣传，在市民大厅、站点、超市等人流集中区域设立宣传栏、增设广告牌。相关部门加大红黑名单曝光力度，提高民众关注度和社会知晓度。

# 参考文献

[1] 王敬伟. 我国征信体系建设理论及现实分析 [J]. 征信，2009（5）：46-50.

[2] 王一鸣. 盘锦市社会征信服务体系建设的对策研究 [D]. 大连：大连理工大学，2013.

[3] 施永，张建明，林长平，等. 中小企业信用体系建设的实践与思考——以福建省大田县为例 [J]. 福建金融，2014（2）：73-77.

[4] 郭威，车燕妮. 我国征信模式的选择 [J]. 中国金融，2011（9）：85-86.

# 我国地方政府治理能力提升研究

刘　涛[①]

**摘　要：**和谐社会是人类孜孜以求的一种美好社会，是包括中国共产党在内的马克思主义政党不懈追求的一种社会理想，涵盖政治、经济、文化、社会等系列形态转轨的目标任务，而政府承担着构建和谐社会的主要责任。地方政府职能的转变和治理能力的提升是有效构建和谐社会的关键。地方政府活动与民众日常生活和切身利益息息相关，地方政府治理能力直接关系到一个国家社会经济文化的发展和政治稳定。因此，要转变传统思路，在治理模式上加强创新。

**关键词：**和谐社会　政府职能　治理能力　创新

和谐社会的构建，离不开政府治理能力的提升。目前，我国正处在深化改革的深水期，处在全面建设小康社会的决胜阶段，习总书记在十九大报告中提出，要加强和创新社会治理。提升社会治理能力有利于提高和改善民生水平，有利于化解社会矛盾，对于政府提升行政能力和我国的长治久安具有重大意义。

## 一、我国地方政府治理的本质、历程和现状

### （一）和谐社会里社会治理的本质

政府的本质是用社会让渡给它的那部分权力来维护社会交往的正常秩序，保护私人的财产权，从而达到整个社会节约交易成本的目的。由于政府使用的是民众转交给它的部分权力，所以，它必须接受民众的监督，以保证政府不会滥用这些权力。从这个意义上说，政府治理的本质是要建立起一种相互制约机制，以保证人民让渡的权力和以税收形式形成的政府收入，能够

---

① 刘涛（1991—），女，山东青岛人，中国海洋大学 2016 级公共管理专业研究生。

真正用到人民需要的地方去，提高人民的福利水平。治理区别于统治，它是现代社会的"建设政治"，以积累社会财富、增进公众利益、提升社会和谐、促进人的全面发展为目标，最大限度地增进公众利益。社会治理科学化，既是社会治理模式创新的深刻实质，也是和谐社会本身蕴含着的对有序善治、公平正义、以人为本、可持续发展的社会治理的深刻要求 [1]。

### （二）我国地方政府治理历程

我国政府治理历经封建社会，历朝历代都有过对社会治理的革新和尝试。例如，西周的封邦建国，行政区划有国、都、邑三级以及"邦鄙"；战国时期在地方初步确立了郡县制，设县丞、县尉，分管民政与军事；隋唐时期设都道府县；元明清时期实行地方政府的行省制度。其中封建科举制度是隋朝以后封建王朝用考试选拔官吏的制度。各行政机构对维护我国封建社会的治理均起到加强保障作用。中华人民共和国成立以后成为单一制国家，地方政府的权限来自中央政府的授予。有别于瑞典的行政并列体制和法国的国家代表制，我国实行人大行政制。

### （三）我国地方政府治理现状

我国传统社会文化的沉疴和历史惯性阻碍了民主的生长与社会的发育，长达千年的封建阻碍民主思想的萌芽，尽管在我国也有"民为贵，社稷次之，君为轻"等民本思想，但它们主要是少数哲学家和个别贤明君主的政治思想，造成了我国民主基础天然性的缺失。从计划经济时代直到改革开放后相当长的一段时期，政府治理过程的透明性较差，暗箱操作的现象屡见不鲜。我国还处在社会主义初级阶段，生产力发展水平还很低，市场经济体制还不完善，市场经济运行还很不规范。市场经济所要求的法制保障和思想道德体系的支撑尚未完全形成，现有的政治制度还有待进一步完善，依法行政、依法治国任重而道远。目前我国非政府组织的政治参与度还不是很高，开展公益活动的能力十分有限。这就意味着以非政府组织为主要载体的公民社会还处于"生存弱势期" [2]。

## 二、我国地方政府治理能力存在的问题

尽管我国地方政府治理能力得到一定的提升，社会治理也得到了很大的成效，但也应当看到，我国现行的地方政府治理能力与经济社会发展的需要和人民群众的要求仍存在一定差距，主要表现在以下几个方面。

### （一）政府治理理念尚未真正确立

我国在走向工业化的过程中逐步确立了高度集中的计划经济体制，在对社会稀缺资源完全占有的基础上，我国构筑了严密而高度集权的政府管理模式，它在追求国家目标和效益最大化的同时，相对忽视了政府治理理念的发展。随着社会主义市场经济体制的建立和完善，我国初步形成了在社会经济成分、组织形式、就业方式、利益关系和分配关系等多方面有着明显差别的利益高度多元化的社会群体，多元化的群体有多元化的需求。经济全球化加剧了市场竞争和政府间的效能竞争，对我国现行的政府治理理念提出了挑战，对此必须做出适当的调整与转变。

### （二）地方保护问题依然存在

地方政府在执行中央或上级政策时是一个矛盾的综合体，一方面代表政策的制定者，另一方面又是政策的执行者。中央政策起到宏观调控全局性社会利益的作用，必然要涉及中央与地方的利益博弈，或是地方与地方之间的利益分割。因此，地方政府自身的利益取向对中央或上级政策的落实具有至关重要的作用。一般而言，当中央或上级的政策调控符合地方自身利益时，地方政府就会认真贯彻执行相关政策，地方政府可以用较少的投入而得到很大的产出；当中央或上级的政策不符合地方自身利益时，地方政府在执行中央或上级政策时就会受到来自地方政府本身和地方民众的阻挠，地方利益群体总会千方百计地加以抵触，形成"上有政策，下有对策"的对决，或不认真落实，或变相落实。遇到这种情况，中央的政策到地方上就会大打折扣。

### （三）政务公开机制尚须完善

政务公开在各地方已取得了一定的成效，但由于政务公开是一项新的工作思路，涉及传统思想观念和长期工作习惯的转变，涉及现有利益格局的调

整，因此，存在一些需要完善的地方：一是公开内容不规范；二是公开内容不真实；三是摆花架子，搞门面工程；四是政务公开监督机制不够完善。许多地方和单位接受人民群众监督的主动性不强，没有建立一种真正有利于群众监督、方便群众监督的形式，不敢真正接受舆论监督。从表面上看，各级地方政府在大多数情况下都会请媒体出席各种会议，但他们向媒体通报的大多是"政绩"，对于"政务"或"问题"，要么避而不谈，要么轻描淡写。世界银行在评价政府透明性的作用时指出：透明增加了市场信息的有效性和精确性，降低了交易成本，政治与公共管理有助于减少腐败，有助于增加公民参与决策的机会，从而提高了决策的民主合法性[3]。

### （四）公民参与程度有待提高

目前人们逐渐接受并支持公民参与，但公民实际参与地方治理程度却不高。这里面存在着多方面的原因。政府部门往往认为公民参与治理的能力不够，甚至以政府的权威为导向来左右公民参与。而公民参与的主体性不强，部分是在从众心理的支配下参与进来，并不是把公民参与当作自己应有的权利。在公民参与渠道上，各地政府虽然采取了各种各样的参与方式，提供了多种参与渠道，但这些方式和渠道大多限于事前公示、公民听证、基层选举等，并且大多是不定期的，而且在参与过程中，公民的意愿和利益表达在多大程度上影响政府的决策也是一个值得商讨的问题。

### 三、政府职能和治理能力之间的关联

#### （一）政府职能的含义、特征、内容和实施手段

政府职能是国家行政机关依法对国家和社会公共事务进行管理时应承担的职责和所具有的功能。具有广泛性、服务性、规范性、自主性、多样性等特征，主要包括政治职能、经济职能、文化职能、社会职能，通过依法行政来实现行政能力。构建和谐社会的大框架下，政府职能正发生巨大转变，由管理型政府逐渐向服务型政府转变，在这个转变过程中，地方政府治理能力的强弱，直接关系到转变的成果和速度。我国地方政府治理存在诸多问题，原因之一就是"官本位"思想固化，政府职能没有充分展现。

### （二）地方政府在社会治理能力方面的提升

**1. 政府治理的承担责任能力增强**

人民群众是政府治理绩效的最终评判者。近年来，一些政府在对其工作部门的年度业绩考评中，由"被管理者"或"被服务者"来给这些部门打分。结果是那些责任心不强、对老百姓态度生硬的部门得到应有的较低的评价，以至于某些部门负责人不得不引咎辞职，或由于业绩考评不合格而被调离负责岗位。2009 年《中国政府绩效评估报告》首次发布，对我国政府绩效评估的重点内容和重大问题进行了专题系统研究，提出了对策思路，同时，总结了近年来我国地方政府开展政府绩效评估的典型经验，提炼出了六个绩效管理模式。

**2. 政府治理的法律制度日益规范**

在依法治国方略的指引下，我国已经初步建立了以宪法为核心，以法律为主干，包括行政法规、地方性法规等规范性文件在内，由七个法律部门、三个层次法律规范构成的中国特色社会主义法律体系。国家经济、政治、文化、社会生活的各个方面基本做到有法可依，为依法治国、建设社会主义法治国家、实现国家长治久安提供了有力的法制保障。这些都为地方政府加强法制能力提供了基本条件。

**3. 政府治理的回应能力提升**

在回应能力方面，各级地方政府的治理卓有成效，建立、完善了社情民意反映沟通制度和专家咨询制度，秉持为人民服务的宗旨，确立以人为本的基本理念，以人为本成为政府治理的出发点和落脚点。在增强政府的回应性方面进行了积极探索，创造了不少有益的形式。例如，建立市长热线 24 小时值班制度，方便公众反映问题；公安系统设立报警服务中心，建立快速反应体系；一些政府职能部门和公共服务性行业实行首问负责制或首办负责制，实行服务承诺制等，积极地对公众需求做出回应。

**4. 政府治理的廉洁自律能力强化**

我国地方政府在进行经济社会治理时一直注重对廉洁自律能力的培养，

在防止政府治理公权力异化和反腐败上取得一定成效。主要包括：一是明确政府治理权力的公共属性，从思想上避免政府治理权力的异化；二是加强对腐败的防范与打击力度，即加强预防腐败教育，从源头上防止腐败的发生，同时发现腐败分子后及时予以查处；三是加强对人民群众参与和监督积极性的引导，借助网络论坛、网络博客、网络调查、电话访问、问卷调查、信访等多种方式，使公众多渠道参与治理和监督政府工作。

## 四、和谐社会里如何提升我国地方政府治理能力

### （一）树立服务型政府治理理念

在传统体制下，政府始终以管理者和经营者的身份过多地干预了市场经济领域，造成政府低效和腐败等问题。"政治干预的直接结果损及政治的结构功能，削弱政府的行政管理能力，损及政府的形象、合法性及其权威，破坏公民对国家的认同感和向心力，造成社会秩序混乱，引起社会成员对政府的强烈不满，从而导致政治不稳定。"[4]应尽快实现管理理念向服务理念的转变，加强政府的公共服务职能理念，将政府切实塑造成一个为公众、社会提供公共产品、发展公益事业的公共服务机构，真正实现官僚型公务员向人民公仆的转变。

### （二）开展跨区域合作治理

完善区域间信息相互沟通制度。加强政府间在治理合作中的信息沟通，及时互换和通报各自的情报，为采取联合治理行动提供信息支持。地方政府间关系由竞争走向合作。我国一直以来实行的分权改革，把地方政府塑造成了以谋取利益为宗旨、以相互竞争为发展动力的充满竞争力的市场行为主体。因此，有必要协调好政府之间的利益以实现调整地方政府之间的关系，实现政府跨域治理的目标。

### （三）完善政务信息公开

树立全新的政务信息公开理念，科学认识政务公开的思想，把政务公开视为公民必须享有的一项基本权利和政府必须履行的一项基本义务。加强政务信息公开的法治化，抓好信息公开制度建设，使制度具有应有的操作性。

政务信息公开的内容主要在贴近群众上下功夫，使群众能充分理解并真实地享受到政务公开所带来的好处。公开的形式要直观，更新要迅速。公开内容的更新必须及时，只要政府的政策发生了变动，各单位应该在规定的时间内迅速更新，让人们能及时获知。

### （四）鼓励公民参与

随着现代市场经济的发展和民主政治的不断进步，公民意识正在逐步地加强，公民参与的意识也在不断地加强。"赋予一个人公民身份意味着这个人为整个共同体接纳，承认他对共同体的贡献，同时也承认他的个体自主性格。"[5] 在这种新形势下，政府无疑应该积极引导和鼓励公民社会以多种方式参与政府决策。政府应建立完善有效的沟通渠道，缩短与公众的距离，创新公民参与途径，在公共决策中实现政府与公众积极互动。这有利于政策的良好制定与执行，有利于完善决策机制，有利于提高政府治理的实效。协作型认为，公民社会作为国家和社会之间的一种媒介物或双向传送带，决定着单个公民和正式的政治制度之间的关系，因而发挥着潜在的关键作用。一个活跃的公民社会，可以通过传送民众中各个不同部分的需要和表达他们的利益而有利于改善民主政体的运作[6]。

# 参考文献

[1] 俞可平. 治理和善治 [M]. 北京：社会科学文献出版社，2000.

[2] 吴志成. 中国公民社会：现在与未来 [J]. 马克思主义与现实，2006（3）：18.

[3] Word Bank. Governance—the World Bank's Experience[R]. Washington D.C.: The World Bank, 1994.

[4] 陈振明. 政治学 [M]. 北京：中国社会科学出版社，2004.

[5] [英] 齐斯·佛克. 公民身份 [M]. 黄俊龙，译. 台北：巨流图书公司，2003.

[6] 郑伟. 全球化与第三条道路 [M]. 长沙：湖南人民出版社，2003.

# 政府职能转变视角下
# "互联网+政务服务"优化路径探讨

刘一辰 ①

**摘　要：** "互联网+政务服务"已成为政府职能转变的新动力和推进政府治理现代化的重要抓手。"互联网+政务服务"推进过程中存在着线上线下融合难、体制机制不完善、网上政务服务水平弱、发展环境亟待优化等问题，有必要从体制机制、基础支撑、人文关怀、法治环境等方面深入剖析这些痛点、难点、堵点的诱因，继而遵循创新协同、共享开放、智慧治理、透明法治的发展理念，合理谋划"互联网+政务服务"发展路径，以期为深化政府职能转变和加快推动政府治理现代化进程提供重要支撑。

**关键词：** "互联网+"　政务服务　政府治理　发展方略

党的十九大报告明确提出，要转变政府职能，深化简政放权，创新监管方式，增强政府公信力和执行力，建设人民满意的服务型政府。"互联网+政务服务"以简政放权、创新监管、提升服务为核心，以政府权力清单为基础，以信息化技术为支撑，创新实践"互联网+"思维，开启了从"群众跑腿"到互联网"数据跑腿"的服务管理新模式。从理论基础来看，"互联网+政务服务"主要涵盖了治理模式、治理结构、治理机制、治理工具、治理能力、治理评估等基本问题，与政府治理完全吻合，也完全契合了党的十九大报告关于政府职能转变的总体要求。从实践层面来看，本届政府将推进行政体制改革、转职能、提效能作为三大抓手，牢牢扭住转变政府职能这个"牛鼻子"，

---

① 刘一辰（1989—），男，山东青岛人，中国海洋大学2016级公共管理专业研究生。

"放管服"三管齐下、协同推进，始终坚持把深化"放管服"改革作为"先手棋"和"当头炮"。事实充分证明，"互联网＋政务服务"已经成为政府职能转变的新动力、建设服务型政府的重要路径、"放管服"改革的基本依托、推动释放市场潜力活力的新增长极、供给侧结构性改革的有力杠杆。但从目前"互联网＋政务服务"全国发展现状来看，"少跑腿、好办事、不添堵"的未来愿景尚未完全实现，更大限度利企便民的改革夙愿依然困难重重。审视社会上热议的"万里长征图"反映的无奈、"你妈是你妈"等"奇葩"证明，门难进、脸难看、事难办还在一定程度上普遍存在，与群众的热切期待和"放管服"改革的要求相比还有较大差距，在业务、技术、管理等各维度仍然存在一些亟待解决的问题。

## 一、加快破解"互联网＋政务服务"面临的痛点、难点、堵点

### （一）线上线下相融合的一体化政务服务体系建设日趋紧迫

从发展历程来看，"互联网＋政务服务"经历实体政务服务大厅和网上政务服务大厅两个阶段。前者主要是依托实体大厅，实现各业务委办局的统一入驻和集中管理。但实体大厅没有解决也不可能彻底解决业务流程优化、信息共享和业务协同这些影响行政效能的根本性问题。实体大厅向网上政务服务大厅拓展和延伸已成为"互联网＋"时代政府管理改革创新的必然选择。国务院办公厅《2016 年政务公开工作要点》提出推动政务服务事项办理由实体政务大厅向网上办事大厅延伸。国务院印发的《关于加快推进"互联网＋政务服务"工作的指导意见》要求到 2017 年年底前，各省（区、市）人民政府、国务院有关部门建成一体化网上政务服务平台。"互联网＋政务服务"平台目前建设现状与这些要求相比仍有差距，发展力度需要继续强化。截至 2016 年 12 月，全国 31 个省级部门及新疆生产建设兵团中，27 个地区已经按照省级统筹、标准统一、多级联动的模式集约化建设开通了"互联网＋政务服务"平台，但仍有 5 个地区没有开通。另外，很多网上政务服务大厅仍处于信息公开阶段，在线办理程度不高。从数据来看，31 个省级部门以及新疆建设兵团中，29 个可以提供办事指南发布功能，28 个可以提供清单发布功能，25

个可以提供在线受理功能，24 个可以提供在线咨询功能，23 个可以提供在线办理功能，13 个可以提供在线预约功能，3 个可以提供在线支付功能。

**（二）跨地区、跨部门、跨层级、跨业务的信息共享和业务协同亟待加强**

审视"互联网＋政务服务"的核心，无疑是打通政府部门数据共享和业务协同的任督二脉。但目前跨地区、跨部门、跨层级、跨业务的信息共享和业务协同进展并不乐观。首先，从调研情况看，各部门、各地区网上政务服务平台大多从自身业务需求出发，基于已有的网络基础设施、业务系统和数据资源，基本采用独立模式建设，跨地区、跨部门、跨层级、跨业务的信息资源共享共用和业务协同力度不够，信息孤岛仍然存在，数据壁垒难以从根本上彻底消除。全国 31 个省（自治区、直辖市）及新疆生产建设兵团中，20 个建设了省级数据交换共享平台（仅占 62.5%），公民户籍、教育、就业、生育、医疗、婚姻等一些基本信息处于分散、割据的碎片化状态，不能实现部门间、地区间互通共享或共享程度不高。其次，对于需要共享的信息资源底数不清，信息资源目录体系尚未成熟，没有形成高效的政务服务协同协调机制，一事一办、特事特办、重复采集、一数多源等情况较为普遍。此外，各省（区、市）对国务院各部门法人、人口等基础信息以及一些垂管系统数据的共享需求大，与此相比，国务院各部门对各省（区、市）网上政务服务平台数据开放共享进度缓慢，信息共享供需矛盾突出。

**（三）网上政务服务水平和能力有待进一步提高**

提供优质、高效、便捷的网上政务服务是"互联网＋政务服务"改革的初衷。从调研情况来看，各部门各地区网上政务服务水平和能力在不同程度上存在以下问题。一是服务范围覆盖面不够广。很多地区采用的策略大多是"好上先上""能少上就少上""能不上就不上"，结果造成了政府"提供的服务不需要，需要的服务找不到""主动上网的服务事项少，被动上网的服务事项多"。各地区网上政务服务供给能力失衡，2016 年排名前 10 位的地区政务服务事项总量达 31 522 项，占全国 70.40%，比 2015 年增加 8.70%，差距拉大趋势明显。二是服务事项缺乏统一标准。网上办事指南精细化程度不高，准确性、时效性和实用性不强的问题比较普遍，导致跨部门、跨地域事项难办理，行政成本高，行政效率受到极大影响。不同层级和地区在提供服务时常常事项名称不一致，办理流程标准不统一，造成业务协同难度增大。三是服务渠道集约化程度不高。网上服务入口复杂多样，12 个省级地区单独建立了政务服务移动 APP（占 37%），15 个开通了政务服务微信公众号（占 4.6%），大量政务服务入口不统一，缺乏有效整合。政府门户网站、政务服务频道、网上政务服务大厅、行政审批大厅等各种入口给群众办事进一步带来了"门难找"困境。

## 二、积极探索"互联网＋政务服务"发展困境的内在原因

### （一）顶层设计缺失是诱发困境的体制机制因素

在中央层面，"互联网＋政务服务"目前由中央网信办、国务院办公厅、国家发改委、中央编办、国务院法制办等多部门负责。传统的条块式管理模式导致多头管理、工作交叉、权责不清等问题仍然存在，相对科学高效的管理体制亟待建立。国务院相继转发或印发了《推进"互联网＋政务服务"开展信息惠民试点实施方案》《关于加快推进"互联网＋政务服务"工作的指导意见》《"互联网＋政务服务"技术体系建设指南》等一系列文件，如何使各部门、各地区发挥合力、抓好落实也考验着有关主管部门的智慧。从地方层面来看，经过多年实践，各级政府"互联网＋政务服务"统筹机制逐步确立，在实践中新思路、新模式不断涌现，但也存在一些尚未解决的共性问题。虽然 31 个地区及新疆生产建设兵团都已经成立了相关管理运维机构，但"互联网＋政务服务"涉及管理（行政体制、法律法规等）、业务、技术（信息公开、技术支撑、运维管理）等多管理部门协同配合，"多龙治水"局面仍然存在，一定程度上制约了省级统筹、标准统一、信息共享、多级联动的一体化网上政务平台建设和网上政务服务的深入开展。

### （二）信息化设施不健全是诱发困境的基础支撑因素

我国网络基础设施还不健全。互联网基础设施发展不均衡，地区差异较

大。西部互联网基础薄弱、建设滞后、起步晚、发展慢，东部发展快、西部发展慢，城市普及率高、乡村普及率低现象突出，数字鸿沟难以在短时间内填平。此外，我国现行的财政体制制约了政府信息化的投资模式和建设模式，各级政府"分灶吃饭"，除工商、海关、税务等一些垂管系统外，业务系统多数分级建设，加之部门利益的存在，纵向统筹易实现，而横向贯通难度大，间接导致信息碎片化、服务碎片化的现象突出，形成了诸多"信息孤岛""数字鸿沟"和"数据烟囱"。跨层级、跨地域、跨部门互联互通难、信息共享难、业务协同难"老三难"问题没有从根本上得到解决，已经成为制约我国"互联网＋政务服务"一体化体系发展的重要障碍。

**（三）"以人为本"理念淡薄是诱发困境的人文因素**

网信事业要发展，必须贯彻以人民为中心的发展思想。"互联网＋政务服务"亦然。以信息化和深化行政体制改革双轮驱动撬动政府治理现代化，加快推进"互联网＋政务服务"，也要始终遵循民生情怀，让人民群众有更多获得感。简而言之，起码有三个衡量的标准，就是"互联网＋政务服务"改革使企业申请开办的时间缩短多少，投资项目审批的时限压缩多少，群众办事方便多少。"互联网＋政务服务"要充分彰显积极为公众服务、主动回应公众诉求的基本宗旨，就是要做到"服务零距离，办事一站通"。但目前，为企业松绑、为群众解绊、为市场腾位，同时也促使政府本身做到"强身壮体"已成为"互联网＋政务服务"改革面临的重大难题。此外，"互联网＋政务服务"需求失衡程度较严重，社会公众作为"互联网＋政务服务"需求侧这一角色尚未被充分理解和认可。服务需求失衡不是"互联网＋政务服务"的初衷，"互联网＋政务服务"亦需供给侧和需求侧"两端发力"，平衡协调发展。如何变"被动服务"为"主动服务"，从"政府端菜"向"群众点餐"转变，已成为"互联网＋政务服务"撬动"政府侧"改革的当务之急。

**三、"互联网＋政务服务"为加快政府职能转变提供新动力**

党的十九大报告对我国社会主要矛盾做出新的论断，即我国社会主要矛盾已经转化为人民日益增长的美好生活需要和不平衡不充分的发展之间的矛盾。如前所述，各地区"互联网＋政务服务"发展过程中存在的诸多问题，也是当下我国社会主要矛盾在政府职能转变和"放管服"改革过程中的具体体现。这就需要根据客观实际情况因地制宜，一方面应深刻理解"互联网＋政务服务"和政府职能转变之间的逻辑关系，更重要的是，应遵循党的十九大报告关于主要矛盾做出的新论断和深化机构和行政体制改革的新要求，针对这些问题，有的放矢，从管理、业务、技术、制度层面加以完善和提升，科学有序高效推进"互联网＋政务服务"，为加快推动政府治理现代化进程提供支撑和保障。

（一）双轮驱动：构建"互联网＋政务服务"线上线下相融合体系

就"互联网＋政务服务"提供模式来看，主要有线下服务模式、线上服务模式和线上线下相融合（OTO）三种。目前，多数地区仍以线下服务模式为主，线上服务模式在一定程度上得到深化，线上线下相融合正在走向主流。一是深刻认识OTO模式的实践价值。在体制机制上，需要优化顶层设计，加强统筹协调，发挥"互联网＋"的集聚效应，破解"诸侯割据"困局，实现1+1＞2的化学效果。二是准确厘清线上线下相融合的辩证关系。线上服务不是完全替代线下模式，也不是线下模式的升级版，更不是线下模式的山寨版，而是在业务流程、信息共享、业务协同等诸多方面进行重塑和升华。三是正确把握OTO模式的推动路径。OTO模式势必会经历"单一线下—线上线下独立运行—线上线下一体化融合"的发展阶段，有助于打破原来单一化的供给模式，在政务服务供给由"政府端菜"向"群众点餐"转变过程中，能够衍生出多元化、个性化、便捷化的服务形态。

（二）共享开放：打通"互联网＋政务服务"数据流

共享开放是现代政府的必然要求。传统的政府机构封闭式运行机制带来了行政组织结构"碎片化"、数据资源"碎片化"、公共服务供给"碎片化"。"互联网＋"使政府组织机构从金字塔形转型成为扁平化与多元化的新格局，同时将诱发新的组织模式和数据共享开放新形态。"互联网＋政务服务""一号"申请、"一窗"受理、"一网"通办，通过政务部门间互联互通、数据共享、协同联动，实现跨部门数据流动，提升公共服务的整体效能，让居民和企业少跑腿。从技术层面来看，"互联网＋政务服务"的生命力在于数据。"互联网＋政务服务"内涵的数据共享开放包含两个维度。其一是跨地区、跨部门、跨层级的信息共享。"大数据之父"舍恩伯格提出，大数据的核心要义在于共享。对"互联网＋政务服务"而言，信息共享主要介于政府部门（含法律法规授权具有行政职能的事业单位和社会组织）内部和不同部门之间。国务院印发的《政务信息资源共享管理暂行办法》明确了以共享为原则、不共享为例外的基本原则，为政府部门间的信息共享提供了基本遵循。其二是数据开放。网上政务大数据蕴含着巨大的价值，为"互联网＋政务服务"提速增效提供了更多可能，也为政府信息资源的增值利用提供了指引方向。建立和完善数据开放机制，将原本沉睡在政府机关抽屉里的数据，比如身份户籍、婚育、社保、纳税等与百姓生老病死、衣食住行攸关的基础信息，以及企业登记、资质、信用信息通过开放，供访问下载、深度开发和增值利用。

**（三）优化服务：提升"互联网＋政务服务"供给能力**

人民群众日益增长的网上政务服务需要和不平衡不充分的发展之间的矛盾，是"互联网＋政务服务"目前面临的基本矛盾。有效满足人民群众的网上办事需求，切实增强获得感，就有必要重新审视"互联网＋政务服务"水平和能力提升的着力点。一是扩展网上服务的覆盖面。国务院《关于加快推进"互联网＋政务服务"工作的指导意见》明确规定，凡与企业注册登记等九类密切相关的服务事项，以及与居民教育医疗等五类密切相关的服务事项，都要推行网上受理、网上办理、网上反馈，做到政务服务事项"应上尽上、全程在线"。由此，有必要细化网上政务服务事项清单，建立健全此类事项办事指南，明确任务书、路线图和时间表。二是逐步拓展网上服务的深度。从实践来看，网上服务深度可分为信息公开、表格下载、网上预约和在线办理四个发展阶段。应在制度设计上明确不同地区发展的差异性，如西部偏远地区由于信息化基础设施落后，要完全同步实现"不见面审批""最多跑一次"等改革愿景，可能比东部发达地区难度更大。三是要标准先行。有必要建立和完善"互联网＋政务服务"标准规范，包括管理机制、服务流程、技术应用、安全体系等。在条件成熟情况下，可以由国家层面制定"互联网＋政务服务"标准体系，对"互联网＋政务服务"建设和发展的涉及内容逐一加以规范。

# 参考文献

[1] 何增科.政府治理现代化与政府治理改革 [J].行政科学论坛，2014（2）：1-13.

[2] 张丽丽.新常态下推进"互联网＋政务服务"建设研究——以浙江省政务服务网为例 [J].浙江学刊，2016（5）：169-174.

[3] 国家行政学院电子政务研究中心.省级政府网上政务服务能力调查评估报告（2017）[R].http://www.nsa.gov.cn.

[4] 翟云.基于"互联网＋政务服务"情境的数据共享与业务协同 [J].中国行政管理，2017（10）：64-68.

[5] 国家行政学院电子政务研究中心.2015 省级政府网上政务服务能力调查报告 [R].http://www.nsa.gov.cn.

[6] 翟云."互联网＋政务"：现实挑战、思维变革及推进路径 [J].行政管理改革，2016（3）：30-35.

[7] 李一宁，金世斌，刘亮亮.完善政务服务工作运行机制研究 [J].中国行政管理，2017（6）：6-10.

[8] 课题组.地方政府整体性治理与公共服务创新——基于广州市海珠区"互联网＋政务服务"的实证分析 [J].党政研究，2016（6）：108-115.

[9] 王印红，渠蒙蒙.办证难、行政审批改革和跨部门数据流动 [J].中国行政管理，2016（4）：13-18.

[10] 国务院.国务院关于加快推进"互联网＋政务服务"工作的指导意见 [EB/OL].（2016-09-29）[2018-02-01].http://www.gov.cn/zhengce/content/2016-09/29/content_5113369.htm.

# 科技创新支撑引领经济发展动力研究
## ——以青岛市为例

路 航①

**摘 要：**当今时代，科技创新飞速发展、日新月异，前沿技术、颠覆性技术接连涌现、层出不穷，伴随着新技术呈群体性突破式发展，新产业、新业态、新模式也发生革命性更迭发展，科技创新对城市经济产业发展的支撑引领作用日益凸显。本文基于科技统计年鉴、统计报告等多方面数据，对国内外科技创新态势进行了分析，结合青岛市目前科技创新发展现状和存在问题，就如何以科技创新手段强化城市经济发展动力提出了有关对策建议。

**关键词：**科技创新 经济发展 动力 青岛市

党的十九大报告指出，我国经济已由高速增长阶段转向高质量发展阶段，正处在转变发展方式、优化经济结构、转换增长动力的攻关期，建设现代化产业经济体系是跨越关口的迫切要求和我国发展的战略目标。2017年以来，山东省全面部署实施新旧动能转换重大工程，青岛作为山东的龙头城市和新旧动能转换的重要发展极，面对着如何扮演新时代全省经济发展排头兵、领头羊角色的重要任务使命。科技创新是推动经济增长的根本动力，技术的不断革新可以提高劳动生产率，进而促进经济增长[1]。故而，对青岛来说，怎样充分发挥科技创新支撑引领作用，使科技创新真正成为改造提升传统产业、培育发展新兴产业、有力推动新旧动能转换的强大内生动力，就显得尤为重要。

---

① 路航（1989—），男，山东青岛人，中国海洋大学2015级公共管理专业研究生。

## 一、国内外科技创新发展态势分析

### （一）国外科技创新态势分析

世界范围内新一轮科技革命和产业变革正在孕育兴起，信息技术、生物技术、新材料技术、新能源技术广泛渗透，带动以绿色、智能、泛在为特征的群体性技术突破。特别是互联网新技术、新应用、新模式的不断涌现，带来了生产方式、生活方式、消费方式以及社会管理方式的深刻变革，对经济结构、社会形态和创新体系将产生全局性的影响。面对经济科技格局的新变化、新挑战，世界主要国家积极推出科技创新战略，如美国"再工业化"战略、德国"工业4.0"战略、欧盟"地平线2020"计划、韩国"创造经济"行动计划，谋求竞争新优势。

### （二）国内科技创新态势分析

中国特色社会主义建设进入新时期，党的十九大报告指出，要深化科技体制改革，建立以企业为主体、市场为导向、产学研深度融合的技术创新体系，加强对中小企业创新的支持，促进科技成果转化。2017年国务院《政府工作报告》提出，要深入实施创新驱动发展战略，推动实体经济优化结构，不断提高质量、效益和竞争力。切实落实高校和科研院所自主权，落实股权期权和分红等激励政策，落实科研经费和项目管理制度改革，让科研人员不再为杂事琐事分心劳神。加强对创新型中小微企业支持，打造面向大众的"双创"全程服务体系，使各类主体各展其长、线上线下良性互动，使小企业铺天盖地、大企业顶天立地，市场活力和社会创造力竞相迸发。

### （三）国内先进城市科技创新态势分析

#### 1. 深入推进科技体制改革创新

纷纷出台深化科技体制改革和科技管理改革相关文件，着力推进简政放权和优化科技计划项目管理流程，形成充满活力的科技管理和运行机制。深圳、南京、杭州先后出台文件，深化科技创新领域"放、管、服"改革，加快速度换挡、加快动力转换。北京、广州也进一步推进简政放权、放管结合、优化服务，改革和创新科研经费使用和管理方式，以深化改革更好激发广大科研人员积极性。广州提出要在建立层次分明的科技计划管理体系，科技行政部门、项目组织单位、项目承担单位、第三方服务机构在科技计划管理中的职责的基础上，试点部分项目立项决策权下放到项目承担单位。北京、杭州明确绩效支出和横向科研项目劳务报酬，放宽科研人力资源成本开支，进一步调动科研人员从事产学研结合研究的积极性。

**2. 多措并举促进科技成果转化**

完善技术成果转化服务体系，引进高端研发机构、建设孵化器、技术交易等各类服务平台，采取各种措施促进科技成果产业化。北京、武汉制定股权激励、科技成果管理权改革等政策，将科技成果转让处置权完全下放至高校院所，促进科技成果转化为现实生产力。深圳积极推动科技成果转化平台、技术转移和交易中心平台、国家技术转移人才培养基地、技术转移集聚空间建设工作。上海实行高新技术成果转化项目认定制度，设立专门机构上海市高新技术成果转化服务中心常年受理并负责组织高新技术成果转化项目的认定，并制定了专门认定程序和财税支持政策。南京也拟建立高校院所产学研和成果转化项目库，实行滚动式清单跟踪管理。杭州挂牌成立杭州市科技大市场，加快建设浙大"紫金众创小镇"，创建中国产学研合作创新示范基地。

**3. 致力构建科技型企业发展梯队**

通过设立各类科技计划支持培育科技型企业。深圳实施国家高新技术企业培育计划，引导和支持企业加强技术研发能力，培养扩大科技型企业规模，2016 年新增国家高新技术企业 2513 家，国家级高新技术企业总数达到 8037 家。广州市 2016 年高新技术企业净增超过 2800 家，总量达到 4700 家，同比增长 136.05%，增长速度居全国各副省级以上城市之首。宁波实施"科技领航"计划，着力形成科技型企业→高新技术企业→创新型企业→上市公司的培育梯队。杭州的"雏鹰计划""青蓝计划""蒲公英计划"则针对不同创新主体的需求进行支持。天津将发展科技型中小企业作为创新驱动的突破口，大力实施"科技小巨人"发展战略，促进科技融入经济。

#### 4. 突出特色建设创新平台载体

积极打造各类科技创新载体，进一步聚集创新要素，激发创新创业活力。武汉实施"创新平台建设工程"，全市工业技术研究院已达 10 家。南京进一步探索研究战略性新兴产业创新中心的建设模式与运行机制，着力提升产业技术创新能力。深圳积极培育各类创新载体，累计建成创新载体 1493 家，其中国家级 94 家，省级 165 家；通过建立新型研发机构，从源头构建起一个创新体系，新型研发机构 2016 年新增 23 家，已达 200 多家。

#### 5. 促进科技与金融深度融合

通过财政资金撬动社会银行信贷等社会资本支持科技创新和科技成果转化。上海加快建设科技信贷、股权投资、资本市场和科技保险"四大功能板块"。江苏推进科技支行、科技小贷公司在省辖市和高新区实现"全覆盖"。浙江推进科技型中小企业贷款保证保险工作，科技企业购买保险公司的履约保证保险，同时政府拿出贷款风险补偿准备金，通过"政府 + 保险 + 银行"的风险共担模式，使无担保、无抵押的科技型中小企业获得银行贷款。杭州加大"拨改贷、拨改投、拨改保"等科技间接投入力度。苏州 1/4 的财政投入以"拨、改、投、贷"的方式用于科技金融，集中向间接投资和后补助方式靠拢。

#### 6. 着力培育发展战略性新兴产业

深圳制定了生物、互联网、新能源、新材料等六大战略性新兴产业振兴发展规划与政策，设立了 180 亿元专项资金，规划建设 12 个产业基地和 11 个产业集聚区，集中力量开展重大产业共性技术和关键技术的研究开发与应用示范。武汉实施"重点产业提升工程"，以重大科技专项和科技政策促进战略新兴产业快速发展。成都强化集成创新和商业模式创新，引领新兴产业倍增式发展，培育新的经济增长点。宁波以建设新材料科技城为突破口，设立 10 亿元新材料产业发展专项基金，大力培育具有区域特色的战略性新兴产业。苏州设立专项科技计划支持重大关键技术突破，发展纳米技术、医疗器械和新医药战略新兴产业。

## 二、青岛市科技创新发展现状及情况分析

### （一）科技创新发展现状

#### 1. 研发投入力度不断加大

2016 年，青岛全社会 R&D 经费支出总额达到 286.37 亿元，较上年增长 8.59%，研发经费投入总额占全省的近两成，在全省十七地市中居首位，研发投入强度达到 2.86。规模以上企业研发经费投入总额达到 246.46 亿元，占主营业务收入比重达到 1.49%。

#### 2. 创新产出能力日渐增强

2016 年全市发明专利年申请量、授权量达到 34 953 件和 6561 件，有效发明专利拥有量达到 18 290 件，每万人发明专利拥有量为 20.21 件，高于全省万人拥有有效发明专利量 13.88 件。2016 年全市 PCT 国际专利申请量 906 件，同比增长 167.3%，PCT 国际专利申请总量占全省 64.8%，百万人 PCT 国际专利申请量达到 98.44 件。2016 年青岛市技术合同成交数量 4729 项，成交额达到 104.12 亿元。2016 年获得国家级科技奖励 9 项，获得省级科技奖励 42 项。

#### 3. 创新创业环境日益优化

2016 年全市孵化器建设面积达 1298 万平方米，投入使用 894 万平方米，入驻企业 7200 余家，孵化器总数达到 120 家，累计毕业企业 691 家，集聚创新创业人才近万人。全市投入运行的众创空间达 59 家，签约创客 2689 人。截至 2016 年年底，全市共组建各类基金 26 只，总规模达 22 亿元，各类基金为 137 家科技型中小企业投资 5.5 亿元，科技信贷累计为 348 家次科技型中小企业提供 11.4 亿元信贷支持。创业带动就业 2.1 万人，发放创业类补贴资金 5600 万元，发放小额担保贷款 1 亿元。

#### 4. 高新技术产业加快发展

2016 年，全市高新技术产业产值 7 626.47 亿元，占规模以上工业产值比重 41.72%。2016 年，我市高新技术企业达到 1348 家，科技型中小企业 9000 余家，"千帆计划"入库企业 1898 家。高新技术企业累计实现工业总产值 2 862.35 亿元，同比增长 14.44%；实现营业收入 3 571.60 亿元，同比增长

15.54%；利润总额 281.54 亿元，净利润率 7.81%。

（二）主要差距

1. 科技创新投入力度需进一步加大

一是地方财政科技投入呈下降态势。2016 年，青岛地方财政科技投入 24.14 亿元，同比减少 4.44 亿元，地方财政科技投入占地方财政支出的比重由 2013 年的 2.56% 下降到 2016 年的 1.78%。在全国 20 个相关城市中，我市地方财政科技经费投入排名第 14 位，占比排名第 15 位。地方财政科技经费投入总额约为排名前三位深圳（403.52 亿）、上海（140.08 亿）、广州（112.95 亿）的 1/17、1/6 和 1/5，占比分别低于深圳（9.58%）、苏州（5.89%）和广州（5.81%）的 7.8、5.81、5.67 个百分点。二是研发投入强度增速低。2011-2016 年，全市 R&D 经费投入强度年均增速不足 3%，2016 年我市 R&D 经费投入总额 286.4 亿元，R&D 经费投入强度 2.86%，在全国 20 个相关城市中，R&D 经费总额和强度分别排名第 13 位和第 10 位，与西安（325.56 亿，5.24%）、深圳（842.99 亿，4.32%）、杭州（342.56 亿，3.13%）差距较大。

2. 科技创新产出能力需进一步提升

一是专利数量和质量有待进一步提升。2016 年，青岛万人发明专利拥有量为 20.21 件，仅为深圳（83.8 件）的 1/4，不足杭州（41.7 件）和南京（40.56 件）的 1/2；百万人 PCT 专利申请量为 98.44 件，而深圳超过千件，达到 1 169.55 件，是青岛的 12 倍。二是科技成果转化力度有待加大。2016 年青岛技术合同成交额达到 104.12 亿元，而西安达到 732.81 亿元，武汉为 566.42 亿元，深圳 468.73 亿元，差距较大。三是新兴产业专利产出支撑产业发展能力有待提升。高端装备制造业、新一代信息技术和新材料三个产业产值占战略性新兴产业总产值的 85.4%，而其发明专利授权量仅占战略性新兴产业发明专利授权总量的 31.4%，特别是高端装备制造业，产值占 41.3%，而授权量仅占 6.92%。

3. 科技型企业队伍需进一步发展壮大

一是高新技术企业数量差距大。"十二五"以来，虽然青岛高新技术企业数量增速较快，2016 年的 1348 家是 2011 年的 3 倍多，但在 15 个副省级城市中仍排名第9位，与排名前三位的深圳（8037家）、广州（4739家）、杭州（2411家）相比仍存在较大差距，约为深圳的1/6、广州的1/4、杭州的1/2。二是高技术企业占比低。2016年，全市规模以上高技术企业（制造业）总数为290家，占规模以上工业企业总数的比重仅有6.54%，低于2015年国家平均水平（6.85%），而深圳达到33.92%，苏州为15.83%。

**4. 高技术产业培育发展需进一步加强**

一是高新技术产品出口额占比低。2016年全市高新技术产品出口额占外贸出口额比重为9.44%，较2011年提高了2.37个百分点，低于2015年全国平均水平（28.82%）近20个百分点。二是新兴产业占比偏低。2016年，青岛战略性新兴产业产值3 741.9亿元，占规上工业总产值比重为22.89%，与苏州战略性新兴产业15 265亿元的产值和49.8%的占比差距较大。三是劳动生产率有待提高。2016年，青岛全员劳动生产率达到16.64万元/人，低于深圳的23.76万元/人、苏州的20.89万元/人。

## 三、科技创新支撑引领城市经济发展有关对策建议

### （一）健全科技创新投入机制

创新的各个环节都离不开财政资金的支持[2]。建立财政科技投入平稳增长机制。依据《青岛市科技创新促进条例》要求，切实保障"市、区（市）财政的科学技术经费的增长幅度，应当高于本级财政经常性收入的增长幅度"。引导企业加大研发投入。运用财政补助机制激励引导企业普遍建立研发准备金制度，对已建立研发准备金制度的企业，根据经核实的企业研发投入情况，由市、区（市）两级财政实行普惠性财政补助，引导企业有计划、持续地增加研发投入。健全国有企业技术创新经营业绩考核制度。加大技术创新投入在国有企业经营业绩考核中的比重，把创新驱动发展成效纳入对领导干部的考核范围。

### （二）完善科技成果转化机制

完善高校院所产业化成果储备机制，建立产业化成果库，落实科技成果转化奖励制度。加大对科技创新人才实施股权、期权和分红激励，允许科研

人员个人所得税递延纳税。完善科技成果市场化评价机制，将科技成果评价服务纳入补助范围。建立高校院所服务地方发展评估体系，定期发布评估报告，并将评估情况作为对高校院所支持的重要依据。允许在青注册的引进院所长期派驻人员在青缴纳"五险一金"，享受本地人才有关政策。

### （三）实施科技企业培育工程

深化"千帆计划"，大力实施"百千万"科技型企业培育工程，采用研发投入奖励、科技金融支持等措施，培育壮大一批拥有自主知识产权、创新能力强、成长性好的科技型企业，着力构建以企业为中心、以市场为导向、以各主体间需求为纽带的产学研协同创新体系[3]。重点培育一批高新技术企业，遴选具有跳跃式发展态势的高新技术企业给予重点扶持，加快推动"小升规""企成高"。支持领军企业搭建高水平研发平台，联合中小企业和科研单位系统布局创新链，提供产业技术创新整体解决方案。落实国家高新技术企业、技术先进型服务企业、软件和集成电路企业、创业投资企业等税收优惠政策。落实研发费用加计扣除、固定资产加速折旧、技术转让所得、科技企业孵化器等创新激励政策。全力推进国家小微企业"双创"基地城市示范建设。

### （四）优化创新创业生态体系

大力推动城市科技服务业发展，促进创新孵化服务、技术转移服务、科技金融服务、知识产权服务等持续优化完善，培育专业化科技服务机构[4]。引导领军企业、高校、科研院所、新型研发组织等多元主体建设众创空间、孵化器、加速器，打造特色创新孵化集聚区。对创新活动的投资和符合条件的众创空间等新型孵化机构，给予相关税收优惠。推动科技金融专营机构设立与运行，完善科技金融风险补偿机制，调动金融机构服务科技企业的积极性。完善企业债权融资风险分担和增信机制，做强科技股权投资体系，推进"投保贷"联动等股债联动融资产品落地。支持孵化器独自设立或者参与设立种子资金。

## （五）着力发展高技术产业

全面推进"双百千"工程，落实《青岛市高技术产业"一业一策"行动计划（2017—2021 年）》，按照"一业一策""一区一业"的思路，制定落实方案，完善配套政策措施，加快推动计算机、通信和其他电子设备制造，医药制造，仪器仪表制造等高技术产业发展，为新旧动能转换和经济转型升级提供强有力支撑。按照国家高技术产业统计标准，进一步完善高技术产业统计制度，同时加强对各区市的监测，做好产业跟踪分析和中期评估，通过考核强化各级政府、相关部门，抓好全市高技术产业发展的力度。

## （六）强化知识产权保障作用

全面实施知识产权管理能力提升、大保护、运用促进、质量提升和发展环境建设五大工程，重点推进知识产权公共服务能力建设、构建知识产权大保护体系、建立专利导航产业创新发展工作体系、推进知识产权管理改革、构建知识产权运营生态体系等八项重点工作，以知识产权创造、运用、保护和服务能力的提升，为科技创新发展提供新动能，争取我市率先建成知识产权强市。

# 参考文献

[1] 王建康. 创新驱动视角下东北地区经济增长方式转变研究 [D]. 长春：东北师范大学，2016.

[2] 黄鹏飞. 创新驱动发展系统动力机制研究 [D]. 西安：西安工程大学，2016.

[3] 李丽. 基于企业需求的区域创新驱动力研究——以资源型地区为例 [D]. 太原：山西财经大学，2016.

[4] 赵峥. 科技创新驱动中国城市发展研究 [J]. 学习与探索，2013（3）：100-101.

# 我国非营利组织公信力研究

吕彦磊 [①]

**摘　要：** 随着社会经济的快速发展，尤其是我国社会主义市场经济制度的确立，社会问题的复杂化、需求量增加，为我国非营利组织的产生和发展培育了土壤。近 30 年的发展历程中，我国非营利组织在发展壮大的同时，公信力缺失的现象尤为明显，严重影响到了非营利组织的长远发展。本文先从相关概念界定着手，就我国非营利组织公信力现状、问题及原因展开阐述，指出提高我国非营利组织公信力的措施和建议，最后对全篇进行总结。

**关键词：** 非营利组织　公信力

诚信是立足社会的根本，不管是对人、对企业，还是对政府及社会组织。尤其对于社会组织来说，公众对其诚信度的多少，即人们常说的社会公信力。公信力对社会组织的重要意义毋庸置疑，它决定着社会组织的发展方向，也制约着社会组织能否走向长远。然而现实生活中，我们看到，近几年非营利组织负面事件频频被曝光，众所周知的 2008 年明星"诈捐门"事件、2011年郭美美网上炫富事件、2012 年中华儿慈会被指洗钱 48 亿事件等恶性新闻严重损害了非营利组织在公众心目中的形象，打击了公众对非营利组织的信心，也一度引发了社会公众对非营利组织的质疑和关注讨论。

## 一、相关概念界定

### （一）非营利组织

关于非营利组织概念的界定，目前学术界尚未形成统一的说法，有国家将非营利组织称为"慈善组织"，有国家将之称为"第三部门"，还有的国

---

[①] 吕彦磊（1988—），女，山东烟台人，中国海洋大学 2016 级公共管理专业研究生。

家认为非营利组织就是"公民社会组织""民间组织"等。从字面上不难理解，非营利组织是不以营利为目的的社会组织。在我国，例如事业单位、学校、工商协会、志愿者团体等都是非营利组织。

### （二）公信力

公信力是能够让公众信任的力量。如果一个社会组织不能获得足够的社会公信力，那么它也失去了足够的社会支持。一个拥有好的公信力的社会组织，一定是能够遵守法律法规规定，专心且志愿服务于社会大众的公共组织。通常而言，社会经济、文化、环境等因素会影响制约着非营利组织公信力的高低。

## 二、我国非营利组织公信力现状

### （一）发展特点

我国非营利组织的发展，跟我国的社会国情密切相关。自国家实行经济体制和政治体制改革之后，我国政府职能发生巨大改变，管理和服务"真空"现象的出现，为非营利组织的产生提供了肥沃的土壤。尤其是社会主义市场经济的飞速发展，更为非营利组织的发展壮大提供了良好的发展机遇。短短几十年间，无论是数量还是范畴，非营利组织的发展都不容小觑。然而在数量越来越庞大、范畴越来越广的同时，我国非营利组织的发展也出现了一些问题，其中地区发展不平衡最为显著。我国非营利组织大部分集中于东部沿海地区，在城市中心地带发展较好，而在中西部地区和农村，不仅数量少，而且规模小，发展较为落后。

### （二）建设现状

#### 1. 法律法规约束层面

例如，1988 年国家颁发了第一部基金会立法《基金会管理办法》，至此确立了基金会的法律性质和社会地位。1999 年《中华人民共和国公益事业捐赠法》的实施，对捐赠人、受赠人、受益人的合法权益进行明确说明。2004年《基金会管理条例》对基金会的相关权益和职责做进一步明确。2008 年颁布实施《中华人民共和国企业所得税法》。2014 年颁布《社会救助暂行办法》等。

2. 社会活动宣传层面

近几年，非营利组织通过各式各样的社会宣传和项目公益来不断扩大自身的公信影响力。很多项目都立足做实做透，公开透明化。目前国内较为知名的公益组织和公益活动项目案例包括阿拉善 SEE、爱佑慈善基金会、真爱梦想基金会、阿里巴巴公益基金会、中国社会福利基金会、广爱慈善基金、颗粒公益、创绿中心、多背一公斤等。

（三）公信力缺失的表现

1. 办事效率低下

以慈善基金为例，人们往往更为关注的是捐助资金的流向问题，关心资金能否准确到达受赠人的手中。随着非营利组织的发展壮大，社会公众越来越关心资金使用效率的最大化问题。然而，由于我国缺乏专业素质较高的社会组织工作人员，大多数人员来源于政府相关机构和退休人员，加上没有完善的规章制度，种种原因导致了部分社会组织效率低下，例如员工管理混乱、拖欠借款、基金管理成本过高导致资金无法准确及时到达受赠人手中等现象。

2. 内部机制不完善

我国目前大部分非营利组织，内部并没有形成一套完备的运行机制，没有设立专门的机构部门对具体活动项目进行决策，也没有相应的管理标准进行约束规范。很多组织内部成立的理事会往往流于形式，在实际的活动开展中并不能起到真正的管理和决策效果。正是这些原因，往往容易滋生组织内部管理腐败、管理混乱、资金流向不明等问题。

3. 公众参与度低

拿我国跟西方发达国家相比较，不难看出，发达国家的非营利组织发展较为成熟，公众参与度较高，对非营利组织的信任度、认可度也相应较高。而我国公众参与社会组织的积极性则普遍偏低，对社会组织的了解，比如财务信息、年度报告等知之甚少。这跟非营利组织在平时的社会宣传工作落实不到位、没有出台相应的法规条例来提升公众的参与度大为相关。

### 三、我国非营利组织公信力问题原因分析

综合分析造成非营利组织公信力缺失的诸多表现，我们发现，导致其公信力缺失的原因主要包括以下三个方面。

#### （一）内部治理

非营利组织内部治理不力，是造成公信力下降的根本原因。一方面是由于自律意识与自律能力的低下，另一方面是由于具备专业知识和技能的人才储备不足。自律能力的不足，会导致我国非营利组织发展空间受限，难以取得公众的信任与支持。组织内部需要的人才，不仅需要热情和志愿精神，更要具有扎实的专业知识和技能。就目前看来，我国的非营利组织内部普遍存在过度行政化、人情关系浓厚、公共责任机制不健全、信息不透明等现状，没有明文法令，对于组织内部出现的一些违法不当行为，自然难以起到约束规范作用。种种因素造成志愿失灵、公共责任缺失等后果，最终导致公信力的缺失。

#### （二）外部环境

整个社会诚信缺失的外部环境，是造成我国非营利组织公信力下降的重要因素。诚信是推动社会生产力提高的精神动力，更是企业生存和发展的关键。然而近年来，诚信却受到了严峻的挑战，不少商家仍然抱着侥幸心理，价格欺诈、以劣充好、违法添加、业绩造假、虚假宣传等等失信行为屡见不鲜。可是细数当今企业，有多少知名企业因为不诚信而濒临倒闭，又有多少企业，因为恪守诚信而成为百年老店。上海老凤祥，历经百年洗礼，从一个民间小作坊成为中国九大银楼之一，成为经久不衰的百年老店，背后的成功正是由于始终恪守诚信经营。除了企业，社会上，"扶与不扶"的问题一次次在考验着人性诚信道德的底线，当善良遭遇上冤枉，当诚信遭受到侮辱，整个社会的风气可想而知。这也正是当今社会大力倡导社会主义荣辱观的主要原因。正是处在这样的社会环境下，我国的非营利社会组织缺乏足够的他律机制，出现了内部组织管而不理、外部监督不到位的弊病，公信力自然遭受到不小的挑战。

### （三）相关责任机制

#### 1. 产权关系不明确

产权关系并非一项单一的权利，非营利组织产权关系包括出资人产权和法人产权分离、剩余受益索取权与控制权等。非营利组织中产权关系的不明确，容易导致所有者缺位，剩余收益缺乏明确的享有主体，管理者的行为就会缺失利益的驱动。对他们而言，高效的管理对自身的利益并没有带来什么样的好处，因此就会对自身的行为采取漠然的态度，甚至于有些人还会以公谋私，打着公益的招牌，更多地谋取个人私利。

#### 2. 激励制度不健全

不管是一般的企业，或是政府机构，还是非营利社会组织，都少不了要强调激励机制的重要性。积极有效的正向激励，可以很好地促进员工发挥个人潜能，提升组织绩效，营造和谐竞争的组织氛围。但是由于非营利组织内部缺乏足够的激励制度，在高素质专业人才原本就稀缺的情况下，组织内部没有一套非常完备的物质、精神激励措施，便会难以挽留人才，或者说难以激发员工工作的积极性、主动性和创造性。

#### 3. 财务制度不透明

完善的财务制度其实某种程度上也是一种权力监督的方式和行为表现，它可以有效监控财务资金的流转情况，防止贪污腐败现象的发生，同时也能有效提升组织内部的工作效率，提升组织公信力。一个社会组织要想取信于民，财务制度公开透明化是关键。尽管很多社会组织内部都有一套财务制度的规定，但是在落实到真正的制度管理问题上，还存在管理不完善、制度不透明的现状。

## 四、提升我国非营利组织公信力的措施和建议

### （一）加强内部管理

#### 1. 加强非营利组织内部自律

自律是确保非营利组织公信力的基石。要想加强非营利组织的自律，一方面可以通过建立完善相应的规章制度来对内部管理产生约束，例如筹款管

理制度等。另一方面要完善组织内部治理结构，例如设立监事会和专职的监视员，对董事、执行人员的行为进行监控。此外，通过加强组织内部文化的宣传，例如组织的信仰、使命的宣扬也可以起到很好的成员自律约束的引导效果。

2. 引进专业人才，提升人员素质

具备专业知识和技能的人才储备不足是摆在非营利组织公信力建设面前的另一道难题。由于当前我国非营利组织中的工作人员大多是从政府或企事业单位派生的，且兼职现象明显，这就造成了整体的人员素质偏低、专业性不强的现象。为此，当务之急是需要引进专业人才，加强对成员的技能培训，增强培训人员的法律意识、职业道德。在人才引进方面，非营利组织需要制定有利的竞争机制，通过优胜劣汰，从而提升从业人员的素质。

**（二）改善外部环境**

良好诚信的社会外部环境是非营利组织公信力建设的重要保障。一方面政府要完善相关法律法规，通过具体明确的法律条文来约束规范社会组织的活动，对社会事务进行有序合法的管理，并在此基础上形成全面、良好、稳定的社会组织体系，从而有效减少各种社会资源的流失。另一方面要加强对社会组织的外部监督管理，要转变政府监督管理模式，从重审批、轻监督向重监督、轻审批转换。同时政府也要积极鼓励其他社会力量参与到对非营利组织的监管队伍中来，充分发挥公众舆论监督、社会媒体监督的重要作用，在政府的正确引导下，为非营利组织创造良好的外部监督环境。

**（三）建立健全相关运行机制**

一是要明晰非营利组织产权问题。产权关系的明确，实质上是确定非营利组织的公共责任。公共责任一旦确立，才能保证非营利组织正常运转，保证非营利组织良好的社会公信力。二是要健全内部激励机制。物质上，合理制定工资管理制度，通过奖金补贴等福利，让从业人员能够全身心投入公益事业；精神上，组织可以帮助从业人员制定职业规划和人才培养计划，更加关注从业者的精神需求，让他们在工作中有成就感、价值感，增强对自身工作的热爱度、认可度，从而实现更好更全面的发展。三是要完善财务管理，实现财务制度透明化。可以充分利用互联网这一平台，实现"互联网+"与非营利组织的高效融合，在权威性和有代表性的网站上及时公布组织的重大资金来源及流向，公开组织的基本信息、财务信息和审计信息，增强公众的信任与支持。

## 五、小结

随着国家社会公共管理改革的不断深入，非营利组织作为公共管理主体的重要组成部分，越来越受到社会的普遍关注和重视。公信力对于非营利组织而言，意义重大。只有拥有良好的社会公信力，才能为组织筹集资金奠定基础，可以说，公信力是非营利组织的生命力，是核心竞争力的关键所在。要充分发挥非营利组织的功效和社会作用，良好稳定的社会公信力是保障和前提。虽然公信力的建设是一个复杂而系统的工程，但只要找准公信力缺失问题的关键所在，对症下药，有目的有计划地加以调整完善，就一定能够让公信力这颗种子开枝散叶，让非营利组织的公信力成为缓解社会矛盾、减轻政府压力的一剂良药，使非营利组织在促进经济发展、保障社会和谐稳定中做出应有的贡献。

## 参考文献

[1] 万俊人. 现代公共管理伦理导论 [M]. 北京：人民出版社，2005.

[2] 李国梁. 提高我国非营利组织的社会公信度 [J]. 沈阳大学学报，2005（1）：44-47.

[3] 商玉生. 加强公信力建设　构建中国一流 NPO[J]. 学会，2005（1）：22-25.

[4] 庞娜. 对非营利组织的社会公信力困境探析 [J]. 山东行政学院山东省经济管理干部学院学报，2005（6）：52-54.

[5] 曾维和. 浅议非营利组织的诚信建设 [J]. 唯实，2004（5）：19-22.

[6] 孟茹，刘洁. 美国的非营利组织管理对我国的启示 [J]. 经济视角，2011（3）：174-175.

[7] 田小露. 中国非营利组织的公信危机与重建 [D]. 武汉：武汉科技大学，2012.

[8] 褚宏丽. 中国非营利组织公信力问题研究 [D]. 北京：北京邮电大学，2010.

[9] 邓国胜. 非营利组织评估 [M]. 北京：社会科学文献出版社，2001.

[10] 吴东民，董西明. 非营利组织管理 [M]. 北京：中国人民大学出版社，2003.

[11] 李小玲. 提升我国非营利组织公信力研究 [D]. 开封：河南大学，2011.

[12] 李芳. 打造我国非营利组织的公信力 [J]. 山西高等学校社会科学学报，2005（1）：30-33.

[13] 陈晓春，贺菊花，卜小燕. 浅析我国非营利组织的公信力建设 [J]. 五邑大学学报（社会科学版），2007（3）：13-16.

[14] 赵黎青. 非营利组织与可持续发展 [M]. 北京：经济科学出版社，1998.

# 社会工作理念与方法在未成年人社区矫正中的运用

马晓丽 [1]

**摘 要：**当前，未成年人犯罪现象日益严重，未成年人社区矫正就是帮助未成年人犯罪群体更好地融入社会、改善其边缘现状的一种重要措施。通过介绍未成年人社区矫正的概念和必要性，我们提出社区矫正在当前形势下应有的新思路，阐释了社会工作理念与方法在未成年人社区矫正中的创新性运用。

**关键词：**未成年犯罪　社区矫正　社会工作

未成年人是社会主义事业的建设者和接班人，是构建社会主义和谐社会，全面建设小康社会的重要力量。保护未成年人的健康成长，维护其合法权益，全社会都应该予以高度关注。然而，随着改革开放的不断深入，社会不稳定因素持续增多，每年有数十万刑满释放和解除劳教的未成年人回归社会，有上百万大学生毕业后无法找到工作岗位，有成百上千万因金融海啸导致企业关门失去工作的青年农民，还有数千万在全国各地到处流动的农村未成年人等。这些问题都说明，未成年人作为一个社会群体，从其社会关系和社会权利结构的角度来看，处于边缘地位和边缘状态。因此未成年人问题至关重要。未成年人社区矫正就是通过关注未成年人中一部分更加弱势的犯罪人群，改善其处境，使其重新融入社会的一种措施。

---

① 马晓丽（1990—），女，黑龙江北安人，中国海洋大学 2016 级公共管理专业研究生。

### 一、社会工作理念与方法相关概念界定

社会工作作为一种崇高的职业，在当代中国越来越引起人们的广泛关注。社会工作是社会建设的重要组成部分，是一种体现社会主义核心价值理念，坚持"助人自助"宗旨，遵循专业伦理规范，在社会服务与管理等领域，综合运用专业知识、技能和方法，帮助有需要的个人、家庭、群体、组织和社区，整合社会资源，协调社会关系，预防和解决社会问题，恢复和发展社会功能，促进社会和谐的职业活动。由这个定义可以看出，社会工作包含以下几个要素：①社会工作的定位。社会工作是社会建设的重要组成部分。中国特色社会主义事业的总体布局，是经济建设、政治建设、文化建设和社会建设四位一体，社会建设是其中的重要内容。②社会工作的伦理。社会工作具有独特的价值理念、服务宗旨和伦理规范，它体现的是社会主义的核心价值理念，坚持的是"助人自助"的服务宗旨，遵循的是社会工作专业伦理规范。③社会工作的领域。社会工作的领域是社会服务与管理。④社会工作的对象。社会工作的服务对象是有需要的个人、家庭、群体、组织和社区。⑤社会工作的目标。社会工作的目标是整合社会资源，协调社会关系，预防和解决社会问题，恢复和发展社会功能，最终促进社会和谐。⑥社会工作的属性。社会工作的本质属性是一种具有专业知识、技能和方法的职业活动，有别于一般的社会公益活动及志愿服务工作。

从学科角度看，社会工作是一门体系完备的专业；从工作实践看，社会工作是一种科学的工作方法；从职业角度看，社会工作是一种专业化的受人尊敬的职业；从社会福利性质看，社会工作是一种以人的社会功能的恢复和个人的全面发展为主要目的的精神性社会福利；从社会制度层面看，社会工作是预防和解决社会问题、维护社会稳定、促进社会和谐发展的一种重要的社会管理制度。从社会工作的内涵可以看出，社会工作是一门注重实务的专业，需要在实践中赋予其意义。社会工作的三大特色方法——个案工作、小组工作和社区工作，也在实践中不断丰富和发展。社会工作理念与方法对于未成年人社区矫正这一领域的介入也在不断深入，以其独特的视角推动着中

国社会工作本土化的进程。

## 二、未成年人社区矫正

社区矫正的概念是从西方引入的，是"社区矫正工作社区化处置"的简称，英文是 Community Correction。未成年人社区矫正是对已满 14 周岁、不满 18 周岁，被判处管制、被宣告缓刑、被裁定假释、被剥夺政治权利，并在社会上服刑、被暂予监外执行的未成年犯，置于社区内，由专门国家机关在相关社会团体和民间组织以及社会志愿者协助下，在判决、裁定或决定确定的期限内，矫正其犯罪心理和行为恶习，并促使其顺利回归社会，完成再社会化的非监禁刑罚执行活动。针对未成年人而开展的社区矫正在我国是一种刑罚化执行方式，充分体现了我国未成年人犯罪再预防的刑事政策，也符合行刑社会化的发展趋势。

## 三、未成年人社区矫正的必要性

### （一）未成年人犯罪的严重性

近年来，我国未成年人犯罪形势发生了新的变化，不仅未成年人犯罪案发数有较大幅度的增长，而且未成年人作案类型多样化、作案手段残忍化和作案后果严重化的特征尤为突出，有的专家学者预计，我国未成年人犯罪新一轮高峰会到来。目前，在世界范围内，未成年人犯罪已被列为吸毒贩毒、环境污染之后的第三大公害。可见，未成年人犯罪问题已成为一个严峻的社会问题，足以引起全社会的高度关注。

### （二）未成年人的心理特征更适于社区矫正

著名的未成年人犯罪研究专家威尼科特指出，社会在救助犯罪未成年人方面负有义不容辞的责任："当孩子有反社会行为时，那并不必然是指他有病，而反社会行为常常不过是个向有力量、会爱护、有自信的人所发出的求救信号……"未成年人在个性特征、认识特征、情感特征、意志特征等心理特征、行为特征方面有不同于成年矫正对象的特点，未成年人实施犯罪行为时多具有偶然性，实施犯罪行为之后具有易矫正性。这些特征一方面决定了对未成年人罪犯实施社区矫正的重要性，相对于成年犯罪人而言，未成年人罪犯更有采取社区矫正的必要。正如李斯特所言："最好的社会政策和最好的刑事政策一样有效。"在对待未成年人问题上，最好的刑事政策是刑罚的宽严或犯罪后的再教育问题，但更重要的是未成年人走上犯罪和再犯罪道路之前的矫正和扶持，选择最好的社会政策必将大大降低未成年人犯罪的概率，从而节约大量的社会资本。正是因为未成年犯罪具有上述特点，未成年犯的主观恶意不大，社会危害程度低，可塑性强，改造后回报社会的概率高，因此在对未成年犯开展社区矫正时要始终贯彻"教育、感化、挽救"的方针，坚持"教育为主，惩罚为辅"原则，以区别于针对成年犯的"惩罚和改造相结合"原则。

**（三）未成年人社区矫正的意义**

第一是犯罪未成年人实现再社会化的需要。通过未成年人社区矫正，使犯罪未成年人在正常社会条件下完成再社会化，减轻因其长期监禁与社会隔离导致的各种社会不适应症，从而避免走上重新犯罪的道路。

第二是强化社会对未成年人犯罪群体的责任。19 世纪兴起的实证犯罪学的观点认为，犯罪必有其因，或来自生理缺陷，或来自心理问题，或来自社会文化等因素的影响，皆非自由意志所能控制。因此，社会需要对犯罪人，特别是未成年人犯罪人负责。简言之，犯罪未成年人也是社会的成员，社会成员有责任帮助他们重新认识自我，进而融入社会。

第三是有利于推进和谐社区的建设。实施社区矫正的未成年人群体也是社区的成员，与不同社区群体之间的和睦相处是实现社区和谐发展的前提，从这个意义上讲，帮助这部分未成年人群体是推进和谐社区建设的重要内容，也是构建社会主义和谐社会的重要组成部分。

第四是促进未成年人群体健康成长的需要。未成年人社区矫正是对我国刑法制度的丰富和发展，针对犯罪未成年人，不是一味地予以法律上的惩罚和制裁，而是更加人性化、社会化的社区矫正，将犯罪未成年人融入社区，鼓励他们以社区志愿者的身份参加社区活动，明确权利义务关系，为社区做一些力所能及的事，从而促进未成年人群体的健康成长。

## 四、未成年人社区矫正的新思路

随着西方社会工作的引入，社区矫正作为一个独特的研究视角越来越引起社会工作者的重视。从 2003 年 7 月《关于开展社区矫正试点工作的通知》颁布以来，社区矫正工作经过短短几年的发展，已初具理论特色和实践特色。

目前，我国未成年人社区矫正主要有三种模式：

（1）司法社工模式。司法社工模式主要是指挂靠于当地司法局的一种服务模式，以上海为主要试点地区。上海在推动社区矫正的本土化过程中，发挥了举足轻重的作用。这种服务模式的矫正对象主要包括处于"犯罪边缘"的未成年人，以预防其踏入犯罪的境地；有犯罪记录的未成年人，以预防其再次犯罪；还有专门针对社区中"三失"（失学、失业、失管）未成年人的矫正工作。这种模式从表面上看，是政府向民间组织购买的社区矫正服务；但从长远看，则有利于推动民间组织及非政府组织的发展。

（2）司法管理模式。司法管理模式是指以司法系统为主导，实行垂直管理，将社区矫正纳入司法管理体系中。这一模式带有鲜明的政府行政色彩，与目前我国政府职能转变的趋势相悖。政府应该注重社会公共行政职能的发挥，尊重市民社会自身发展规律，真正做到还政于民。这一模式的服务对象范围狭小，主要是针对有犯罪记录的未成年人开展社区矫正，不注重社会工作专业方法和理念的运用，因此带有强制性色彩，从长远看不利于非政府组织的发展。

（3）志愿者和社区工作者相结合的模式。以往的社区矫正本质上是政府责任的矫正工作，最终会导致政府对社区干预的强化，这不符合政社分离的改革宗旨。社会工作者是秉持助人、自助的社会工作理念，拥有专业知识和技能，对感受困难的个人和家庭提供物质、心灵上的支持与帮助，挖掘他们的潜能、帮助他们走出困境的专业人士。社区工作的三大方法是个案工作、小组工作和社区工作。实现志愿者和社区工作者的有效结合无疑会产生巨大的凝聚力和社会扩散力，从而大力推动未成年人社区矫正工作的顺利开展，这一模式是与社区作为整个社区矫正的工作基地、实现专业志愿者和社区工作者的全面对接。服务对象则是社区中的全体未成年人，尤其关注边缘状态的未成年人包括未成年人犯，减少犯罪率，推动整个社区的和谐发展。

这一模式的开展符合我国社区建设的方向，是一种被实践证明了的适应我国现实状况的社区矫正模式，为社会工作价值观念和工作方法介入社区矫正打开了新的空间。当然，这一模式需要不断丰富和发展，更好地服务于社会主义现代化建设，构建社会主义和谐社会。

## 五、结语

我国人口统计显示，近年来我国将面临未成年人犯罪高峰期，未成年人犯罪形式依然严峻。针对未成年人的需要采取"教育、感化、挽救""教育为主，惩罚为辅"的方针政策，未成年人社区矫正制度对教育和挽救未成年罪犯以及预防未成年犯罪具有非常重要的意义，因为社区矫正工作不仅遏制了罪犯的新生，而且有助于维护社会稳定经济发展和国家安全，有利于保障公民的合法权利。西方国家尤其是美国，社会工作开展时间已有百余年，发展较为成熟，社区矫正工作尤其是未成年人社区矫正工作经验丰富。我们应该积极借鉴其他国家及地区未成年人社区矫正所取得的有益成果，不断探索适合国情、体现特色的未成年人社区矫正制度，让未成年罪犯通过社区矫正，接受积极的教育感化，在健康的社会环境里开展正常的人际交往，帮助他们树立自尊、自重的心态，让他们彻底悔过自新，回归社会，以更好地预防和减少未成年人犯罪。社会工作者要在科学的工作方法指导下，不断提高自身的能力和水平，发挥自身优势，积极投入未成年人社会工作。要深刻理解以人为本，充分认识未成年人成长成才的基本需求，尤其是对未成年人的权益要优先考虑，通过人性化、专业化的介入服务，为未成年人早日回归社会和社会和谐稳定做出贡献。

## 参考文献

[1] 龚晓洁，增权．青少年社区矫正研究的新视角 [M]．济南：济南大学出

版社，2007.

[2] 郭建安，郑霞泽 . 社区矫正通论 [M]. 北京：法律出版社，2014.

[3] 戚兴法 . 中国社区矫正制度探析 [J]. 北京：中国政法大学出版社，2015.

[4] 冯卫国 . 构建我国社区矫正制度的若干思考 [J]. 广西政法管理干部学院学报，2013（4）：7-10.

[5] 张燕 . 未成年犯区别矫正制度研究 [D]. 重庆：西南政法大学，2013.

[6] 由力 . 青少年犯罪与社区矫正 [J]. 辽宁公安司法管理干部学院学报，2006（4）：96-97.

# 青岛市市南区深化"放管服"改革 增进群众改革获得感

毛倩雨[①]

**摘　要：** 习近平总书记在十九大报告中指出："转变政府职能，深化简政放权，创新监管方式，增强政府公信力和执行力，建设人民满意的服务型政府。"青岛市市南区一直砥砺前行，坚决行简政之道、施公平之策、开便利之门，为创业就业降门槛，为各类市场主体减负担，为激发有效投资拓空间，为公平营商创条件，为群众办事生活增便利，不断增进群众改革获得感。

**关键词：** 放管服　改革　发展　获得感

为全面贯彻党的十九大精神，青岛市市南区以邓小平理论、"三个代表"重要思想、科学发展观、习近平新时代中国特色社会主义思想为指导，坚持创新、协调、绿色、开放、共享的发展理念，牢牢把握"走在前列"的目标定位，以打造"审批事项少、办事效率高、服务质量优"的政务环境为目标，深化"放管服"改革，降低制度性交易成本，激发市场活力和社会创造力，为加快新旧动能转换、建设时尚幸福的现代化国际城区提供坚实的体制机制保障。

**一、简政放权，降低企业准入门槛，推进市场和社会活力有效释放，促进大众创业、万众创新**

（1）以"松绑"为目标，持续简政放权，降低制度性交易成本。大力精简行政审批事项。自 2015 年以来，根据上级调整行政审批事项有关文件

---

① 毛倩雨（1989—），女，山东青岛人，中国海洋大学 2015 级公共管理专业研究生。

精神，区级行政审批事项目录经过五批次集中清理，已由最初的123项精简到66项，共减少57项，精简比例为46%，且全面取消了非行政许可审批类别。清理规范行政审批中介服务事项。实行清单化规范化管理，明确事项名称、设定依据、服务时限，凡未纳入清单的中介服务事项，一律不再作为行政审批的受理条件。目前共保留区级行政审批中介服务事项12项，保留非强制的行政审批中介服务事项11项。编制完善权责清单。按照"清权、减权、制权、晒权"的要求，建立权责清单制度，并依据法律法规规章的调整以及上级文件有关精神，按照动态管理办法，实施清单长效管理，做到亮"家底"、明"职责"、理"边界"，政府权力、责任更加透明规范，做到"法无授权不可为，法定职责必须为"。取消工商前置。取消344项工商前置审批事项，将原来300多项工商前置审批简化为危险品、金融证券保险等行业37项，取消比例达90.3%，切实做到还权于企业，还权于市场，打破市场主体准入的玻璃门，解决了创业前期筹备"无照"问题，为创业者赢得"起跑时间"。通过简政放权，政府对市场、经济领域的微观干预明显较少，给市场松了绑，给群众解了绊，大大激发了市场活力和社会创造力。

（2）以"提速"为目标，简化审批流程，压缩审批时限，力争"程序最简、环节最少、时间最短、效率最高"。在全市率先推行"最多跑一次""零跑腿"审批改革工作。凡是无现场勘验、专家评审、办公会研究的审批事项原则上需当日办结，通过个人身份、企业信息网上后台数据比对验证，双向快递实现申报材料预审，证照送达等方式推动实施"最多跑一次""零跑腿"工作。目前，已公布了两批青岛市市南区行政审批服务大厅实现"马上办""当日办""一次办""全程网上办"清单。其中，"马上办"办理事项53项，"当日办"办理事项163项，"一次办"办理事项151项，"全程网上办"（"零跑腿"）办理事项159项。截至目前，"马上办"办结3502件，"当日办"办结6806件，"一次办"办结5464件，"全程网上办"（"零跑腿"）办结92件，共计办结15 864件。办事效率大大提升，受到企业和群众的一致好评。

（3）以"便捷"为目标，深化商事制度改革，为开办企业提供便利。推动企业注册提速。实施"多证合一"改革，以"数据网上行"实现"群众少跑路"。自 2016 年 10 月 1 日起，推进"五证合一、一照一码"工作。自 2017 年 9 月起，在此前"五证合一"的基础上，将工商营业执照、组织机构代码证、税务登记证、社会保险登记证、公章登记备案等涉及 16 个部门的 20 个涉企证照，进一步整合到营业执照上，实现"多证合一、一照一码"。企业只需向"一个窗口"提交"一套材料"就可获得加载统一社会信用代码的全国通用"身份证"。目前，青岛市市南区已换证企业 41 205 户，换照率为 80.29%。推行个体工商户"两证整合"。实施个体工商户"两证整合"登记模式：申请表格由 6 张减少至 2 张；从原来的需往返 6 次减少到 2 次；办理时限从法定 45 个工作日，对外承诺 10 个工作日，缩短至 1 个工作日。目前青岛市市南区已发出"两证整合"个体工商户营业执照 2162 张，进一步优化了服务工作机制，降低市场准入门槛，促进区域个体私营经济健康发展。推行个体工商户简易登记模式。个体工商户"当场申报、当场发照"简易登记。青岛市市南区坚持自我加压，便民助企，先行先试，于 2017 年 3 月 24 日发出首张个体工商户简易登记营业执照，极大提升了市场主体创新创业热情。2014 年青岛市市南区新注册市场主体暴增 160%，2015 年比 2014 年增长 80% 左右，2016 年增长 20% 左右，而 2017 年上半年的最新统计数据显示，市场主体增速为 26%。

**二、放管结合，推进事中事后监管，规范市场运作秩序，营造公平公正的市场环境**

（1）以"公平"为目标，开展"双随机、一公开"监管，营造公平公正的市场环境。依托全市统一的"双随机、一公开"监管平台开展"双随机"检查。编制公开《市南区区级政府部门随机抽查事项清单》，建立"两库、一清单、一细则"，随机抽查市场主体和执法人员，开展执法检查。今年累计开展 87 项检查任务，抽查数量 554，检查数量 524，合格率 96.95%。通过"双随机、一公开"监管，规范了市场执法，避免了执法扰民、执法不公、执法任性等问题，营造了公平竞争的发展环境。编制批后监管办法，明确监管责任。编写批后监管办法，逐一列明行政审批事项批后监督检查的标准、方式、措施、程序、要求等内容，明确监管责任，提高监管水平。

（2）以"诚信"为目标，探索信用监管，落实企业信息归集共享和联合惩戒制度。构建以信息归集共享为基础、以信息公示为手段、以信用监管为核心的新型市场监管制度。通过国家企业信用信息公示系统，面向社会公示各类市场主体信用信息 8 万条，方便群众随时查询。精心组织做好市场主体信息公示工作，严格企业异常名录管理，通过微信、短信、走访、物业和社区等多重渠道，动员企业应报尽报。建立失信联合惩戒机制，与人民银行、国地税等 6 个部门签署了信息共享和联合惩戒合作备忘录，让失信企业"一处失信、处处受限"，使"守信激励、失信惩戒"机制成为社会管理的常态。

（3）以"协同"为目标，实行"先照后证"改革，推进"双告知"职责落实。搭建统一的行政审批信息共享平台。实现市场主体基本登记信息实时传输、精准推送，相当于把企业的"出生证明"第一时间告知许可审批部门及行业主管部门，进一步明确"谁审批、谁监管，谁主管、谁监管"的原则，强化部门间的协同监管，推动政府信息系统互联互通。

（4）以"牵制"为目标，引进第三方评估，为政府设置"紧箍咒"。通过聘请 10 名社会监督员对入驻政务服务大厅窗口单位的服务态度、审批时效、工作作风等方面，采取明察与暗访相结合、定期巡查与随机抽查相结合、全面巡查与重点巡查相结合的"三结合"方式进行实时监督，实现网上监控、大厅监管和社会监督的有效互动和衔接，以监督促效能，实现由"催着政府办"转变为"政府催着办"，增强政府改革实效性。

**三、优化服务，提供"保姆式"服务，推进政府服务效能全面提升**

（1）以"透明"为目标，公共服务事项清单化，亮明家底促规范。全面梳理公共服务事项，应列尽列，编制区街公共服务事项目录，共梳理出 36 个部门（单位）的 306 项公共服务事项和 10 个街道办事处的 770 项街道公共服务事项，印制服务指南并摆放在政务大厅，方便群众取阅。减少证明材料，深入开展"减证便民"工作，清理各类奇葩证明和烦琐手续。取消和调整 22 项涉及群众办事创业的各类证明，贯彻落实青岛市村（社区）证明材料保留清单，以及青岛市城市社区服务居民使用社区居委会印章目录清单和负面清单，规范社区印章的使用。

（2）以"智能"为目标，开发个性化服务，换位思考促创新。2016 年11 月，颠覆传统的现场排队取号模式，克服三方软件数据对接等一系列研发难题，依托大厅的微信公众平台，研发智能软件，全国首创推出了审批事项"互联网＋"微信"在线取号""排队动态查询""排队定时提醒""微信扫码评价"个性化服务，让"数据云"实现掌上轻松微信"云排队"，为群众提供审批事前服务从"一号难求"到"送号到手"的跨越。办事人可以随时随地通过手机、平板电脑等移动终端轻松取号、排队，不用再到大厅取号干等。如果办事人想知道排队人数，可以使用"排队动态查询"和"排队定时提醒"功能，当窗口等候人数达到设定的提前通知人数时，系统会推送微信"消息提醒"及时至窗口办理，实现个性化的定时服务。同时，"微信扫码评价"可以线下任意时间对窗口工作人员的服务监督评价，有效避免和解决现场评价的"面子分"和流于形式的难题。截至目前，微信取号 19 948 件，评价 1692 件，实体大厅客流量降低 50%。

（3）以"共享"为目标，破除信息藩篱，实现"数据多跑路、群众少跑腿"。2016 年，摒弃传统的证照审验方式，统筹全区审批信息资源集约化管理，率先在全市建成包括证照审批流程、证照管理系统、证照信息数据库、证照系统查询服务于一体的证照管理共享应用平台，变"群众跑腿"为"信息跑路"。13 个部门 6961 件证照全面录入审批资源共享库系统，并与青岛市数据库的证照信息可互通共用。行政办事成本大大降低，提速 35%，节省复印用纸 20%。同时，实现 14 个部门 50 项事项数字证书认证服务，具备身份认证、数字签名、电子印章三大功能，可在线办理公共卫生许可等事项，简化审批手续，为企业上网办事增添了"身份证"和"通行证"。此外，打通审批服务的"最后一公里"，设置统一制证中心，证照加印二维码，既可识别读取证照信息，又加强防伪功能。统一证照管理系统与大厅审批系统的对接和共享，向办事群众提供证照办理流程、短信通知、证照信息、快递信息查询等服务，全面提高大厅服务便捷化水平。统一制证中心运转以来，5个部门 11 类证照共制发证件 816 件，快递免费送达证照 15 000 余件。

（4）以"高效"为目标，开通绿色通道，提供优质便捷服务。开通重点招商引资项目审批绿色通道。对青岛市市南区利用内资 1 亿元人民币以上、外资 500 万美元以上、符合青岛市市南区重点产业发展方向的优质项目、区领导重点关注并交办的招商引资项目，对市南区的创新型企业、国际贸易、电子商务、软件设计、文化创意产业等提供"一站式"精细化的配套服务，对无办公场所的创业者实行"商务秘书公司住所托管登记"，提供住所托管、代理收发各类法律文书等"零收费"代办服务。进一步降低创业成本和门槛，便利群众办事创业，解决"引得来、落不下"的落地难题。审批绿色通道通过推动并联审批、集中审批、议事协调、优先办理、特色服务等举措，为重点招商引资企业提供优质高效的政务服务，确保重点招商引资项目尽快落地。绿色通道开通以来，共受理办结 8 件代办服务，受到企业好评，中国山东网、新浪网、大众日报、青岛日报和青岛人民广播电台等 10 余家国内新闻媒体进行了宣传报道。

（5）以"精准"为目标，主动问诊于企、问需于民，增强改革获得感。坚持问题导向，提供精准服务。问诊于企，通过现场调研、召开座谈会、电话访问等方式，把"放管服"改革政策送上门，面对面倾听企业在发展过程中遇到的困难和问题，了解企业真正的所想所盼，精准把握当前企业发展面临的堵点、痛点、难点，提升服务效能，增强企业发展新动能。问需于民，为群众提供发声平台。通过微信公众号调查问卷的形式，向前来政务服务大厅办事的群众公开征求意见。采用无记名方式进行问卷调查，共收到有效问卷 53 份，意见建议 25 条，满意率 85%。对于办事群众提出的意见和建议，认真研究，及时整改，并通过微信公众号就企业注册审批、办事取号、大厅便民服务存在问题和服务态度等四方面问题进行反馈，坚持群众有所呼、改革有所应，增强群众改革参与感。

**四、深化政府机构改革，推进体制机制创新**

以"便民"为目标，深化社区管理体制改革，破解"最后一公里"难题。创新城区基层管理服务新模式，构建新型城区公共管理和服务体系，转变街道职能，深化社区管理体制改革，实现居民在门口即可享受方便快捷的政务服务。调整街道工作重心。取消街道招商引资等经济发展考核指标，重点聚焦区域化党建、公共服务、公共管理等工作。优化街道机构设置。按照"精简、统一、效能"原则，对街道党政工作机构进行整合优化，并调整工作职能。街道党政工作机构负责人由街道副处级干部兼任，由"分管"变"直管"，减少管理层级，实现管理扁平化。改革"两委一站"社区领导体制。建强社区党委，社区党委书记可由街道副处级党员干部担任并兼任社区工作站站长，直接到社区党群服务中心办公。归位社区居委会，居委会主任兼任社区党委副书记、社区工作站副站长，承担相应职责任务，回归自治职能。做实社区工作站，将工作站人员增配至10~15名，全面承担政府下沉、延伸到社区的社会管理和公共服务职能，使居民在家门口就能享受到优质便捷的服务。完善工作运行机制。完善财政保障制度，增加为民服务经费。推行政府购买服务。建立分类考评评价制度，扩大群众参与权、评价权，把群众满意作为重要评价指标。完善基层队伍绩效考核制度，建立"退出机制""留人机制"，探索从事业编制人员招聘中留出一定数量岗位，定向招录优秀专职社区工作者，推动社区工作者职业化、专业化。（注：相关数据截至2017年11月。）

# 参考文献

[1] 艾琳，王刚. 行政审批制度改革探究 [M]. 北京：人民出版社，2015.

[2] 朱光磊，周望. 在转变政府职能的过程中提高政府公信力 [J]. 中国人民大学学报，2011（3）：120–128.

[3] 刘维寅. 向纵深推进放管服改革 为实现我省创新发展持续发展领先发展提供体制机制保障 [J]. 机构与行政，2017（10）：2-4.

[4] 刘喜生. 经济新常态下简政之道的思考 [J]. 中国机构改革与管理，2017（4）：9-11.

[5] 李建华. 网上行政审批面临的问题和对策分析 [J]. 天津经济，2013（12）：35-37.

[6] 金平. 网上行政审批研究 [D]. 武汉：武汉大学，2010.

# 深化行政体制改革，打造创新型地方政府
## ——浅析我国地方政府管理的发展方向

毛子钦①

**摘　要：**高效合理的政府机构设置和行政体制安排，是建设社会主义现代化强国的重要组成部分，并将为经济、社会、文化、生态等领域深化改革提供制度支撑。习近平总书记在党的十九大报告中指出，为适应新时代中国特色社会主义现代化，要进一步深化机构和行政体制改革。报告特别指出要赋予省以下政府更多自主权，特别强调要在省市县整合党政行政管理权力，对职能相近的党政机关探索合并设立或合署办公。这将在赋权基层的同时，增强基层政府的权力整合，从而增强政府的执行能力。目前，我国各级地方政府原有的管理模式也已经不能满足社会的需要，如何打造创新型政府，如何推进地方政府在社会管理方面采取新理念、新方式、新手段，使地方政府更好地为社会发展服务，是我们当前面临的一个重大课题。

**关键词：**行政体制改革　地方政府管理　创新型政府

## 一、目前我国地方政府管理中所存在的问题

改革开放以来，我国经历了几次较大规模的政府改革和调整，各级地方政府适应市场经济的需要，在应对全球一体化的挑战中不断提高自身能力，总体来说，基本上适应了发展的要求。但地方政府在管理理念、管理职能和管理机构的设置等方面仍存在着一定的问题和不足之处。

### （一）地方政府管理缺乏创新

我国的政府创新许多是"一把手"工程，由政府主要领导推动，如果主

---

① 毛子钦（1989—），男，山东青岛人，中国海洋大学 2016 级公共管理专业研究生。

要领导对创新不感兴趣，各个政府部门就难以进行重要的政府创新。还有许多是迫于现实的压力，缺乏主动的创新。地方主要官员的任期普遍较短，由于创新多是"一把手"工程，主要官员离任往往会出现"人走政息"的后果。这是许多优秀的创新项目在原发地不复存在，却在全国各地得以推广的主要原因。此外政府创新中还存在着明显的"形象工程"和"政绩工程"色彩，不少创新带有"政治秀"的意味。虽然某些创新行为取得了明显效益，但行政成本略高。

**（二）地方政府管理观念落后。**

由于长期受计划经济思维方式的影响，部分地方政府依旧习惯依靠于红头文件、口头命令、行政手段来解决问题，依法行政观念淡漠，人治氛围浓厚，政务公开的透明度不高、公开性不够，各地方政府执行标准及程序不一，政府公信力不高。并且在管理的过程中，缺乏相应的责任意识和服务意识，往往从自身利益出发，涉及利益就一哄而上，涉及责任就相互推诿，有时还会以强政府姿态来处理问题，甚至不惜牺牲政府和人民的利益。这些都制约着我们在市场经济规则范围中的活动，对经济的稳步发展和社会进步造成了一定程度的消极影响。

**（三）地方政府管理机构臃肿。**

政府组织机构是履行政府职能的物质载体。目前，我国地方政府机构体系与市场经济的要求还不能完全适应，主要体现在政府关系不顺畅，各级政府机构设置不科学，以及政府各部门人员过多，包袱过于沉重。此外，各级政府还没有完全从经济活动中超脱出来，包揽了许多本该市场自身承担的经济职能，管理了一些既管不了也管不好的事情，以致"错位""越位""缺位"现象严重，难以适应中国特色社会主义新时代的需要。

## 二、推进地方政府管理创新的必要性

**（一）地方政府管理创新具有客观必然性**

地方政府管理创新的过程，是一个持续不断地对政府公共部门进行改革和完善的过程，也是一个不断改善公共服务和增进公共利益的过程。现阶段，创新是引领发展的第一动力，而地方政府的管理常常落后于政治、经济的发展，要维护政府管理的长期稳定，实现政府管理的全面改革，从客观上讲，创新是必然的要求。

### （二）地方政府管理创新具有现实必要性

社会变迁要求是地方政府管理创新的外在动因。市场经济的发展要求地方政府的管理体制进一步与之相适应，建立实效、精干的地方政府行政管理体系，也是经济体制改革的一项重要任务。地方政府管理方面的缺失是创新的内在动因。地方政府管理方面的缺失，既有管理制度的层面，也有管理方法的层面，这些都已经严重制约了地方政府的管理，创新管理是地方政府完善管理、实现管理上台阶的必然要求。

### 三、浅议我国地方政府管理的发展方向

地方政府的管理创新受到各种主观条件的制约，为保证创新的顺利进行和整体效能，推进和深化地方政府管理创新要在依法行政，尊重市场经济规律和责、权、利相统一的原则下，重点从理念创新、制度创新两个方面入手。

### （一）推进政府管理理念创新

无论是技术创新还是制度创新，其前提都是新的观念、新的思想和新的理论的产生。要突破旧观念、旧思想和旧理论的束缚，就必须真正做到解放思想，敢于思考、勇于思考。解放思想，是一个民族保持其理论思维的先进性和激发其精神活力的生生不息的源泉，只有解放思想，才可能冲破传统的束缚和教条的束缚，提出新的观点和见解。

树立以人为本的理念。当今全球化的时代也是管理人本化的时代，要遵循当代政府管理的新趋势，坚决摒弃"官本位"的陈旧理念，牢固树立"以人为本"的新观念，把为企业、为社会、为人民服务作为政府管理的主要职责和基本理念。在公共管理活动中多一些治理的成分，少一些统治的成分，意味着公民与政府有更多的合作，意味着有更多的公民参与到国家的政治管理活动中来，从而也就意味着民主程度的提高。只有这样，才能赢得公民的认同和自觉支持。

树立法治政府理念。摆脱人治，建设法治政府，是现代民主政府的基本要求。法治的基本意义是，法律是公共政治管理的最高准则，任何政府官员和公民都必须依法行事，在法律面前人人平等。法治的直接目标是规范公民的行为，管理社会事务，维持正常的社会生活秩序，但其最终目标在于保护公民的自由、平等及其他基本政治权利。从这个意义上说，法治与人治相对立，它规范公民的行为，但更制约政府的行为。

树立服务型政府理念。在传统计划经济体制下，政府全面地干预经济、企业和社会，政府以全能政府、"家长式"政府的身份出现，助长了公民与社会对政府的依赖心理。随着民主政治的发展和执政水平的提高，政府管理中管制的成分正在日益减少，而服务的比重则日益增多，建立服务政府已经成为政府管理体制改革创新的重要目标。在某种意义上，政治现代化和民主化的过程，也是一个从管制政府不断走向服务政府的过程。

### （二）推进政府管理体制创新

管理之根本在体制，所以地方政府管理创新的关键在于体制创新。

一是转变地方政府管理职能。真正实现政府与市场、政府与社会的权限界定，地方政府要着力培育社会自治能力，发展社会各种中介组织，退出市场赢利领域，实现政企分开、政事分开，创立市场规则，维护市场秩序，规范社会生活，制约各种不规范的社会行为和市场行为。下大力气推进体制改革，创建社会需要的各种规则，加大执行规则的力度，确保社会公共物品的有效供给，为社会和市场的良性运行提供强有力的保障、体制保障、机制保障。

二是合理确定地方政府规模。激发基层活力要从赋权增能做起。党的十九大报告特别指出，要赋予省以下政府更多自主权，特别强调要在省市县整合党政行政管理权力，对职能相近的党政机关探索合并设立或合署办公。这将在赋权基层的同时，增强基层政府的权力整合，从而增强政府的执行能力。要充分体现作用与能力相一致的原则，明确地方政府应该做什么、不应该做什么，有能力做什么、没有能力做什么，界定地方政府的权力界限。科学设置地方政府职能机构和内设职位，削减重复设置的机构，改变上下全部对口设置机构的不科学做法，取消各种虚设、临时机构和职位，减少政府机构的中间层级，便于政情上通下达，把地方政府机构设置纳入法制化轨道，通过法律来规范政府的编制工作，防止政府领导人的主观随意性。进一步规范财政制度，引入成本收益分析观念，控制行政成本的增长。

三是建立地方政府激励机制。制定有效的考核奖励政策，积极鼓励创新行为。一方面，创新具有很大的风险，创新往往需要付出代价；另一方面，成功的创新又能为社会带来极大的效益。创新活动的这种双重性，要求政府必须建立一套有效的激励机制，给创新者以人力、物力、财力、信息和政策的保证，形成足够强大的激励力量，激发人们的创新积极性；同时也尽可能补偿人们为创新所付出的代价，降低人们为创新所承担的风险，支持敢冒风险的创新者，奖励为社会做出重大贡献的创新者。

# 参考文献

[1] 刘清华，等. 政府创新 [M]. 北京：中国社会科学出版社，2004.

[2] 丁小平. 加入 WTO 后的政府管理：问题、挑战与决策 [J]. 中国工商管理研究，2002（6）：27-30.

[3] 张成福. 面向 21 世纪的中国再造：基本战略的选择 [J]. 教学与研究，1997（7）：5-9.

[4] 王运生. 公共行政民主化运作 [J]. 社会科学，2000（7）：21-25.

[5] 俞可平. 大力建设创新型政府 [J]. 管理观察，2013（5）：73-76.

# 关于减少行政层级改革的探讨

申 梅①

**摘 要：** 自市管县体制实施后，我国地方行政区划的层级由省、县、乡镇三级变为省、市、县、乡镇四级，管理层次之多为世界之首。从管理学的角度来看，管理层级越多，管理成本就越高，管理效率相应地也就越低。学界和社会上关于减少行政层级、实行省管县的改革也有很多探讨，本文综述了学者的相关研究和各地省管县的探索，分析取消行政层级的挑战，提出省直管县改革措施。

**关键词：** 省管县 必要性

当前，我国行政管理体系是由中央、省（自治区、直辖市）、市（自治州）、县（自治县）、乡镇（街道）5个行政层级构成的金字塔结构，在国际上也属于纵向层级较多的管理体制。地级市位于第三个行政管理层级，在经济上容易实现市县争利的情况，管理上削弱了县级自主权，其地位和存在的必要性越来越受到人们的质疑。一方面，随着市场化进程的加快和政府职能转变力度的加大，越来越多的行政审批事项被取消，地市级行政职能慢慢走向"空心化"趋势；另一方面，维持市级政府日常运转的成本居高不下，因而市级政权体制的改革呼声一直不断。

## 一、国际、国内行政层级的概述

根据目前对世界上191个国家和地区地方行政区划层次的初步统计，地方行政层次多为二级、三级，约占74%，超过三级的只有17个国家，占11%。印度实行邦、县、区三级行政体制；美国实行联邦政府、州政府、地

---

① 申梅（1989—），女，山东潍坊人，中国海洋大学2016级公共管理专业研究生。

方政府三级共存的行政体制；法国实行大区政府、省政府、市镇政府三级行政体制；日本实行都（道、府、县）与市（町、村）两级行政体制。

在我国历史上，秦至民国末2100多年中，290年为两级体制，占13.6%；610年为虚三级体制，占28.7%；600年为实三级体制，占28.2%；276年为三、四级并存体制，占13.0%；350年为多级体制，占16.5%。

目前，我国行政管理体系实行的是由中央、省（自治区、直辖市）、市（自治州）、县（自治县）、乡镇（街道）5个行政层级构成的金字塔结构的管理体制，其中，乡镇一级通常被认为是县级政府的派出机关，即街道办事处，不存在普遍的实体性。

从横向看，我国行政体制层级在国际上处于层次较高的国家；从纵向上看，我国现阶段行政体制层级在历史上也处于层级较高的档次。

## 二、学界关于减少行政层级的相关研究

韩春晖认为，随着市场经济的快速发展，市管县的体制在实践中表现出很多问题：第一，仅能对周边1至2个附近的县域初低端层次的服务水平进行拉动，周边县域无法享受到与城市发展同样的机遇和对待，被称为"小马拉大车"；第二，行政层次多，增加人力财力成本、政策执行的成本、信息沟通的成本等；第三，对县市的全方位的管理，为市级侵犯县级的利益提供便利，"市刮县""市吃县""市卡县""市压县"的情况时有发生，造成"城市弱县"[1]。

刘新生、王宏波认为，现阶段实现省直管县，扩大省级管理幅度有三个优势方面：一是以分散、自由为核心的市场经济体制的确立与运行，为扩大管理幅度提供了可能性；二是区域经济关系日益密切，行政区域的经济结构、社会结构、文化结构受到严重冲击，原有的行政隶属关系在经济上日益淡化；三是现代网络通信的普及和科学管理水平的提高，为扩大省级幅度，实现省直接管理县市提供了有利的物质和技术保证。电脑、网络大大提高了人的办公能力，便利的交通缩短了省与县之间的距离。同时，人们专业文化水平和管理能力的提高使领导、管理者能从容自如地处理纷繁复杂的事务[2]。

余明远指出，现阶段大部分地方进行的省管县并不是完整意义上的省直管县，只是财政体制上的省管县。由于直管县在财政体制上直接与省结算，但人事任免权等其他权限仍然保留在市里，这样就容易产生两个"婆婆"的问题，并且这两个"婆婆"都得罪不起。另外，省直管县许多权力是由省辖的地级市下放而来，必然出现既得利益冲突，导致一些市级政府为了本级政府的利益不愿下放权力，出现了与县级政府争收争利的情况。一些地市在权力下放后，义务也全部甩出。例如县级申报的许多项目的筹资需要在中央财政投入的基础上又需要地级市配套资金，而在扩权改革后一些地级市不愿再承担配套责任。他表示，省直管县应在通过财政体制扁平化的基础上，进而带动行政体制的扁平化，赋予县级政府足够的权力，真正实现市县平级、平权[3]。

魏晶雪认为，当下我国行政体制已不适应从计划经济体制向市场经济体制转变的要求，减少政府行政层级改革，开展"撤地""虚乡"的做法，即取消地级市，实现省直管县，将乡镇政府作为县政府的派出机构，建立中央、省、县三级政府管理架构是适合我国当前国情的行政体制层级。她指出："当市、县发展水平相当，往往造成二者的不公平竞争，行政管理的上下级关系和经济发展的伙伴关系难免滋生矛盾，往往挫伤县域经济发展的积极性。如果市的势力远远强于所辖县，在城市与区域发展的内在规律作用下，即便没有市管县体制，县域经济发展也自然会接受中心城市的辐射。市领导县体制无法真正发挥中心城市的辐射作用，反而集聚了所辖县域的大量资源，阻碍县域经济发展，不利于社会主义新农村建设的推进。"[4]

### 三、取消地市级行政层级的挑战

诚然，很多学者认为，我国目前实行的五级行政层级架构，行政成本过高、效率低下，已经严重阻碍了经济、社会的健康发展，因此推行省管县是经济社会发展的客观要求和必然趋势。但在取消市一级的过程中仍旧面临很多棘手的问题。

第一，对省级、县级（包括保留下来的市级）政府的管理能力提出更高要求。取消地市级行政层级，实行省直管县体制，势必会扩大省级政府的管理幅度，这就要求较高的管理效率，在短时间内实现迅速转变的可行性值得考虑。

第二，区划划分标准难以确定。减少行政层级，撤市、省管县，势必会缩省并县，省、县区划边界变动需要慎重考虑。行政省的大小个数难以确定，我国省级政府的管理规模和幅度原本就普遍较大，省级建制规模过大，既不利于经济发展，又对国家长治久安潜伏不利因素，因此应有计划地把规模过大的省划小。从国内外的经验和管理需要出发，全国省级建置可以设至50~60个。省级边界的划定更要慎重，我国现阶段的省级区划是按照山川形变、犬牙交错的原则记性划分的，行政区划的变动，很可能会引发社会问题。并县的过程中，县域的确定也面临相同的问题，甚至更多。

第三，来自机关内部的改革阻力不容忽视。省直管县体制改革，牵涉到数以万计官员的利益，影响巨大。地级市要将大量的经济社会管理权限下放到县，相应地要进行大规模的机构和人员的调整精简，地级市及其官员的利益受到巨大冲击，如果处理不好，地级行政层次必然会成为改革的阻力。

第四，预期行政变更成本高昂。省直管县带来的一系列的配套措施需要跟进，相应的人社、民政、教育、规划、住建、国土、财政、交通、公安、城管执法等众多部门的多项配套政策需要出台。这一系列的问题可能需要很长一段时间的过渡期才能步入正轨。

### 四、各地关于省管县的探索

我国省管县的体制创新是地方政府自发启动、在中央政策引导下进行的一种探索。各个地方根据自身自然、地理、风俗与人情等差异，积极探索，在重点内容、途径方式甚至目标等方面都呈现多元化。

韩春晖行文中选取我国有代表性的几个省进行分析，分别是浙江省（省管县＋"扩权强县"的模式）、海南省（县、市分治的行政省管县的模式）、山东省（"强县扩权"＋"弱县倾斜"的模式）、湖北省（行政省管县＋财政省管县的模式）、吉林省（依事权定财权的财政体制省管县的模式）。作

者在文中依次对 5 种模式进行评价,指出最成功的模式是浙江模式,原文说道:
"浙江模式已接近了行政省管县,只剩下撤销地级市这一行政层次或从行政上将地级市和县统一对待了。"

在评价海南模式时,作者表示海南省自 1988 年建省开始就没有市管县,其县、县级市和地级市都是由省直接管理,是独立的经济单元,不存在市对县行政管理的问题。采取改变省级行政区划的方式并非一省内部事权的分权探索,因此,对海南来说,这一改革的主导权完全在于中央,而其他改革的主导权主要在于省级政府。作者对山东模式的评价是:"总体来看,山东模式的特点是行政和财政省管县都不彻底,是在原有'市管县'体制下的部分扩权和财政补助管理。"作者对湖北模式的评价是:"总体来看,这 52 个县财政收支范围并没有得到调整,属于扩权型的财政省管县。"作者对吉林模式的评价是:"吉林省省管县财政体制的特点是财政结果直接布置到县,资金直接调度结算到县,财权事权对应到县,地级市财政和县财政不再具有工作指导和对口关系。吉林省 41 个县实行省管县财政体制,在财政体制改革创新方面做得相当到位,配套措施健全得力,属于完全财政省管县模式。"

**五、改革之路,任重而道远**

我国幅员广阔,各地差异很大,实行省管县体制,不可能一蹴而就,需要因地制宜、分步实施。实行省直管县需要进行一系列的配套措施的跟进,循序渐进,在摸索中实现渐进式变革。

第一,政府要管得少而精,要顺应市场经济体制分权的要求,向下放权。该由下级政府行使的职能,上级政府不再截留;该由企事业单位、社会团体和群众自治组织办理的事务,政府不再包办。科学划分各级政府职能,明确事权,清晰事权,主要事权专享,少数事权共享,财权事权统一。

第二,采用渐进式改革方案,调整精简地级机构和人员。省直管县牵涉到数以万计官员的利益,影响不容忽视。地级市要将大量的权力下放到县级,与之相对应的必然是大规模的机构和人员的调整和精简,地级市及其官员的利益受到巨大冲击。倘若处理不好,地级行政层次的官员们必然会成为这一体制变动的巨大阻力。因此必须充分考虑地级市及其官员的承受度，采用渐进式改革方案，稳妥推进，保证省管县体制的顺利实施。

第三，总结试点地区经验得失，在实践中发挥好试点作用。习近平总书记说过："试点是改革的重要任务，更是改革的重要方法。"试点是"试验田"，是政策成败的探路石，通过对试点地区改革试验，总结成败得失，完善改革方案，寻找规律，由点及面，努力实现重点突破与整体创新，发挥好试点的示范和标杆作用，为更好实现改革实践做准备。在现有的试点成果中，具体分析改革地区相应情况，"取消地市"、"县市分治"、市管县与省管县并存这三个方式中哪一个方式可行或更佳就采用哪个。

第四，建立县级行政权力有效的约束机制。省直管县扩张了县级的行政管理权限，为县域经济发展提供了一个更为宽松的平台，但是地方政府、基层政府在发展过程中有可能出现趋利化短期行为。这种行为可能会在"扩权"过程中被放大，甚至扭曲建立激励机制的本意。要认识到，"扩权"所获得的自由度不应是没有约束和无限度的，激励机制需要与约束机制有效衔接。由"市管县"变革为"省管县"，建立以县级人大和省级政府有效监管机制为核心的"扩权"约束机制，才能使县域经济在良性发展轨道上大步前行。

第五，借鉴国外管理经验，组建跨界的区域性协调机构——城县联盟、都市联盟或相关地方政府联合组织。社会主义市场经济条件下，由于政府的层级不同，所关心的问题和利益也不同。在国家和社会整体利益一致的前提下，应当承认和允许政府间利益的不同和差别，承认政府间因利益不同而存在的博弈。建立省领导下的政府间关系协调机构，调节城乡利益矛盾，自主协商、解决共同问题，就是正视这种差别。同时也可设立无治所的派出专员，负责省、县之间的上情下达和下情上报等工作。

## 六、结语

凡是我国重大经济、政治体制改革的历史，一般是经过酝酿论证后，在条件成熟地区先行试点。在这个过程中发现问题、研究问题、解决问题、完善制度，取得一定成功后再逐步推广。从而保证在全面推开时，能够有更加详尽的总体规划和周密的部署，通过混合体制的过渡，最终取得预期的效果。

减少行政层级的改革同样应该遵循这个步骤。这是一个涉及政治、经济、文化等多方面因素的复杂工程。在相关政府和学者的实践和研究过程中，虽然已经获得了一系列试行省管县体制改革的经验和理论，但实践中，还必须在中央的统一部署下，结合本省的实际情况，深入细致地调查研究，科学合理地统筹规划，在保持相对稳定的前提下，因地制宜，循序渐进，探索出一条与自身发展战略相符合、与经济社会发展长远目标相适应的改革之路。

# 参考文献

[1] 韩春晖. "省管县"：历史与现实之间的观照——中国地方行政层级的优化改革 [J]. 行政法学研究，2011（2）：115-122.

[2] 刘新生，王宏波. 我国市（地）级政权体制改革思路探析 [J]. 天水师范学院学报，2008（1）：48-51.

[3] 余明远. 关于市（地）级政权改革路径中若干关键问题的论析 [J]. 天水师范学院学报，2008（1）：51-54.

[4] 魏晶雪. 减少行政层级的改革思考 [J]. 现代经济探讨，2008（1）：39-43.

# Q市S区食品药品区街两级协同监管模式浅析

谭晓龙 [①]

**摘　要：** 食品、药品是人类赖以生存和发展的必需品。我国食品药品监管机构经历了数次调整和整合，近年来，各地区探索食品药品监管体制改革。Q市S区从区情区况出发，在保持食药监管机构单列的基础上，将食药所划归街道管理，探索出区街两级协同监管模式。本文对该模式的架构进行了描述，客观分析了该模式的优点和不足，并对进一步改进该模式提出了相关对策和建议。

**关键词：** 食品药品　机构改革　区街两级协同

## 一、食品药品改革背景

食品、药品是人类赖以生存和发展的必需品。随着生活质量和生活水平的提高，人们对食品药品的安全意识和风险意识持续加深，社会舆论越来越关注食品药品安全问题，地沟油、三聚氰胺、苏丹红、问题疫苗等事件受到社会各界广泛关注，也暴露出了以往食品药品监管的漏洞。在这种背景下，党和政府也越来越重视食品药品安全监管，十八届三中全会《中共中央关于全面深化改革若干重大问题的决定》中，首次从公共安全角度定位食品药品安全。

随着对食品药品定位的变化，食品药品监管机构经历了数次调整和整合，截至2016年5月底，全国共有1个直辖市、5个副省级城市、94个地级市以及2088个县区实行市场监管领域的行政综合执法，不再单列食品药品监

---

① 谭晓龙（1988—），男，山东青岛人，中国海洋大学2015级公共管理专业研究生。

管机构[1]。比如济南市高新区市场监管局对"工商、质监、食药三合一"的改革模式进行了探究，从职能落实、职能磨合、服务增效、精细管理对改革进行了探索[2]，有观点认为新体制将传统的市场监管工作漏洞通过利用紧密相连的工作环节、不设重复岗位、将责任落实到人的方式解决了传统市场监管中出现的工作责任各部门相互推诿、部分监管区域出现空白的状况[3]。

食品药品监管机构改革，初衷是不断加强食品药品监管，但近年来改革面临的争议也较大，刘洋洋认为市场监管体制改革有利于消除权责边界，有利于生产、经营、消费环节的有机统一，同时有利于精简机构、整合优化执法资源，有利于食品药品监管[4]。在负面影响方面，赵鹏认为食品、药品与普通产品存在特异性差异，并且两者的监管体制、法定监管任务均存在差异，认为将两个监管改革趋势相反的领域集中于一个部门监管，如何防止未来监管思路的紊乱恐将面临非常巨大的挑战[5]；胡颖廉认为综合执法体制使得监管机构政策目标内生冲突、监管事权和监管力量结构性错配、综合执法稀释专业监管行为，虽然增加了食药监管资源，但削弱了监管能力[1]。改革能否适应监管现实要求，已经成为影响食品药品监管的重要因素。

**二、区街两级协同监管模式的提出**

Q市为S省东部沿海城市，B区位于市区中南部，总面积63.18平方千米，常住人口101.82万人。负责辖区食品（含食品生产环节、食品流通环节、餐饮环节）、药品、医疗器械、化妆品监督管理，监管对象共有20 089户。为进一步强化食品药品监管，为切实解决基层食品药品监管机制运行中存在的协同性、系统性、精准性不足等突出问题，2017年S区对基层食品药品监管体制进行改革，全区街道食药所人、财、物全部划转至归各街道办事处归口管理，探索推行区街两级协同监管机制，取得了一定的成效，并为基层食药监管机构改革提供了新的思路。

**三、区街两级协同监管的模式构架**

**（一）人、财、物架构**

紧紧围绕构建"权责清晰、运转高效、包容创新"的食品药品事中事后监管体系，将基层监管食药所人、财、物全部划转至街道管理。在编制上，各街道食药所工作人员仍占用区食药局总编制数，做到机关和食药所编制分别分类进行管理，总比例不得改变。在人员日常管理、任命上，以街道为主，街道在任命街道食药所所长或主要负责同志时，要征求区食药局的意见。同时，部分街道协管资源也被用于食品药品风险隐患排查，进一步增加了食品药品监管的可用人力资源。

原食药所使用的固定资产，由区食药局划转至街道进行统一管理，相关办公经费也由区财政直接划转至街道。同时，各街道不断加大对食品药品监管的基础资金投入，仅 2017 年，各街道办解决基层食药所办公及辅助用房 3000 余平方米、执法车辆 4 台、执法装备 100 余件。

**（二）职责架构**

按照"分级负责、属地管理、重心下沉"的原则，制定了《S 区食品药品区街两级监管职责划分方案》，全面厘清区食安办、食药局和各街道食药所的职责关系，解决部门职责盲目"转街道"等问题。一些专业性较强、食药所接手有难度的事项，比如药品生产、批发、经营企业，特大型餐饮、学校食堂的审批工作和二级及以上医疗机构的日常监管，以区食药局为主实施；其他与群众生产生活密切相关、专业技术要求适宜的大型以下餐饮、食品销售和一级以下医疗机构的许可事项和日常监管，则交由街道食药所具体实施。逐步建立起事权与监管能力相匹配的监管体系，确保了全区食品药品行政执法标准化、程序化、规范化，实现行政执法高效、合法、规范。

在对职责进行明确的同时，依据部门"三定"方案、权力清单和责任清单，以清单、案例等形式逐项界定双方职责，针对应批已批事项、应批未批事项、禁止类事项，分类厘清源头监管、事中事后监管、末端执法责任界限，给街道更大的执法主动权。

**（三）运行架构**

在公文流转方面，采取"两条腿走路"的运转模式，区食药局在部署传达工作时向街道、食药所同时发文。一方面，向街道发文能让街道熟悉监管工作内容，掌握工作进度，尽快摸清监管工作规律；另一方面，向食药所发文让工作部署"少走一道弯"，确保工作早动手、早完成。

在业务配合方面，先后建立街道办日常检查、区直部门飞行检查的模式，重点工作区食药局与街道办一起干、相互配合融为一体的"捆绑式"联合检查模式，不发通知、不打招呼、不听汇报、不用陪同和直奔现场的"四不一直"督查模式。从近半年实际运行状况看，职权划分前街道"看到管不到"、部门"管到看不到"的问题得到了有效破解。

在行政执法方面，区局和街道食药所对片区内食品药品违法行为享有同等执法办案权，从近3个月运行状况看，全区食品药品案件来源更广，打击力度明显提升。

### （四）保障架构

以消除食药安全隐患、高效便捷、方便群众办事为导向，解决政府服务碎片化、部门化问题，把食品药品监管纳入城市治理大范畴中考量，打破食药监管系统信息孤岛，依托全区城市综合治理指挥中心实现互联互通，建立数据收集、综合分析和研判制度，通过数据监测、挖掘和比对分析，掌握食药领域违法活动特征，逐步实现基层网格化管理与政务服务、综合行政执法信息互通互联，提高发现问题和防范化解区域性、行业性及系统性风险的能力，做到早发现、早预警。

## 四、区街两级协同监管模式的优点

### （一）监管的专业性得到保持

与其他将食品药品监管纳入综合执法范畴、市场监管范畴的试点地区相比较，虽然S区食药局在架构模式上进行了改革，但仍然保持单列的食品药品监管架构。独立监管机构拥有较大的自主权，能根据监管的需要设置相应的职能部门，不仅目标明确突出，也通过牵头监管机构的协调，提高了食品药品安全工作的整体效率。反之，如果将食药部门纳入其他综合执法范畴，则将弱化监管目标，不利于统一权威监管机构的建立。

### （二）强化了基层食药所可用的监管资源

据笔者调查，未推行综合执法改革、未推行区街两级协同监管的地区，食品药品监管所面临的最大问题就是人手不足，在 S 省个别地市，存在一个基层食药所仅一名工作人员的现象，食品药品基层监管任务重、责任大，不少基层干部在解决相应待遇后则想方设法调动到其他监管岗位上，正常的监管工作基本无法开展，更不用提监管的连续性和专业性。区（县）食药局作为基层执法部门，要解决人员不足的办法有以下两种：一是向所在地党委汇报，通过增加编制、招录公务员的方式解决；二是通过购买服务，向社会招聘协管员。第一种办法放在当前"简政放权、精简机构"的大背景下可行性不足，而第二种办法则需要考虑到所在地协管员数量的总体水平。S 区受制于历史原因，协管员数量较多，已经给财政带来一定负担，不适宜再新招录，因此，将食药所划归街道管理，充分利用现有协管资源便成了唯一的解决办法。S 区划转到街道后，随着部分责权下移，街道对食品药品监管的投入与支持力度普遍加大。同时，各执法部门全部划归街道管理，有助于共同使用现用的办公用房、执法车辆、执法设备等执法资源，节约了行政成本。

### （三）行政服务便利性得到提高

基层食药所划转街道办事处，让行政服务窗口随之下移，在目前食品药品许可需要现场核查、无法实现网络办理的前提下，极大地减少了业户办理许可所需要的时间成本，业户可就近选择食药所提交申报材料，街道食药所在现场核查通过后，可经过一次流转备案就向业户发证，中小型业户办理相关许可实现了"一个窗口受理、两次跑腿办结"的高效服务。

### （四）对违法行为的打击力度得到显著提高

随着街道协管资源加入食品药品安全监管，发现的案源数量较改革前显著增加，同时，区食药局和街道食药所都保有执法权，在维持打击的高压态势上形成了合力。2017 年，全区街道食药所行政处罚立案 161 件，罚没款 241 万元，占全年食品药品案件的 55% 和 57%，同比改革前分别增长 105% 和 141%；食品药品抽检问题发现率 3.5%，同比改革前增加 35.1%。同时，街道食药所划转至街道，也赋予了街道用法律武器解决复杂问题的新抓手。

## 五、区街两级协同监管模式存在的不足

### （一）食品药品监管力量不足的现状未从根本上得到扭转

由于街道协管力量非食品药品专业协管员，需要负责多项协管工作，工作的专业性和主动性无法保证。部分街道食药所反映，所配给的协管员年龄较大或由社区工作人员兼任，对食品药品监管的帮助有限。另一方面，协管员无执法证，在实际工作中只能进行隐患排查等工作，能够参与的领域严重受限。因此，仅靠加强协管力量，无法彻底解决目前基层食药执法队伍人员少、老龄化现象严重的现状。

### （二）食品药品监管阶段性存在弱化风险

由于改革时间短，一部分机制尚未理顺，导致现阶段出现了弱化的风险。一是现有食品药品监管队伍从事与食品药品监管不相关的工作。划转至街道后，街道安排食药所从事城管执法、信访维稳等工作，这些工作与食品药品监管内容无关，但极大地挤占了执法人员的精力。同时，从执法内容上看，各部门执行法律、执法内容存在显著差异，城市管理执法更多检查的是"面子"，而食品药品监管更多检查的是"里子"，在拆迁、占路经营治理工作中让食药所参与，存在执法依据不健全、工作效率低的实际问题。二是街道接手食品药品安全工作时间短，存在对食药监管的理解不深入、对食品药品相关法律理解片面等问题，导致责任落实不到位，影响工作开展。

## 六、完善区街两级协同监管机制的措施

### （一）理顺工作机制

理顺各级职责、优化流程再造。根据运行情况，继续对区街两级事权研究调整，确保"事权与能力、事权与责任"的双统一。进一步明确各所职责，加大对街道食药所的管理力度，推进街道综合执法高效、合法、规范开展。

### （二）强化教育培训

强化执法队伍的思想道德和业务理论培训，着重补齐监管业务短板，消除"偏科"现象，提高执法人员的法律素质、业务素质和执法水平，确保各

项执法职能有序下沉。

### （三）充实执法力量

一方面，建议区级统筹在公务员招录上对基层食药所予以倾斜，尽可能增配食品药品监管力量，上级应继续深化中央政府与地方政府之间的关系改革，尽量下放给地方政府在人事管理、政策制定上更大的自主权，根据自身实际情况切实解决问题。另一方面，购买社会服务充实基层队伍，适量招聘协管员，探索从劳务公司购买服务的新途径，提高协管人员工资待遇，以保持专职协管员队伍稳定，保障街道监管工作更好开展。

### （四）加强纵向管理

在街道以"块"为主的基础上，加强区级执法部门在纵向上的管理。发挥食安办在食品药品安全工作的牵头抓总作用，增加调度会召开频次，加大对各街道食品药品安全工作的督导考核力度，确保各项工作落实到位。

## 七、小结

"民以食为天，食以安为先"，随着各省推进"放管服"改革，社会各界目前对食品药品机构改革提出了不同的意见和建议。笔者认为，不论食品药品机构改革采取的是哪种形式，最关键的都是保持监管架构的上下一致性，减少改革的不稳定性，频繁变动、形式不统一容易给基层监管人员造成不稳定的心理状态，不利于监管措施的落地。为此，改革应自上向下推动，改革的模式也应由顶层设计者进行明确。这样，才能构建起统一、权威的食品药品监管体制，切实保障群众"舌尖上的安全"。

## 参考文献

[1] 胡颖廉.综合执法体制和提升食药监管能力的困境[J].国家行政学院学报（决策咨询），2017，2：103-107.

[2] 商海春，刘文凯."1+1+1>3"是如何实现的？[J].中国工商管理研究，

2015，10：43-47.

[3] 贾璐 . 透视市场监管体制改革——以沈阳市沈北新区"三合一"改革为例 [J]. 现代国企研究，2016，8：61-62.

[4] 刘洋洋，曲明明 . 大市场监管体制改革的功能分析、挑战与对策——以上海市浦东新区市场监管体制改革为例 [J]. 地方治理研究，2015，17：5-12.

[5] 赵鹏 . 食品药品和普通产品：监管体制分道抑或合流？——基于问题特征和法定任务差异的分析 [J]. 行政法学研究，2016，3：55-64.

# 基层乡镇干部的处境与思考

万发玲 ①

**摘　要：** 乡镇（街道）是最基层的政府组织，基层乡镇干部属于我国行政体制中的最底层，是直接面对广大人民群众的政策执行者。面对"上面千根线，下面一根针""上管天，下管地，中间管空气"的工作环境，面对"五加二，白加黑"连轴转的工作要求，基层干部们身心疲惫，实属无奈。

**关键词：** 基层政府　乡镇干部　农村社会

党的十九大胜利召开，揭开了中国政治新的一页。当然，任何顶层设计都离不开基层的理解支持与贯彻执行。因而，基层的政治生态也很重要[1]。过去 5 年，基层在勤政善政、风清气正等方面发生了许多积极变化，但一些消极现象也呈现出普遍化和趋势化的苗头，值得重视。基层乡镇干部，甚至不算"干部"，"办事员"的称呼可能更为恰当。他们注定属于乡村，属于田间，属于最朴实的村规民俗，他们每天面对的都是面朝黄土的农民，干的都是解决家长里短的小事。

## 一、基层乡镇干部的处境

马克斯·韦伯对科层制的支配方式曾经做过经典描述：等级清晰的正式结构，上下级之间是服从与被服从关系，采用文牍式的信息交流，官员的聘任晋升依据正式的程序规则，等等。基层乡镇干部身处社会环境纷繁复杂的时代，位于科层制的最底层，面对"经济增长了，财政收入增多了，但是，基层的事情反而越来越难干了，乡镇干部也越来越成为最弱势的群体了，上头压你逼你，老百姓不配合你，明里暗里骂你"的局面，基层乡镇干部心里

---

① 万发玲（1987—），女，山东临沂人，中国海洋大学 2015 级公共管理专业研究生。

充满了无奈和辛酸。

## （一）事多，人少，压力大

乡镇政府是最基层的行政管理层级，在当前全面深化改革、决胜精准脱贫、环境污染治理的关键时期，乡镇政府面临着十分繁重的任务：信访维稳、防火防灾、精准扶贫、环境治理、交通安全、公共服务、土地征用、房屋拆迁、基础教育……几十项甚至上百项各种任务，接踵、叠加而至。更有甚者，县、区政府为了显示"政治重视、执行有力"，而把各项任务的指标体系进一步细化分解，一项工作往往要分解为几十项具体量化指标，并且都要"按月、按季度"并"全过程跟踪检查"。而基层政府为了完成任务更是把任务细化分解到每个基层干部身上，这就导致了每一个基层干部身上都背负着几个甚至十几个、几十个责任指标。同时由于来自"上面"无论哪项考核检查，都与乡镇领导的晋升、评优，以及一般干部的奖励福利等紧密挂钩，任何基层乡镇干部都不敢有丝毫怠慢[2]。工作时间，高速运转；工时之外，加班加点；节假双休，几成奢谈。在乡镇流行着一句"女的当男的用，男的当畜生用，说这句话都是对畜生的不尊敬，因为畜生都没这么累"，是基层干部对自身工作环境的无力自嘲。

乡镇是党政工作的第一线，乡镇干部的工作忙、累、琐碎原本也属正常。不过，近年来这种忙累似乎已超乎常态。当前，基层干部面对着的是安排各项工作时被频繁强调的"……否则责任（后果）自负""问问自己端的是谁的碗？""嫌累吗？不满吗？可以退党啊，可以走人呀！"等屡试不爽的高效"武器"，广大基层乡镇干部"有怨无言"也是自然的。不发表意见，不代表没有意见。这种长期的"意见保留"和"有怨无声"显然不利于基层人员正常工作的开展。而放任这种负能量长期自然累积，显然也不利于基层工作的整体与长远。

## （二）人员分工不合理，年轻干部疲惫不堪

现在乡政府人员结构主要分为三块：年纪大的干部、年轻乡镇领导、年轻乡镇干部。而且存在老龄化的趋势，年纪大的干部不懂电脑，很多需要专

业知识的业务他们也不懂，学不会也不愿意去学，这一部分人要占乡政府将近一半。这一问题在分工的时候体现在：年轻干部任务特别多，每天加班加点做业务；但是年纪大的干部由于各种原因可以过得很悠闲。

面对内部分工不合理的现状，年轻干部往往会产生两种心态：一种是做事越来越消极，晚上不再加班，在乡镇政府慢慢变成了"老油条"；一种是做事越来越积极，工作完成得越来越好，学到的东西也越来越多，到了可以考试的时机就考走，彻底从基层解脱。2014 年之后国家政策规定，为了保持基层队伍的稳定性，基层干部必须服务期满 5 年以上才能参加各种考试。这无疑在某种程度上打击了年轻干部的积极性，以上两种心态有可能都会变成消极的那一种，从而使得本来编制就不多的街道更是出现了"无才可用"的状况，陷入恶性循环模式。

### （三）付出和回报严重不成正比，误解、偏见相伴

乡镇干部的付出、回报不成正比已成为共识。基层干部待遇很低，又没有合理的奖励机制，工作任务日益繁重、工作报酬较低、家庭负担加重、工作信息化程度日益加强等，很多年富力强、经验丰富的基层干部时常感到力不从心。基层干部的工资福利待遇低，没有加班费，没有任何灰色收入，年终奖有时候由于乡镇财政紧张发不出，提高工资只有一条途径——"熬年限，熬工龄、熬职级"。而每当出现公务员吐苦水的时候，大部分网民就像机关枪一样骂个不停。"既然公务员这么不好，你怎么不舍得辞职啊？"之类的。内外界的双重偏见、误解，使得基层干部在这种压抑的环境下更是消极怠工，不愿干、不想干的情绪加重，这不仅影响了党在农村的权威和形象，也将影响到党在农村事业的长远发展。

## 二、基层干部疲惫状况的原因分析

乡镇（街道）是行政层级的末端，是党执政大厦的地基。基层干部身在基层一线，直接面对群众，是党和政府各项政策的落实者，当然也顺便成了从严治党、责任倒追机制的"替罪羊"，从而导致基层干部们长期处于压抑状态，战战兢兢，如履薄冰，身心大都处于亚健康状态。值得思考的是，基

层干部怎么会有这么多的事情？为什么会这么忙呢？笔者经过分析认为：

令基层乡镇干部疲惫的，首先，在于基层思想政治工作以及基本服务业务的剧增。近年来，基于加强党建工作、意识形态工作以及全面维稳工作的需要，各地全面加强了思想政治工作 [3]。由于乡镇工作的特殊性，基层政府不得不投入大量的人、财、物来实现这些工作的最终落地。甚至本轮思想政治工作的高要求，还造成基层不得不增加大量的"补课"工作。在党建、意识形态工作急剧增加并常态化的情况下，基层人员的工作乃至生活不得不转入高速运行，甚至加班加点在村居督促指导党建、思想政治工作。思想政治工作的增加，并不意味着基本业务的减少。税费改革、基层政府职能的转变，加强了对基层公职部门业务工作的要求。特别由于全国范围内对"创新"工作的重视强调，基层新工作、新任务和新要求层出不穷。基层干部们由于自身综合素质所限，应对起来较为吃力，更是"忙，忙，忙"。

其次，在于上级组织下达任务要求的"齐头并进"。在当前强化中央权威、强调执行力的环境下，加之电子化办公的高速便捷，往往造成不同上级部门安排的工作任务同时并发，并且基本上都有在相近日期完成的硬性要求，这便造成"上面千根线，下面一根针"的基层干部们分身乏术，疲于奔命，加班加点成为常态。同时大量重复性工作的存在也使得基层干部们焦头烂额，不论是公职机构的增加（职能有叠加），还是组织换届或主官换人，一般都会出台新政 [4]。即使上级组织和主官不变，在当前"创新政治"环境下，基层组织也都积极开创"新"的工作。问题是，一方面是"新政"层出不穷，另一方面是过去既有的相似相近的"旧政"又往往不明确取消，造成基层大量工作的重复叠加 [5]。这种"只做加法不做减法"的奇怪现象自然也会加重基层乡镇干部的工作负担。

第三，在于基层乡镇干部直接面对的农村社会环境也发生了激烈的变革，农村群众的法制意识、经济意识等意识形态也发生了深刻的变革，农村社会环境变得更加复杂，新时期的信访矛盾化解、拆迁安置补偿、精准扶贫、土地流转、安全生产、环境污染整治、城乡环境一体化等等新工作层出不穷，仅仅依靠过去的老办法、老思路解决面对的新问题、新矛盾已经很难取得预期效果。同时一些政策朝令夕改，一些措施不接地气，不是无法落实，就是落实后又突然更改，轻则导致前功尽弃，重则引发新的社会矛盾问题。严格按政策办无法落实，被冠以"不作为"的帽子；灵活处理又与政策有出入，成为"乱作为"的例子。可以说基层干部为了克服这种局面寝食难安，不得不绞尽脑汁，使出浑身解数。而基层干部除了忙累之外，还在于工作心情的不舒畅。基层干部工作夹在上级和群众之间，上压下挤的传统两难在强化政策执行力的大环境下更为凸显，两头受气却不能抒发的内心苦恼（痛苦）自然愈益累积，基层人员辛苦疲惫以及内心无奈，宛然已经成为"弱势群体"[6]。

### 三、解决基层乡镇干部疲惫不堪现状的建议

乡镇干部们忙累之下，少不了抱怨。在当前的环境下，公开的直接的抱怨在基层干部中并不多见。但细心观察，能够感受到基层干部私下的、委婉的或者略带自嘲的牢骚和抱怨。就当前的情况看，从严治党不断向基层延伸，阳光政府、效能政府建设不断推进，但基层却呈现出干部疲惫、积极性不高等问题。笔者认为：

首先，应对基层疲惫，基本解决之道在于通过深化行政体制改革，合理划分基层政府的财权事权，明确各级政府的权力和责任[7]，尤其是县级政府的权力和义务，避免通过层层加码、层层传导压力，增加基层的负担，实现"权责利"的统一，真正实现基层干部在工作中的主体地位。同时要保障农村基层自治组织的自治权，扶持农村组织的良性发展[8]。进一步落实政策向基层倾斜的举措，切实提高基层干部的待遇报酬，让基层干部们感受到付出有回报，解决他们的后顾之忧，提高他们的工作积极性，使他们安心工作，真正为农村发展出谋划策，全心全意维护群众利益[9]。否则，没有权力体系的结构性改革，没有真正关心乡镇基层干部，就无法调动他们干事创业的积极性，更谈不上新时期各类攻坚目标任务的顺利实现[10]。

其次，解决基层干部疲惫在于"增兵简政"。就"增兵"而言，如果大规模地扩招基层公务员不现实，那么在既有公务员队伍里进行余缺调剂或许

可行。就"简政"而言，如果短时间内对上级机构进行大规模精简并不现实，那么对基层既有的政策、工作和要求进行清理取舍则不失为相对可行的做法。另外，基层干部想当好公仆、想做出实事，更需要一些符合基层实际情况的好政策来支撑，从这个角度来看，国家需要一批有经验的基层干部来充当政策的制定者，而不是无基层工作经验的人来纸上谈兵[11]。

再次，解决基层干部疲惫在于构建和谐有序的工作环境，有赖于政府机构及其职能的科学和配置[12]。"比金子更珍贵的是良好的选人用人环境"，通过公平、合理、科学的激励机制选拔干部，形成团结有序、风清气正、干事创业的大环境，对勤勤恳恳、忙碌又普通的基层干部们来说才是题中之义，因而笔者认为，构建和谐有序的基层政治生态环境应该成为党的十九大之后的当务之急。

**四、结语**

面对繁杂的基层事务，基层乡镇干部们尽管心里有无数的抱怨，可手里的活不曾停下。两头受气却不能抒发内心苦恼的基层干部们，没有把口号喊得多响，可身影却穿梭在农村的大街小巷。尽管没有广阔的晋升渠道，可他们依旧勤勤恳恳，任劳任怨。而调动起基层干部干事创业的积极性，为推动地方发展谋真招、鼓实劲、做实功、出实效，使他们全身心地投入全面建成小康社会的大潮中，为实现"中国梦"贡献力量，是新时期各项攻坚任务的必然要求，也是确保农村社会持续性发展的关键所在。

# 参考文献

[1] 贺小慧. 现有政府体制下的乡镇治理探究 [J]. 人民论坛，2013（2）：60-61，95.

[2] 马得勇. 中国乡镇治理创新：10 省市 24 乡镇的比较研究 [M]. 天津：南开大学出版社，2014.

[3] 周挺. 乡村治理与农村基层党组织建设 [ M ]. 北京：知识产权出版社，2013.

[4] 于建嵘. 我国农村基层政权建设急需解决的几个问题 [J]. 行政管理改革，2013（9）：44-48.

[5] 张艳国，尤琳. 农村基层治理能力现代化的构成要件及其实现途径 [J]. 当代世界社会主义问题，2014（2）：54-66.

[6] 刘澄. 双重冲突中基层政府的困境与出路 [J]. 广东行政学院学报，2006（2）：24-28，49.

[7] 杨顺湘. 我国乡镇行政管理体制研究 [J]. 人文杂志，2009（6）：173.

[8] 吴智灵. 农村基层政府治理能力现代化的现实困境与发展路径 [J]. 安徽行政学院学报，2016（31）：94-99.

[9] 黄成亮. 后税费时代基层干部行政能力提升困境与出路 [J]. 边疆经济与文化，2011（8）：159-160.

[10] 李慧凤，郁建兴. 基层政府治理与发展逻辑 [J] 马克思主义与现实，2014（1）：174-179.

[11] 荣敬本. 从压力型体制向民主合作体制的转变——县乡两级政治体制改革 [M]. 北京：中央编译出版社，1998.

[12] 丁煌，李新阁. 基层政府管理中的执行困境及其治理 [J]. 东岳论丛，2015（10）：122-127.

# 从优化纳税服务简析服务型政府建设

王广宇 ①

**摘　要：** 当代新公共管理理论的兴起和服务型政府理念的提出为纳税服务提供了理论依据和发展方向。税务部门作为国家重要的经济管理部门，在建设服务型政府中肩负着重要的职责。为更好地适应政府转变职能的要求，应当通过优化纳税服务，建设服务型税务机关，努力为纳税人创造良好的税收环境。

**关键词：** 公共管理　服务型政府　纳税服务

"服务型政府"是中国学者在 21 世纪前后提出的全新概念，也是中国学者面对国内外环境的急剧变化对新的政府管理模式进行的一次大胆探索。当代新公共管理理论的兴起和服务型政府理念的提出为纳税服务提供了理论依据和发展方向。税务部门作为国家重要的经济管理部门，在建设服务型政府中肩负着重要的职责。为更好地适应政府转变职能的要求，应当通过优化纳税服务，建设服务型税务机关，努力为纳税人创造良好的税收环境。

## 一、"服务型政府"的内涵和对优化纳税服务的指导意义

在我国，科学发展观、和谐社会、服务型政府、依法行政等新理念和战略的提出，为我国构建新型的公共治理体系提供了基本的指导思想。我国公共治理理念由注重经济发展转到注重经济社会协调、可持续发展，进而转到淡化"政府本位"的价值观，更加注重社会的公共需求和正义 [1]。

纳税服务是建设服务型政府的应有之义，服务型政府理念的提出和实践对税务机关优化纳税服务具有重要的指导意义。当前，税务机关优化纳税服务是纳税人实现权利的重要保障，也是促进依法治税、构建和谐税收征纳关

---

① 王广宇（1990—），男，山东青岛人，中国海洋大学 2016 级公共管理专业研究生。

系的必要条件。按照服务型政府的要求，纳税服务工作有几个基本要义：一是法治、公开、文明、效率是纳税服务的核心理念。创造公平的税收环境，是对纳税人最好的服务。要坚持税法面前人人平等、秉公执法、依法行政，认真落实执法责任制和过错追究的有关规定，进一步加大执法监督和考核力度，坚决纠正执法不公、以税谋私等问题，切实维护纳税人权益。要依法应收尽收，严厉打击税收违法犯罪活动，有效维护守法纳税人的利益。二是以提高税法遵从度为目的，以法律法规为依据。要遵循税收法律法规，依照法定内容及程序，确定纳税服务目标、服务内容和服务措施；要充分考虑纳税人需求变化，适时完善税收征管等方面的规章制度，推动纳税人合理需求的合法化；要以"始于纳税人需求，基于纳税人满意，终于纳税人遵从"为准则，通过改进和优化纳税服务，促进税收征纳关系和谐融洽，最终实现纳税人自愿遵从税法，进而提高税收征收率。三是纳税服务与税源管理同等重要，二者不能有所偏颇。纳税服务与税源管理都是税收管理的基础，都是构建和谐征纳关系、提高税法遵从度的重要手段。开展纳税服务的根本目的，在于促进纳税人依法、及时、足额地履行纳税义务，不能因为强调纳税服务而忽视税源管理的重要作用。优化服务必须服从于公正执法的要求，不能代替税务管理。严格管理、公正执法是对纳税人最根本的服务。要正确处理好优化纳税服务与加强税源管理的关系，做到二者有机统一。四是突出纳税人权益保护。尊重和保护纳税人的权利是税务机关的法定义务。要加强纳税人权益保护的制度建设，在制定税收法规过程中，要广泛征求纳税人的意见和建议，切实保障纳税人的知情权、参与权、表达权、监督权。要建立和完善纳税人权益保护沟通制度，充分利用各种渠道征集纳税人的意见建议，并加以改进税收工作。

## 二、优化纳税服务相关措施

经过多年来的不懈努力，税务部门在优化纳税服务、维护纳税人权益、促进和谐征纳等方面取得了较大的进展，主要采取的措施有以下几点：

### （一）全面开展"便民办税春风行动"

深入贯彻落实党的十九大精神和中央经济工作会议精神，坚持以习近平新时代中国特色社会主义思想为指导，不忘初心、牢记使命，进一步落实深化"放管服"改革和优化税收营商环境的新要求，以深化"放管服改革"、优化税收营商环境为主线，推出 5 类 18 项便民办税措施，切实增强政策确定性、管理规范性、系统稳定性、办税便利性、环境友好性，持续提升纳税人税法税制认同感、依法纳税公平感、办税渠道畅通感、申报缴税便捷感、税法遵从获得感，进一步打造具有鲜明税务特色的纳税服务品牌。把握"长流水、不断线、打连发、呈递进"的工作节奏，总体设计、层层分解、逐步推进，结合"春风行动"各项措施的时间节点，分季度、分主题推出系列活动。汇总各地在"春风行动"开展过程中推出的创新举措，交流工作经验，推动活动成效再提升。结合以往经验，主要开展以下行动内容：完善税收制度，开展征管制度清理，升级税收业务规范，加强政务公开和政策解读，改进税收执法，推进实名办税，实施信用管理，防控税收风险，加快电子税务局建设，简便信息报送，推行财务报表税企间自动转换，优化实体办税服务，深化联合办税，简化纳税申报，创新发票办理，推行清单式服务，深化大企业服务，优化税收营商环境，推进社会信用共治，服务经济发展战略（《国家税务总局关于开展2017年"便民办税春风行动"的意见》，税总发〔2017〕10号）。

### （二）推行新办纳税人"套餐式"服务

新办纳税人在网上办税服务厅提交"套餐式"服务事项申请；税务机关在规定的期限内完成办理，并通过网上办税服务厅反馈办理情况；纳税人依据反馈情况到办税服务厅，领取增值税税控系统专用设备、发票等办理结果。新办纳税人"套餐式"服务是税务系统落实商事制度改革、激发市场活力和推动"双创"的新举措，是实现办税"零门槛"的先手棋。各单位要充分认识开展新办纳税人"套餐式"服务的重要意义，严格按照工作任务确定的分工及时间节点开展各项工作，积极做好面向纳税人的宣传推广，全面落实"套餐式"服务有关要求，进一步整合业务办理流程，变信息多次采集为一次采集、多表填报为一表填报、多次重复报送资料为一次报送共享，变多条税流程为一条综合流程、多次受理为一次集中受理，确保新办纳税人开业办税无障碍。在推行"套餐式"服务过程中，各相关业务处室要对业务流程及存在风险进行全面评估，合理确定推行"套餐式"服务新办纳税人的行业、规模和种类，科学核定发票版面和供应限量。根据"套餐式"服务流程建立与之相配套的内控工作机制，实现风险可控。在新办纳税人"套餐式"服务推行过程中，各单位要密切关注各项业务办理情况，及时反馈存在问题，总结工作成效。在新办纳税人"套餐式"服务全面推行的基础上，结合"最多跑一次"清单及"全程网上办"清单，对现有业务事项及其关联业务流程进一步分析、整合，探索其他类型纳税人的"套餐式"服务，降低办税门槛，减轻办税负担，不断优化营商环境，为纳税人提供更加便捷、高效、优质的纳税服务。

**（三）开展第三方纳税服务质量评价**

为客观评价纳税服务工作情况，持续优化改进纳税服务，开展第三方纳税服务质量评价工作。第三方评价是指独立于税务机关和纳税人之外的第三方，在充分尊重客观情况的前提下，对纳税服务质量开展评价。要坚持以问题为导向，明确评价目的，突出纳税服务重点，兼重定量与定性评价，实现第三方评价与纳税服务改进的深度融合，推动纳税服务质效持续提升，进一步提高纳税人满意度。参与评价的第三方应对纳税服务工作有一定的了解，对纳税服务质量评价有充分的认识，在此基础上提供客观的评价信息。第三方评价的基本受评对象是纳税服务质量，在具体评价过程中，要从实际出发，把握纳税服务特点，突出纳税服务重点，评价内容应主要关注社会对纳税服务工作的认可度、公认度以及满意度。评价结束后，做好对第三方纳税服务质量评价结果的收集、整理、运用工作。对通过不同方式获取的信息进行分析，形成结论报告，为改进服务举措、提升服务质效提供有力参考。针对第三方评价反映的问题，深入查找纳税服务薄弱点，分析原因，制订整改方案，有针对性地完成整改工作。

### （四）大力推进信息化办税方式手段

通过大力发展信息化办税手段，解决纳税人"最后一公里"问题，让纳税人"多走网路，少走马路"。将税务登记、纳税申报、税款征收、税源监控、纳税服务等各个环节都纳入网上办税模块。建立网页办税、客户端办税、手机办税等多种多样的信息化办税方式，大力发展税务数字证书应用，推广税收工作无纸化发展，以信息化技术手段来反推纳税服务工作发展，提高政府机关服务效能。

## 三、构建新型纳税服务体系的思考

### （一）按照建设服务型政府的要求，实现纳税服务观念的根本性转变

发达国家把纳税人看作客户和服务对象的做法值得借鉴，构建新型的纳税服务体系，最关键的是要实现观念转变和观念创新。按照"权利与义务对等"原则，税务机关应确立"以纳税人为中心"的服务观念，在大力宣传纳税人依法纳税义务和"税收遵从"观念的同时，也要突出对纳税人权利的宣传，体现纳税人的纳税主体地位，把纳税人看作是"社会财富的创造者、精神文明的实践者、国家建设的贡献者"，并在日常管理和执法中体现和实践这种观念[2]。

### （二）明确纳税服务的目标，分阶段科学制订纳税服务工作规划

纳税服务体系的建立应结合实际，统筹考虑，总体规划，分步实施。总体构想是以建立一个"覆盖全面、功能齐全、制度规范、配置科学"的纳税服务体系为目标，分短期目标和中长期目标来规划。短期目标是适应新一轮税制改革和征管改革的要求，以纳税人需求为出发点，以信息化手段为载体，以观念创新带动组织创新、机制创新和手段创新。具体是以纳税人的需求为导向，整合和优化现有纳税服务资源（包括组织、技术、人员、设施等资源），对内设机构进行业务重组和流程再造，建立网络化、扁平化的组织架构，发挥专门纳税服务机构的职能作用，以丰富完善服务手段、内容和载体以及优化人力资源为主，实行统一规范的纳税服务标准和制度，实施集约化、专业化管理。中长期目标是利用互联网技术，搭建对内和对外的功能齐全和高度

共享的税务信息处理平台，实现纳税服务的高度专业化，建立"网上税务局"。

### （三）加强税收文化建设，提升纳税服务队伍的综合素质

增强服务意识的最佳途径是通过税收文化建设进行强化。税收文化建设就是通过在制度层和物质层两个层面的不断探索、不懈努力，逐步形成较为完善科学的税收制度文化、行为文化、安全文化和物质文化，并有意识地加以归纳、总结、提炼和引导，进而在税收工作者心中自然而然地形成高度认同的价值观。要通过有效的载体推进，把无形的文化变成有形的实践。通过精神文明创建活动体现税收文化，加强职业道德、依法行政教育，开展丰富多样的文化活动，弘扬先进文化和典型事迹，使税务干部自觉地把"依法行政、文明高效、勤奋敬业、清正廉洁"的理念贯穿于税收工作的方方面面。加强服务礼仪、专业素养、应急处理、交流沟通等方面的培训，加快培养和储备复合型的纳税服务人才，满足纳税人的合理需求，切实将"聚财为国、执法为民"的税收工作宗旨具体深入地落实到工作当中。

## 参考文献

[1] 王乐夫 . 中国公共管理理论前沿 [M]. 北京：中国社会科学出版社，2006.

[2] 邢幼平，张国钧优化纳税服务研究——基于浙江国税系统纳税服务的实践 [J]. 财经论丛，2009（142）：28-34.

# 浅析基层政府人力资源管理存在的
# 问题及对策思考

王　慧 ①

**摘　要：**随着全面深化改革的推进，基层政府在整个管理体制中占据越来越重要的地位，一头连接着上一级政府，一头对接"三农"，在农村乃至整个国家经济社会发展中发挥着基础性作用。然而不可否认的是在基层政府的人力资源管理过程中，存在不少的漏洞和问题，在某种程度上制约了基层政府的进一步改革发展。本文对基层政府人力资源管理过程中存在的问题进行分析，并对下一步的发展提出几点思考和对策。

**关键词：**基层政府　人力资源管理　问题与对策

基层政府作为整个政府体系的基础层，承担着国家绝大部分政策的实施落地，直接面对群众工作，为其提供公共产品和公共服务。基层政府的工作人员，是具体维系乡镇各项工作正常开展的维持者与上级政策落地的执行者，对他们的管理与培养在基层政府实施职能的过程中发挥着举足轻重的作用。因此加快基层政府人力资源管理的改革发展，对提高基层政府社会管理职能和推动社会进步有十分重要的意义。

## 一、基层政府人力资源管理

基层政府是我国政权体系中的基础性部分，"上连国家、下接乡村"的独特纽带地位决定了它不可替代的作用。具体而言，基层政府根据所辖区域内的自然资源状况，合理规划经济发展实际，维护农村基层社会稳定，不断

---

①　王慧（1989—），女，山东日照人，中国海洋大学 2016 级公共管理专业研究生。

促进基层的全面发展。主要管理职能有维护社会秩序、加强社会经济管理、促进文化发展、提供社会公共服务、加强基础设施建设等。

基层政府人力资源管理作为我国人力资源管理大系统中重要的一部分，是指运用现代化的人力资源管理方法，对基层政府人力资源的获取、整合、激励进行控制、调控的过程，以期更全面、更科学、更高效地发挥基层政府人力资源的作用，以此来满足组织的需要与发展，不断实现个人目标与政府为人民服务宗旨的有效统一。我国基层政府人力资源管理除具有其他资源管理的共性外，还具有系统性、战略性、公共性、法制性、复杂性、动态性等特点。

## 二、基层政府人力资源管理存在的问题

### （一）基层政府缺乏对人力资源管理的认识

受传统人事观念的影响，我国的基层政府在进行人事开发与管理工作时，按照原有的管理方法因循守旧，不主动学习及运用现代的人力资源管理体制及方法。具体而言，受"官本位"思想的影响，在基层政府中过多地强调"一把手"地位，导致部分基层党委书记做"土皇帝"的现象屡见不鲜，出现了越位政府权力致使政府职能不能有效发挥的局面。另外，在基层政府中把工作人员当成完成任务的机器，只看工作完成的结果，不注重发挥人员的主观能动性和创新性，给工作的执行带来了被动。

### （二）基层政府缺乏合理的人力资源配置

虽然近几年基层政府拓宽了选人用人的范围，除公务员及事业编制外，大学生村官、"三支一扶"、退伍军人、公益性岗位等正在成为基层政府不可缺少的骨干力量，但是基层政府的人力资源配置仍然存在不少问题：一是职务结构不合理。在大多数乡镇，副科级及以上领导干部在整个基层政府人力资源构成的占比较大。二是文化结构不合理。受以往的分配制影响，现有基层政府的人力资源文化层次偏低，全日制学历较少，在职教育偏多。三是年龄结构不合理。由于 2005 年机构改革实行了"五年内只出不进"的严控编制政策，乡镇从 2010 年才开始招考公务员或事业编制人员，导致目前在岗人员年龄结构两极分化严重，中间年龄层骨干力量不足，专业技术人才缺失。

### （三）基层政府缺乏有效的人力资源管理激励机制

目前，我国公务员的激励机制主要包括考核、职务晋升、奖励、工资福利等，缺乏必要的教育、谈话、警告等负激励，且考核主要形式是年终的民主评议，在绝大多数人"老好人"的思想下，导致干得好与不好相差无几，无法对基层政府的工作人员做出全面科学的评价。加之政府体制内"铁饭碗"的观念仍然存在，论资排辈现象严重，导致基层政府在人力资源管理中缺乏有效的发展和竞争机制，新考录的年轻人尤其是编外人员辞职现象严重。此外，大多数乡镇工作"五加二、白加黑"的高压态势已成常态，精神奖励与物质奖励等多种激励方式的结合，以及营造公平和谐舒适的工作环境也应该成为提高基层政府工作人员执政能力的主要方向。

### （四）基层政府缺乏科学的人力资源管理开发和培训体系

主要表现在：一是能岗不匹配。基层政府的工作人员构成中，不管是公务员、事业编制等编内人员，还是大学生村官、"三支一扶"、退伍军人、公益性岗位等编制外人员，都是通过基层政府上报用人计划，上级人事部门全局把握后进行招考录用的，不可避免地出现了最终录用人员与基层招聘需求不匹配的状况。二是缺乏培训意识。目前，上级部门对于基层政府工作人员的录用及培训重视力度不够、资金投入不足，并且培训内容重思想教育、轻基层实际，缺乏有针对性的个性培养。三是考核流于形式。基层政府承担了大量的具体事务，往往忽略了对人力资源的全方位考核，使得考核的结果不能很好地与晋升、绩效、奖励相挂钩。

### （五）基层政府缺乏完善的人力资源监督机制

随着国家监察体制改革在全国推开，各级监察委员会及巡察部门加大了对公职人员的监察监督，但还有必要进一步强化。当前，基层政府将主要精力用于大量的、可操作性强的具体事务，在思想上认为基层无权无利，对于各级的监察监督重视力度不够，加之监督部门本身也缺乏独立性，使得监督监察效果大打折扣。同时，多元的监督机构难以形成合力，而部门内人员受利益关系、人情关系等形成的"多一事不如少一事"的想法，导致监督机制的效能比较低下。

## 三、优化基层人力资源管理的对策

### （一）树立科学的人力资源管理理念

基层政府要走出旧思想、老观念的人事管理制度，树立先进、系统、科学的现代人力资源管理理念。这就需要运用现代人力资源管理理念来指导基层政府工作人员，打破传统的"平均主义""大锅饭"思想，引导他们树立自己的短期、中期与长期目标，充分发挥他们的创新性与主观能动性，为他们提供施展自己能力的平台。管理者要充分认识到人的重要性，将人放在管理的第一位，并在管理工作中体现出来，让他们明确自己的职业目标与规划，树立为人民办实事、办好事的原则，从而在为人民服务的同时，实现个人的人生价值。

### （二）优化人力资源结构配置

首先，严把基层政府的人力资源入口关，人员的选拔录用要根据基层的实际需要上报招聘需求，上级人事部门统一组织考试，实施公开的资格审查、笔试、面试、政审环节，择优录用。同时注重对有基层经验的编外人员进行定向招聘。其次，在基层政府建立合理的老、中、青人员结构体系，做到每个科室、站所的人员年龄层布局合理，使各个年龄段的人员都能发挥自己的优势，完成各自的工作分工。最后，根据乡镇的大小及所辖人口多少，合理确定基层政府的领导职位数量。

### （三）建立有效的奖惩激励机制

首先，在对人力资源进行考核时，要打破单一的民主评议考核制，结合人力资源的工作成效与特点、个性、优势与不足等方面，建立科学有效的绩效评估体系，不断调动他们的工作积极性。其次，正向激励方式要多元化，除口头表扬、颁发荣誉证书等内部奖励形式外，还可以运用激励与职务晋升挂钩、精神激励与物质激励相结合的方式，更好地提高人力资源干事创业的激情。再次，在人力资源管理过程中，学会使用参与激励。根据马斯洛的需求层次理论，基层政府的公务员及事业编制人员的生活相对比较稳定，已经满足了基本的生存、安全及感情归属等需求，对于尊重及自我实现的需求还有待满足。通过加强人力资源的参与，可以在一定程度上满足他们的自尊心及自我实现的需要。最后，加大谈话、警告、降级、开除等负激励的使用效率，推行干部"逆提拔"机制，确保"能者上、庸者下、平者让"的人力资源行为理念深入人心，使干部能上能下常态化。

### （四）健全人力资源管理开发和培训体系

建立健全基层政府人力资源的开发与培训，对于人才的培养、效能的发挥是非常重要的。首先，要健全学习培训机制。在基层政府要树立"干中学、学中干"的终身学习意识，定期组织人员进行学习充电，并将学习培训中的表现纳入绩效评估体系，提高参加学习培训的热情。其次，培训内容要有针对性。在日常的知识理论学习的同时，加大对实际经验的交流学习，并可以根据人力资源的需求定制个性化的培训内容。最后，培训方式要进一步创新。要打破传统的课堂讲解培训方式，可以采取网络化教学培训的方式，也可以聘请专业的培训机构，结合基层政府人力资源的工作特性，创新性地开展社会调研、具体案例分析等培训活动。

### （五）强化人力资源管理的监督机制

首先要充分发挥各级监察委员会、巡察机构对基层政府人力资源管理的监察监督作用。同时，要突出基层人民代表大会及其常务委员会的监督力度，加强对基层政府中"人"与"人"手中权力的监督。另外，建立起一个全面、广泛的社会监督体系，将非政府部门或组织的监督与社会大众的监督结合起来，调动社会各界的监督意识，切实加强基层政府廉政建设。

### 四、结语

基层政府人力资源是整个社会人力资源构成的一部分，是代表国家直面群众进行社会管理的执行主体，在一定程度上体现着政府的执政能力与管理职能。但是在具体的人力资源管理过程中存在着诸多的问题，我们可以从创新人力资源理念、优化结构配置、建立奖惩机制、健全开发培训、完善监督机制等方面来改善这个现状，从而调动人力资源的工作积极性，提高执政能力，改善服务态度，营造风清气正、廉洁高效的基层政府形象。

## 参考文献

[1] 韩国伟.浅析我国基层政府的人力资源管理 [J].经营管理者，2012（1）：63.

[2] 花秀丽.浅析基层政府人力资源管存在的问题及对策 [J].人力资源，2015（1）：173.

[3] 王雨晗，崔丽.浅析基层政府人力资源绩效考核问题及对策 [J].化工管理，2016（11）：17-18.

[4] 孙卓.关于基层政府人力资源管理的思考 [J].统计与管理，2014（9）：155-156.

[5] 王立甲，王星林.我国基层政府人力资源管存在的问题及对策 [J].产业与科技论坛，2010（9）：32-34.

[6] 曾小燕.基层政府人力资源管理与开发的对策思考 [J].现代经济信息，2015（14）：105.

[7] 赵书峰.我国基层政府部门人力资源管理存在的问题及对策研究 [D].济南：山东大学，2009.

[8] 曾凤.我国公务员绩效考核研究——以深圳市某办事处公务员绩效考核为例 [D].南昌：南昌大学，2013.

[9] 王平.我国乡镇政府人力资源管理研究 [D].呼和浩特：内蒙古大学，2010.

[10] 马辉，杨永慧.基层政府人力资源管理与开发的对策思考 [J].生产力研究，2012（20）：95-97.

[11] 李华.浅谈事业单位人力资源管理与绩效考核 [J].经营管理者，20119（17）：306.

[12] 耿晓飞.浅析农村基层政府人力资源问题 [J].法治与社会，2012（7）：152-153.

[13] 迟焕兵.如何做好乡镇政府的人力资源管理 [J].人力资源，2014（27）：147.

# 对全国文明城市创建的几点思考
## ——基于公共管理视角

王竞斐 [①]

**摘　要：** 在社会主义现代化建设全面发展的今天，中国城市发展问题面临重大的挑战，如何有效加强城市治理，从而推进城市可持续发展，成为中国城市发展的核心问题。本文紧扣当前文明城市创评实践的脉动，概括当前我国城市治理现状，指出在城市治理过程中遇到的公众参与度不高问题、文明城市创建出现的"异化"的问题，分析出现这些问题及困难的原因，并指出解决举措。

**关键字：** 城市治理　文明城市创评　现状　问题　举措

现代人类文明是在城市发展与城市治理创新中不断进步的。一个城市的文明程度客观上也反映着这个城市的发展与治理情况。自中共中央《全国文明城市测评体系》文件下发以后，全国各地都争相开展了文明城市创评活动。在各地蓬勃开展文明城市创评活动的过程中，我国城市的发展与治理取得了很大成绩，积累了诸多宝贵经验，但同时也暴露了许多问题和困难，透过公共管理视角来正视文明城市创评现状，找出其中的问题和困难，并对原因加以分析，对于促进城市现代化建设具有至关重要的现实意义。

### 一、文明城市创建背景

当人类社会逐渐走向成熟与文明，城市便应运而生。随着现代工业化发展的不断推进，城镇化已然成为启动经济增长的引擎和强大推动力，城市的文明进步是经济发展的直接产物。在城镇化加速进行的今天，城市一方面成

---

① 王竞斐（1990—），女，山东莱阳人，中国海洋大学 2016 级公共管理专业研究生。

为人们生产生活的重要场所，另一方面其自身文明的发展也在随着经济社会发展而不断提高。为了全面评估某个地方的科学发展水平以及整体文明和谐程度，更为了全面促进我国经济、社会、人文、政治等各方面的持续进步，我国自从 2005 年以来持续推出全国文明城市创评活动，平均每 3 年评选表彰一次，截至今年已成功创评 5 届。全国文明城市这一称号象征着最高最综合性的荣誉，是一个城市整体发展水平的集中体现。纵观全国文明城市测评内容，我们会发现，其覆盖范围很广，包括市场、人文、生态、生活等诸多方面，细致入微的考察增加了评选难度，这也是很多被提名的城市过早备战的原因。文明城市的创建是每个城市的一件大事，唯有上下齐心协力、真抓实干，才能推进文明城市创评工作扎实开展，促进经济社会等各项事业蓬勃发展。

## 二、文明城市创建过程中遇到的问题

未来的城市应是人际关系融洽、人与自然和谐相处的城市，应是采用一种低碳节能、环保便利生活方式的城市，应是让每位市民都能够公平充分地享有现代文明成果的城市。文明城市的创建，本质上就是为了更好地生活。创建成功，为城市居民追求更加高质量的生活奠定了基础。然而，在创建过程中，一些不容忽视的问题和困难依然存在。

### （一）公民参与问题

城市的治理离不开城市公民的广泛参与。文明城市的创建，就是要通过全民参与、共创共建，从而提高市民素质，改善城市面貌，推动城市政治、经济文化等各项事业的全面进步。公众参与是城市文明创建的重要前提，可以让社会群众对城市建设有更深的理解，也可以帮助政府做出更好的决策。然而在文明城市的创建过程中，部分城市居民的参与度并不是很高，这与当初文明城市创评的初衷是相违背的。通过一些走访可以发现，有部分市民对文明城市创评活动并不认可，觉得是政府在做"面子工程"，在搞"形式主义"。很多市民对于文明城市创评工作都是事不关己的态度。在对某一社区的文明城市创评工作进行调查时发现，该社区主要是志愿者参与，社区居民并没有较高的参与积极性。这其实也从侧面反映某些地区文明城市创评过程中出现了问题。如果一个城市文明城市创评工作做得扎实、深入，自然会得到百姓的认可与积极响应；反之流于形式的文明城市创评，也定会遭到百姓的诟病，百姓自然也不愿意加入文明城市创评的工作。

### （二）文明城市创评"异化"问题

为了能评上全国文明城市，很多城市可谓拼尽全力，认真备战。然而也有部分城市工作重心出现偏差，使得文明城市创评工作出现"异化"。首先是应付检查。在文明城市创评工作中，有些城市临时建造了"遮羞墙"，试图用其遮住道路两边的杂物；有些城市肆意驱赶商贩，一时间大街小巷都是"满城尽带红马甲"现状。其次是暗访组反遭"局中局"。有媒体就曾经报道，测评工作小组为了避免数据失真，更加真实客观地进行实地考察，特意身着便装，潜入被测评的城市：有冒充求职者租房进入老城区的，有假扮消费者潜入城市商业区的。尽管测评组精密计划暗访，却仍旧被追踪定位，预先设计。例如在测评期内，某些地方将身着深色便服，背双肩包的人员列为潜在测评组对象，工作人员一发现，须立即向上级汇报。有些将测评团队的照片分别加以编号标识。暗访组反遭"局中局"，实在让人哭笑不得。最后是只重"评时"，而非"平时"。有媒体曝光，有些城市在文明城市创评过程中，搞突击战术，搞人海战术，尽管在创评过程中表现得很好，但是测评组一走，城市面貌立马恢复原状，对于前期城市治理过程中发现的顽疾和症结依旧睁一只眼闭一只眼，工作松松垮垮，敷衍应付。

### （三）文明城市创建过程中遇到的困难

文明城市的创建，具体到每个社区，涉及社区环境美化、楼道干净、人际和谐等方方面面的问题。在文明城市创建的过程中，由于社区内每家每户的居民价值观念和生活方式都不一样，基层社区工作人员难免会和他们产生矛盾与摩擦。例如在老年人口比重较大的一些小区里，经常发现老人在楼道内堆放废品杂物，甚至是常年占用楼道的现象，这无形中增加了社区工作人员的工作量。很多工作人员为此没少跑腿，经常与老人们或者老人的子女们进行沟通，甚至直接采取强制措施限期让其自行处理，但往往收效甚微，居民不配合或者不积极配合的现象屡见不鲜。除了道德层面的不文明，在文明城市创建过程中，还存在乱丢乱扔、恶意破坏公共环境或公共设施、集贸市场内无证经营等违法违纪行为。文明城市创建的要求并未能与相关行政处罚相对应。尽管工作人员也会进行口头教育，或者处以罚款等相应的处罚，但毕竟处罚力度小，没有一定的威慑作用，并不能有效减少或杜绝这类行为。

### 三、问题原因分析

#### （一）公民政治生活意识不强

文明城市的创建，需要公民的积极广泛参与，而公民参与的积极性与公民自身的政治生活意识密切相关。在有些城市，很多人不乐意参与公共管理活动，没有社会责任感，自然也没有主动参与意识和公共精神。在他们看来，文明城市创评跟自身的实际利益没有直接关联，故而表现出漠不关心、事不关己的态度；或者对文明城市的概念不了解，仅仅是理解为环境好的城市就是文明城市。试想，一个对文明城市的概念都不清晰的人，对创建文明城市的初衷和意义都没有认识到的人，又如何能够积极参与、齐心协力共创共建呢。公民只有不断加强自身政治生活意识，提高公共活动参与的积极性，才能更好地推动城市的进步与发展。

#### （二）相关制度还不够健全完善

很多城市在开展文明城市创建工作中，往往都是上级领导文件部署要求一出，便紧急动员，全员出动，甚至连夜出击，这当中社区自然任务最艰巨。然而社区本身的人力、物力和财力有限，一些政府部门将工作延伸到社区，导致社区工作任务加重，特别是有些社区工作者还身兼数职，一旦重大的检查任务下来，很容易身心俱疲。此外，原本应当作为政府与社区居民之间沟通桥梁的社区居委会，行政化"官气"越来越浓，社区居民、社会组织参与社区自治的范围、形式等都不明确，这些都在降低居民对社区治理机构的信任度，因此建立长效的管理机制势在必行。其实，一方面，这与我国的实际国情有关。我国民主政治建设还不够健全，跟西方发达国家相比较，我国整个社会政治文明还处于相对落后的状态，民主性、开放性程度还不够。另一方面，部分城市的社会听证制度、重大事件公示制度还不够完善，政府在政务公开、信息透明上做得还不够，对公众参与性的调动促进以及在公众关于公共信息的掌握途径上做得还不到位。有学者认为，良好的制度能塑造出成熟的公民，使"他们不再只是被动地支持在位者的权威，而是更积极地参与各种不同的公共事务，这样的公民具有批判力，也是深思熟虑的"。事实上，只有不断完善相关政治制度，保证公民与政府信息的对称，才能为公民参与城市治理提供良好的制度基石和民主保障。

### （三）各部门、窗口之间未形成联动机制

针对前面提到的文明城市创建过程中遇到的困难问题，不管是道德层面的，还是法律层面的，归根结底是各部门、窗口之间工作交集少，沟通不顺畅，造成联动性、配合力度不够。与文明城市创建相违背且屡教不改的行为，特别是一些城市经常出现的"牛皮癣"现象，需要各相关部门、窗口之间形成合力，密切配合。公安、税务、市容、卫生等部门可以在不违背政策法规的前提下，下放部分监督执法权到社区，把行政职责有效地延伸至社区。另外，对于社区建设，考虑到社区工作者压力大、任务重，人力、物力、财力不足等现状，可以整合人力资源，壮大社区工作者队伍。可以选派后备管理干部、中小学教师分流至社区锻炼，具体工资待遇由政府负责。也可以向社会招募优秀的兼职工作者，让他们参与到社区建设中来。有研究甚至认为，当前和未来，社区有效治理在很大程度上取决于国家能否适应"社区共治"局面，能否将各种力量纳入治理的行动框架，有效实施包括政府在内的相关各方之间的合作机制。总之，只有各部门、各窗口形成联动机制，加强工作上的沟通协调，真正实现优秀人才的弹性流动，才能真正致力于社区乃至整个城市的治理提升。

### 四、解决措施

### （一）提高公民政治参与意识

政府要加强文明城市创建的活动宣传，充分发动广大人民群众，增强群

众的主人翁意识，促进政府与城市市民的互助合作，形成倡导文明的浓厚氛围。通过政策制定、制度改革、法律保障来支持公众广泛参与到城市治理中来，参与到社会公共文化服务建设中来。为了调动群众参与集体事务的积极性，政府在城市治理过程中，应始终坚持互惠互利原则，以共同需要、共同利益、共同目标为导向，使得公民自觉从自身做起，从身边的小事做起，管好自己的嘴，不随地吐痰，管好自己的手，不乱扔垃圾，管好自己的腿，不乱闯红灯，为城市的发展和治理奠定良好的社会风气和精神导向。

### （二）积极转变政府职能

要加强对相关政府部门的监督管理，加大政府管理社区事务的公开性和透明性，形成层层抓落实的倒逼机制，严格查处"面子工程""虚假工程"。积极转变政府职能，强化政府服务功能，扭转政府在处理社区事务时的"失灵"局面。各部门、窗口之间形成联动机制，满足社区居民多样化的利益需求，不断提高城市社区治理的效率。在加强对社区的宏观指导之下，政府要懂得简政放权，充分发挥社会和市场的作用，吸引社会能人、精英加入城市社区治理，从而拓宽公共服务范围，提升公共管理水平。

### （三）树立现代化城市管理观

正所谓"凡事预则立，不预则废"。良好的城市规划是城市发展的前提，是克服城市治理过程中问题及难题的关键。政府在面对城市治理问题上，要具有前瞻性意识，要加强城市统筹规划，进行科学合理布局。城市规划一旦形成，就要严格依法执行。要开展集中整治，敢于向城市不文明行为宣战，对不文明现象进行规劝和曝光，并制定切实可行的文明规范制度。要积极推进城市社区公共文化服务体系建设，强化城市社区治理软实力，例如城市社区基础设施建设中的图书馆、文化广场、文化长廊等。树立现代化城市管理观，城市治理与城市化同步，这是新型城镇化赋予城市治理的特定要求，也是推进城市治理能力进一步走向现代化的基本路径。

# 参考文献

[1] 陈正良. 公民道德建设与区域和谐发展 [M]. 北京：中国环境科学出版社，2006.

[2] 怀忠民. 文明城市论 [M]. 大连：大连出版社，2000.

[3] 唐忠新. 中国城市社区建设概论 [M]. 天津：天津人民出版社，2000.

[4] 莫泰基. 公民参与：社会政策的基石 [M]. 香港：中华书局（香港）有限公司，1995.

[5] 俞可平. 治理与善治 [M]. 北京：社会科学文献出版社，2000.

[6] 刘学贵. 论现阶段我国城市社区管理的现状及对策 [J]. 云南行政学院学报，2014（1）：134-136.

[7] 杨冬梅. 大数据时代政府智慧治理面临的挑战及对策研究 [J]. 理论探讨，2015（2）：163-168.

[8] 杨伟民. 新常态大逻辑 [M]. 北京：民主与建设出版社，2015.

[9] 王诗宗. 治理理论及其中国适用性 [M]. 杭州：浙江大学出版社，2009.

[10] 张文礼. 多中心治理：我国城市治理新模式 [J]. 城市经济，2008（1）：47-50.

[11] 杨重光，刘维新. 社会主义城市经济学 [M]. 北京：中国财政经济出版社，1986.

[12] 罗豪才，宋功德. 公域之治的转型——对公关治理与公法互动关系的一种透视 [J]. 中国法学，2005（5）：3-23.

[13] 张贡生. 中国的城市群思想及新城市群建设 [J]. 佳木斯大学学报，2008（3）：28-31.

[14] 顾朝林，庞海峰. 建国以来国家城市化空间过程研究 [J]. 地理科学，2009（1）.

[15] 张敦富. 城市经济学 [M]. 北京：中国轻工业出版社，2005.

# 我国地方政府治理现代化的
# 困境与路径选择

王少卿 [①]

**摘　要：** 地方政府治理现代化直接关系着实现国家治理体系和治理能力现代化。在当今我国社会转型的关键时期，实现地方政府治理现代化具有重要意义。地方政府作为国家治理体系的重要基石，必须尽快推进治理能力现代化，必须增强创新能力，提高协同治理能力，加强廉政建设和电子政府建设。

**关键词：** 地方政府　治理　现代化

党的十八届三中全会提出，我国深化改革的总目标就是要推进国家治理体系和治理能力现代化。党的十九大报告中也指出，必须坚持和完善中国特色社会主义制度，不断推进国家治理体系和治理能力现代化。实践中，地方政府是中央决策战略的践行者，地方政府治理作为推进国家治理体系和治理能力现代化的重要组成部分，是国家行政管理的中间和基础环节，它能否充分调动市场、社会、公民等主体参与到政府治理过程当中来，将直接影响当地经济社会的全面发展，关乎广大人民群众的切身利益和地方政府的整体效能。因此，采取有效措施推进地方政府治理现代化是我国社会发展面临的重要课题。

## 一、我国地方政府治理现代化的重要性

地方政府是国家治理的基本单元，也是国家治理体系的重要基石。地方政府治理能力的提升，不仅直接关系到国家治理体系和治理能力现代化的实

---

① 王少卿（1983—），女，山东烟台人，中国海洋大学 2016 级公共管理专业研究生。

现，而且对其所辖区域的经济、社会、文化、生态、行政、法治等诸多方面的发展也有重要影响。

### （一）国家治理体系和治理能力现代化的关键

国家治理能力现代化能否实现，与地方政府推进治理能力现代化的程度息息相关。在国家治理体系中，政府治理是核心所在。我国的政府治理体系和治理能力是一个有机整体，相辅相成。在国家治理体系和治理能力现代化建设中，不同层级政府所承担的责任和所承办的具体事务有所不同。中央政府主要对国家治理进行顶层设计，而地方政府是国家权力的具体执行者，是国家治理的主体性力量。为此，地方政府应首先推进和实现治理能力现代化，这是起步快、步子稳、效果好的改革关键，也是推进国家治理体系现代化的核心价值体现。没有各级地方政府现代化的治理能力，就无法搭建起真正现代化的国家治理体系，就会使我国现代化的治理体系失去价值和根基[1]。

### （二）全面深化改革的立足点

党的十九大报告做出了坚持全面深化改革的明确宣示。改革涵盖的范围包括政治、经济、文化、社会、生态文明"五位一体"，党自身的改革，以及国防和军队改革，这些改革要想顺利完成，必须立足于推进政府治理现代化。例如，经济领域改革的核心要求就是要处理好政府和市场的关系，推进市场化改革；社会领域改革的核心要求是要处理好政府与社会的关系，形成政府与社会共治的局面；政治领域改革目标是加快政府职能转变和加强民主政治建设，其核心要求都是政府治理能力现代化的重要内容。可见，推进政府治理能力现代化是实现全面深化改革目标的现实立足点。

### （三）构建和谐社会的必然要求

构建社会主义和谐社会是建设中国特色社会主义的重要目标。构建社会主义和谐社会，政府的权威调控和正确引导不可或缺。政府作为一种公共权威，对社会和谐构建所起的作用是其他任何社会组织都无法替代的。但是，传统的政府管制严重地影响了我国构建社会主义和谐社会的进程。构建和谐社会必须要有一个具有整合力和感召力、务实、高效、服务型的政府。因此，推进政府治理现代化是构建和谐社会的必然要求和现实路径。只有推进政府治理能力现代化，切实转变政府职能，加强社会管理，才能促进经济社会协调发展，真正实现社会的长治久安。

**（四）发展社会主义民主政治的必经之路**

发展社会主义民主政治的最终目标是要充分实现人民群众当家做主的权利。人民群众享有的民主权利，就是在日常政治生活中有持续参政议政的权利。推进政府治理能力现代化，就是要让人民群众更多地参与到社会治理中。通过推动政府职能转变，促进地方政府向服务型、法治型政府转型升级，使原有的政治化、行政化、一体化的社会向开放化、市场化和多元化转变，不断增强人民群众参与社会管理和社会监督的能力。这样，原来的政府管制就能逐步转向以民主参与、民主决策、民主监督为核心的政府治理，社会治理模式也会逐渐向自我服务、自我管理的多元治理模式转变，从而加速整个社会民主化与多元化的进程，促进我国社会主义民主政治的发展。

**二、我国地方政府治理现代化的困境分析**

近年来，我国提高了对地方政府治理现代化的关注，并通过出台一系列指导性文件，引导地方政府实现治理模式变革。然而在实践中，由于我国长期以来形成的官僚主义、人情关系等因素，阻碍了我国地方政府治理现代化的发展。因此，地方政府要想尽快实现治理现代化，就必须突破传统行政体制约束，而其所面临的现实困境是多方面的，也是我国各级政府存在的共性问题。

**（一）地方政府行政透明度不够高，不能满足群众知情权要求**

2017 年国务院发布的《政务公开工作要点》强调要加大政务公开力度，并将政务公开纳入绩效考核体系。各级政府提高了对政务公开的重视，并相继通过设立官方网站、微信、微博等多样化途径发布政务信息，为公众了解最新政策提供了便利。然而，通过对我国各级政府的政务信息网站进行研究，发现有些地方政府静态常规信息较为全面，而对于动态信息（涉及具体行政决策和行为的信息）的发布与更新则相对缓慢或存在滞后、间断、缺乏完整性等现象。同时，在实践过程中，个别地方政府存在信息公开不及时，信息发布不完整、不真实等问题，严重影响了政府信息发布的透明度。公众作为公共权力的监督者，有权了解地方政府部门的行政行为，并对公共权力进行舆论监督，只有这样，才能保障地方政府治理的健康运作。另一方面，地方政府权责清单和行政审批流程公布，是行政透明的重要体现[2]。然而，现实中很多地方政府缺乏与公众的互动交流，在行政审批和行政执行方面属于单边行动，导致了公共权力的悬空，体现不出权责清单的应用价值。

（二）社会治理主体软弱，无法与政府部门实现协同治理

由于我国地方政府无法转变行政职能或者职能转变不到位，部分政府人员对社会事务干预过多，造成了社会治理主体与政府部门无法实现协同合作，无法实现社会治理资源和体制资源的整合共享，这不仅影响到社会治理的公正性，也影响到城乡统筹发展的进程。在官僚制的政府管理模式下，政府与社会、政府与公民的关系存在脱节。由于缺乏制度化的参与渠道，社会组织及公民个人均难以有效地参与地方政治决策；而地方政府亦以民众参与意识薄弱、能力不足和社会组织不具备相应议事能力为由，把社会组织和民众排除在决策过程之外，不给予参与机会。然而，社会组织本应是连接地方政府与公民的桥梁和化解社会矛盾的载体，地方政府却采取以其为单一治理主体的路径，动用公共行政资源干预社会组织的成长和发展，限制其社会活动，由此造成地方政府的财政压力不断增加，机构臃肿，效能低下。同样使得社会组织不能以客观、公正的立场服务于公共利益，为民请愿，从而造成公民组织软弱无力，无足轻重。地方政府行政治理缺乏透明度，传统的行政指令干预体制阻挡了社会组织介入公共治理的脚步，阻碍了社会治理组织的参与，也最终影响到基层政府的治理效率[3]。

（三）地方政府存在自利性，与公共性角色形成冲突

政府在行政治理中往往扮演着双重角色。一方面，政府是公共利益的代表者，其本身所具有的公共性是政府的主要属性；另一方面，政府也是一个独立的组织机构，往往具有自利性[4]。随着政府改革的不断深入，政府由利

益获得者阶段逐渐向将利益让渡给公民和社会阶段转变，政府自利性和公共性的冲突表现得愈加明显。近年来，我国为激发地方经济发展的活力，推出一系列简政放权政策，地方政府在行政治理方面拥有更多自主权。然而，由于缺乏完善的行政监管约束机制，地方政府在行使职权等方面超出自身权责范围，存在对其他治理组织过多干预的问题。部分基层政府人员为获取更多利益，联合多部门共同对抗表达利益诉求，或者依据相关保护性政策谋取私利，进一步加剧了地方政府的利益化趋势。政府自利性对公共性的侵蚀，对政府财力、人力资源造成了极大的浪费，同时也为相关部门和人员获取私利创造了条件。

### 三、我国地方政府治理现代化的路径选择

党的十九大报告强调"使市场在资源配置中起决定性作用和更好发挥政府作用"，习近平总书记指出，"看不见的手"和"看得见的手"都要用好，努力形成市场作用和政府作用有机统一、相互补充、相互协调、相互促进的格局，推动经济社会持续健康发展。地方政府治理能力现代化不是要削弱地方政府，而是要在优化职能配置的基础上强化地方政府多方面的能力。推进地方政府治理能力现代化，地方政府必须在以下几个方面加大力度。

#### （一）增强创新能力

随着我国全面改革的不断深入，现代政府迫切需要以创新来提高治理能力。地方政府治理创新的实质是对治理活动中相关利益格局、传统管理路径所进行的主动性与适应性调整。改革开放以来，我国地方政府的发展历程实际上也是政府权力下放、地方政府治理创新与社会经济发展进行适应性调整的过程。从 1978 年改革开放以来，地方政府就开始打破僵化的管制型模式，积极地进行管理创新。近年来，地方政府的治理创新更是数不胜数，比如天津市南开区政府行政许可服务中心"超时默许"新机制、四川省遂宁市中区公推公选乡镇党委书记和乡镇长机制、广西壮族自治区南宁市的"社会应急联动系统"、辽宁省沈阳市委市政府的信访工作新机制、广东省中山市社会工作委员会的流动人口积分制管理等等。这些地方政府的创新实践大大增强

了地方政府治理体系和社会治理需求的契合度，强化了地方政府的公共服务和社会治理职能。但随着我国现代化建设的不断深入，地方政府也不断面临新的难题，曾经行之有效的方式难以有效应对层出不穷的新问题。地方政府只有不断创新治理方式，才能满足社会发展的要求。地方政府必须具有创新能力，当然不能盲目创新，必须遵循一定的原则。地方政府创新的基本目标是要从"政府能力"建设转向"治理能力"建设，同时也要按照推进国家治理体系和治理能力现代化的总体要求来实施，使地方政府治理能力创新成为国家治理体系和治理能力现代化的有机组成部分。

## （二）提高协同治理能力

地方政府治理能力现代化从一定意义上讲就是要推动政府由"统治"到"治理"状态的转变。"统治"的主体一定是政府，而"治理"的主体是多元的，"治理"是通过加强政府与公民社会的合作、政府与非政府的合作等来维护社会的秩序与稳定。当然，在"治理"中，政府仍然处于核心地位，因为政府是绝大多数资源的拥有者、分配者以及公共服务的主要提供者。也就是说，"治理"是以政府为核心的多元协同治理，是国家、市场、社会三个基本领域力量的相对均衡、相互适应、相互协作。所以，要推进地方政府治理能力现代化就必须提高地方政府的协同治理能力。

地方政府在治理能力建设中应充分运用协同思维，要居中协调，统筹各方力量参与到政府治理中来。不仅要与其他社会组织、企事业单位等进行协同，还要注重地方政府之间的沟通与协作，探求合作解决问题的途径和方式。一方面，地方政府必须积极培育和扶持社会组织，推动政府机构与社会组织建立联动机制，使政府管理职能和社会自治功能实现有效互补，完善社会协同治理网络。另一方面，地方政府也要积极引导与激发民众参与政府决策的热情，疏通群众参与政府决策的渠道，创新民众参与政府决策的方式方法，以塑造民众对政府机构的亲切感，推动政府与民众间的良好沟通，进而在多元共治中寻求绩效最大化。另外，还要加强各地方政府之间的协同合作，完善协同解决问题的有效机制，强化各地区政府治理工作的信息沟通，进行跨区域合作治理，以提升地方政府的治理能力。

### （三）加强廉政建设

廉政建设是地方政府治理能力现代化的重要指标，事关党和国家命运，事关中国特色社会主义建设，事关和谐社会的构建和国家的长治久安。廉洁是政府的第一形象，是获得人心的基础，是政府公信力的基石。政府一旦失去公信力，那么无论做什么事、说什么话，老百姓都会认为是在做坏事、说假话。此外，政府廉洁与否还关系到政府的目标和任务能否顺利实现，关系到政府治理的成效。腐败行为必然践踏法制、败坏社会风气，最终会阻碍地方政府施政目标的实现。因此，地方政府必须加强廉洁能力建设。

近年来，我国廉政建设取得了巨大的成绩，但是，新的问题也不断涌现。因而，反腐行动不能停步、不能放松，廉政建设永远在路上。当前，要全面落实习近平总书记提出的从严治党的八项要求，通过以下几个方面，着力加强地方政府廉政建设：一是进行廉政文化建设，促进地方政府形成"以廉为荣、以贪为耻"的良好风尚。廉政文化作为一种新型的文化现象，相对于从制度建设、源头治理等治本措施进行反腐斗争来说，具有更深层的潜移默化的作用。二是健全相关制度体系，加强纪律约束。要认真贯彻《廉洁自律准则》和《纪律处分条例》，切实践行"三严三实"和"两学一做"，健全相关制度体系，坚持把纪律"挺"在前面，健全惩治和预防腐败体系。三是落实廉政建设主体责任，与各级各部门逐级签订责任书，逐项分解责任，形成"年初定责、年中督责、年底考责、无为问责"的责任体系。四是加强监督，保持惩治腐败的高压态势。全力发挥监察机关的监督职责，紧盯群众反映强烈的干部作风问题，加大对群众身边"四风"和腐败问题的查处力度，做到干部清正、政府清廉、政治清明。

### （四）加强电子政府建设

加强电子政府建设是推进地方政府治理现代化的技术支撑[5]。当今社会的一个显著特征就是知识化和信息化。随着知识化、信息化的社会发展，电子政府应运而生。它既提高了地方政府治理能力，又为推进地方政府治理现代化提供了技术支撑。电子政府在提升地方政府信息处理能力的同时，也为政府与市场、政府与社会、政府与公民的合作治理提供了有效载体。为此，要加强地方电子政府建设，推进地方政府治理现代化。一方面，要使地方政府各级领导干部及工作人员充分认识到电子政府建设的重要性和必要性；另一方面，要加强教育培训公务员的信息知识和运用信息工具的技能，这是决定电子政府建设的顺利与否、电子政府的功能能否得以有效发挥的关键因素。另外，加强电子政府建设，还应加快地方行政体制的变革和调整，使地方政府的职能设置、组织结构、行政流程能够适应电子政府建设的发展趋势。

### 四、结语

总之，推进地方政府治理现代化，并不是某一个或几个单项指标的简单变化，而是带有整体性、结构性的系统变革，要与官僚制的政府管理模式决裂，走民主政治、法治政府的发展路径，合理确定政府与市场、政府与社会、政府与公民的边界，形成多元主体合作治理网络机制，提升地方政府治理能力，促进地方政府治理现代化。

## 参考文献

[1] 艾春香.地方政府治理能力现代化问题刍议 [J].公共管理，2017（29）：31-33.

[2] 彭勃，杨志军.参与和协商：地方治理现代化问题 [J].上海行政学院学报，2014（3）：20-27.

[3] 唐磊，王利军.地方政府治理现代化的现实困境与路径选择 [J].湖北经济学院学报，2016（6）：83-86.

[4] 陈伟松，许欢科.我国地方政府治理创新的困境、趋势和路径探析 [J].西安石油大学学报（社会科学版），2012（1）：50-56.

[5] 廖振民.推进地方政府治理现代化的探析 [J].行政改革与实践，2014（5）：20-22.

# 关于发展新能源汽车产业及建设产业集聚区的研究——以莱西市为例

王 涛①

**摘 要**：世界能源和环境问题日益严重，发展新能源汽车产业可以有效缓解由此产生的压力。本文以莱西市新能源汽车产业集聚区为例，通过分析莱西市新能源汽车产业集聚区的现状，对发展新能源汽车产业及建设产业集聚区提出了一些对策，希望能够为各地政府发展新能源汽车产业及建设产业集聚区提供参考。

**关键词**：新能源汽车 产业集聚区 对策

## 一、引言

随着世界能源危机的出现，我国也开始关注节约能源的问题。在我国，汽车产业是消耗能源的最大产业，目前我国的汽车耗油量约占整个国家石油消费量的 1/3，预计到 2020 年，这一数据很可能上升到 57%。我国是一个石油进口国，随着经济的不断发展，我国对国外的进口能源越来越依赖，这不但影响了我国的能源安全，在一定程度上也阻碍了经济的发展。从另一个方面分析，新能源汽车产业对于保护环境也非常有利。而我国的汽车基数非常大，汽车尾气给国家的环境造成了严重的污染，我国用在环境治理上的费用也在逐年增高。因此，发展新能源汽车产业就势在必行了。要发展新能源汽车产业，建设产业集聚区是一个很好的途径。

---

① 王涛（1990—），男，山东菏泽人，中国海洋大学 2016 级公共管理专业研究生。

## 二、发展新能源汽车产业及建设新能源汽车产业集聚区的内涵和作用

### （一）产业集聚区的相关概念

产业集聚区是指相互关联的产业或企业根据自身发展要求，结合区位选择集聚在城市空间特定区位的产业组织实体。产业集聚区一般由政府统一规划，以若干特色主导产业为支撑，产业集聚特征明显，产业和城市融合发展，产业结构合理，吸纳就业充分，以经济功能为主，可以实现资源集约利用，提高整体效益。它可以包括经济技术开发区、高新技术产业开发区、工业园区、现代服务业园区、科技创新园区、加工贸易园区、高效农业园区等各类开发区和园区。

产业集聚区作为当代产业生存与发展最有效的组织形态，在集聚生产要素、优化资源配置、加快制度创新、营造产业生态环境等方面发挥着越来越重要的作用。国内外实践表明，加快产业集聚，发展产业集聚区是区域经济发展战略的重要组成部分，是市场经济条件下工业化发展到一定阶段的必然选择。

### （二）发展新能源汽车产业及建设产业集聚区的重要作用

汽车产业是国民经济的重要支柱产业，在国民经济和社会发展中发挥着重要作用。随着我国经济持续快速发展和城镇化进程加速推进，今后较长一段时期汽车需求量仍将保持增长势头，由此带来的能源紧张和环境污染问题将更加突出。加快培育和发展新能源汽车，既是有效缓解能源和环境压力、推动汽车产业可持续发展的紧迫任务，也是加快汽车产业转型升级、培育新的经济增长点和国际竞争优势的战略举措。

发展新能源汽车产业，有利于摆脱对石油资源的过度依赖，保障国家能源和经济安全，有利于减少污染物和温室气体排放。在新能源汽车领域，我国与发达国家的科技水平差距不是很大，并且在动力电池这一决定新能源汽车发展的核心技术方面处于领先地位。中国新能源汽车企业可以充分利用核心技术优势和生产成本优势迅速做大做强，成为新能源汽车时代的领跑者。此外，新能源汽车产业是在传统汽车工业基础上的变革，它的发展将直接影

响其产业链上游与下游的建设与发展，除了整车制造和汽车电子系统具有产业的承接性外，其他具有产业承接性的核心技术是在蓄电池制造技术和电机制造技术这两大领域。所以，新能源汽车制造业内部会培育出动力电池和电机制造技术产业。同时，新能源汽车产业的发展还能带动制造业外部相关的产业，如网络化蓄电池充（换）电站的规划与建设，与新能源汽车终端相衔接和互动的智能电网，新能源汽车推广、销售、服务的网络体系，等等，形成汽车产业发展的新的增长点。

在这样的产业大背景下，我国应当积极顺应发展潮流，以前瞻性、可行性和科学性的思维谋划和发展新能源汽车产业，支持其关键零部件的铅蓄电池和锂电池产业共同发展，打造新能源汽车产业集聚区，这对于新能源汽车产业提档升级、转型发展乃至民族工业崛起具有十分重要的战略意义。

### （三）发展新能源汽车产业的相关政策法规

2012 年 6 月 28 日，国务院印发《节能与新能源汽车产业发展规划（2012—2020 年）》，明确提出 2020 年当年生产新能源汽车 200 万辆的宏观目标。

2016 年 11 月 19 日，国务院正式发布《"十三五"国家战略性新兴产业发展规划》，明确了新能源汽车、新能源和节能环保等绿色低碳产业的战略地位。要求大幅提升新能源汽车和新能源的应用比例，全面推进高效节能、先进环保和资源循环利用产业体系建设，推动新能源汽车、新能源和节能环保等绿色低碳产业成为支柱产业，到 2020 年，产值规模达到 10 万亿元以上。发展新能源汽车作为该规划中的八大任务之一，是国务院关注的重中之重。

2017 年 6 月 13 日，国务院法制办公室发布了《乘用车企业平均燃料消耗量与新能源汽车积分并行管理办法》（征求意见稿），要求 2018—2020 年车企新能源汽车积分比例分别达到 8%、10%、12%。不达标的企业将面临暂停受理不达标新车的申报、暂停生产高油耗车型等处罚。积分政策的出台，表明未来产业发展模式将由此前的"任意发挥"模式切换为"强制发展"模式，新能源汽车成为车企发展的一大任务指标。

### 三、莱西市新能源汽车产业集聚区的现状

#### （一）建设历程

莱西市主要依托整车生产企业——北汽新能源，引进国轩电池等汽车零部件企业，打造新能源汽车产业集聚区。

2013 年，莱西市政府与北汽集团签约，引进北汽新能源汽车青岛生产基地在莱西市落户；2014 年 9 月，北汽新能源汽车青岛生产基地一期开工建设；2015 年 6 月 26 日，项目一期总装车间主体完工，8 月 20 日第一辆整车下线，在下线仪式上青岛市政府与北汽集团签订了《莱西市新能源汽车基地项目战略合作协议》，决定加快启动项目二期建设；2016 年 3 月 2 日，莱西市政府与北京新能源汽车股份有限公司签署了《莱西新能源汽车基地项目二期合作协议》；2016 年 10 月，北汽新能源汽车莱西生产基地 10 000 辆整车下线；2016 年 11 月，项目二期开工。

#### （二）主要成效

莱西市新能源汽车产业飞速发展，依托北京新能源汽车股份有限公司青岛分公司，围绕全车座椅、全车线束、轮胎合装平衡、车辆顶棚加工、冲压件、焊接件、前后保险杠及内外装饰件喷涂、电机、自动刹车片、全车灯具、生产用工装、检具、汽车内外部物流、仪表台生产、管梁生产、汽车销售等汽车配件及配套服务，先后与 49 家企业签约或达成合作意向，其中 15 家汽车零部件生产企业已投产。

目前莱西市新能源汽车产业集聚区拥有新能源汽车整车生产企业 1 家（北京新能源汽车股份有限公司青岛分公司）、电池核心生产企业 1 家（青岛国轩电池有限公司）、电池配套生产企业 3 家（青岛国恒光电科技有限公司、青岛德恒新能源科技有限公司、合肥力翔电池科技有限公司青岛分公司）、汽车零部件生产企业 15 家（青岛泰和兴业汽车部件有限公司、青岛瑞华达座椅有限公司、青岛金升伟业汽车部件生产有限公司、青岛金华海金属制品有限公司等）。北京新能源汽车股份有限公司青岛分公司成为全国第一家获

得国家新能源汽车生产资质的整车生产企业。莱西市成为全国重要的新能源汽车生产基地，新能源汽车整车生产、高比能电池制造等在业内占有一席之地。

### （三）存在问题

（1）新能源汽车相关企业数量较少，且小企业多，大企业少，能够在一定范围内起到带动和示范作用的大企业更少，企业缺乏科学的管理和长远规划，抗压能力弱，一旦市场不景气，非常容易"夭折"，尚未形成大规模的新能源汽车产业集聚区。

（2）技术含量不高。许多入驻集聚区的企业，产品技术含量低、利润低，没有自主研发的产品，节能降耗水平也达不到现代工业发展要求，没有竞争力，缺乏市场发展前景。

（3）缺乏专业人才。随着新能源汽车产业的不断发展，对于相关专业人才的需求量越来越大，市场上往往供不应求。另一方面，新能源汽车生产企业中从事基础加工的工人在员工总数中占的比例非常大，而高级研发人员和管理技术人员占的比例较低，这种人才结构阻碍了新能源汽车技术的进步与发展，对汽车产业的发展也非常不利。

### （四）原因分析

（1）招商考核机制不完善。目前实行的考核办法中，企业营业收入、税收、人员总数、固定投资占整个考核的绝大部分，而环保、节能、科技创新只占很少一部分。这样的考核对于大型企业入驻、主导产业发展没有明确的要求，非常容易导致某些集聚区为了求总量、为了考核而随意招商、胡乱招商，背离了当初集聚区发展制定的总体规划。

（2）政府招商思路不当，针对性招商力度不够。功利性招商行为加剧，在建设集聚区过程中往往把招商引资视作短期行为，采取撒网式招商，只重数量不重质量，不注重企业与产业集聚区的匹配度，不注重企业的科技含量水平，不注重企业未来的发展方向。

## 四、莱西市建设新能源汽车产业集聚区的对策建议

### （一）建立企业进驻门槛制度

1. 项目引进条件

为构建良性、稳定的生态工业框架，建设和完善生态工业产业链，综合考虑集聚区的特点和生态工业发展需要，入区的项目应满足以下条件：

（1）引进符合国家产业政策、环保政策和清洁生产要求，采用先进生产工艺和设备，自动化程度高，具有可靠先进的污染治理技术的项目，杜绝工艺落后、设备陈旧及污染严重的项目进区。

（2）鼓励具有先进的科学的环境管理水平的企业入区。

（3）根据本地区环境承载能力控制集聚区合理的发展规模，严格控制特征污染因子的排放总量。

2. 鼓励引进的项目

（1）进区项目应是高科技含量高、产品附加值高的项目，其生产工艺、设备和环保设施应达到同类国际先进水平，至少是国内先进水平。

（2）集聚区经预处理可达到污水处理厂接管标准，并确保不影响污水处理厂处理效果，"三废"能实现稳定达标排放。

（3）采用有效的回收、回用技术，包括余热利用、各种物料回收利用、各类废水回用等。

（4）能利用集聚区内其他企业的产品、中间产品和废弃物为原料的，或能为其他企业提供生产原料，构成产业链，能实现循环经济的项目。

3. 限制引进的项目

（1）废水含难降解的有机物、"三致"污染物、重金属等物质以及盐分含量高的项目。

（2）高水耗、高物耗、高能耗的项目，要求水的重复利用率近期达到75%、远期达到80%以上。

（3）工艺废气中含难处理的、有毒有害物质的项目；

（4）蒸汽用量大［单位用地面积蒸汽用量大于 $4\,t/(h \cdot h\,m^2)$］且又不能

实行集中供热、需自建锅炉的项目。

（5）达不到规模经济的项目。

**4. 禁止引进的项目**

（1）不符合国家和地区相关产业政策的项目。

（2）含医药、农药等化工中间体合成生产的化工项目。

**（二）投资模式多样化**

（1）集聚区组建投资开发公司。投资开发公司可以以部分土地作价入股，政府适当注资，再以工业集聚区内项目注入，并积极培育成为上市公司。

（2）政府引导资产经营公司直接组建公司投资工业集聚区。

**（三）土地开发模式多样化**

**1. 出租或出售标准厂房**

按照规划建设标准厂房，出租或出售给入驻的企业。利于树立产业集聚区整体形象，吸引企业入驻。

**2. 直接出售土地**

通过对土地进行详细规划，提供道路、市政基础设施配套，再成片出让。售价低，开发方式较粗放。

**（四）优化营销策略**

集聚区的成功关键在于找准市场需求，找到有别于其他集聚区的定位，而不是贱卖土地、耗尽生产性资源。把投资者引来只是第一步，接下来还得留住他们，进而实现自身的可持续发展。

**1. 利用自身优势，做好战略规划**

集聚区的优势在于资源丰富、交通便利等区位优势，因此，其战略定位应该主要发展新能源汽车及汽车零配件产业。

**2. 充分利用龙头企业，并争取吸引新的龙头企业**

有数据显示，一家大型企业可以带来 400 多家为其生产配套产品的企业进入同一集聚区。而且，成功地引进一家大型企业可以为工业集聚区的发展带来"火车头"效应。要牢牢抓住北汽新能源这一龙头企业，同时注重引进新的龙头企业。

3. 创造竞争优势

竞争范围主要包括基础设施、优惠政策、商务成本和管理机制等多个方面。集聚区的基础设施是招商引资的基础。优惠政策是产业集聚区招商引资以及和其他产业集聚区竞争的另一重要手段。商务成本也日益成为投资者选择产业集聚区的首要因素之一。高昂的商务成本往往使一些中小投资者望而却步。集聚区的管理和服务也是竞争力的体现，集聚区应尽量简化管理审批的程序，提供便捷的服务。

## 五、小结

发展新能源汽车产业可以缓解能源和环境压力，还能在很大程度上改变居民的生活方式。通过建设集聚区的方式发展新能源汽车产业，可以使相关产业快速聚集，有利于节约资源、提高效率。只要政府和车企能够不断弥补自身的不足，保证集聚区有针对性招商，优化营销策略，加强对新能源汽车产业专业人才的培养，加大对汽车研发部门的投入，我国的新能源汽车产业一定会蓬勃发展。

## 参考文献

[1] 陈柳钦. 我国新能源汽车产业发展及其困境摆脱 [J]. 能源研究与管理，2011（2）：21-25.

[2] 云洁. 我国新能源汽车产业发展概况及问题与思考 [J]. 上海节能，2012（2）：25-28.

[3] 王少波. 浅谈我国新能源汽车的发展 [J]. 科技创新，2014（25）：118.

[4] 杨贞，李剑力. 河南产业集聚区建设中存在的问题与对策 [J]. 郑州航空工业管理学院学报，2009，27（6）：31-35.

[5] 刘珂. 产业集聚区向产业集群升级的路径研究 [J]. 中州学刊，2012（4）：

53-55.

[6] 刘双源.新能源汽车技术现状与发展前景分析 [J].山东工业技术，2017
（6）：76-77.

[7] 白桦，谭德庆.PPP模式在新能源汽车充电设施建设运营的应用研究 [J].
宏观经济管理，2017（s1）：232-233.

[8] 白雪，张祥.新能源汽车"十三五"开局回顾及未来展望 [J].北京理工
大学学报（社会科学版），2017，19（2）：39-44.

# 十八大以来山东省社会保障事业的
# 发展、挑战和展望

王伟豪 ①

**摘　要：**中共十八大以来的五年是山东省经济和社会高速发展并取得卓越成就的五年，也是全省社会保障事业改革力度最大、发展最迅速的五年。在全国人民生活水平不断提高的同时，改革进入深水区，社会保障中的诸多弊端和问题开始凸显。不断适应时代发展，不断改进制度漏洞，不断完善社会保障制度是这五年来山东省社会保障体系的工作重点。本文主要通过回望中共十八大以来山东省社会保障事业的发展，试分析其存在的问题和挑战，并为山东省未来社会保障制度的改革与发展提出一些想法和建议。

**关键词：**十八大　社会保障　山东省　"十二五"　"十三五"

中国的社会保障模式属于国家型社会保障模式，它是以公有制为基础的计划经济国家实施的一种社会保障制度。由于该模式是由政府统一包揽的，因而又被称为政府统包型社会保障制度。中共十八大以来，我国的社会经济发展逐渐进入新常态，山东省在坚持全覆盖、保基本、多层次、可持续的方针指导下，大力推进社会保障体系建设，城乡居民社保体系不断完善，为人民群众提供了较为完备的社会保障。但随着贫富差距的拉大、老龄化的加深，社会保障体系中的问题和薄弱环节不断突出，例如社保基金监管面临较大压力、社会保障的公平性有待加强、适应人口流动性的能力不强等。在这样的形势下，山东省应该怎样保持良好的态势，又应该怎样去改善薄弱环节，这

---

① 王伟豪（1990—），男，山东青岛人，中国海洋大学 2016 级公共管理专业研究生。

是在未来全省经济社会发展中的重要课题。

## 一、山东社会保障事业的发展

自十八大以来，更加公平、更可持续的社会保障制度改革迈出重要步伐，覆盖城乡的社会保障体系建设取得较大成就，在全省进一步织密扎牢社会保障安全网。

全民医疗保险制度体系逐步健全，失业、工伤、生育等其他社会保险制度不断完善，社会保障覆盖范围不断扩大，社会保障待遇逐步提高，而在"互联网＋"的大浪潮下，社会保险管理和服务水平也实现了新的提升，为普通民众提供了更加方便、快捷、高效的服务，这些发展和成绩是几乎每个人都能切身感受到的[①]。

## 二、山东省社会保障面临的形势和问题分析

在十八大以来的五年里，山东省的社会保障体系建设充分发挥了"安全网"和"稳定器"的重要作用。虽然社会保障体系建设取得了较大成绩，为促进全省经济发展、保障和改善民生、保持社会稳定做出了积极贡献，但山东省的社会保障工作仍面临一些突出问题和薄弱环节。

### （一）公平性有待提高，覆盖面还有欠缺

相当一部分农民工、灵活就业人员没有参加城镇职工养老保险。基本医疗保险尚未实现全员覆盖，机关事业单位工作人员、农民工参加工伤、生育保险比例偏低。受体制机制及缴费水平差异影响，不同地区、不同制度、不同群体间待遇水平差距较大。各地财政承受能力和基金结余分布不均，基金统筹层次偏低，社会保障的互济功能发挥不够充分，地区之间待遇存在着差异；机关事业单位与企业退休人员仍有待遇差。

---

[①] 社会保险转移接续，是指个人跨统筹地区就业的，其基本养老保险和医疗保险关系随本人转移，缴费年限累计计算，基本养老保险个人账户储存额和医疗保险个人账户结余资金随之转移，基本养老保险同时转移规定比例的统筹基金。职工跨统筹地区就业的，其失业保险关系随本人转移，缴费年限累计计算。

### （二）适应人口流动性的能力不强

在国家加速推进城镇化的进程中，人力资源的大规模流动，为山东省社会保障制度的统筹衔接带来新的挑战，也为社会保险公共服务带来了巨大考验。从养老保险关系转移接续看，跨地区、跨制度转移接续还存在周期长、信息化程度不高等问题，部分群体中断参保，特别是异地劳务派遣人数较多，劳动关系和社保权益认定复杂，农民工等群体在流入地一旦发生职业风险或面临突发性、临时性困难，难以获得及时的保障和救助。

### （三）社保基金监管面临较大压力

随着社会保险制度的不断完善和全民参保登记计划的实施，基金规模迅速扩大，对基金监督工作提出了更高的要求，基金监督工作任务越来越重，难度越来越大，社会保险基金管理仍然存在不少安全隐患。基金监督队伍、能力、手段、经费"四薄弱"现象依然存在，难以适应形势发展的需要。

### （四）可持续性有待增强

社会保障筹资渠道偏窄，企业和个人承担的社会保险缴费负担较重，但面对老龄化步伐的加快，养老、医疗等享受待遇人员快速增加，各项待遇水平刚性增长，生育保险政策性减收增支，基金支出负担日益加重，亟须进一步拓宽筹资渠道或完善筹资机制。社会保障基金保值增值机制尚不健全。虽然养老基金投资运营迈出重要步伐，但结余基金绝大多数存银行、买国债，投资渠道单一，收益率降低。部分市、县基金已经出现当期收不抵支，社保基金长期收支平衡面临很大的压力。

形成这些矛盾和问题的原因是多方面的。从发展阶段看，山东省经济发展进入新常态，经济发展速度将从高速增长转向中高速增长。经济增速回落，下行压力加大，势必对社保基金的增收和财政投入产生一定的影响，基金征缴难度加大。同时也要看到，我国社会保障制度历史较短，无论是制度完善还是待遇水平提高，都需要一个渐进的过程。从制度设计看，由于历史原因，社会保障制度建设缺乏总体设计，制度激励性不足，基金管理制度不完善，提高城乡统筹水平还有大量工作要做。从工作基础看，随着社会保险覆盖面的扩大，山东省社保经办业务快速增长，服务力量不足，专业性不强，信息化短板问题日益凸显。

此外，在工作方法、工作作风等方面也存在一些需要改进的地方，例如普通群众经常说到的"官本位"思想严重、有些网上办事软件形同虚设等问题。对于此类问题，有关部门应该高度重视，采取扎实措施，认真加以解决，不要只停留在"喊口号"和做政绩上。

## 三、社会保障工作需要不断完善

党的十九大报告指出："加强社会保障体系建设。按照兜底线、织密网、建机制的要求，全面建成覆盖全民、城乡统筹、权责清晰、保障适度、可持续的多层次社会保障体系。全面实施全民参保计划。完善城镇职工基本养老保险和城乡居民基本养老保险制度，尽快实现养老保险全国统筹。完善统一的城乡居民基本医疗保险制度和大病保险制度。完善失业、工伤保险制度。建立全国统一的社会保险公共服务平台。统筹城乡社会救助体系，完善最低生活保障制度。"所以，在未来的工作中，应该坚持全民覆盖、保障适度、权责清晰、运行高效，稳步提高社会保障统筹层次和水平。以增强公平性、适应流动性、保证可持续性为重点，建立健全更加公平、更可持续的社会保障制度。

### （一）完善社会保障制度体系

全面建成小康社会不仅需要兜住困难群众生活的底线，解除城乡居民的诸多后顾之忧，而且需要通过共享发展成果来缩小收入差距、化解社会矛盾、促进社会公平、增进人民团结。社会保障在其中的重要性与不可替代性，决定了"十三五"时期应对其给予更高程度的重视，投入更多的公共资源与社会资源，设计更为合理的制度安排。

#### 1. 完善基本养老保险制度

人口老龄化的不断加速，为完善基本养老保险制度增加了压力，也带来了动力。做好渐进式延迟退休年龄政策的实施准备工作。稳步推进机关事业单位养老保险制度改革。

### 2. 完善基本医疗保险制度

健全医疗保险稳定可持续筹资机制。完善医保缴费参保政策。进一步完善居民大病保险制度，全面实施职工大病保险制度，稳步扩大职工长期护理保险实施范围。深化医保支付方式改革，切实发挥医保在医改中的基础性作用。进一步完善异地就医联网结算方法。

### 3. 完善失业保险制度

建立失业保险金标准与最低工资标准挂钩联动制度，探索失业保险基金省级统筹制度。及时发放价格临时补贴，保障事业人员的正常生活。失业保险稳就业、促就业、防失业的功能不断强化。

### 4. 完善工伤保险制度

完善公务员和参照《中华人民共和国公务员法》管理的事业单位、社会团体工作人员工伤保险政策，探索适应灵活就业人员的工伤保险保障方式。积极推进工伤预防与工伤康复，制定工伤预防费使用管理方法。实施工伤保险省级统筹。依法规范工伤认定和劳动能力鉴定工作。

### （二）基本实现法定人员全覆盖

以农民工、非公有制经济组织从业人员、灵活就业人员为重点，推动"全民参保登记计划"向"全面参保计划"的拓展升级，对各类人员参加社会保险情况进行全程追踪，实现源头管理和精确管理，为全民参保提供基础支持。鼓励积极参保，持续参保。同时，巩固全民医保成果，全面实施城乡居民大病保险，基本实现工伤、失业、生育保险法定人员全覆盖，使广大人民群众共享改革发展成果。

### （三）扩大社会保障筹资和投资渠道

完善社会保险基金投资、运营制度，确保基金安全和保值增值。扩大和开辟新的社会保障资金的筹资渠道，建立社会保障战略储备基金，进一步充实已经建立的全省社会保障基金，以有效应对人口老龄化问题，实现社会保障基金的长期平衡。社会保险基金关系参保人员的切身利益，是参保人员的"养命钱"和"保命钱"，应当制定专门的措施，既确保各项待遇当期支付，又切实加强基金监督，确保基金安全，努力实现社会保险基金的保值增值。加快构建多层次保障体系。实施职业年金制度，扩大企业年金制度覆盖范围，鼓励发展补充医疗保险、商业健康保险、商业养老保险，促进商业保险与社会保险、补充保险相衔接，形成多层次的保障体系。

### （四）强化社会保障基金监督

加强社会保险费稽核征缴，完善社会保险基金预算管理制度[①]，完善社会保险基金监管制度，强化对社会保险基金征缴、支付、管理和投资运营的监督检查，加大对社会保险领域违法犯罪行为打击力度，完善社会保险欺诈案件查处和移送制度，健全社会保险基金监督行政执法与刑事司法衔接机制。完善基金监督信息系统，健全社会保险违法失信行为联合惩戒机制。

### （五）提高社会保险经办服务能力和水平

整合经办资源，创新服务方式，提升服务水平，大力推进"电子社保"建设，加快推进异地就医联网结算、社保关系转移接续、公共就业信息服务、就业信息监测等重点建设任务。加快社会保障卡发行和推广应用，实现社会保障"一卡通"，支持社会保障卡跨业务、扩地区、跨部门应用。建立社会保障卡应用平台和覆盖广泛的用卡终端环境，健全社会保障卡便民服务体系，完善社会保障卡规范管理和安全保障体系。

### 四、小结

我国预计在 2020 年全面建成小康社会，山东省作为我国的经济大省，应当从弥补制度缺失、构建覆盖城乡居民的社会保障体系入手，不断缩小城乡之间、地区之间、群体之间的差距，积极稳妥、循序渐进地推进社会保障制度沿着公平、普惠、可持续的方向发展，切实维护社会公平正义，促进共同富裕，在解除人民生活后顾之忧的同时，不断提高人民的生活质量并增进人民的幸福感，切实维护个人的自由、平等与尊严。在迈向中国特色社会主

---

① 社会保险基金预算管理制度，是指社会保险基金管理主体通过基金预算编制、汇总、审批、执行、调整、决算等环节，对社会保险基金运行的全过程进行监督和管理。

义福利社会的道路上还有很长的路要走，山东省应该避免出现 GDP 颇高但人民生活水平却落后于其他省份的情况，按部就班、循序渐进地开展更好的社会保障建设。

# 参考文献

[1] 中共人力资源和社会保障部党组 . 让广大人民群众更多更好地共享发展成果——党的十八大以来劳动就业和社会保障事业发展的主要成就 [J]. 中国社会保障，2017（9）：16~19.

[2] 山东省人力资源和社会保障厅：山东省人力资源和社会保障事业发展"十三五"规划纲要学习读本 [R].2017.

[3] 严振书 . 改革开放以来社会保障事业发展问题研究 [J]. 石家庄铁道大学学报（社会科学版），2010（2）：61~68.

# 基层国税青年公务员职业规划研究

王 莹①

**摘 要：** 本文以青年公务员为突破口，通过介绍基层国税公务员职业规划的研究现状和实践经验，分析实践过程中存在的问题和深层次原因，研究基层国税青年公务员的职业规划，根据国税系统人力资源现状，提出有针对性的可行性行规划方案，激发青年干部干事创业的热情，并对全体干部整体职业生涯规划提出设想，为职业生涯规划在国税系统上升到制度层面提出建议。

**关键词：** 国税 青年公务员 职业规划

职业生涯管理是指组织和组织内个体对职业生涯进行设计、规划、开发、评估、反馈和修正的一系列综合性的活动与过程[1]。公务员的职业生涯有其特殊性，而基层国税部门作为中央垂直管理部门，和一般的地方政府机关相比，封闭性更强。青年干部是国税的未来和希望。国税系统是一个相对稳定、长期的工作岗位。青年干部的岗位忠诚度较高，大多将国税工作作为终身职业来看待。在这一前提下，为其进行可行的职业规划，尤其重要。在干部人才规划的过程中，重视青老衔接，为每名干部提供符合自身发展的规划方案，有利于促进青年干部的尽快成长，促进国税系统人力资源的有效发挥。只有培养一大批高素质的优秀青年干部，为国税事业可持续发展创造更多的人才财富，才能适应不断严峻的形势需要。现在理论界大部分学者研究成果是在对职业规划的宏观分析与理论研究，还未形成细化的职业规划理论体系，针对基层国税年轻干部这一小群体的研究更是少之又少。国税系统职业规划模型的构建，不但为公务员整个群体职业规划提供了参考，也为其他封闭性较

---

① 王莹（1987—），女，山东青岛人，中国海洋大学 2015 级公共管理专业研究生。

强的诸如地税、海关、商检等部门提供了可借鉴的方向。

**一、基层国税部门在青年干部培养中存在的问题及职业规划的原因**

现在国税系统中将职业规划引入干部培养制度的并不多。政府部门多将基层青年公务员视为实现组织目标的工具而不是一种有增值潜力的资源，很少主动针对基层青年公务员开展职业生涯规划[2]。但据内部统计，国税系统年轻干部辞职的越来越多，经济越发达的地区离职的越多。随着养老保险双轨制的结束，公务员这一职业的吸引力也在渐渐降低。在这样的形势下，基层国税部门探讨年轻干部的职业规划问题，为他们树立明确的目标，使他们有充盈的前进动力就显得更有必要。青年干部培养主要存在以下问题：

第一，人少活多压力大，疲于应付。在通过国考后，很多公务员发现这项职业的另一面，自己无法学有所用，日复一日进行重复性劳动，工作气氛压抑。收入稳定背后是收入增长缓慢，福利补贴慢慢削减，工资渐渐与同龄人拉开差距，在房价高企的今天，购房压力、生活压力都很大。这使很多年轻人陷入迷茫：到底这个已经失去光泽的"铁饭碗"还有没有必要继续端着。

第二，层级管理导致管理体制无法创新。上升空间小，领导职数受限，晋升渠道窄。由于我国长期以来形成的"官本位"等行政文化的影响，加之《中华人民共和国公务员法》存在许多不足之处，导致公务员的职业发展路径单一，找不到职业发展的方向，缺乏与组织的有效沟通，个人目标与组织目标难以有效契合，缺乏科学的职业生涯规划，公务员的工作积极性和创造性被压制，逐渐安于现状、不思进取，从而降低了公共行政效率，影响了公共服务质量。

第三，人员更新集中，未形成合理年龄梯队。近几年因为"营改增"和信息管税的推行，大批量录用公务员。而十年前是人力资源的充盈期，几乎没有招录人员。再加之人员老化，近几年正处于退休高峰期，现在国税系统的人员结构比较不合理，没有形成老中青三代合理的年龄梯队，这使职业规划变得更加迫切。

## 二、基层国税部门在青年干部职业规划中的对策

### (一)科学进行职业规划，疏浚职业发展通道

在人力资源管理的大视野下，对青年公务员职业通道体系进行统筹规划设计。一是做好宏观设计。立足组织大环境，系统分析人力资源分配现状和岗位发展机会，梳理职业发展通道，设计各类岗位的多种发展途径，提供多元化岗位发展通道。可以根据定编定岗的方法，构建组织内部人力资源供需体系。在总编制的指导下，根据所处环境、组织发展特点，通过全面掌握现有人力资源年龄、学历、专业等各种信息，对组织人力资源需求进行研究，科学测算出组织人力资源配置的参考标准，结合组织发展目标，制定出符合组织短、中、长期的人力资源需求规划[3]。二是做精个别分析。针对每名青年公务员的学历背景、工作经历、知识结构和性格特长等具体情况，对照岗位类别做出匹配度分析，明确个人优势与岗位需求间的一致性和差别点，作为日后干部培养的方向和重点。三是做足长远规划。树立"短—中—长"三段式职业规划理念：一年见习期打牢基础，三年磨合期精通业务，十年积淀期明晰职业发展方向。三期规划相结合，短期目标与长期愿景有机统一，形成完整的职业规划管理体系。引导新入职公务员做好自我评估，编制《职业生涯规划书》。职业生涯设计与规划目前还处在新兴阶段，大多数同志还缺乏职业生涯规划意识。因此，我们在有意识地向青年公务员灌输职业生涯理念的同时，帮助引导刚踏进工作岗位的公务员主动参与到自身职业规划设计中来，进行自我评估，包括自己的兴趣、特长、性格、学识、技能、智商、情商、思维方式、思维方法、道德水准以及社会中的自我等，以提出符合自己的能力、兴趣爱好和人生发展需要的职业规划。在充分认识组织环境及自我的前提下，编制《职业生涯规划书》，进行职业生涯规划的自我申报，引导他们确定自身职业目标。

### (二)注重教育分类培养，稳步提升业务技能

自新录用公务员入职伊始，从多方入手，以学习教育为引领，营造干部成长的良好环境。围绕目前工作发展规划及对各类相关人才的需求，为新入

职公务员提供形式多样、层次完整的培训机会，包括基本素质、职业道德、思想政治理论培训及岗位技能培训、专业培训等，目的是让每位同志都有均等的获取新知识、提高工作技能的机会，让他们在日常的工作和学习中获得职业发展。同时制订激励机制，鼓励进行他们多渠道、多方式的自我培训。加强中青年干部的教育培训，在培训侧重中青年干部培训班，不断完善教学手段、丰富教学内容、创新教学模式，通过对税收稽查、税务执法等方面的专题研讨和培训，采取实地考察、无领导小组讨论、竞争演讲等方式，进一步提高中青年干部的能力水平[4]。

一是启发自主职业规划观念。上好入职第一课，为新录用公务员讲传统、讲业务、讲文化、讲纪律，帮助新人尽快熟悉税务工作。引导新录用公务员填写《新录用公务员职业生涯规划书》，对自己的兴趣特长、学识技能、智商情商及道德水准进行自我评价，进行职业生涯规划的自我申报，使每个人的职业规划既有鲜明的个人特点，又符合组织发展的实际需求。二是提供多元教育培训机会。建立起"初任培训—专题培训—网上培训—自我培训"四个层级的教育培训框架。规范组织参加系统初任培训，夯实税收业务基础。邀请局内外专家开展纳税评估、"营改增"、廉政教育等专题培训讲座，创新打造"网上练兵"学习培训平台，借助内网平台分类别推送习题，督促自学自测。鼓励青年公务员通过自主学习考取专业技术资格证书和学历学位证书。三是见习轮岗积累岗位经历。在试用期内，为每名新录用公务员量身定制 2~3 个见习岗位，在见习过程中不断发现个人的优势特长和发展方向。定期召开见习工作汇报会，交流培训学习情况和见习工作情况，促进新录用公务员在干中学、在学中干，尽快适应工作节奏，提升个人业务技能。通过入职教育，主动引导新任公务员自觉审视自身性格特点、职业兴趣、能力以及自我动机等，逐步明确个人需要与价值观，自觉地改善、增强和发展自身才干，帮助他们树立正确的职业生涯观，培养新人对组织的归属感和认同感，指导他们掌握正确的职业规划方法，使每个人的职业规划既有鲜明的个人特点，又符合组织需求。

### （三）轮岗见习严肃考察，试用期满检验成效

根据《中华人民共和国公务员法》和有关规定，精简完善新录用公务员试用期满转正考核程序。一是完善考察机制，制定了《公务员试用期满转正考核方案》，规范了"本人提交书面转正申请—所在科室出具书面鉴定报告—召开转正考核工作会议—个人现场述职—人教部门考察谈话—出具《见习考核鉴定表》—党组会讨论决定—集体谈话和廉政谈话"的全流程考核步骤。二是强化工作调研，要求每名新录用公务员在试用期满时提交一篇有深度的调研报告，结合见习经历，对全局工作提出切实可行的改进建议。为了提高新入职公务员对环境的适应力，尽快熟悉税务工作各环境、各流程，我局为每位新入职公务员按照税收业务需求和自身特点量身定制 2~3 个见习岗位。在见习岗位的选择上，充分考虑每个科室的现实需求和指导能力，合理安排见习人员的人数、学历、专业等，确保阶段推进，整体协调。每个岗位要求见习人员突出学习三个重点：见习岗位的业务流程概况、见习岗位的专业技能、见习岗位的职业道德认知。各轮岗科室也都大力配合，配备了专业能力强、经验丰富的优秀干部指导见习人员工作，确保见习内容达到预期效果。在见习期间，人教部门作为轮岗见习工作的牵头部门，加强与见习科室的联系和跟踪，及时了解见习工作开展情况、见习人员工作体验和反馈信息，充分听取见习工作意见和建议并作为下一次见习轮岗工作完善和改进的依据。

通过岗位轮换，使青年公务员更快、更全面地了解职业生存环境和税务业务，多角度锻炼自身的能力经验和综合素质，建立良好的人际关系和工作关系，从而拓宽职业宽度，满足职业成长的核心需求，在逐步认同组织的同时，也逐渐被组织认同。轮岗制度的实施，不仅对新入职公务员有利，同时为组织培养复合型人才和系统型人才创造了条件。

### （四）定岗定责及时纠偏，长期跟踪评估管理

按照"人职匹配、人尽其才"的工作目标，为转正公务员正式定岗定责，并继续进行跟踪管理。建立评估考核制度，及时对不合理的职业规划路径进行纠偏。一是用好绩效考核"指挥棒"。借助绩效考核指标引导督促新录用

公务员将职业生涯管理落到实处。二是建立激励约束机制。建立和完善公平、公正、公开的岗位竞争制度，重点培养，优先使用表现突出的新录用公务员，通过推荐到重点岗位、优先参加高层次培训、树立先进典型等激励措施，鼓励大家比学赶超。三是加强心理疏导和干预。邀请心理辅导专家进行心理辅导讲座，不定期召开座谈会，深入了解思想动态和职业诉求，做到统筹调度，持续跟进，久久为功，切实把职业规划管理贯穿人力资源管理始终，努力实现青年公务员个人职业进步与国税事业发展相互促进、有机统一。

### （五）争取更多向上路径，用好数字人事考核

由青年干部职业规划向全体人员总体规划过渡，探索层级规划制度。利用国税系统新推行的数字人事制度，争取职级并行的新政策，建立向上发展的"双通道"。网状发展通道包括纵向职业发展和横向发展的机会所产生的职业发展通道。职业发展通道这种职业发展模式可以充分满足员工对自身职业发展方向的选择和把握，在纵向晋升到更高层次职位或技术序列之前，进一步拓展和丰富在本层次工作经验。该模式比传统单一的纵向晋升模式更好地体现了干部在组织中的发展机会，纵向和横向的选择相互交错，减少了职业发展道路遇到"天花板"的可能性。职级并行制度就是多出来的向上路径，在职业规划中可以将这一方面考虑进来，同时利用"数字人事"中的考核，让职级制度倾向更优秀、更有专长的干部。

实行公务员职业生涯规划，是人力资源从日常事务管理向人力资源战略管理转型的一个变革点。一方面，可以更好地发挥青年人专业特长，满足国税事业日益发展的需求；另一方面，可以提升新录用公务员的综合技能管理和职业素养，使他们尽快实现人生角色的转变，尽快融入国税大集体。下一步，国税部门应以人力资源管理理论为依据，以精细化管理为手段，积极探讨、认真进行新入职公务员职业规划，对个人发展与组织需求的各方面因素进行分析、总结，制定相应的教育、培训、使用计划，并且对每一环节的时间、步骤、目标等做出合理的安排，以便充分发挥各类人才优势，最大限度地实现人岗匹配、岗能匹配，使青年公务员职业规划管理逐步走上专业化、规范

化之路。

# 参考文献

[1] 牛励耘，周文霞．职业生涯管理：搭建组织和个人双赢的平台 [J]．人才资源开发，2006（5）：17-19.

[2] 吴春考．基层青年公务员职业生涯管理困境及其对策分析 [J]．现代商业，2016（4）：88-89.

[3] 吴晅亮．雅安市国税系统青年干部培养计划落实案例研究 [D]．成都：电子科技大学，2015.

[4] 魏霄洁．潍坊市国税系统人力资源管理优化研究 [D]．济南：山东财经大学，2016.

[5] 胡建光，张农高，黄昱方．地税系统青年干部职业生涯管理模式研究——以无锡市惠山区地税局为例 [J]．人力资源管理，2017（1）：204-206.

# "互联网+"时代纳税服务模式研究

王珍琳 ①

**摘　要：** 信息时代已经到来，互联网已经渗透进我们的日常工作生活。信息技术革命使纳税服务的形式丰富多样，同时也对纳税服务工作提出了新的要求。本文深入分析"互联网+"时代背景下纳税服务工作面临的挑战和机遇，积极探索"互联网+"思维理念、方式对提升纳税服务质量、深化"放管服"改革等方面带来的影响和变革。

**关键词：** 互联网　税务　纳税服务

李克强总理在2015年《政府工作报告》中首次提出实施"互联网+"行动计划。国家税务总局局长王军多次强调，税务系统要想拥有光辉灿烂的明天，根本要靠改革，关键要靠信息化。"互联网+"意味着要把互联网的创新成果与经济社会各领域深度融合，推动技术进步、效率提升和组织变革，提升实体经济创新力和生产力，形成更广泛的以互联网为基础设施和创新要素的经济社会发展新形态。

税收是国民经济的命脉，同样面临着与互联网的深度融合。为顺应互联网发展趋势，推动税收现代化建设，国家税务总局近日制定并印发了《"互联网+税务"行动计划》。纳税服务贯穿税收征管工作的始终，是税收征管工作的重要组成部分，推进纳税服务现代化是税收现代化目标的要求。将"互联网+"业态引入到纳税服务当中，有利于拓宽纳税人办税渠道，丰富税法宣传的形式，拓展信息化应用领域，进一步提高纳税服务水平，缓解实体办税服务厅压力大、部分业务等候时间长、传统预约模式分流、纳税人能力有

---

① 王珍琳（1987—），女，山东青岛人，中国海洋大学2015级公共管理专业研究生。

限等问题。

## 一、"互联网＋"纳税服务模式的现状

加快推进"互联网＋税务"工作，是贯彻落实党中央、国务院决策部署，深化税务系统推进简政放权、放管结合、优化服务改革的重大举措，对提高办税服务效率和透明度，推进税收治理现代化具有重要意义。

近年来，税收信息化建设取得长足进展，综合征管、出口退税、增值税发票升级版以及金税三期等应用系统统一推行，实现了税务总局和省局两级集中部署，形成了统一的核心业务系统，为全国各级税务机关实施"互联网＋税务"行动奠定了重要基础。

各地在"互联网＋"应用方面积极探索创新，围绕"热点""堵点"和"痛点"，在互联网税务应用方面积极探索创新，提升税收管理和纳税服务水平，取得了较大成效，得到了国务院和各级地方政府的充分肯定，但也存在着网上办税事项不够全、办税流程不够优、信息共享程度不够高、纳税人办税不够便利等现实问题。

## 二、"互联网＋"纳税服务现存问题

### （一）"互联网＋"纳税服务理念还有待提升

在实际工作中，我们对纳税服务理念的定位较低，将"互联网＋"纳税服务模式局限化，纳税服务信息化进程与互联网的发展进程尚有一定差距。

1. 将"互联网＋"纳税服务局限于窗口工作

目前各级税务机关推出的"互联网＋"纳税服务模式，往往只针对办税服务厅的日常工作，大多单向推进，并没有向收入核算、税源管理等其他相关科室和业务横向扩展，缺乏整体统筹和协同，尤其是关注纳税人合法、公平、救济、个性等需求并不够。涉及除窗口部门外其他科室的纳税服务工作，大多仍停留在"非召不得见"的阶段，极大地阻碍了纳税服务工作的整体进程。

2. 信息化建设滞后于纳税需求

随着信息技术的日新月异，已有的信息建设无法满足纳税人日益增长的纳税需求，比如微博微信订阅号、网银支付宝自主缴税、缴税违章手机查询等，

这些新的"互联网+"服务手段尚未运用到纳税服务范畴。

**（二）"互联网+"纳税服务平台建设有待完善**

当前可利用的纳税服务平台有很多，但网上办税厅、自助办税机、"手机税税通"、CA 证书等平台建设还有待完善，仍存在以下的问题。

**1. 网上办税范围有待拓展**

原有的网上办税系统可办理的涉税事项有限，开业、变更和注销税务登记，退税，税收优惠申请、审批、备案等涉税事项网上办理并不多见，仍需要在窗口办理。电子发票试点已启动两年，但尚未在全国范围内使用，推广进程有待提高。

**2. 微平台利用不够充分**

税务局门户网站、12366 热线、短信仍是最主要的网络纳税服务平台，微博、微信、QQ 等微平台利用不充分。开通微平台的单位较少，即使是开通的微平台，由于资金和人力的限制，能够做到使用内容丰富、宣传形式多样、关注度高、有影响力的也是少之又少。

**3. 众多软件系统不兼容**

各级税务机关研发的办税软件种类繁多，不同软件之间存在功能重复、数据口径不一致等问题，缺乏有效的兼容性和数据的通用性。此外，税务人员往返不同系统获取不同的数据，大大降低了纳税服务的效率。

**4. 与外单位数据交换不足**

近几年国税系统加大与地税局、工商局等政府部门的横向联络，积极获取相关税收征管信息。但由于缺少严密的信息化发展规划，税务、工商、海关、银行等部门信息化操作平台、应用软件千差万别，无法实现信息资源全面共享。

**5. 涉税咨询服务力有待提高**

涉税咨询热线一直是纳税人咨询的主要途径，由于人工答复的局限性，无论是 12366 热线还是各局咨询热线，均可能出现咨询答复不全面、不准确、口径不一等问题。目前也没有一个涉税问题查询的权威性网站或软件，使纳税人足不出户自助查询涉税问题。

### （三）"互联网＋"纳税服务技术支持不到位

#### 1.网上办税安全防护有待提高

"没有网络安全就没有国家安全，没有信息化就没有现代化。"互联网本身存在安全漏洞。企业税务信息涉及诸多企业内部机密，只要一处安全防护措施不到位，就可能造成信息泄露。与银行等商业机构不断升级换代的安全措施相比，网上办税的安全防护措施有待升级。

#### 2.服务系统运行稳定性差

由于投入的有限性，对各类软件的维护保障不足，导致诸多配件和软件更新难以及时维护。例如征期最后几天巨大的访问量经常造成申报系统运行速度慢，纳税人正常申报却产生逾期申报案源，"三证合一"后无法网上申报等情况。

#### 3.第三方软件造成的负面影响

在纳税人办理涉税事项的过程中，会运用到各种第三方的控件或软件。而第三方软件系统不稳定，企业解决问题不及时，售后服务不到位，降低了纳税人网上办税的积极性等。

### 三、完善"互联网＋"时代纳税服务体系的设想

随着社会的发展和进步，传统纳税服务体系和模式已难以适应纳税人的服务需求。依托现代信息技术和新媒体技术，将业务变革和制度创新与技术创新有机结合，围绕纳税人需求不断完善"互联网＋"时代纳税服务体系建设，提高工作效率，构建和谐稳定的征纳关系，已成为纳税服务工作的主攻方向。

### （一）转变"互联网＋"时代纳税服务思维

"互联网＋"背景下，税务机关应打破传统办税模式的束缚，变被动为主动，用"互联网＋"思维指导纳税服务工作，实现税务机关纳税服务规范化和纳税人办税便捷化，不断优化"互联网＋"纳税服务模式。

#### 1.加强部门的合作

深化国地税合作，整合网上办税服务厅，"进一家门办两家事"，为纳

税人提供便利。加强与银行合作，进一步推广 POS 支付的同时，借鉴支付宝、微信支付等便利快捷的支付方式，推进"互联网+"缴税扣款功能直接缴纳税款并打印完税凭证。

**2. 重组再造业务流程**

将分散的纳税服务职能整合、归并、优化，将直接面向纳税人需求调研、税法宣传、纳税咨询、办税服务、权益保护、满意度调查、信用等级评定、社会协作等服务内容进行专业化管理，盘活、整合分散纳税服务一线的信息流与业务流，增强各部门之间的数据关联性和功能关联性，使各部门之间的信息交换变得简单清晰和快捷通畅。

**3. 分级分类管理，提供个性化服务**

根据不同行业，不同信用级别的纳税人，提供智能化、差异化服务。税收优惠政策、办税指导、涉税风险提醒的推送具有针对性，纳税人只会收到与本企业相关的涉税信息，真正享受到"私人定制"服务。

**（二）整合"互联网+"时代纳税服务资源**

随着信息化纳税服务应用的不断深入，纳税服务平台的范围不断得到延伸，包括网上服务厅、税务网站、12366 热线、"手机税税通"、CA 数字证书等一切为纳税人提供纳税服务的平台和载体。

**1. 统一规划信息化体系**

自上而下地对纳税服务信息化建设进行统一规划，数据存储要向上集中，开发规范要统一标准。各地可围绕自身需求，按照总局统一标准对现有各平台或新建平台进行规范建设，并在总局的基础平台上挂接和数据共享。目前总局正在建设的金税三期一个重要目的就是在全国建立一个规范统一的基础服务平台，实现税务信息化建设的一体化。

**2. 汇总系统内部资源信息**

按照税务信息化建设一体化的原则，整合现有的办税系统、平台，统一软件数据口径，实现平台建设的标准统一和数据信息的集中存储，提高数据的共享和增值利用。

3.优化外部信息共享平台

以大数据分析为支撑，通过综合数据管理平台导入第三方数据，收集、分析、整合和应用来自地税、工商、银行、海关等第三方数据信息，并与第一方、第二方数据汇聚成数据集群，提高风险分析、识别能力，为税收情报分析提供数据支持，降低执法风险和纳税人涉税风险。

**（三）搭建"互联网+"时代纳税服务平台**

要引导纳税人广泛使用网上办税，在用好传统办税服务平台的基础上，加快网上办税服务厅建设，完善自助办税服务终端功能，继续开发"手机税税通"功能，为"互联网+"纳税服务模式奠定坚实的基础。

1.推进网上办税服务厅建设

运用物联网、影像传送等网络信息技术，推动涉税申请事项全程网络化，真正实现非接触式纳税服务；通过 CA 数字证书技术，纳税人上传涉税信息自动流转，杜绝纳税人涉税资料多环节多次报送；开发电子网络税票，实现网上申报、网上自助扣款、网上自助打印税票"三位一体"的网上办税功能。

2.优化 24 小时自助终端

不断开发自助终端功能，如涉税查询、银联缴税、发票查验、完税凭证打印等，进一步推进分流办税，减轻窗口压力，切实做到征纳双方的"减负"。

3.细化"手机税税通"功能

研发涉税信息、申报缴款、违法违章等涉税事项的查询功能；研发分类催报信息提醒功能，通过"手机税税通"，有针对性地发送申报提醒或通知。在及时性、灵活性方面实现"无处不在"的纳税服务，为纳税人提供更加高效便捷的办税途径。

4.将"互联网+"模式深度扩展

将"互联网+税务"模式从窗口部门向征管部门延伸。建立税务网络约谈室，实现"超时空"评估。纳税评估进入约谈流程后，税务机关可采取创建视频聊天室的形式，面对面约谈纳税人，实现"超时空"的远程对话，以方便纳税人。将实地核查、上门走访、政策辅导等工作与网上申请预约结合，纳税人通过网络预约的方式，可以更加灵活地安排自己的时间。

### （四）做好"互联网＋"时代纳税服务保障

1. 强化互联网风险防范

要加强涉税风险的防范与控制，防范互联网本身的安全隐患。配备专业技术人员，及时做好系统安全维护工作，向纳税人提供办税提示和风险防范提示，降低信息被盗风险。大力推广纳税人使用 CA 数字证书，加强纳税人账户安全。

2. 培养专业技术团队

通过内部选拔和外部聘用甚至采用技术外包的形式，对纳税人反馈的软件系统问题及时优化，提升界面友好性和可操作性。

3. 完善配套制度规范

对纳税人信息保护、信息公开等行为制定相关的实施细则，增强系统内部的自我约束，规范"互联网＋"的应用，防范纳税人信息泄露。完善考核机制，根据考评的结果及时分析和改进纳税服务中存在的问题，要与税务人员工作业绩相结合，对考评结果突出的人员进行奖励，激发核心服务力。

4. 完善网上涉税咨询平台

统计咨询频率高的问题，在请教专家的基础上归纳整理，定期发布咨询热点问题，提高税收政策的透明度。对咨询人员进行定期培训，对于极少数专业性问题，可以通过转接功能，由专家答复，提升回答的及时性和确定性。进一步开发自助搜索软件，引导纳税人自助办税。

# 参考文献

[1] 安然，周志波. 中国电子纳税服务发展探讨 [J]. 国际税收，2014（9）：64-67.

[2] 林绍君. "互联网＋"背景下的纳税服务模式研究 [J]. 税收经济研究，

2015（3）：31-36.

[3] 刘建徽，周志波.整体政府视阈下"互联网＋税务"发展研究——基于发达国家电子税务局建设的比较分析 [J].宏观经济研究，2015（11）：14-21，62.

[4] 王志超.开创"互联网＋纳税服务"新格局 [J].中国税务，2017（1）：67.

[5] 李传玉.浅析落实"互联网＋税务"行动计划应关注的重点问题 [J].经济研究参考，2016（47）：11-13.

[6] 国家税务总局关于印发"互联网＋税务"行动计划 [J].中国工会财会，2015（12）.

[7] 韩彬.信息化条件下纳税服务体系建设研究 [D].武汉：华中师范大学，2014.

[8] 赵琳.基于"互联网＋"优化纳税公共服务研究 [D].青岛：青岛大学，2017.

# "亲清"政企关系视角——论失衡的政企关系如何重达平衡

王孜纯 [①]

**摘 要：** 全球化趋势背景下，在多媒体融合等诸多因素影响作用下，我国企业的行为越发显示出更强的开放性和跨界性，经济活动类型日趋多元化，交易类型也更加丰富化。开放性、虚拟性和跨界性的企业行为在向政府行政监管能力不断发出新的挑战。在此大背景下，构建"亲清"政企关系是对政府与企业关系处理与治理的要求，是有利于我国经济转型升级与健康、可持续发展的方向。本文研究了我国政企关系的现状，通过梳理政企关系离"亲清"要求的差距，探讨制约原因与相应的举措，重新平衡失衡的政企关系，让新型"亲清"政企关系落地生根并保持常态。

**关键词：** 政企关系 企业 政府 合作

在过去的 30 年多里，"高增长""多事故"并存的"中国模式"逐渐形成，即经济保持年均 10% 的高速增长，但同时也出现了环境污染、食品卫生隐患等"事故"。在如此背景下，中国经济要实现转型升级与可持续的健康发展，必须改善现如今的政企"合谋"关系，逐步过渡到政企"合作"的新型关系。

中国人民大学经济学院教授聂辉华统计了 2000—2014 年几百个副厅级以上被查处官员的相关信息，他发现高达 95% 的腐败官员涉及接受商人提供的贿赂。在政府、企业之间存在严重信息不对称的前提下，如果一个商人远离政府，就是远离信息与商机，最终很可能远离市场。这就是一个典型的"囚

---

① 王孜纯（1989—），女，山东青岛人，中国海洋大学 2016 级公共管理专业研究生。

徒困境"：守规矩的商人若不与官员搞关系、做交易，必然被不守规矩的不良商人打败，最终大家一起陷入"所有人都有罪"的困境。

2016 年 3 月 4 日，习近平总书记在全国政协十二届四次会议上，首次提出以"亲""清"定调新型政企关系。2017 年 10 月 18 日，习近平总书记在党的十九大报告中指出："构建亲清新型政商关系，促进非公有制经济健康发展和非公有制经济人士健康成长。"党的十八大以来，习近平总书记要求领导干部同非公有制经济人士的交往成为君子之交，做到"亲""清"两个字。这些论述深刻阐明了构建新型政商关系的原则和方向。一方面，政府官员要亲近企业，不能"背对背"；另一方面，又要防止"勾肩搭背"。这无疑是正确的方向。问题是，在实际执行过程中，如何才能清楚地界定两者的边界呢？

## 一、政企关系与"亲清"政企关系

我国现行的社会主义市场经济，在公共经济学或现代财政学理论下，政府存在的意义在于向社会提供公共产品或服务，企业存在的意义在于通过向社会提供私人产品或服务实现利润最大化，他们各自分工满足社会多种需要，推动社会不断发展。

### （一）政企关系及其内容

何为"政"？"政"，国家政策、法律、规范的制定者，对于市场经济具有引导、规范的作用。宏观方面，"政"代表了政府权力；从微观角度，"政"则是指代某部门现任政府官员。何为"企"？"企"，依据"政"所制定的法规、政策，通过自身管理，创造社会财富，是政策的执行者与实践者。在宏观侧面，"企"是指社会主义市场经济体制下的市场；从微观角度来讲，"企"则是指企业家，尤其是非公有制企业家。

企业－政府关系，是指以企业作为行为主体，利用各种信息传播途径和手段与政府进行双向的信息交流，以取得政府的信任、支持和合作，从而为企业建立良好的外部政治环境，促进企业的生存和发展。市场经济条件下，作为重要主体的企业，通过提供各种各样的私人产品与服务，追求自身利益最大化。因此，从政府与企业这两种主体的性质、追求的目标与方式以及行为约束要求来看，二者必然发生交集，相互联结，互相提出要求，产生多方面关系与影响。

### （二）"亲清"政企关系

"亲清"政企关系不是政企关系的内容，而是对政企关系内容和对政府（主要指领导以及审批、监管人员，以下同）与企业打交道的要求。就政企关系内容来说，"亲清"应体现为以企业为本、以公共利益为本，而不是以政府权力为本，在不损害公共利益的前提下，简化政企关系内容，提高办事效率，强化对企业的服务；就政府处理与企业的关系来说，"亲清"应体现为以法律为界限，基于公共利益的金融监管、服务与相互协助配合为内容的新型政企关系。

日常政府处理与企业的关系或者与企业的交往时应满足习近平总书记的亲清政企关系要求：新型政商关系概括起来就是"亲""清"两个字。对领导干部而言，所谓"亲"，是指政企交往过程中要亲近，要勤于交流，政府要秉持"亲商、爱商、富商"之原则，切实主动为非公有制企业提供政策上的发展便利条件；所谓"清"，就是同民营企业家的关系要清白、纯洁，不能有贪心、私心，不能以权谋私，不能搞权钱交易。对民营企业家而言，所谓"亲"，即主动与政府机构共同交流，讲实话、讲真话、谏净言，拓宽政府与非公有制企业之间沟通的渠道；所谓"清"，就是要洁身自好、走正道，做到遵纪守法办企业、光明正大搞经营。这里，习近平总书记强调的虽然是政府与民营企业的关系，但同样适用于政府作为社会经济的监管者与其他各类企业的交往；强调的虽然是领导干部与企业交往的关系，但政府各审批、监管人员也同样适用。

## 二、我国政企关系现状及原因

### （一）我国政企关系离"亲清"尚有不小差距

自改革开放以来，我国已先后实施过六次较大规模的政府改革，政府"放管服"改革、"互联网＋政务服务"、"一窗受理、一站服务"等改革内容在此后的时期内，都产生了或大或小的改革红利。新一届政府履职后，简政放权，积极、有序、稳妥地制定和落实了"大部制改革"，优化政府治理结构，提高行政效率和效能，重构政府价值。但是，由于惯性使然，政府权力行使的监督制约机制尚未有效建立，"官本位"思想仍根深蒂固，存在该下放的权力不配套、不衔接、不到位，变相审批不时发生，制度性交易成本较高，严重影响企业投资和群众创业创新，监管缺失、检查任性、执法不力等问题仍然比较突出，利用审批许可权、自由裁量权寻租仍有发生。在企业方面，由于忌惮政府权力的强大或者权衡利益得失，偏好非正规渠道获取利益或解决与政府的争议，仍存在违法投机取巧谋利的侥幸心理与行为。政企定期交流，主动反映和解决实际问题的机制尚未建立。因此，我国现行政企关系远未达到"亲清"要求。

**（二）影响"亲清"政企关系构建的原因分析**

1. 权力运行缺乏透明与监督不力是政府不"清"的重要原因

绝对的权力导致绝对的腐败。权力运行缺乏透明和监督会为滥用谋取私利提供温床，从而侵害企业或者公共权利。虽然我国一直保持反腐败的高压态势，通过出台八项规定等文件约束党员领导干部的行为，但是事后查处手段依然不能消除行政执法人员和领导干部的侥幸心理。行政执法人员和领导干部的不"清"表现在处理与企业的关系上，或者以破坏社会公正的利益交换，或者通过为难甚至刁难企业获取好处，抑或滥用自由裁量权达到自身目的。现实中，企业忌惮领导干部自身强大的影响力、权力，为了自身存活与发展，不得不去配合他们。最为企业诟病的即是这种运用监管权力以及权力的影响力从企业谋取私利的行为，这是对正常政企关系的严重破坏。

2. 监管及奖惩机制弱化是企业不"清"的重要原因

企业的本质属性即是追求利益最大化，在现行经济模式下，企业本该合法实现自身利益，不能损害其他主体与公共利益。但是，如果企业违法经营或者与政府监管者勾结谋利被查处的风险较低，或者被处罚的代价较小，企业就会有动力冒险尝试，导致企业的不"清"行为。现实中，部分企业选择把时间、精力和财力用于围着政府领导转，为了获得资源、项目或政策照顾，而不是投在加强管理、开发创新和打造核心竞争力上；还有部分企业，遇到问题时不通过正当合理的渠道反映和解决，而是偏好选择非正当渠道。企业的这种不"清"行为虽是基于利益权衡的考量，却又进一步为政府监管者滥用权力寻租提供了可能，形成一种恶性循环，严重损害我国的政治生态与经济生态。

3．"官本位"思想与考核机制不合理，不利政府"亲"企业

经济学家凯恩斯在《通论》的中说过一句警世恒言：真正危险的不是既得利益，而是人的思想。对于我国这样一个有着几千年封建专制文化且从计划经济脱胎而出的国家而言，即便经济快速增长，人们的"官本位"意识依然根深蒂固。这种意识与"重塑政府"倡导的为人民服务、权为民所用、利为民所谋的"民本位"思想是根本对立的，也是与公共财政理论中的政府功能与作用理论格格不入的。在现实中表现为，一些政府人员内心深处觉得高人一等，不能或不愿与企业人员平等相处，要求企业适应监管要求、服从行政命令，而不愿深入了解企业经营管理中存在的问题与困难，更难以做到真心实意帮助企业解决问题与困难，服务好企业。在新公共服务理论的倡导者看来，政府在公共政策中更应该是一个参与者而非指导者，是服务者而非掌舵者①。国家推行"放管服"改革，要求政府以民为本，以企业为本，那么，政府在与企业的交往中是否做到了"亲"企业，做得如何，理所当然地应该让企业这一政府的服务对象来评价，并将评价结果与政府监管人员的晋升与待遇挂钩。现实中政府监管人员评价机制不合理甚至缺失，难以激励与约束政府服务意识、服务能力与服务水平的提高，更不用说让"亲"企业行为保持常态。

---

① 转引自顾丽梅：《新公共服务理论及其对我国公共服务改革之启示》，《行政学研究》2005年1月第1期。

### 4. 责任意识不强，不利企业"亲"政府

企业"亲"政府就是同各级政府沟通交流时，讲真话、说实情、谏净言，满腔热情投身地方发展；要洁身自好，走正道，遵纪守法办企业，光明正大搞经营。应表现为几个方面：一是认识、理解政府相关职责、意义与流程；二是支持、配合与协助政府行为；三是主动向政府如实反映企业经营存在的问题与困难，对政府积极提出意见与建议。企业"亲"政府，是对企业一种较高的道德要求，也是我国社会主义社会的内在要求和优势所在，具有重要的意义：一是能够规避信息不对称问题，形成共治局面，有利于解决监管盲区，避免隐患风险或损害公共利益；二是缓和政企关系，减少摩擦，降低行政监管成本与社会遵从成本；三是能够有效避免企业因不懂法而违法被查处带来的利益损失。现实中，企业"亲"政府意识与行为并不乐观，原因有多个方面：一是对政府维护企业权益和提供的服务不认可或不满意而又"无能为力"，便选择消极对待政府行为；二是部分企业以自己当前利益为重，社会责任意识缺失；三是部分企业家修养不够，不愿、不能了解和理解政府的职责与工作程序要求，对政府提出不合理要求；四是社会诚信网络尚未建立或有效运转，诚信激励、失信受惩以及社会共管共治的局面尚需时日形成。

## 三、让"亲清"政企关系落地生根并保持常态的对策

让"亲清"政企关系落地生根并保持常态，除加大思想政治教育和保持反腐败的高压态势外，还应根据不同监管内容，按照监管目标要求的内在运行规律，改革完善运行机制，确保政企关系导向"亲清"的目标。

### （一）构建权力透明运行约束机制

政府权力之所以能够被滥用、寻租交易，就在于权力运行不合理、利益交换查处不力。因此，构建一个权力相互制约、运行透明、惩处严厉的监管机制，能够有效确保政府（权力）与企业交往的"清"。一是根据监管权力可能滥用的方面与环节，合理科学设计分配权力，形成相互制约的机制；二是将政府对企业监管以及处罚的依据、过程与结果通过多种有效方式公开，保持权力运行透明，接受社会多方面监督；三是畅通举报渠道，建立快速反

应机制，并将权力滥用谋私查处结果反馈给举报单位，同时予以公开；四是持续保持反腐败的高压态势，并坚持"老虎与苍蝇一起打"的反腐败方针。在处理与企业关系方面，对发生不"清"问题较多的部门或行业，严肃查处并追究相关领导的责任。而对处理与企业关系保持"清"的监管人员与分管领导，业绩与经济待遇及晋升挂钩。唯如此，才能树立企业及社会举报政府不"清"行为的信心，才能敢于向政府不"清"行为说"不"，才能确保政府与企业"清"的关系成为常态。

### （二）构建企业依法追求并维护利益的机制

解决企业的不"清"行为，根本原则是"疏堵并举"，构建企业依法追求并维护利益的机制：一是依据不同审批、监管内容及权力运行的内在规律，在梳理现行监管法规的基础上，设计或完善监管法律法规，并确保监管权力透明运行，确保官员不敢寻私，从而堵住企业进行钱权交易的黑洞；二是畅通举报投诉渠道，严厉查处企业违法经营行为，并追究主管部门领导与直接责任人失职或监管不到位的责任；三是畅通并完善企业依法维权机制，确保企业偏好依法举报、行政复议、司法救济等合法正规渠道维护自身合法权益；四是完善企业依法经营督察巡视制度，确保督察巡视制度对企业违法经营与地方保护主义以及官员与企业利益输送行为的震慑；五是对"清"的企业实行政策倾斜。在享受优惠政策和营商监管便利方面，作为一项必要条件或者在一定期限实行一票否决。

### （三）构建激励惩处相容机制

从根本上说，促进企业发展与党和政府的利益是一致的，是党和政府富民强国的第一要务，也是由社会主义国家人民政府的本质属性决定的，这是政府"亲"企业的基础。促进企业发展就是要在不损害公共利益前提下为企业创造最好的条件，就是要创造最佳的营商环境，包括最为合理宽松的准入条件、事中事后的文明与对创新的审慎包容监管、最可能低的额外负担以及最优的服务与政策支持。这是国际竞争日趋激烈和我国经济进入新常态环境下保持经济稳定增长的必然要求，也是取得企业支持配合政府依法监管、调控的前提条件。要确保监管人员与地方领导干部"亲"企业并保持常态，除加强教育外，必须构建激励惩处相容机制，即将政府监管部门人员业绩的考评奖惩与对企业的服务内容、服务形式、质量挂钩，将部门与地方领导的政绩考核与晋升与部门整体服务水平、地方经济发展好坏挂钩，作为一个重要的维度评判，激励政府监管人员不断优化对企业的服务，部门领导和地方领导干部关心企业和经济发展。为此，应加快将专项督查等监管形式转变为引入第三方评价机制，将政府对企业的服务内容、服务质量作为该机制的一个模块进行设计。

### （四）构建并完善综合信用评价系统

企业"亲"政府，要求企业向政府反映实情与问题，以便改善服务内容方式、监管与调控政策；与政府合作，支持配合监管与宏观调控；对政府的监管、服务提出意见与建议。企业"亲"政府不仅在于二者的利益具有一致性：政府监管有利于公平竞争市场的建立，有利于政府降低行政成本，更有利于政府制定精准有效的政策和提供有效的服务，促进企业发展，有利于避免企业违法经营遭受处罚，有利于提高企业的综合信用等级，享受优惠政策和监管便利绿色通道等。为此，一是政府要优化服务并接受企业监督，确保企业满意。二是建立各级党政领导与企业经常性沟通联络机制，参与与企业、商会经常性沟通联络工作，建立长效机制。要建立各有关部门与企业间交流机制。请有关部门领导、司法机关与各行业、各领域企业家开展定期座谈交流，解读政策、反映困难、共商对策，以便有效实现政府关注企业、关心企业、"亲"企业的目的，也有效实现企业同政府多沟通、多交流、讲真话、说实情与谏诤言的"亲"政府目的。三是应将企业"亲"政府的内容与要求进行细化，作为其中一个相对独立模块，纳入企业综合信用评价系统，并与企业享受优惠政策、监管便利、政府服务等权益挂钩，激励企业配合支持政府的监管、调控行为，确保企业发展与市场秩序的公平、宏观调控的有效与公共利益实现的共赢。

# 参考文献

[1] 佚名.习近平在全国政协民建、工商联界委员联组会上的讲话 [N].人民日报，2016-03-05.

[2] 李克强.在全国深化简政放权放管结合优化服务改革电视电话会议上的讲话 [EB/OL].（2017-06-29）[2018-01-01].http：//www.xinhuanet.com//2017-06/29/c_1121236906.htm##1.

[3] 李龙飞.从政府的企业到企业的政府 [D].成都：西南财经大学，2007.

[4] 王佃利，展振华.武式之争：新公共管理理论再思考 [J].行政论坛，2016（9）：38-42.

[5] 中共中央、国务院关于深化国有企业改革的指导意见 [EB/OL].（2015-09-13）[2018-01-01].http：//finance.ifeng.com/a/20150913/13970882_0.shtml.

[6] 中共中央关于全面深化改革若干重大问题的决定 [EB/OL].（2013-11-16）[2018-01-01].http：//cpc.people.com.cn/n/2013/1116/c64094-23561785.html.

# 基于实地调研的大数据精准扶贫
# 标准化路径思考

温琪琨 ①

**摘　要：** 随着大数据信息技术的发展，2017 年 12 月 8 日，习近平总书记在中共中央政治局第二次集体学习上提出实施国家大数据战略，并明确指出"运用大数据促进保障和改善民生。要加强精准扶贫、生态环境领域的大数据运用，为打赢脱贫攻坚战助力"。文章基于贵州、北京等地的调研，发现将大数据与标准化深度融合，充分发挥大数据和标准化的基础支撑作用，有助于提升贫困地区政府政务服务和便民服务能力，提升精准施策能力，提高产业扶贫效益，降低基层干部工作强度，降低扶贫廉政风险，从而提升精准扶贫的质量和效益。随后分析了大数据精准扶贫存在的问题并就工作路径提出了相关建议。

**关键词：** 大数据　标准化　精准扶贫　路径建议

改革开放以来，我国在政府主导下实施大规模扶贫开发，特别是《中国农村扶贫开发纲要（2011—2020 年）》的实施，有力地促进了贫困地区县域经济和农村转型发展，扶贫开发的成效举世瞩目。1978—2014 年，全国贫困人口由 2.5 亿降至 7017 万人，贫困发生率也从 30.7% 降至 7.2%。当前，农村贫困人口逐步减少，收入水平稳步提高，贫困地区基础设施明显改善，最低生活保障制度全面建立，农村人地关系发生了显著变化[1]，我国扶贫开发总体上已经从以解决温饱为主要任务的阶段转入巩固温饱成果、加快脱贫致富、改善生态环境、提高发展能力、缩小发展差距的新阶段，推进新型城镇

---

① 温琪琨（1990—），男，山东滨州人，中国海洋大学 2015 级公共管理专业研究生。

化、创新农村土地制度、促进城乡公共资源均衡配置，成为面向乡村振兴的重要战略[2]，但同时，我国仍处于社会主义初级阶段，贫困地区基础薄弱、发展滞后的问题仍然十分突出，制约贫困地区发展的深层次矛盾依然存在[3]，需创新扶贫开发机制，推进符合区域发展实际的精准扶贫新模式。

**一、大数据精准扶贫标准化背景**

随着对精准扶贫工作的进一步深入，精准机制的要求更为具体细致，大数据技术因其数据化、网格化与动态化等特点与精准扶贫的机制要求相契合，数据扶贫成为了实现精准脱贫目标的可行路径[4]。贵州等地相继开始将大数据技术应用于贫困治理之中，结合当地实际情况进行技术升级与系统设施普及，探索适合区域脱贫的突破口，并依托云平台与数据管理系统对扶贫动态管理体系与评估标准进一步完善，不断强化大数据扶贫信息平台的综合分析能力、动态监管能力，加强与相关行业部门信息数据的互联互通和共享共融，构建扶贫大数据应用格局[5]。虽然互联网技术在扶贫领域的应用由来已久，但限于技术发展的不成熟与相关政策的不完善，互联网技术在扶贫开发上得不到有效应用，运用标准化的理念、方法和手段助力大数据精准扶贫，充分发挥在国家治理体系和治理能力现代化中具有基础性、战略性作用的标准化工作对大数据精准扶贫的支撑和服务作用，提升大数据精准扶贫工作的科学性和精准度，对于探索中国特色扶贫开发道路具有重要意义。

**二、调研的基本情况**

调研人员现场调研大数据管理部门、科研机构和相关大数据企业，走访脱贫攻坚作战一线村镇，召开座谈会，了解大数据发展现状以及在脱贫攻坚中的应用情况，挖掘大数据精准扶贫的标准化需求，听取各方对大数据精准扶贫标准化的工作建议。

**（一）实地调研大数据管理部门与研究机构**

调研北京市信息资源管理中心、贵州大数据发展局等大数据管理部门，以及中关村大数据产业联盟、中国移动贵安大数据中心、上海大数据产业研究院和中国电子技术标准化研究院等研究机构，了解大数据技术和大数据标准化现状，了解大数据在精准扶贫、政府管理和社会民生等方面的应用情况，探讨大数据在精准扶贫场景中的应用前景和标准化需求。

### （二）实地调研农业大数据企业

现场调研贵州、北京、上海、河北等涉农企业，了解涉农企业运用大数据手段支撑农业发展、助力农业产业提质增效、带动贫困户脱贫增收的做法与经验，了解农业扶贫大数据标准化现状与需求。

### （三）组织召开座谈会

在贵州省黔西南布依族苗族自治州召开由州领导及有关部门负责同志参加的大数据精准扶贫标准化座谈会，听取当地运用大数据助推脱贫攻坚工作情况介绍，并讨论了大数据及标准化在精准识别、扶贫开发、扶贫成效评价、扶贫组织保障及脱贫退出等方面的作用，以及开展这项工作的重点、难点问题。

### （四）走访脱贫攻坚作战一线村镇

深入贵州省黔西南州回龙镇塘山村等地，针对当地运用大数据技术开展精准识别、精准帮扶等工作的应用现状、问题以及标准化需求等方面与当地基层干部进行了深入交流和探讨，和贵州省威宁彝族回族苗族自治县政府相关人员探讨了利用大数据开展精准扶贫的工作路径和主要问题。

## 三、运用标准化助力大数据精准扶贫的做法与成效

### （一）发挥标准化的基础联通作用，提高大数据精准识别、精准脱贫的科学性与准确性

为解决基层扶贫干部频繁、重复填报数据，扶贫数据不准确，更新不及时等突出问题，贵州大数据发展局推动建立12个省级政府部门数据联通共享的精准扶贫大数据支撑平台。在平台的建设中，贵州省高度重视标准的基础联通作用，在政府数据分类分级、政府数据资源目录、政府数据脱敏等方面制定了国家、地方标准近10项，并开展了相关国家标准试点工作3项。同时，依据标准建立数据共享交换机制，各地各部门设置数据管理专员，对政务数据资源全流程管理，制定数据共享开放计划，提出数据资源需求清单，并及时响应各地各部门和社会公众对本地本部门数据需求。

　　基于省扶贫办的基础数据，黔西南布依族苗族自治州开发了"扶贫攻坚作战指挥系统"。该系统以省扶贫办700多万条建档立卡数据为基础，消除部门间数据孤岛，完成了扶贫、民政、卫计、人社等部门数据实时共享，通过桌面端网站、微信小程序等方式实现了扶贫相关数据的实时动态采集、更新、统计分析、实时比对预警、实时展示等功能，并运用大数据分析技术，提升了对贫困户的精准识别、精准帮扶、扶贫资金管理、扶贫干部管理等方面的能力，为精准扶贫提供了支撑。

**（二）发挥标准化的规范统一作用，提升大数据产业扶贫的质量和效益**

　　为促进农业产业发展，上海市建立了市、区农业部门资源共享、业务协作协同的统一农业地理信息公共服务平台。在平台的建设中，上海市充分发挥标准的统一规范作用，建立平台标准规范框架，统一数据标准和安全规范，逐级审核、统一发布，实现数据自动化采集、网络化传输、标准化处理和可视化应用。制定了《农用地分类体系与编标准》《农用地基础信息采集与编码规范》《农业 GIS 数据资源共享交换标准》《上海农业数据资源编目标准》《农业物联网数据共享及交换标准》等5项标准。平台为上海各区提供农业GIS 地图服务，为市蔬菜生产保护区、粮食生产功能区、特色农产品优势区地块建档立册、上图入库，实现精准化管理目标，助推上海农业依靠数据来决策，构建上海农业"一张图"，实现永久基本农田、粮食功能区、蔬菜保护区的规划落地，实现农业精准计划、精细管理、精品销售的目标。

　　贵州黔西南布依族苗族自治州安龙县某专业合作社以姬松茸、红头竹荪、双包蘑菇等品类食用菌作为主要产业，通过标准化的手段，与贵州省农业科学院、上海市农业科学院、国家食用菌工程技术研究中心等专业机构合作，成立专家指导委员会指导科技创新及服务园区工作。通过"政府（园区）+科研院所＋合作社＋公司＋分社＋基地＋农户"的运作模式，采用统一供种、统一技术、统一收购、统一加工、统一标准、统一质量、统一品牌、统一销售、分户种植、保底收购、二次返利的标准化产业发展模式。

### （三）发挥标准化的创新引领作用，探索新型大数据产业扶贫模式

北京 A 公司利用互联网、物联网、大数据等技术手段与传统养猪业深度融合，创建了服务于猪产业链的大数据服务平台——猪联网。猪联网以猪为核心，依托"猪服务""猪交易""猪金融"，形成"管理数字化、业务电商化、发展金融化、产业生态化"的商业模式，通过构建生猪产业链的大数据并尝试推动猪产业大数据应用的标准化进程，开创了"互联网+"时代的智慧养猪新模式，实现以数据驱动生猪全产业链变革升级。该公司以"农信网"为互联网总入口，"智农通"APP 为移动端总入口，已初步建成数据、电商、金融三大核心业务，形成"三网一通"（"农信云"+"农信商城"+"农信金融"+"智农通"）产品链，构建了从 PC 到手机端的生态圈，实现对农业相关产业全链条的平台服务。"农信云"利用互联网、物联网、云计算、大数据等高新技术和现代先进的管理理念，联合农村种养户及相关中小微企业，共同打造农业大数据共享平台。"农信商城"建立涉农电子商务市场，解决交易链条过长、产品品质无法保证、交易成本居高不下、交易体验差等问题。"农信金融"以农信云、农信商城积累的大数据为基础，依托自主开发的农信资信模型，形成一个普惠制的、可持续的农村商务金融新体系，涵盖理财、保险、贷款等多种农村金融服务。

B 公司在中国北方地区近 100 个县通过"土地托管"的方式，在不改变农村现有的土地所有权、承包权和经营权的情况下，实现大田农业生产的适度规模化、标准化和数据化。通过对农业生产和粮食销售"耕、种、管、收、烘、储、运、销"8 个最主要环节进行分析和定义，找出控制节点，从技术上和管理上对每一个节点确定操作流程和标准，并逐步建立和完善相应的标准文件，从而实现对农业生产全过程管控。例如，该公司采取菜单式定制服务，在整地、农资套餐、播种、除草、植保、收割、卖粮这几个农业作业环节，根据社员的需求和托管作业标准提供作业单元服务或者全程生产服务。让没有劳动能力的社员在不增加生产成本的情况下有稳定收入，让有劳动能力的社员从农业生产劳动中解放出来出去务工，从而增加家庭收入。解决了农村

"谁来种地、怎么种地"的问题。在农业生产过程标准化基础之上建立信息化体系，将农业生产的全过程、过程中的各个环节、农业投入与产出的对应关系、各个要素之间的关联和互动关系等，进行数据化的由浅入深的定量分析，最终实现农业数据化、标准化和智能化发展。

### 四、开展大数据精准扶贫标准化工作中存在的问题

通过调研，各地运用标准化的理念和方法，制定标准促进大数据精准扶贫工作的开展，提高了大数据精准识别、精准脱贫的科学性和准确性，提升了大数据产业扶贫的质量和效益。但是，大数据精准扶贫标准化工作尚不成熟。

### （一）对标准化及大数据在精准扶贫中的作用认识不足

在调研中发现，一些地方对大数据在精准扶贫中的作用缺乏认识，还有一些地方对大数据技术在精准扶贫中的效果取得了共识，但是关于标准化对大数据在精准扶贫中的应用起到的基础支撑作用认识不够，缺乏必要的标准支撑。有些地方虽然制定了相关标准，但是由于缺乏实用性和可操作性，难以将标准与大数据精准扶贫有机融合，无法运用标准解决实际问题，如数据汇聚难、数据质量有待提高等。

### （二）尚未建立面向精准扶贫应用场景的大数据标准体系

精准扶贫工作覆盖领域广，而运用大数据支撑精准扶贫更是一个全新的复杂的系统工程。由于缺乏完整的标准体系，精准扶贫大数据平台和应用系统建设出现数据表达不一致、业务流程不规范、系统接口不统一等问题，一方面造成了开发资源的浪费，另一方面也为精准扶贫大数据的数据共享、交换和利用带来了阻碍，直接影响大数据助力精准扶贫的质量和效益。

### （三）大数据精准扶贫标准化人才严重匮乏

贫困地区大数据机构人员配备力量不足，越往基层地区，特别是贫困地区，掌握大数据技术的人才越是缺乏，熟悉标准化、大数据的精准扶贫人才更是少之又少。他们虽然有很丰富的基层扶贫经验，但由于缺乏标准化意识，无法将好的经验沉淀、复制与推广，在一定程度上制约了当前大数据精准扶贫工作的开展。

## 五、大数据精准扶贫标准化的路径建议

### （一）建立大数据精准扶贫标准体系

以精准扶贫为应用场景，以"六个精准"为需求牵引，以政务、民生和产业为主线，以政府、社会和产业数据为基础，充分利用和提炼实践经验，继承和创新已有大数据技术和安全相关标准，研究建立面向精准扶贫应用和全生命周期业务流程的大数据精准扶贫多元化标准体系。鼓励相关行业、社会团体和企业制定行业标准、团体标准和企业标准；选取有普遍性和适用性的方面，研制国家标准；根据国际需求，选取有代表性的标准，推向国际，探索形成国际标准。

### （二）制定大数据精准扶贫急需标准

以脱贫攻坚工作急需为原则，针对脱贫攻坚的难点、痛点和焦点问题，在总结贵州等地实践经验的基础上，开展精准扶贫政务部门大数据共享标准等重要标准的研究，各相关单位通力协作，动员各方力量，在保证标准质量的前提下，简化流程，快速完成标准的制定。

### （三）开展大数据精准扶贫标准化试点

充分总结政府部门、行业协会和企业等在大数据精准扶贫标准化方面的经验，建立大数据精准扶贫标准化试点，用标准来规范和引领数据采集、应用，以及数据平台的建立、维护和深度开发，通过试点，总结先进经验面向全国贫困地区推广，提升大数据精准扶贫工作的效率。

### （四）打通产业链，促进一、二、三产业融合，形成产业闭环，落实金融精准扶贫

利用大数据技术和标准化手段，整合来自政府、企业和社会三个方面的多来源、多类型数据，如交易数据、流通数据、消费数据、信用数据、金融数据等多元化数据，结合地方特色产业和资源优势，深入产业内部，打通产业链上下游信息，用数据说话，建立产业或行业信用体系，从而形成产业闭环，利用金融衍生品开展精准扶贫，让贫困户参与和分享农业全产业链和价值链增值收益。

351

**（五）加强大数据精准扶贫标准化的宣传和人才培养**

在贫困地区各级政府、各有关部门、乡村经济组织等范围，开展大数据精准扶贫标准化培训，并多渠道宣传大数据精准扶贫标准化工作，增强各级扶贫工作者的标准化意识和大数据意识，让各级扶贫干部和工作人员逐步将大数据和标准化作为推动精准扶贫工作的抓手。

# 参考文献

[1] 周侃，王传胜.中国贫困地区时空格局与差别化脱贫政策研究 [J].中国科学院院刊，2016，31（1）：101-111.

[2]Liu Y S, Fang F, Li Y H. Key issues of land use in China and implications for policy making[J]. Land Use Policy，2014，40：6-12.

[3]黄承伟.覃志敏.我国农村贫困治理体系演进与精准扶贫 [J].开发研究，2015（2）：56-59.

[4]郑瑞强，曹国庆.基于大数据思维的精准扶贫机制研究 [J].贵州社会科学，2015（8）：163-168.

[5]王新明.贵州发展农业大数据　精准扶贫不靠"估计"[N].新华每日电讯，2017-10-16（13）.

# 地方政府解决社会保障就业问题浅析

闻焕卿①

**摘　要：**在我国的当前的国情下，地方政府管理在推动新时期社会发展的过程中发挥着重要的作用。地方政府管理与社会保障的关系是一个世界性问题。就我国各级地方政府来说，地方政府管理需要将管理系统进行全方位的优化和更新，重塑管理信念是前提，优化地方政府管理职能是核心，始终将提升地方政府的管理功效、加强社会保障作为核心工作，尤其是解决好百姓就业问题。在日新月异的社会不断生成新问题的背景下，解决就业问题依赖于地方政府管理的不断提高，从这个意义上讲，地方政府管理提高也是推进社会建设的方法源泉。新时期如何最大限度优化社会保障，解决百姓的就业问题，提升地方政府管理效果与效率，非常值得我们去思考研究。

**关键词：**地方政府　管理　治理　社会保障

地方政府承担着多种职能。一方面，地方政府承担着推动当地经济、不断增加当地居民可支配性收入、保障低收入人群的基本生活的职能；另一方面，地方政府需要为当地群众提供基础设施及优质公共服务，最重要的一点就是解决社会保障中的就业问题。就业和社会保障是关系我国经济发展和人民生活的两大问题。随着我国产业结构的调整，城镇化、工业化进程不断加快，我国政府面临着就业问题的严峻形势，不仅要解决大量新增的城镇劳动力的就业问题，还要考虑大量下岗职工再就业以及农村劳动力向非农领域大规模转移的问题。从 20 世纪 90 年代中期至今，我国下岗失业的总人数一

---

① 闻焕卿（1990—），男，陕西西安人，中国海洋大学 2016 级公共管理专业研究生。

直有增无减，特别是随着并轨工作的逐步推进，城镇登记失业人数急剧攀升。如今失业问题是我国所面临的最严峻挑战之一。

## 一、目前我国地方政府管理及就业问题现状

（1）地方政府在解决就业问题中存在诸多不足。地方政府设置解决百姓就业问题的目标不明显。在推动就业问题上，地方政府在提供就业机会过程中起到不可忽视的作用。但是地方政府设置目标总体来说不明显，在实际的操作中指标的设计也有着不合理的地方，存在一定缺陷，没有把实际具体的指标进行细化与量化，同时在实施目标管理中，决策、执行、监督的力度存在不足。管理理念是地方政府管理创新的理论基础，是最重要的因素，直接影响到决策的成果和意义。由于长期受计划思维方式的影响，我们始终在解决百姓就业问题上都自觉或不自觉地沿用老的思维模式，缺乏相应的责任意识和服务意识，造成了一定程度的消极影响。在近些年改革过程中，中央将部分权利下放到地方，地方政府可以根据当地实际情况，采取相应的就业解决应对措施，适当调整具体的规章制度。虽然中央和地方的政策方出发点相同，有着共同的长远战略目标，但是地方政府目前的计划和措施仍然存在不足的地方。

（2）我国原有的就业模式已经无法为如此庞大的劳动力规模提供就业岗位，农民工这样的新就业群体出现，灵活就业、自主创业等多种就业形式应运而生。目前，存在人力资源市场供需失衡、解决就业问题覆盖范围有限、保障体系还不够健全等不足。非公有制经济已成为解决我国就业的主要渠道，但是与此同时，关于下岗职工、农民工以及灵活就业人员社会保障的呼声日益高涨，就业与社会保障成为我国当前乃至长时期的双重压力。对我国当前来说，无论是促进就业还是完善社会保障制度都是刻不容缓的，需要做出创新的经济和社会领域，就业和社会保障制度实际上是难以分割的社会政策的整体，是促进社会经济协调、稳定发展这个总体问题的两个方面。促进就业的发展应该是经济发展的内在要求，也必将有利于社会保障体系的完善；符合社会发展的社会保障体系，应该成为促进就业发展的内在条件和制度保证。

把握好两者关系，是解决我国就业与社会保障压力的重要途径①。

## 二、地方政府管理与就业问题

地方政府是直接治理一个区域和管理该区域内居民最直接的政府，是基层的政府，也就是指除中央人民政府、国务院以外的所有各级政府。地方政府在我国政府组织管理体系中占据着非常重要的地位，地方政府管理创新和改革对我国整个社会的发展有着重大的意义。然而各级和各地地方政府在实际情况存在着许多不同的地方，各级地方政府在推进管理创新的道路上势必会出现这样那样的问题。而市场经济发达的国家和地区的相关实践证明，若工资水平、社会保障水平过低，则容易产生严重的劳资问题，阻碍经济发展，影响社会稳定；但若工资水平、社会保障水平过高，则会增加国家、企业的负担；此外，较优厚的失业待遇会使失业人员丧失寻找工作的欲望，使失业率增加，也间接影响社会稳定，影响区域人力资源的开发。社会主义社会发展经济的根本目的是为了提高人民的物质和精神生活水平，因此，即使国家处在经济转型阶段，也应以提高人们的生活质量作为根本方向，其中一个核心问题就是就业问题。

在当前的社会、经济生活等激烈变革的时代，地方政府的管理常常落后于政治、经济生活的发展，要维护政府管理的长期稳定，实现政府管理的全面改革，从客观上讲，创新是必然的要求。地方政府管理创新具有现实的必要性。社会变迁要求是地方政府管理创新的外在动因。市场经济的发展要求地方政府的管理体制进一步与之相适应，建立市郊、精干的地方政府行政管理体系，也是经济体制改革的一项重要任务。地方政府管理方面的缺失是创新的内在动因。地方政府管理方面的缺失，既有管理制度的层面，也有管理方法的层面，这些都已经严重制约了地方政府的管理，创新管理是地方政府完善管理、实现管理上台阶的必然要求。随着市场经济的深入发展，原有的地方政府管理模式已经不能满足社会发展的需要，各级地方政府管理模式亟

---

① 冯蕾：《社会保障对就业影响》，东方企业文化，2014 年，第 17 期，第 138 页。

待创新，然而缺少理论研究和实践应用的经验，地方政府在管理创新过程上常常出现误差，因此如何推进地方政府科学高效地展开管理创新，成为当前我国地方政府关注的一个重要问题，我国地方政府的管理、治理模式等等都需要全新的思考、调研、创新。我们应摒弃旧有方式方法，实现社会保障系统的全面化、体系化，使更多的失业者和退休人员享受到社会保障，促进社会稳定，同时也便于引导劳动力流向极缺地区、领域，保证企业竞争的公平性，推动区域间人力资源的开发。政府授权企业可进行工资分配制度的制定，但同时也应明确最低工资标准，避免出现私营企业、外商投资企业压榨职工、降低工资等现象。这些在《中华人民共和国劳动法》中已有规定。出台最低工资标准，应在结合经济发展水平基础上，综合考虑最低工资标准、社会保障水平及就业间的关联度。加快区域人力资源开发的步伐，应坚持就业优先的原则，兼顾社会保障与工资水平。就社会保障问题解决方式来讲，应做到低起点、宽覆盖面；就养老保险来讲，应逐步实现缴费比例的优化，减轻企业负担。现阶段，社会保障水平已达到高标准，但未来工作中仍要注意缓调标准。但一味地实行高工资、低就业是不可行的，应避免出现低工资引起的高工资标准，经济实践证明，工资标准影响到扩大就业的，要在今后的调整中逐步降下来。因此，在处理社会保障、工资水平和就业水平三者关系时，必须坚持就业优先的原则。

## 三、地方政府解决就业问题需要发展变化

最近十年来，中央政府在推进政府管理改革和创新方面采取了一系列措施，提出政府依法管理的目标和要求。中央政府在解决百姓就业问题的管理和创新方面进行了积极的探索，积累了大量宝贵的经验，这些经验也为地方政府在加强自身建设和积极创新管理方式提供了许多可以借鉴的方向。地方政府管理理念的合理调整与适时更新，是政府管理成功的关键。当今全球化的时代也是管理人本化的时代，要遵循当代政府管理的新趋势，坚决摒弃"官本位"的陈旧理念，牢固树立"以人为本"的新观念，把为人民服务、解决百姓困难作为政府管理的主要职责和基本理念。只有这样，才能赢得人民的

认同。促进就业和健全地方政府管理是我国经济发展和社会进步的两个影响深远的重要目标，两者之间有着紧密的内在联系。在应对现状时，我们有必要厘清两者的根本关系，这对于我们解决失业问题有着非常必要的意义，因此，地方政府解决就业问题需要发展变化。

**（一）加强地方政府管理制度创新建设，进一步健全就业相关的规章制度**

地方政府管理创新活动离不开制度创新，制度建设是任何一项改革开展的前提。良好规范的制度创新体制有利于将地方政府管理创新引入一条正确明晰的发展道路，通过对现有制度的修改、补充、完善和废弃，从而建立一个适应现代社会市场经济发展需求的、高效廉洁的制度体系，确保地方政府管理制度创新有章可循[①]。一是调动中小企业、民营单位的入保积极性，使这些企业的员工加入社会保险的行列，对积极为职员入保险的企业提供贷款帮助，减免税收。二是推进户籍制度革新步伐，加快劳动力流动。政府应从法律方面解决就业歧视问题，为未就业人员提供公正、公平的就业环境。

**（二）地方政府应不断深化改革，完善就业市场规划**

地方政府要加强经济调控手段，对去西部地区和条件艰苦的一些重点单位和行业就业的百姓，在工资、待遇和生活条件上给予较大的优惠，采取措施鼓励。在完善就业市场方面，政府部门要采取有效措施扫除体制性障碍。通过深化改革，对于那些有碍于百姓就业的政策、制度等要逐步取消。各级政府要放开百姓在就业过程中的种种政策限制，加强部门之间的协调与沟通，积极疏通就业渠道，不断完善就业市场。政府还应加强对高校办学的指导，在宏观上加强人才预测和对专业设置的调整，以及对各类人才培养规模的调控，指导培养人才机构的改革，避免盲目的专业设置。另外，政府还应发挥自制优势，主动为培养人才机构部门提供必要的信息服务和就业指导。

---

① 陈菊香：《提升地方政府政策执行力的困境及其解蔽》，理论学刊，2016 年，第 8 期，第 34~36 页。

### （三）传递就业情报，注重职业培训

解决百姓就业问题和社会安全系统紧密相连，它们都对国家安定、社会稳定发挥重要作用。所谓社会保障需求，并非仅意味着保障失业人员的基本生活，更重要的是为失业人员提供再就业技能和机会。从宏观角度来讲，政府掌握着大量的就业资源和就业信息，因此应充分发挥优势，将公共信息及时告知就业群体。政府对现阶段及未来一定时间中的就业信息进行搜集，及时了解就业现状及市场需求，将相关结果汇总，通过网站宣传、刊登出版物等方式，将这些信息告知百姓，为百姓提供有用的就业信息，使其及时调整就业方向[1]。

地方政府管理适应时代的改变是一个长期而艰巨的工程，是当前全球各国行政改革的趋势，需要从方方面面去逐步改变，不能急躁，欲速则不达。作为人民百姓，我们要积极参与其中，保持充足的耐心与信心，相信且信任我们的政府能做出突破与改变，能适应新形势下的环境要求，解决人民百姓的就业问题。总而言之，以社会保障内容为基点，由此引起的各种劳动问题及就业问题，只有从各个角度进行探究，从中找出阻碍就业的各种原因，从深度、广度上予以分析，通过各种调控优化方式，将不利作用降至最低，提高劳动就业率，才能实现就业形势的改善，确保社会保障服务的人性化，使劳动和就业在不断的互补促进中保持良性发展状态，实现发展的长久化、稳定化。

---

① 李怀军，杨志银：《完善我国当前就业和社会保障工作的初浅思考》，云南财经大学学报（社会科学版），2010年，第2期，第25~27页。

# 参考文献

[1] 俞可平. 中国地方政府创新 [M]. 北京：北京大学出版社，2006.

[2] 陈菊香. 提升地方政府政策执行力的困境及其解蔽 [J]. 理论学刊，2016（8）：34-36.

[3] 吴江. 政府创新：深化行政管理体制改革的新思路 [J]. 人民论坛，2003（4）：4-6.

[4] 李怀军，杨志银. 完善我国当前就业和社会保障工作的初浅思考 [J]. 云南财经大学学报（社会科学版），2010（2）：122-123.

[5] 郭甜. 论我国灵活就业人员的社会保障问题 [J]. 理论观察，2005（5）：95-96.

[6] 冯蕾. 社会保障对就业影响 [J]. 东方企业文化，2014（17）：138.

# 浅析新时代下高绩效政府机关
# 文化建设

吴亚丽 [①]

**摘 要：** 政府机关文化通常具有凝聚作用、引导作用、激励作用、塑形作用和区分作用，主要解决人和组织的价值观、人生观、世界观的问题。本文通过对政府机关文化建设的构成要素、基本思路和实施方法步骤的研究，就建设新时代下高绩效政府机关文化进行了探讨，着力探索通过政府机关文化建设，推进政府机关高效运转。

**关键词：** 文化 政府机关文化 高绩效

文化作为一种管理实践的研究，是建立一个组织话语体系的基础。利用文化管理是一种"以人为本"的管理模式，通过共同价值观的培育，在系统内部营造健康和谐的文化氛围，变被动管理为自我约束，在实现社会价值最大化的同时实现个人价值的最大化。政府机关文化是政府机关在组织经济建设和管理国家事务过程中所创造出的物质财富和精神财富的综合反映，是社会文化的有机组成部分，是人类文明成果在政府机关的具体表现。准确地把握新时代下政府机关文化体系，对于推动政府机构改革、提高政府绩效具有重要的现实意义。笔者试图从政府机关现实运作出发，从中探寻新时代下政府机关运行中的文化印迹，促进政府机关管理水平的提高。

## 一、政府机关文化建设构成要素

作为组织文化中的一种分类，政府机关文化既有组织文化的共性特点，

---

① 吴亚丽（1990—），女，江苏徐州人，中国海洋大学 2016 级公共管理专业研究生。

也有其政府机关特性。根据组织文化通用的结构划分观点，现从物质文化、行为文化、制度文化和精神文化[1]四个层面对政府机关文化进行解析。

### （一）物质文化

物质文化是一个组织文化的表层部分，它是一种以物质形态为主要研究对象的表层组织文化，是形成组织文化精神层和制度层的条件。优秀的组织文化是通过重视产品的开发、服务的质量、产品的信誉和组织生产环境、生活环境、文化设施等物质现象来体现的。而政府机关物质文化是政府机关的行政行为直接作用于物质生产的精神与物质成果，以社会物质生产状况为基础，以发展社会生产力、提高人民生活水平为终极目标，不断地由低级向高级、由不自觉向自觉迈进，表现出一定的阶段性和连续性。它包括不同时期大政方针和历史任务、阶段性战略重点及治国方略、对自然及经济规律的认识、宏观与微观经济活动的管理与调节、社会物质财富的生产与供给、生产力发展与生产关系状况的统一以及行政管理过程中先进科学技术手段的运用等。党的十九大确立了习近平新时代中国特色社会主义思想的指导地位，其中建设有中国特色的社会主义理论中有关经济建设与社会发展的论述，以及转变政府职能、加强和改善宏观调控等理论是现阶段政府机关物质文化的集中表现。政府机关利用这些物质文化成果，制定相应的发展战略和政策，通过具体的实践不断丰富和发展物质文化的内容，获取新的发展动力。

### （二）行为文化

组织行为文化是组织员工在生产经营、学习娱乐中产生的活动文化。包括组织经营活动、公共关系活动、人际关系活动、文娱体育活动中产生的文化现象。政府机关行为文化体现在政府在提供公共管理和公共服务以及人际关系中产生的活动文化，不同政府机关体现出不同的行为文化，如人际行为文化、执法行为文化、服务行为文化等。行为文化是政府机关作风、精神风貌、人际关系的动态体现，也是政府机关精神、核心价值观的折射。如建设服务型政府是面向 21 世纪中国政府再造的战略目标，概括来说，即将政府由原来的控制者，改变为兴利者和服务者，在以此为导向的政府职能转型的过程中，行为文化以服务为目标，以人民需求为核心，将服务意识体现在社会公共生活的方方面面，直接展现出政府机关的价值取向，对民众的需求给予充分的回应。

### （三）制度文化

制度文化是组织文化的中间层次，把组织物质文化和组织精神文化有机地结合成一个整体。主要是指对组织和成员的行为产生规范性、约束性影响的部分，是具有组织特色的各种规章制度、道德规范和员工行为准则的总和。它集中体现了组织文化的物质层和精神层对成员和组织行为的要求。制度层规定了组织成员在共同的生产经营活动中应当遵守的行为准则，主要包括组织领导体制、组织机构和组织管理制度等三个方面。现行的政府机关制度文化有很多，包括宏观管理制度和微观运行制度。宏观管理制度一般是指依据政府机关的管理职能所颁布的法规、规章、条例等，它是政府实现社会管理职能的主要手段。微观运行制度包括政府机关内部工作运行过程中所形成和建立的工作制度，它主要作用于政府机关内部机构纵向与横向间的协调，是政府机关机制建设不可缺少的环节，如人事管理制度、政务事务制度等。社会愈发展，制度文化就愈健全。如今制度文化已贯穿于政府机关的各个环节，具有广阔的伸展空间和应用范围。

### （四）精神文化

精神文化是组织在长期实践中所形成的员工群体心理定式和价值取向，是组织的道德观、价值观即组织哲学的综合体现和高度概括，反映全体员工的共同追求和共同认识。组织精神文化是组织价值观的核心，是组织优良传统的结晶，是维系组织生存发展的精神支柱。主要是指组织的领导和成员共同信守的基本信念、价值标准、职业道德和精神风貌。精神层是组织文化的核心和灵魂。一定历史时期形成的精神文化必然反映社会发展的客观规律。建设有中国特色的精神文化是政府机关文化体系中的重要组成部分，它是政府机关物质文化建设的精神源泉和思想保证。概而言之，政府机关的精神文化建设就是以中国特色社会主义理论体系为指导，以思想道德教育为中心内容，培育有理想、有道德、有文化、有纪律的精干、高效、清廉的公务员队伍，从根本上提高全民族的思想道德素质和科学文化素质。要经常性地进行爱国主义、集体主义和社会主义教育，引导树立正确的世界观、人生观、价值观，坚定正确的政治方向，宣传党的基本路线，教育群众拥护和支持改革开放的政策，积极投身于改革实践，强化职业道德教育，培养敬业和奉献精神，增强公仆意识，努力做到勤政为民、无私奉献。精神文化建设内容渗透在政府机关文化活动的各个方面，其再现形式与宣传途径多种多样，既有直接的灌输，也有间接的疏导，更有耳濡目染、潜移默化的影响。这些方法与途径旨在促进精神文化内容与形式的统一，增进精神文化的传播效果，充分发挥精神文化的实际功能。

## 二、政府机关文化建设基本思路和实施手段

### （一）政府机关文化建设的基本思路

实践性的政府机关文化建设，需要有一套完整的实施方略。通过原则、主体、客体、路径等限定，构成一定的政府机关文化建设基本框架，从而提供一定的经验图解和现实路径。

#### 1. 以人为本，全员参与

政府机关文化建设要明确干部职工既是主体也是客体，要获取广大干部的内在认同。干部职工既是政府机关文化建设的受益对象，更是政府机关文化建设的主力军。要注重和善于挖掘、利用全体干部职工的积极性与创造性，全心全意地依靠全员的智慧和力量来建设组织文化。组织文化建设工作的思路、措施都要坚持广泛听取意见、建议，不断提高参与度。

#### 2. 领导重视，率先垂范

政府机关文化建设要有第一推动者，领导重视、率先垂范是有效推进的关键。各级政府机关领导干部，特别是"一把手"和领导班子成员，要带头学习、思考、研究政府机关文化，率先践行文化理念，主动宣传文化理念；要切实将文化建设的战略部署贯穿于决策、领导和管理的过程中，科学配置资源，力促政府机关文化建设的落实。

3. 加强组织，明确责任

政府机关文化建设要有明确的机构，在组织结构上对文化建设进行规定。要在统一领导下，建立跨部门的工作协调机制，保障文化建设各项任务的落实。各级政府既要恪守本职，又要形成合力，共同落实政府机关文化理念，共同推进政府机关文化建设工作的顺利开展。要按照统一部署，及时开展相关工作和活动，努力形成税务文化建设相对均衡发展的局面。

4. 因地制宜，循序渐进

政府机关文化建设既要有整体规划，又要在制度保障下持续推进。文化建设需要长期实践和积累，要坚持因地制宜的原则，遵循文化建设循序渐进的发展规律。既要避免和防止急功近利的短期思想，也要避免和防止畏难情绪和不思进取的不良倾向。要加强上级机关和下级基层两级的工作沟通，互通工作进度，及时反馈和解决在工作中遇到的困难和问题。

（二）政府机关文化建设"三步骤"实施法[2]

1. 机关文化诊断

文化通常是一种集体现象，文化的基因来源于它所成长并积累生活经验的社会环境，它既是现实的行为，也是构成行为原因的抽象的价值、信念以及世界观。文化诊断是文化建设的基础性、经常性、先导性的工作，是文化建设的重要内容之一。

文化诊断要求机关文化建设的起步阶段一定要对组织的历史文化进行广泛深入的调查，清理文化资产，整合文化资源，挖掘文化基因，通过文化诊断，分析组织独特的历史积淀和文化传承，形成符合本组织文化生态的价值理念体系。

2. 机关文化理念确立

文化理念是一种契约关系，是组织和组织成员对彼此做出的价值观的承诺。文化理念的确立是整个文化建设的核心步骤、关键环节。文化具有能动性，从主体意义上分析，文化是组织的一个决定过程，是对自己的物质和精神的工作原理和生活方式的设计。因此，组织必须有目的、有意识、有选择地确立鲜明的文化导向，注重对组织文化的积极引导、主动创造，坚持去粗取精、去伪存真和兼收并蓄，才能不断完善和优化组织文化。

理念确立是机关文化的核心内容和力量源泉，确立理念就是为组织战略制定与实施指明方向，为制度建设提供依据，为组织成员的行为明确取舍原则或是非评价的标准，它是机关文化中最活跃、最富于激励性的部分。

### 3. 机关文化理念落地与坚守

由落地、渐进到坚守，是组织文化管理系统的开启。机关文化管理将"管理"引入文化，其意义在于将文化建设的精神建树与组织的行政管理联结起来，把文化因子渗透到管理的各个环节中。机关文化理念的坚守是一个深植的系统工程，它既是机关文化理念推广、渗透、转化的过程，更是机关本身良性、持续成长和渐进的过程，需要组织长期关注和促进。

## 三、新时代下高绩效政府机关文化建设建议

首先，政府机关文化建设是一个复杂的系统工程，其各要素之间相互联系、相辅相成，构成了一个统一体。其中，物质文化是目的，行为文化是手段，制度文化是条件，精神文化是动力。它们在整个体系中发挥着不同的作用，忽视或片面强调任何一方面都会影响其整体效能的发挥。加强政府机关文化体系的建设，推动政府机关文化的发展，首先必须充分发挥体系构成各要素的实际功能。这些要素是构成政府机关文化体系的子系统，只有这些子系统充分发展，整个文化体系才能充满活力，提高运行质量。物质文化是政府机关文化体系的目的和出发点，必须坚持实事求是的思想战线，及时、准确地反映物质文化的新成果，不断研究经济生活和社会实践中的新问题、新现象，确保制定出正确的战略决策。缺少对社会经济问题的清醒、理性认识，忽视政府机关物质文明要素内在发展的客观规律，其他三项文化必然失去其赖以存在的基础，成为无源之水、无本之木。行为文化和制度文化作为实现物质文化的手段和条件，在政府机关的运行中同样也发挥着极为重要的作用。如果不从机制文化与制度文化建设入手，政府机关将处于一种无序的工作状态，物质文化所确立的目标就难以实现，公正、效率也无从谈起。科学的管理体

制的核心是人。物质文化、行为文化、制度文化的形成发展要靠人去发现、去创造，同样，各类文化成果的运用也有赖于人的自觉性。如果失去人的主观能动性，任何优秀的文化成果都会黯然失色。而精神文化则是要直接作用于人，调动人的能动性，唤起人的精神力量。所以说精神文化是实现以上三种文化的动力，丝毫不能淡化其在整个机关文化体系中的作用。要把精神文化建设放在一个十分重要的位置，始终不渝地坚持"两手抓、两手都要硬"的方针。

其次，必须不断优化政府机关文化体系的系统结构。政府机关文化体系处于动态的发展过程中，其系统的结构形态也不可能永远停留在一种特定的模式上，它将随着社会的发展而发展。由于主客观的原因，该文化体系的系统要素的发展不可避免地会呈现出一定的差异，时常表现出一些不平衡。因此，优化系统结构将成为政府机关文化体系建设发展过程中的长期任务。当某一个文化要素超常发展时，必须促使其他要素同时发展，从而使该系统保持旺盛的活力。同样，系统的某个要素相对滞后时，则必须予以重视和加强，防止其对整个系统产生滞后效应。只有不断优化该文化体系的系统结构，其系统的整体效能才会永不枯竭。

再者，要注意政府机关文化与社会文化的相融性，不断从社会文化中汲取原动力[3]。政府机关文化体系应是一个开放的系统，不能故步自封，与社会文化隔绝，必须不断从社会文化中汲取有益的成分，丰富完善自己，以更好地指导社会实践。社会文化具有丰富的实践内涵，是任何一个子文化取之不尽、用之不竭的生活源泉。政府机关文化作为较先进的文化系统，要担负起管理社会的职能，必须注意从社会文化中汲取营养，这样才能保持其先进性。同时也只有与社会文化紧密相融，才能更好地发挥指导实践的积极作用，推动人类文明不断进步。

# 参考文献

[1] 夏书章. 行政管理学 [M].5 版. 广州：中山大学出版社，2013.

[2] 周敏. 税务文化修炼 [M]. 北京：经济科学出版社，2009.

[3] 潘俊星，窦鹏. 浅析"政府机关文化"体系之构建 [J]. 经济改革，1998（6）：16-17.

# 我国基层政府信息化管理模式探索

郗　斐①

**摘　要：** 党的十九大提出"推动新型工业化、信息化、城镇化、农业现代化同步发展"，"推动互联网、大数据、人工智能和实体经济深度融合"，开启了我国信息化建设新的时代，政务信息化特别是基层政府信息化管理成为必然趋势。本文由青岛市即墨区蓝村镇智能盖章机、"钉钉"软件助力党建等案例入手，分析基层政府治理信息化的可能的发展方向，对我国基层政府信息化管理模式进行探索。

**关键词：** 信息化　基层政府　信息化管理

我国已进入信息化时代，随着经济社会的发展，信息化极大地改变了我国居民的生活状态，上到耄耋老人、下至幼儿园小朋友可能都在用手机上网、刷微信、看视频。随着信息化的发展、大数据的崛起，基层政府治理的信息化管理已成为发展的必然趋势。在国家的大力支持和推动下，我国政务信息化取得了较大进展，市场规模持续扩大。2006 年，我国的政务信息化市场规模为 550 亿元，同比增长 16.4%。至 2010 年，我国的政务信息化市场规模为 1014 亿元，同比增长 17.5%。未来几年，我国政务信息化市场仍将持续平稳增长，预计 2012 年我国电子政务市场规模将达到 1390 亿元 [1]。

党的十九大报告指出，要善于运用互联网技术和信息化手段开展工作。随着大数据时代的到来，基层政府信息化管理的需求越来越迫切，自上而下的政府机构都在进行有效的信息化管理尝试。青岛市即墨区蓝村镇采用"互联网＋智能"办法，引进智能盖章机，信息化办公，大大提高了工作效率、

---

① 郗斐（1990—），女，山东青岛人，中国海洋大学 2016 级公共管理专业研究生。

方便了群众，增强了政府公信力。在实际的政府工作中类似的基层政府信息化管理方式仍有许多。

## 一、基层政府信息化管理现状

目前我国政府信息化的内容主要包括：一是政府职能上网，就是将政府本身和政府各部门的职能、职责、组织机构、办事程序、规章制度等在网上发布；二是政府信息上网，就是在网上公布政府部门的资料、档案、数据等；三是政府日常活动上网，就是在网上公开政府部门的各项活动，把网络作为政务公开的一个渠道；四是政府网上办公，就是建立一个文件资料电子化中心，将各种证明和文件电子化，提高办事效率；五是网上专业市场交易[2]。在我国基层政府的运行中，信息化的身影随处可见，以下几个案例更是直观典型地体现了基层政府信息化的现状。

### 案例一：青岛市即墨区蓝村镇智能盖章机

即墨区蓝村镇将辖属57个村庄、4个居委会划分成8个社区党委，同时将以前存置镇政府管理的各村公章，下放到社区党委。下放后的村委公章，一改旧日手按印章模样，换成了智能盖章机。镇政府出资购置，一村一台，每个社区党委安排一名机关干部担任公章管理员，只有他的指纹能启动机器盖上公章。智能盖章机具有头像扫描、资料盖章、图文存档、信息查阅等功能，村民办理户口迁移、政策补贴等用章事务时可自助录入头像和相关资料，通过网络上传至终端审核，机器根据系统授权启动盖章程序。群众要盖章，拿着村书记、村主任、村会计共同签字的用章审批单，公章管理员查验存档后，操作智能盖章机将要盖章的文件、用章人拍照，通过互联网上传到负责审批的社区党委书记或者社区主任手机，审批人通过"章务通"APP进行审核，机器根据系统授权启动盖章程序。

据了解，盖章分为报表报文类、一般证明类、财务文件类、合同协议类。报表报文类、一般证明类盖章只需五六分钟办完。涉及村庄经济财务的协议合同等，需要社区党委书记召开专题会议研究，重大的集体资产处置、投资发展等协议，集体拿出初步意见后，还得按程序召开村民代表大会和党员会议征求意见，最后拍板才能盖章。盖章机后台自动存档，每次盖章的所有信息，全程图文存档，可以通过手机或者盖章机查阅。智能盖章机的使用既有效进行了公章管理，保证了村务财务的公开、公正，保证了村庄使用的规范透明，又方便了群众，有效提高了乡镇政府的工作效率，提高了政府的公信力。

### 案例二："钉钉"助力，实现党建向智能移动终端转移

中共资中县委组织部解放思想，顺应科技发展趋势，借助"钉钉"软件，以精准考勤助力精准扶贫。"第一书记"等脱贫干部人数多、分散广、难管理，借助"钉钉"考勤打卡、日志功能对"第一书记"的工作情况进行精准管理，实现精准管理、精准考核、精准评价，定时备份，工作留痕。遇到大型紧急会议，电话通知很慢，短信无法获知是否及时查收，"钉钉"软件可快速发布会议通知，及时得到人员查看情况，减少工作量。组织工作重复劳动多，工作效率跟不上，运用"钉钉"，优化沟通、协作模式，提高基层组织工作效率，及时回馈，数据智能收报，实现工作无纸化、痕迹化管理。

### 案例三："灯塔党建"点亮基层党建管理的移动灯塔

山东省灯塔党建在线综合管理服务平台充分利用信息技术改进党员教育管理，提高群众工作水平，积极运用互联网思维和技术推进党的建设等各项工作。通过"互联网+党建+手机终端"，打破时空障碍、管理层级，将每一名党员连接在一起，以"灯塔—党建在线"服务平台和手机APP为载体，能及时了解党员所思、所求、所盼，着力解决党员群众最关心、最直接、最现实的热点、难点问题。

网页版进入个人专区后，有"学习竞赛""党员教育""网上缴纳党费""山东e支部"等应用子系统。进入"党员教育"，可以在系统内进行学习，获得学习资料、视频及课件。目前山东省内各区市、县乡都在大力推广"灯塔党建"系统，提高党员的注册率、使用率，推广参与"党的十九大精神学习竞赛"，逐步普及"灯塔党建"缴纳党费、转接组织关系等功能，朋友圈分享"十九大知识学习竞赛"成绩成风。随着"灯塔党建"系统的深入推广使用，基层党员管理的信息化程度得到有力增强，有效打开了移动党员管理局面，

开启党员"云时代"。

### 案例四：金宏网等其他电子信息办公平台

1996 年，青岛市政府作为电子政务的试点城市，建成了全国党政机关中布局最完整的政务网络——金宏网，统一部署了先进的应用软件系统——金宏电子政务系统，开通了国内第一个严格意义上的政府网站——青岛政务信息公众网。2001 年初，青岛市又提出加快实施电子政务工程，在全国率先组织开展了电子政务战略和技术研究，制定了电子政务工程规划纲要，使青岛市电子政务规划和建设走在了全国的前列，从而顺利进入国务院办公厅和科技部确定的电子政务试点示范城市行列[3]。

在基层政府日常管理中用到的电子信息系统还有工资管理系统、编制管理系统、出入境备案系统、网格化管理系统、平日考核系统、政府政务网站、微信公众号、微信工作群等等。这些系统有内部系统、单机系统，也有外网系统、对外门户，从内、外两个角度、多种渠道方便了基层政府办公办事，也顺应信息化发展趋势，更为亲民，更为高效。

## 二、基层政府信息化发展困境

显而易见，我国政府包括基层政府组织都对政务信息进行了有效探索，成效有之，局限亦有之。

基层政府信息化管理困难，推广普及难度大。以青岛市即墨区大信镇为例，全镇共有党员 3509 名，村庄党员 2645 名，其中 60 周岁以上党员 1266 名，初中及以下学历党员 1621 名。全镇 80 个村庄，402 名村两委干部，50 周岁及以上 177 名，初中及以下学历 155 名。老龄化、低学历仍是村镇管理的困境，把握时代潮流主动作为的青年干部缺失仍限制着村镇信息化管理。在日常工作中，甚至有个别村庄的会计不会使用电脑，不熟悉智能手机，不会使用微信，不能上传文件、图片，以至于为了完成电子版文件耗费大量复印打印费，且拖延办文办事，错误众多。

基层政府信息化管理安全风险大。随着微信的普及、日常化，在基层政府日常管理中，微信工作群起了很大的作用，有的政府文件、申请资料通过微信文件轻松快捷地便可交由开会或出差的领导审阅，也能迅速地传至村庄、社区甚至党员和村民手中。与此同时，有些涉及村民个人信息的文件、涉及保密或不适合外传的文件有可能由个别人员不经意间外传，甚至可能以讹传讹，埋下隐患。除此之外，储存在手机上的文件也可能由于手机的丢失而外泄，通过互联网传输的文件可能因传输平台或盗号而导致文件外泄。由此可见，信息化的发展既方便了管理又带来了风险。

基层政府信息化存在"孤岛"现象。在基层政府的日常管理中，内部网络有金宏网、工资系统、职称系统、平日考核系统、高层次人才库等独立系统，外部系统有各级政务网站、"灯塔党建"系统、各级微信公众号、各级微博官方账号、网格化管理平台等门户网站或系统，每套系统都会有其独立的登录账号、密码和相对独立的管理树。对实际工作人员来讲，同时操作十几个网站不可谓工作量不大，村民、基层干事使用以上系统也很复杂烦冗。基层政府信息化管理平台的不互通互联，加大了工作量不说，也不利于智慧城市的建设，不利于云数据库的建立，不利于分析比较工作情况。

### 三、基层政府信息化建设的思考

结合基层工作实际中政府信息化管理的现状、存在的问题以及基层工作对于信息化的需求，我认为可以从以下三方面加强对基层政府信息化的建设。

加强制度设计，推进信息化高速稳健发展。基层政府工作的实际迫切需要不断加强信息化的探索。以村庄换届选举为例，一个镇街可能设计选民3万~8万余人，需印制选片10万余张，选民身份确认、参与选举复杂且浪费严重，在当前移动支付、移动通信普及的状态下，结合人脸识别、指纹识别、身份证信息识别,利用手机APP,实现一人一账户移动终端投票或许指日可待。基层政府信息化建设尤具必要性和迫切性，为更好更快推动其建设，完善政策法规、加强制度建设就显得尤为重要。目前我国政府信息化建设相关的政策法规、行业规范仍有很大的欠缺，移动办公尤其是使用微信等平台传输文件政策要求不明确，一定程度上制约了基层政府信息化的健康发展。

加强内外部监管，培育行业内核心人才。目前，我国政府的信息化建设仍处在初期探索阶段，国家对于政务信息的监管力度不够，监管渠道不多，惩戒力度不大，既不利于行业安全保密工作，也不利于政府信息化进一步加强建设。对此，加强网络安全监管，拓宽内外部监督渠道，培育政府系统内部有技术有知识的行业核心人才，打造信息化建设队伍，促进基层政府信息化进一步发展。

利用服务外包优质资源，提升基层政府信息化管理水平。政府部门信息化设备的运行和维护，全部由政府自身承担，既不科学也不现实。政府部门应摒弃贪大求全的思想，明确服务外包在政府信息化建设中的作用，由专业的人做专业的事。服务外包的引入可以使政府减少专业技术人员的引进，精减人员，节省资金，提高工作效率。随着政府信息化建设不断完善，利用服务外包的优质资源，加快电子政务发展，工程外包化、服务信息部分有偿化、运维托管化将成为信息技术发展的必然产物。信息化服务外包有利于政府优化人力资源配置，吸收先进管理经验，更好地为社会服务[4]。

**四、整合基层政府信息化资源，消除信息"孤岛"**

当下，中国的政务信息化离不开以大数据、云计算、移动互联网、物联网、区块链等为代表的整个信息社会的大背景。基层政府信息化资源有效整合是消除信息"孤岛"的重要方法，也是适应信息化时代要求的必然选择，同时大数据时代为该机制的实现提供了宏观背景变迁和微观工具变迁，从而使得大数据时代下中国政府信息共享机制的实现变得可行。因此，从大数据时代的特征出发，以信息为基础、以共享为方式、以机制为依托，势必为新时期服务型政府的建构、"善治"使命的达成提供绝佳的路径[5]。

党的十九大报告明确提出要转变政府职能，深化简政放权，创新监管方式，增强政府公信力和执行力，建设人民满意的服务型政府。基层政府信息化建设就是简政放权、提升服务的有效措施。在信息化时代，整合基层政府服务大数据，充分利用新技术、新手段，优化居民办事流程，提升政府服务效率，以大数据、云计算、移动互联网、物联网等新兴技术为支撑，努力增强人民的获得感，进一步转变政府职能，加快供给侧结构性改革，建设服务型政府。

# 参考文献

[1] 罗娟.中国信息化产业市场调研与投资预测分析报告 [R].前瞻研究院，2013.

[2] 赵廷超,张浩.电子政务干部培训读本 [M].北京:中共中央党校出版社，2002.

[3] 易嘉伟.青岛市电子政务建设现状、存在问题及对策研究 [D].青岛:青岛大学，2008.

[4] 陈晓东.服务外包助力政府信息化建设 [N].济南日报，2018-01-01（A06）.

[5] 翟云.“互联网＋政务服务”推动政府治理现代化的内在逻辑和演化路径 [J].电子政务，2017（12）：2-11.

# 地方政府管理创新研究

修玉婷①

**摘　要：**我国进入全面建成小康社会的决胜期，新形势下对地方政府管理能力的提升提出更高要求，研究地方政府管理创新具有重要意义。本文通过分析当前地方政府创新主要存在创新理念滞后、创新动力不足等问题，针对性提出加强地方政府管理创新的对策建议。

**关键词：**地方政府管理　创新

## 一、政府管理创新的重要意义

党的十九大报告指出，我国正处于全面建设小康社会的决胜期，处在转变发展方式、优化经济结构、转换增长动力的攻关期。这对加强地方政府自身建设和推进政府管理创新提出了更高要求。面对新形势、新任务，现行各级地方政府尤其是市县两级政府仍存在管理职能越位、缺位和错位，机构设置不合理，职能交叉重复，政绩考核体系不科学，社会管理和公共服务薄弱等问题，在一定程度上制约了地方经济社会发展。加快地方政府管理创新，进一步转变政府职能和管理方式，使地方政府真正成为优质公共产品的提供者、良好经济社会环境的创造者、广大人民群众利益的维护者。

## 二、地方政府管理创新存在的问题

政府管理创新重在"创新"，这里的"创新"是指一种能力，即根据时代的变化、实践的发展而不断创造新的程序和模式的能力，这种能力应成为人们的一种必备素质。但是创新意味着"破坏"，意味着打破传统，意味着利益的调整。这些特性使得创新具有不同程度的风险，使得在创新过程中会

---

① 修玉婷（1990—），女，山东即墨人，中国海洋大学 2016 级公共管理专业研究生。

出现这样那样的问题，这就要求我们必须认真审视地方政府在创新中存在的问题。

### （一）地方政府管理创新理念滞后

管理理念是管理思想、管理宗旨、管理意识等的综合，是政府的管理哲学。政府管理理念创新的内容包括有限政府理念、法治与责任理念、服务政府理念、高效政府理念等[1]。价值理念是根本的因素，影响到制度选择进而影响到体制架构、决策质量、行为方式，政府管理创新离不开先进的管理理念的指导。

现行地方政府普遍存在服务意识不强现象，"官本位"思想根深蒂固。服务应是创新后政府管理理念的核心，它要求将现代政府的服务理念贯穿渗透到政府管理的各个环节中，要求摒弃传统政府管理模式中的官本位、政府本位、权力本位的理念，向公民本位、社会本位和权利本位的回归。现实情况却是由于深厚的传统文化的影响，中国政府内部存在着严重的重视和追求官和权力的现象，相对而言服务意识较差。相当一部分政府部门的管理人员在思想上有官本位、政府本位、权力本位的观念，以至于其初衷是服务于民，但实际操作起来，手中为人民服务的权力却变成了居于社会之上的权力，服务变成了恩赐，人民的公仆变成了高不可攀的父母官，形成了政府高高在上，只有管理、没有服务的局面，"门难进、脸难看、事难办"的现象还相当普遍。在有些地方甚至还出现了政府与民众的剧烈冲突，并时有恶性案件发生。

### （二）地方政府对制度创新的动力不足

管理制度创新是指政府以新的观念为指导，通过制定新的行为规范，调整主体间的权利平等关系，为实现新的价值目标和理想目标而自主地进行创造性的活动。目前我国正处于全面的社会转型时期，制度变迁十分显著，制度创新的空间很大，但是由于利益是制度创新的驱动力，地方政府部门往往意识不到制度创新的重要性，而是从自身利益出发来决定是不是进行制度创新、何时进行制度创新及如何进行制度创新。

由于对制度创新的重要性认识不够，地方政府部门往往不能把握合理的变革时机，不能合理运用理性因素以及构建制度的多元分布，在创新过程中出现应付、应急的现象，表现出主观性、任意性、短期性和一定程度上的破坏性[2]。在行政过程中，对于理性的以求稳为目标的地方政府及其官员，往往选择跟上中央和上级创新的平均速度，局限于执行中央政府制定的公共政策，避免冒政治风险。还有一些政府部门虽然也赞成政府管理创新，但行动上却等待观望，不愿意主动探索，希望有现成的东西可以照抄照搬，因而出现一些地方政府和官员搭其他地方政府制度创新的便车，造成简单搬用和移植的不良后果。上级对下级的提拔与任命直接与政府官员的政绩有关，而每一届政府官员都是有任期的。如果制度创新所需的时间超过他的任期，政府官员一般是不愿进行的，因而行政区域政府官员推进制度创新时经常表现出短期行为。此外，由于我国尚处于转型期，制度留下的操作缝隙很多，在这种情况下出现的制度创新，往往被官员队伍中的一些腐败分子演变成投机行为。尤其是在所有权边缘的一些制度创新常为利益集团和少部分掌权者开展"寻租"活动提供了更大的刺激和更多的机会，从而导致一些制度创新举措的政策目标和实践后果之间产生相当大的距离。

### （三）地方政府管理在技术创新层面存在缺陷

在现阶段，地方政府管理技术创新主要是指地方政府将现代通信和电子信息技术运用到实际政务中来，即所谓的电子政务。利用现代网络信息技术开展的电子政务处理政府管理工作，是以用户为中心、以便民为目的的政务形式，可以使公众能快捷方便地了解政府管理和运作并参与其中，而有些地方政府工作人员由于各方面的顾虑和利益，把所掌握的公共信息视为其保护其利益的法宝，千方百计地阻挠电子政务的正常展开[3]。另外，许多地方政府对管理技术创新存在认知性偏差，导致在实际投入中出现硬件建设强大，但软件建设明显薄弱的现象。现有的软件作者和地方政府缺乏足够的沟通，不能真正理解地方政府的实际需求，开发出的软件不能紧跟地方政府需求的变化，软件设计与地方政府先进的硬件不配套。其次，地方政府管理技术创新是一项系统工程，需要各个政府部门甚至全社会的共同努力和协调均衡发展来实现，而目前我国地方政府下面的各行政职能部门在建立网络系统的过程中缺少部门之间的资源信息整合，无法形成部门之间协同办公的环境，不同部门之间发展也不平衡，因此目前地方政府的电子政务建设还停留在低水平重复浪费的基础之上。

### 三、地方政府管理创新的对策研究

#### （一）深化行政体制改革

党的十九大报告指出要使省级及以下政府拥有更多的自主权，并鼓励职能相近的党政机关合并设立或合署办公，将有利于进一步理顺党政关系和上下级关系，积极发挥地方政府的能动性。目前我国在经济、财政等方面的分权政策已经基本到位，而在行政体制方面的分权进程还需要加快。以往政府机构改革过分强调"职责同构"，即要求下级与上级在机构设置方面"上下一般粗"。这意味着上面设置什么机构，下面也要对应设置同样或类似的机构。这就需要各级政府都有相应的"对口单位"，但却忽视了地方政府机构本身应有的特色和属性。与此同时，这也让地方政府的部门设置缺乏变通性和灵活性，并导致省市县政府部门只是各类中央政策的"二传手"，出现机构"悬空"和政策空转的问题。

我国幅员辽阔，各地情况不同，各级政府的职能定位和侧重点也差异较大。鉴于各地各级政府机构的本身属性和特点，因地制宜地设置机构，是构建更加合理高效的政府组织结构的关键所在。目前，许多省份都探索试点市县政府机构改革，将职能相近的党政机关予以合并，并通过合署办公等方式精减人员和强化协同。但是，地方机构改革面临的挑战是，合并设立或合署办公的机构无法同上级部门一一对应，往往出现一个下级部门向多个上级部门报告的情况。打通上下级政府之间的"最后一公里"，充分肯定地方政府机构设置的灵活性，将可以大大释放机构改革的正能量。与此同时，未来也需要关注在上下级政府部门不对应的情况下，如何加强上下级之间的互动和协同，避免"一对多"的组织沟通遇到梗阻[4]。正如党的十九大报告指出的，政府机构和行政体制改革归根结底是要"转变政府职能，深化简政放权，创新监管方式，增强政府公信力和执行力，建设人民满意的服务型政府"。如果机构改革无法带动职能转变，或者难以推动政府管理创新，就谈不上深化行政体制改革。

### （二）加快建立服务型政府

探索建设服务型政府，不仅要把重点放在转变政府职能、扩大基层经济社会管理权限上，也要在更好地履行经济调节和市场监管职能的同时，切实加强社会管理和公共服务职能，要将抓经济工作的主要精力放在为各类市场主体服务和创造良好发展环境上，深入贯彻行政许可法，继续清理行政许可项目和非行政许可审批项目，进一步减少和规范行政审批事项[5]。目前大多数国家地方政府的电子政府建设都是在中央政府的统一规划和推动下进行的，各级政府要加快推进电子政务建设，在政府管理创新的技术层面上真正可以实现创新政府，提高办事效率，打造阳光政府。

维护社会公正，协调好各方面的利益关系。综合利用财政、税收、社保、福利和救助等政策工具，对社会进行整合与调节；努力扩大公共财政覆盖农村的范围，加大对贫困地区财政转移支付力度；着力解决就业、就学、就医、社会保障、土地征用、城市建设拆迁、环境保护等人民群众最关心的利益问题。各级政府及其部门要带头维护宪法和法律的权威，进一步明确行政执法权限，减少行政执法层级，完善执法程序，提高执法水平；加强行政执法监督，健全行政执法责任追究制度，完善行政复议、行政赔偿制度；加大行政综合执法改革力度，加快推进相对集中行政处罚权的改革工作，坚决克服多头执法、执法不公，甚至执法违法等现象。

### （三）强化制度保障

在中国目前的政治构架下，地方政府管理创新是基层民主改革、民主政治发展的制度动力。推进地方政府管理创新，必须要深入完善制度保障和绩效评估环境。要持续不断地推动地方政府管理创新，必须建立和健全制度保障机制[6]。地方政府管理创新是一项具有风险的事业，创新者所承受的压力和风险要大于其收入预期。为确保改革创新的持续力，上级政府和社会各界应给予改革者相应的保护和奖励，允许存在一定的错误和失败。上级政府要为地方政府管理创新提供必要的理论资源和适度的授权，广大学者专家和媒体应积极总结、交流和推广地方政府管理创新的先进经验和实践成果，通过学术研讨、新闻舆论等多种方式推动地方政府管理创新不断向深度和广度发展。强化制度保障，还需建立科学的绩效考核评估标准。公共服务和公共产品的质量是评价政府效益的主要标准。公民参与政府绩效评估是政府管理创新的重要切入点之一。创新考核指标体系，就要改变单一评价主体的自上而下的政绩评价体系，充分融入公民的评价意见，使政绩评价主体多元化，从而促使地方官员在注重政绩的同时，更加注重政策的社会反响和效果，更多考虑公民利益诉求和权利实现。科学构建政府绩效监测评估，还要与绩效预算改革、行政问责制度相结合，共同构成"三位一体"的政府理创新体系，全方位调整政府管理和运作模式，激发政府人员的工作积极性，保持改革创新持续不断的动力和活力。

**（四）大力提升地方政府管理创新能力**

政府创新是通过政府官员的改革行为得以实现的，因而，其直接动力就是政府官员的责任心和进取心。正是从这个意义上说，选拔和培养一批具有改革精神和公共责任感的高素质官员队伍，是政府创新的基本条件。因此，要强化人才开发和使用，致力于培养地方政府管理者尤其是政治领导人的创新思维和能力，发挥其政治远见和管理经验优势，推动地方政府管理创新实践。强化知识分子与政府之间的联合，进一步增强知识精英在政府管理创新中的作用，激发知识分子群体的参政议政意识。同时，建立自由，开放，便于信息交流、知识传播和学习成果共享的系统，强调终身学习、全员学习和团队学习，注重将学习行为转化为创造性行为，适应地方政府管理创新能力提升的需要。

在加强政府内部人才利用的同时，要加强与公民的对话，通过与不同利益、政策观点的公民进行讨论和协商谈判，积极扩大公民参与，获取群体智慧，增强共识感和责任感，实现公共利益。加强公民参与的制度化建设，使公民可以按一定的程序实际操作，并用法律的形式固定下来，使公民参与经常化、制度化。引入政府间竞争，随着新公共管理运动在西方国家的普及，引入市场竞争机制被认为是一种有效克服政府失灵的办法。要大力借鉴西方"企业化"政府改革的一些成功经验，引入竞争的配套措施，建立公共责任制，构建公平的竞争环境，促使地方政府考虑竞争激烈的外在环境，进而转化为一种内在的动力，不断地创新，提升管理能力。

## 参考文献

[1] 李永久，王玲. 我国地方政府创新的制度空间与路径选择 [J]. 党政干部学刊，2008（8）：24-26.

[2] 郝遥，路阳. 地方政府创新：内涵、模式与路径选择 [J]. 甘肃理论学刊，2011（3）：29-32.

[3] 杜钢建. 政府职能转变攻坚 [M]. 北京：中国水利水电出版社，2005.

[4] 俞可平. 中国地方政府创新 [M]. 北京：北京大学出版社，2006.

[5] 包国宪，孙斐. 演化范式下中国地方政府创新可持续性研究 [J]. 公共管理学报，2011（1）：104-113，128.

[6] 陈朋. 地方政府创新的三个基本命题 [J]. 行政管理改革，2015（2）：40-44.

# 法院视角下的国家司法救助制度初探

阎　雁 ①

**摘　要：** 我国坚持"以人为本"的发展理念，而司法救助制度作为社会主义救助制度的组成部分，从司法的微观角度体现了这一理念。司法救助具有一定的司法保障性质，它是一种法律救济手段，为公民提供诉讼便利，让当事人打得起官司，体现了"司法为民、便民、利民"的现代司法精神，为弱势群体的权益提供了有效的屏障，提高人民的满意度和对司法的尊重敬仰。但我国现行的司法救助制度尚不完善，存在诸多问题，如司法救助立法不完善、救助范围过窄、救助对象规定不明确、救助程序不健全等。本文主要从三个方面进行简单的研究：一是司法救助制度概述，包括基本概念、发展历程以及与其他救助制度的区别等方面；二是司法救助制度存在的缺陷和不足；三是针对不足之处提出的简单设想。

**关键词：** 司法救助制度　缺陷　完善

司法救助制度是现代司法文明的产物，是国家法制完善程度的衡量标准。我国司法救助制度的产生和完善，保障了弱势群体的利益，符合我国和谐社会"以人为本"的发展理念，为实现"中国梦"提供了有利条件。司法救助制度在诉讼程序中切实保障了诉讼的正常进行，让每个人"打得起官司""伸张的了正义"，使一批有经济困难的老上访户服判、息诉，从而有效缓解了法院涉诉信访的压力。

---

① 阎雁（1985—），女，山东青岛人，中国海洋大学2016级公共管理专业研究生。

## 一、司法救助制度概述

### （一）司法救助的概念

我国现有的规范性法律文件对司法救助的定义是："司法救助，是指人民法院对于当事人为维护自己的合法权益，向人民法院提起民事、行政诉讼，但经济确有困难的，实行诉讼费用的缓交、减交和免交。"所以司法救助又称诉讼救助，是人民法院在诉讼中，通过对当事人缓交、减交和免交诉讼费用的救济措施，减轻或者免除经济上确有困难的当事人的负担，保证其能够正常参加诉讼，依法维护其合法权益。

### （二）司法救助制度的发展

司法救助制度的产生，国外最早可以追溯到 15 世纪的英格兰。新中国成立后，人民法院就开始对经济困难的诉讼当事人进行司法救助，便于他们通过法律程序获得司法救济，保护自己的民事权利。从 1949 年至 1984 年，我国民事诉讼处于基本不收费阶段，只是少数地方收取诉讼费，如果当事人确有困难无力交纳，准予免缴。1982 年颁布实施的《中华人民共和国民事诉讼法（试行）》确立了诉讼费收费基本制度，对司法救助未做规定。1984 年最高人民法院制定的《民事诉讼收费办法（试行）》第十二条规定："自然人交纳诉讼费确有困难，申请缓交、减交或免交的，由人民法院审查决定。"1989 年最高人民法院制度的《人民法院诉讼费收费办法》第二十七条也做了类似规定。1992 年颁布的《中华人民共和国民事诉讼法》第一百零七条规定："当事人交纳诉讼费确有困难的，可向人民法院申请缓交、减交或免交。"这一制度标志着救助制度正式确立。根据国情现状和社会发展，1999 年最高人民法院《〈人民法院诉讼收费办法〉补充规定》对原办法第二十七条进行修改，补充规定了可向人民法院申请司法救助的五种情形；2000 年最高人民法院出台《关于对经济确有困难的当事人予以司法救助的规定》，正式以法律形式明确提出司法救助这一概念，第一次明确规定了我国司法救助制度；2005 年最高人民法院对《关于对经济确有困难的当事人予以司法救助的规定》（以下简称《规定》）进行了修订，该规定对司法救助对象由原来的五种情形增加到十四种情形，对申请司法救助的程序也做了规定；按照党的十八届三中全会决策部署，最高人民法院 2016 年 7 月 1 日下发的《关于加强和规范人民法院国家司法救助工作的意见》（以下简称《意见》），对于进一步健全国家司法救助制度进行了完善。

### （三）司法救助制度与司法救济和社会救助的区别

#### 1. 司法救助制度与司法救济之间的区别

司法救济，相对于其他救济途径如私力救济、公力救济中的行政救济而言，指当事人合法权益受到侵害时，通过司法途径予以解决的一种手段，是一种权利救济的方式，是法律赋予公民诉权以维护自身合法权益的方式，即当公民通过私力救济无法解决纠纷时，通过向司法机关提起诉讼以解决纠纷。虽然只一字之差，但指向的内容有本质的区别，司法救助是保障诉讼得以进行，司法救济则是贯穿诉讼整个过程。

#### 2. 司法救助制度与社会救助的区别

通过字面意思可能理解为，前者是通过司法层面的救助，后者是社会方面的救助，这么理解有失偏颇。社会救助，是指社会团体或是基层组织对生活困难或者身体残疾等有特殊问题的公民予以物质上的资助或者生活上的便利条件。两者救助主体、救助方式、救助对象和范围都有不同，社会救助不论在救助对象或是救助范围上都要比司法救助广。

## 二、司法救助制度存在的缺陷和不足

### （一）司法救助立法不完善

虽然司法救助制度已经有法律法规的参考，但目前我国司法救助制度尚无统一的立法，分别规定于《中华人民共和国法律援助条例》《中华人民共和国律师法》《中华人民共和国未成年人保护法》等法律法规和最高人民法院《规定》《人民法院诉讼费收费办法》以及某些经济发达地区的地方性法规中。这样其法律地位就会受到影响，在实践操作中也会遇到困难，因为只有通过将立法程序上升为国家法律规定，才能确定司机救助制度在整个法律体系中的应有地位。另外，这种制度保障的实现一定要体现社会的整体参与，如果让法院一家去实现这种制度的保障，显然是困难的。因此我国的司法救助制度立法需要进一步完善。

### （二）司法救助制度救助范围过窄

"人民法院对当事人司法救助的请求，经审查符合本规定第三条所列情形的，立案时应准许当事人缓交诉讼费用。"该规定虽然在后来也进行了修订，拓展了所列情形，但立案时这一规定没有更改，这就缩小了实施司法救助的范围，只能在立案时进行。但很多牵扯到诉讼程序中鉴定等问题时也是需要救助的，只有把司法救助贯穿到案件审理的整个过程，包括二审以及执行等才更加能够保障弱势群体的利益。再者，单纯的针对诉讼费的缓、减、免过于单一，救助对象范围也过于局限，从规定内容看主要是自然人，像是一些特困企业等组织也需要进行救助。

### （三）救助对象规定不明确

司法救助制度在规定救助对象时过于随意，从最高人民法院 2005 年《规定》中定义主要是经济上"确有困难的"。经济困难这一概念本身就比较模糊，再加上"确有"的限制，审查过程中往往会造成随意性，怎样的符合条件，又如何准备材料证明自己确有经济困难，并没有规定量化标准。这种情况下很容易导致真正需要救助的得不到救助，一些投机取巧的人反而钻了空子。

### （四）救助程序不健全

首先是程序方面的规定不详尽，无法确定准备的材料以及申请程序指导；二是现行救助制度过于原则，缺乏可操作性，从而导致在执行上审批程序不透明，不利于当事人申请救助；再是没有可靠的经费保障。欠缺经费保障是司法救助工作正常开展的最根本条件之一。没有可靠的经费保障，司法救助工作就无从谈起。经济发展的不平衡以及单靠法院进行救助力量是非常有限的，从而导致救助力度大打折扣。

## 三、完善国家司法救助制度的建议

### （一）宏观层面

1. 完善司法救助立法

建议全国人大将制定司法救助法纳入立法规划，在立法时广泛征集人大代表和群众的切实意见，从人民群众根本利益出发，将司法救助对象、机构、内容、标准、方式、程序以及监督等各个方面都以法律形式进行确定，明确司法救助的管辖单位、审批和决定权的归属、资金的来源和划拨单位等问题，这样才能更好地帮助弱势群体，使司法救助制度更加法制化。

2. 司法救助范围拓展要从多角度考虑

一是救助不能仅局限于立案时。建议在整个案件审理执行过程中都应适时适当地加入救助制度，诸如申请鉴定或是公告等费用支出也是困难当事人较大的支出部分，执行阶段也会存在执行困难、不能解决申请人急需等问题，这些时候都可以有救助，以更好地保障弱势群体。二是明确救助的群体。确认被告、被上诉人、被申请人的申请救助权，把执行案件特困群体、涉诉刑事被害人纳入统一救助对象，将救助对象由自然人当事人扩大到单位当事人。三是明确"生活困难"的标准。什么收入水平才能被确定为生活困难呢？生活处在贫困线上的是明显有经济困难，而经济收入较好，但在诉讼前陷入困境的是否属于经济困难呢？这类规定比较模糊，没有量化、细化标准。当今社会，有形的收入高低不能完全反映出一个人的经济状况，要多元化进行考察，要细化到每个地区，根据当地经济标注来获得确定司法救助的经济困难标准。

3. 完善程序方面的规定

从适用条件、申请到实施等一系列过程有详尽的说明，并且明确好负责的部门，增强司法救助制度的执行力。在实施中，要增设司法救助鉴定制度，规范司法救助工作的职责分工，将司法救助纳入流程管理体系，明确立案、审判和执行各个环节的法官在司法救助工作的职责，各司其职，分工负责。同时要充分发挥法院内部纪检监察部门的作用，由法院内部纪检监察部门每月对司法救助情况进行监督监察。

4. 司法救助手段要多样化、个性化

现代社会各种复杂因素的叠加都可能使一些人的生活发生突然变故。有些"因案返贫"，有些因为家中的顶梁柱突然遇害，或是因为案件虽审理判决了，但出于各种原因，该得的赔偿款无法有效执行。这些意外和健康问题、自然灾难问题导致的贫困在本质上是一样的，都是因为突发变故而遭受无妄之灾，理应成为人们同情和救助对象。但应当区分救助与赔偿的概念，区分这两个概念关键就在于认清国家是否造成了特定人的贫困。假如"无妄之灾"与权力部门无关，则是救助；假如有关，则应属于赔偿。救助要尽可能地使受助者有能力努力依靠自己的力量独立生活，同时应当针对不同的人群采取不同的救助方式，力求以最有效的方式解决受助人的困难。

**5. 加大法制教育的宣传**

司法救助执行人在得知当事人符合司法救助条件但未申请司法救助的，可提醒当事人主动提出申请，也可依职权启动司法救助程序并要求当事人补充生活确有困难的证明材料。尽量让每个需要得到救助的人，不会因为自身主观认识原因而丧失得到救助的可能。

**（二）微观层面**

**1. 法院要严格把握司法救助的审核制度**

应根据案件的具体情况、当事人的具体诉求，分析当事人申请司法救助的目的以及当事人信访回流可能性等因素，评估司法救助的必要性和风险性，根据司法救助对象的不同，对司法救助案件进行区别、分流，避免出现"法院替侵权人买单""法院替败诉方承担风险"的现象。虽然《意见》第三条规定了八类情形可以申请救助，但是有一兜底规定："涉诉信访人，其诉求具有一定合理性，但通过法律途径难以解决，且生活困难，愿意接受国家司法救助后息诉息访的，可以参照本意见予以救助。"有些信访人以兜底条款为理由要求救助，但明显不符合救助的条件，而且一旦救助，其社会影响面相当广泛，会产生负面效果。因此，在救助对象的审核上，要注重"案结事了"，达到法律效果和社会效果的统一。

**2. 建立一体化、信息化的司法救助查询及惩戒系统**

按照《意见》的要求，救助申请人通过提供虚假材料等手段骗取救助金的，人民法院应当予以追回；构成犯罪的，应当依法追究刑事责任。在实际操作过程中，被救助人早已经将钱款进行转移，如何追回？因此，我们在具体运作过程中，应参考"被执行人拒不履行生效法律文书"的执行手段，对被救助人进行惩戒。接受司法救助者要在银行设立司法救助专项账户。

3. 严格执行《意见》中关于救助金额的规定

司法救助是国家的一种救助或援助，而不是赔偿一切损失。救助只能解决其燃眉之急，只能解决其紧迫的生活困难。救助金具体数额，应当综合以下因素确定：救助申请人实际遭受的损失，救助申请人本人有无过错以及过错程度，救助申请人及其家庭的经济状况，救助申请人维持其住所地基本生活水平所必需的最低支出，赔偿义务人实际赔偿情况。《意见》划定了救助标准，以案件管辖地上一年度职工月平均工资为基准，一般在 36 个月的工资总额之内。但无论什么情况，救助金额都不得超过人民法院依法应当判决的赔偿数额。损失特别重大、生活特别困难、需适当突破救助限额的，应当严格审核控制，救助金额不得超过人民法院依法应当判决给付或者虽已判决但未执行到位的标的数额。

综上所述，我国建立司法救助制度充分体现了司法工作维护最广大人民根本利益的本质要求，既有利于各类案件的及时解决，提高了工作效率，又保障了程序公正，为维护实体公正创造了条件。因此，应当在适应我国国情的基础上逐步完善司法救助制度，让各个部门有法可依、有章可循，最大限度发挥司法救助制度的积极作用。

## 参考文献

[1] 李浩培 . 国际民事程序法概论 [M]. 北京：法律出版社，1996.

[2] 李双元，谢石松 . 国际民事诉讼法概论 [M]. 武汉：武汉大学出版社，1990 .

[3] 徐宏 . 国际民事司法协助 [M]. 武汉：武汉大学出版社，1996.

[4] 梅传强 . 完善司法救助立法的构想 [N]. 法制日报，2016-07-07.

[5] 张世柏，余艳华 . 浅析我国司法救助制度存在的问题及对策 [EB/OL].
（2011-05-05）[2018-01-01]. http：//www.110.com/ziliao/article-215892.
html.

[6] 田丹威 . 完善司法救助制度：和谐社会的呼唤 [J]. 企业家天地，2008
（9）：140-141.

[7] 张琴 . 谈和谐社会下我国司法救助制度的完善 [J]. 新疆社科论坛，2008
（5）：30-32.

[8] 吴迪菜 . 我国的司法救助制度：现状、缺陷与改革 [J]. 法学杂志，2012
（9）：155-159.

[9] 韩震 . 司法救助制度构建研究 [J]. 法制与社会，2011（7）：53-54.

[10] 周荣静 . 论司法救助程序的完善 [J]. 法制博览，2012（8）：206，
203.

# 对城市规划管理中存在的问题
# 及对策研究

## 尹 凡[①]

**摘 要：** 随着我国社会经济的发展，城市化进程加快，城市尤其是大城市和特大城市面临的形势更为严峻。如何确定城市的性质、规模和发展方向，走可持续发展之路，是当前必须重视的问题。人们通常把在一定时期内实现城市的经济和社会发展目标，确定城市性质、规模和发展方向，合理利用城市土地，协调城市空间布局和各项建设的综合部署和具体安排称为城市规划。随着城市社会经济活动规模的扩大和城市系统整体功能的复杂化，对城市规划的要求不断提高，城市规划的重要性也更加突出。我国目前的城市规划管理还存在诸多较严重的问题。做好新形势下的城市规划管理工作，已经成为当前的一项紧迫任务。本文主要尝试对我国当前城市规划管理中存在的问题进行分析，以及对解决当前我国城市规划管理问题的对策进行探讨，以期更好地发展我国的城市规划管理工作。

**关键词：** 城市规划管理 问题 解决对策

中心城区与辐射城区的位置关系、人口增容与土地面积的矛盾关系，都是城市规划管理面临的选择题，关系到地区经济收入和居民生活质量。一座城市的发展程度与潜力取决于城市规划的合理性、科学性。城市规划要立足实际、不断创新，实现地域繁荣。

---

① 尹凡（1989—），男，山东青岛人，中国海洋大学 2016 级公共管理专业研究生。

## 一、城市规划管理的重要性

合理规划才能引导城市建设走向成熟。做好城市的规划需要综合考虑地形、位置、人口、经济等因素，因地制宜，以此切入才能真正实现城市环境宜居创业。

增加地方生产总值、提高人均收入、实现全面发展同样离不开城市规划。资源型城市要在资源转型上做文章，旅游型城市要在城市品牌上下功夫。只有根据城市的特点做出科学的规划，城市才可以真正地发展，人民才可以真正地舒适。

## 二、城市规划管理存在的主要问题

### （一）缺乏合理的规划管理实施手段

按照法律程序，通过核准的城市规划才能够实施。因为城市规划中可能会出现与国家政策不相符的环节和步骤，需要进一步调整和改动。如果没有经过审批，那么在执行过程中，许多操作可能都是违法的，不会被政府和群主认可。然而，现在很多房地产企业存在侥幸心理，钻空子、拾漏子，按照利益需要，擅自制定和执行没有进行审批的规划，引发问题。

### （二）历史街区与文物古迹保护的力度不够

建筑是一个城市的标志和记忆，每个城市都有一些历史建筑，记载着一座城市和一代人的点滴过往。可是随着经济的步步提速、旧城改造的推进，很多地方都没有了原来的味道。四合院没了，红瓦房没了，取而代之的是充满现代气息的高楼大厦。人们对一些旧建筑和街区并非没有感情，也并非完全意识不到它们所代表的历史及文化价值。不过地方政府一向以经济作为政绩的参考值，导致了对土地的无序开采和利用，更导致了历史文化的陨落和遗失。正是因为忽视、轻视，城市规划才存在着如此漏洞，缺乏对历史建筑的保护，更没有设置专门的保护机构来维护。

许多城市政府为了展示政绩，展示城市魅力，盲目搞大广场、大草坪、超高建筑，有的城市一下子建立了十几个广场。要知道中国是严重缺水国家，光浇灌这些大广场上的草坪，不仅花费本该用于其他方面的资金，而且还增加城市的供水压力。有的城市斥巨资从深山老林购买古木大树,把数以万计的名贵参天大树移植到城市里,城市绿化率确实一时提高了不少,城市俨然成了郁郁葱葱的"花园城市",可是不久,这些林木因"水土不服"而死亡,造成极大的浪费。有的城市建立超高层标志性建筑,鹤立城市一隅,与城市景观极不协调。许多城市的规划几乎是一个模样:中心商业区、广场、步行街、环线、大学城、开发区等。中等城市效仿大城市,小城市拷贝中等城市,乡镇复制小城市。城市就像从流水线上生产出来的产品,千城一面,城市个性几乎荡然无存。

### (三)规划管理的公众参与机制匮乏

城市怎么建设、怎么发展该由城市的主人决定,城市的主人就是居民。然而由于缺乏组织、缺乏途径以及素质尚未达到较高水平等原因,居民很难参与到城市规划中来。"政府说了算""一把手拍脑袋"仍然是决定城市建设的主要途径。权利的集中导致监督的滞后。监督机构甚至选择跟随政府的脚步,对城市建设甚少参言。如此一来,决定城市建设的大权都交到了为数不多的决策者手中,城市建设的水准也完全取决于他们的个人水平。群众的参与度太低,监督机构的智能缺失,造成了城市规划的不合理。城市规划甚至沦为了一些人投机取巧、获取利润的手段。

### (四)城市近郊土地资源浪费严重,非农化问题突出

由于实行市场经济、住房体制改革、允许土地拍卖,再加上国家鼓励推进城市化等,房地产、经济开发区等一时火爆,城市的"圈地运动"一浪高过一浪。盲目圈地引发恶意炒作,地价与住宅价格上升,出现"虚热"苗头,房产有泡沫之险;圈地前后既没项目可行性研究,又无规划,出现开发区"开而不发"的怪现象,造成土地资源闲置;盲目圈地,破坏了大量耕地,造成后备土地资源不足。非但如此,圈地还引起了农民的非农化问题。一般说来,在圈地之后,失去了土地的农民唯一的出路就是转向二、三产业,由此实现农民的非农化和稳妥地推进城市化。然而,按照国家规定,农村土地不能直接进入一级市场,只能以较低的价格被国家征用。农村土地价格与被国家征

用后的土地价格相比，存在着几十倍或更大的差价，再加上各级提留，因而被征地的农民拿到手的补偿费过低，而农民为寻找出路需要支付的二、三产业的开发费用往往是征地补偿的好几倍，因此农民难以进行二、三产业生产性的投资，更谈不上让这点资金长期发挥社会保障、医疗保障等功能。所有这些会对城市化产生相当的负面影响并给社会稳定留下隐患。

### （五）"诸侯规划"，不顾区域一体化趋势

许多城市为了相互竞争，忽视都市圈的客观存在，置经济全球化、区域一体化浪潮不顾，坐井观天，画地为牢，片面地从各自城市竞争角度出发，单纯地规划一个城市，导致城市的产业结构类似、雷同。比如，许多城市都定位于信息产业、高科技产业，造成区域基础设施规划和城市发展布局不合理。单个城市缺乏区域的支持，犹如鱼缺少水，后劲不足，从而不利于整个区域的发展，这些都严重地妨碍了我国城市总体实力，降低了在国际上的竞争力。

## 三、城市规划管理中存在问题的对策研究

### （一）建立集中统一的规划行政管理体制

合理有序的城市秩序和城市布局必须按规律进行，而规律来自科学的规划管理。按照法律步骤施行规划不会存在权利滥用、资金浪费等现象，执行起来效率高、问题少。经过审批的规划除了合法合规，在前瞻性上优点尽显，无论是土地资源利用还是土地性质更改都能够快速高效地进行。这一过程中要对违背城市规划进行建设者给予严厉的法律制裁，追责到人。当然，要根除城市规划从编制到执行中的各类问题，离不开依照法律进行的强力改革。改革的对象包括决策者、监督机构，涉及各类利益群体，需要完善的制度和严格的手段。首先监督机构要被赋予更大的权利，保证其独立性；其次普通民众应该对审批制度、规划执行拥有知情权与参与权；最后决策层的职能必须转变，由拍板变为遵守制度。这样我们的城市才能从过度开发的现状中脱离出来，走向以生态人文为主。

### （二）要坚持对法制的建设，保证规划的进程

现在，我国正着力构建法治国家，倡导普及"依法治国"理念，各个领域都已经从人治迈向法治。法制化城市规划管理也成为大势所趋，但其前提是国家要为城市规划提供健全完善的政策法规。采取这一举措不仅能够推进城市建设的合理有序、激发城市发展潜力、探索出适应本地实际的路子，还能够切实保障人民权益，尤其是维护贫困户、老年人等群体的权利。让所有人对城市建设存有疑问或权益受损时有法可依、维权有道。同时，城市规划过程中涉及的所有信息都应该及时公布，公布的渠道可以是网络、纸媒。管理机构要设置专门电话与平台，保证群众全程参与、全程跟进、全程监督。

### （三）做好公共参与工作，保证规划公开性

在城市规划管理过程中，需要具备完善的公开制度，要有群众的参与程序，令城市规划主题都能够得到顺畅的表达，从而提升城市规划的科学性、可靠性、合理性。在法律方面，政府应该将一些规划管理的信息、方位、要点等制度公示于众，从而确保政府在工作实施的过程中，能够听到群众的建议。在不确定的规划大环境中，要充分发挥社会公众的聪明才智。但当前形势下，社会工众参与的观念还没有完全树立，这也体现出我们在规划管理中仍然缺少明智的群众参与，因此，对于公众参与工作需要加大力度，从而确保城市规划工作的完整性。

### （四）坚持统一协调，确保规划先行

城市规划管理要做到合理布局、特色鲜明，不应千篇一律、千城一面，要从经济效益、社会效益、市场效益、生态效益等方面制定和实施。总体来说，就是要坚持"先规划、后建设"的原则，通盘考虑，综合协调，做到"一张蓝图画到底"，既要考虑城市总体布局，也是考虑城市某个区域的布局。在规划过程中，可以实行规划公示制度，建立规划分级审批制度，保证规划制定的科学性。同时，让群众多了解、监督规划的实施，可以减少规划实施时的阻力。

### （五）突出经济发展，兼顾环境效益

人与环境是相互依存的有机整体，保持人与自然和谐相处、协调发展是人类的共同责任，也是城市规划建设管理的基本原则。在城市的规划管理过程中，要处理好经济发展和环境建设的辩证关系。要注意保护城市生态建设，防止污染公害，加强城市绿化建设和市容环境卫生建设，保卫城市的自然、历史文化遗产，保护城市的传统风貌，保护地方特色。在规划建设管理中，不能片面追求经济效益，以污染环境、破坏生态为代价，不能走过去"先污染、后治理"的老路，要确保城市经济发展与规划建设同步进行。

总之，提升城市的综合实力、构建独特的城市特色是每个城市的发展目标，也是城市管理参与者的努力方向。改善城市建设中方方面面的问题不可能一蹴而就，它需要完善的机制、公正的环境及城市居民的共同努力。在合理科学规划的基础上，决策机构要把群众意见和利益放在首位。我们在城市规划管理的过程中，要坚持以人为本的原则，以科学的态度规划城市，以务实的作风建设城市，以人性化的措施管理城市，这样才能建设适宜人类居住的生态、和谐、美好城市。城市成为居民当家做主的家园，大家建设家乡的力量才会强大。

## 参考文献

[1] 刘娟. 城市规划管理的几点思考 [J]. 建材与装饰，2015（52）：106-107.

[2] 程琰. 城市规划管理中景观生态学的运用浅谈 [J]. 智能城市，2016（1）：45-46.

[3] 杨静. 论我国城市规划的生态实效缺失及对策分析 [J]. 中国房地产业，2015（9）：38.

# 论新形势下地方政府的创新型发展

于 洋①

**摘 要：**随着政治经济全球化的飞速发展，我国各级地方政府的管理也发生了翻天覆地的变化，但仍旧存在着相当多的矛盾。地方政府管理需要紧跟新形势下的发展要求，不断创新管理观念、管理体制、管理方式以及法制体系。积极推进地方政府的管理创新，建立适应于中国特色社会主义市场经济体制的创新型地方政府，以实现政府对社会公共事务的规范化管理。

**关键词：**地方政府 管理创新 管理观念 创新发展

当前经济和政治全球化快速发展，我国已融入世界经济政治发展的大潮，现代资源、技术、信息、人才在全球范围内流动。随着国家经济的快速发展，我国各级地方政府的管理也发生了翻天覆地的变化，很多地方政府的工作理念、工作思路、政府职能在一定程度上都有提升，在科学化、民主化等诸多方面利用信息化、大数据等取得了良好的进展。然而，从总体上来看，仍有很多的地方政府在管理上不能与国家快速发展的市场经济吻合，更不能满足新形势下国家对地方政府的管理需求，地方政府创新是解释中国经济社会发展的关键变量，也是当代中国政府与政治研究中的重要议题，在当前新形势下，各级地方政府都应当积极思考与探索怎样实施地方政府管理创新的问题，以更好地服务于人民和社会。有鉴于此，必须对新形势下地方政府的创新型发展进行深入探索研究。

## 一、政府管理创新的内涵

"创新"一词较早起源于拉丁语，有三个层面的含义：更新、创造出新

---

① 于洋（1991—），女，山东诸城人，中国海洋大学2016级公共管理专业研究生。

的东西和改变。具体到政治领域，学者们从不同的视角对政府创新给出了不同的解释。有的学者强调政府创新的渐进性，这一种观点类似于拉丁语中"更新"的解释，比如英国卡迪夫大学的 Walker 认为政府创新是一种累积性的行为，需要"站在别人的肩膀上"[1]。有的学者强调政府创新的原创性，这一种观点类似于拉丁语中"创造出新的东西"的解释，强调的是从无到有，比如浙江大学的陈国权认为政府创新是一种全新的制度和政策的诞生，是一种更具原创性的政策供给和制度建构[2]。有的学者强调政府创新的广泛性和目的性，这一种观点类似于拉丁语中"改变"的解释，将政府创新与政府改革相比，比如中共中央编译局的俞可平认为政府创新是各级公共权力机关为了提高行政效率和增进公共利益而进行的创造性改革[3]。

进入 21 世纪以来，随着中共中央编译局"中国地方政府创新奖"的设立和完善，我国掀起了一股地方政府创新研究的热潮，地方政府创新理论日臻完善，学界就地方政府创新的概念逐渐形成较为统一的看法。就创新主体而言，地方政府创新的主体是地方公共权力机关，在我国地方政府创新研究的语境下，指地方公安机关、司法机关、人大、民主党派和政协组织、工会、共青团、妇联和基层群众自治组织等[4]；就创新的目的而言，地方政府创新是为了提高行政效率，改善服务质量，增进公共利益，以适应经济社会发展，实现善治；就创新内容而言，地方政府创新可以是政治改革类创新，可以是行政改革类创新，也可以是公共服务类创新，还可以是社会管理类创新。综上所述，我国地方政府创新是我国省及省以下地方公共权力机关为了适应经济社会发展，提高行政效率、改善服务质量、增进公共利益而在政治、行政、公共服务和社会管理等方面进行的创新性改革。

## 二、地方政府管理创新存在的问题

### （一）地方政府的管理理念有待提升

一是很多的地方政府都呈现出轻服务、重管理的现象，政府职能部门在日常的工作中只重视"管"而忽视了"理"的作用，导致管理模式方法僵硬化，地方经济的发展不能与时俱进，经济发展受到了严重的制约。二是部分行政官员存在集权思想。对国有企业的投资决策、组织经营、人事任免等进行行政干预，而作为真正市场主体的企业没有成为经济社会生活中的主角，在市场经济的竞争下不断式微。三是"官本位"思想仍旧存在。相当一部分政府部门的管理人员有官本位、权力本位的观念，以致其初衷是服务于民，但实际操作中，为人民服务的权力却变成了为自己或小集团谋利的权力，"门好进、脸好看、事仍旧难办"的问题依然存在。

### （二）各政府部门之间联动协同性较差

当前我国地方政府的社会管理体制主要还是采用单一的垂直分层管理结构，各部门分工责任落实体制明确。垂直分层管理结构框架下，虽然各部门直接执行上级主管部门的指令，但是在具体决策时，由于各部门之间没有形成数据共享，各部门单一的数据体系只能形成数据孤岛，由此产生的决策也不尽相同，因此很难形成真正意义上的部门间协同联动。这样既降低了政府社会管理的效能，又难以实现既定的管理目标[5]。

### （三）地方政府管理技术层面有缺陷

地方政府创新重复建设，大多还是停留在硬件层次上，简单地把电子政务等同于办公自动化。各个部门只注重建立自己的网络平台和业务系统，增加了协同办公环境形成的难度，造成了严重的资源浪费。比如，基础信息分散、不完整，信息采集、整理、挖掘、呈现手段不足，阻碍政府管理创新。

### （四）管理资源配置不均衡

实现资源的优化配置是实现政府治理能力现代化的前提保障。当前管理体制下，各部门所报送的关于社会发展的各项数据均有各自的独立性，国家统计部门根据各部门所报送的数据集中调拨各项资源，因此各数据集的独立性就造成资源分配的不均衡。一些部门因缺乏资源，难以实施有效的社会管理；有的部门却存在资源过剩的现象，而这也是造成腐败的一个重要原因。

### （五）政府管理办事效能不高

尽管当前我国在行政管理体制上有了很大的改变，使得我国经济取得了突飞猛进的发展，人民生活幸福安康，国家也在世界之林中取得了一席之地，但是由于政府管理事务过多，方式用得不尽完善，使得过于烦琐形式化的程序下政府效率低下。尽管政府一直在不断改进，但并没有从根本上改变，政府的社会管理和公共服务职能不突出，错位、越位和缺位的现象仍旧存在。

### （六）政府创新持续动力不足

第一，可持续程度低，地方官员的任期普遍较短，离任会出现"人走政息"现象。第二，许多创新实践没有上升为制度和政策，从而得不到巩固和推广。第三，存在明显的"形象工程"和"政绩工程"色彩，有些创新带有"政治秀"的意味。

## 三、对地方政府创新型发展的建议

### （一）创新地方政府管理观念

在知识经济大背景下，我国坚持以创新、协调、绿色、开放、共享的发展理念为引领，在国家层面提供宽松的政府管理创新环境，通过创新，不断加强政府自身改革建设。政府应当树立科学规划管理的新思想，打通守旧思想。地方政府要对管理理念进行更新，要与时俱进，对于管理的手段、策略、方式方法等都要进一步完善、合理化制定，使政府的管理能力得到提高。要引导各地各部门在推动经济结构战略性调整、促进经济发展方式转变、加快城乡区域统筹发展、加强社会管理、保障和改善民生等方面不断创新，促进公共资源的综合利用和创新项目的可持续发展。把政府创新工作与人民群众的期待有效结合起来，增强创新项目的实用性和社会效应。要将满足社会公众的需求作为政府职能部门的工作重点，提供公众需要的服务和公用产品设施，将服务社会各界作为部门发展的基本任务，将服务工作形成体系，并进行全方位的监督管理。

### （二）转变政府工作职能

习近平总书记指出："转变政府职能是深化行政体制改革的核心，实质上要解决的是政府应该做什么、不应该做什么，重点是政府、市场、社会的关系。"转变政府职能，包括优化政府权力结构，理顺政府与企业、政府与社会的关系，确保政府权力亲民。地方政府应当明确各方面之间的关系，将自身职能转变到宏观调控与社会管理、公共服务之中。所以，不仅要妥善处理政府和企业、市场、社会之间的关系，而且要收紧市场经济条件下的政府管理范围，将具体事务交给企业、市场和社会去做。政府不仅要减少对市场经济的直接干预，而且应依据自身管理规律来理顺关系，为更好地实施管理奠定基础。

### （三）创新地方政府法制体系

通过健全行政法规体系，充分体现法治政府的良好形象。要做到一切都按照法规来办事，从法制的角度对每一个机关职能部门和每一位公务人员的职责权限加以明确的规定，并约束政府部门行政领导的权限，切实消除政府行政领导的言行与意志不受法律、法规、规章的限制的现象。要明确政府部门设置与撤销所应具备的法律审查规定。每一个政府职能机构的设立与否，都应当符合相应行政法规的要求，要具有清晰明确的法律依据，充分地体现出现代行政管理所具有的法律化、规范化与理性化等要求，确保行政方式真正转变到法治行政的轨道上来。对于政府公职人员而言，这要求地方政府行政人员必须牢固树立宪法至上及法律权威的意识，依法办事。对于其他社会组织而言，培养法治思维，有利于社会组织在分担公共服务时，能够遵守法律法规、依法依章进行自治。

### （四）培育政府管理创新

要塑造创新型的公务员队伍。公务员创新能力是政府管理创新的关键。政府通过各种途径吸引优秀人才加入公务员队伍，实施公务员持续培训政策，形成多层次的公务员培训体系。把公务员考核评估的重点，由"工作表现"转到"潜在能力"，对被认为有发展潜力的公务员，增加适当的培训以及发展机会。建立政府管理创新激励机制。有效推进政府管理创新，就应自上而下地从制度和政策层面形成创新奖励制度和绩效考核制度，建立创新政策体系，构建自我循环、自我平衡、自我修复、自我净化的政府管理创新生态系统。

**（五）利用信息化，积极探索政府、社会组织、企业、公众协同的工作模式**

要积极探索政府、协会、企业的协同工作模式，建立政府引导，协会推动，企业、公众参与的创新模式。政府应提高大量数据的应用程序相关的政策和做法，推进政务公开的数据共享，优化出台相关政策，引导大数据应用的工作。在协会的全面融合发挥积极作用，建立一个连接政府、科研机构、服务提供商和应用业务的关系，促进资源的对接。同时，企业应该发挥大数据来优化利用内部管理流程，提升管理水平，逐步成为大数据和应用的主要开发和利用者。要发挥公众积极参与度，逐步拓宽公众的政治参与渠道。通过建立政府、社会团体、企业、公众协同工作模式，推动大数据的实际应用，促进政府信息化的建设与发展。

在现今市场经济的飞速发展下，政府职能部门想要更好地发挥自身的工作职能，就必须与时俱进、敢于创新。当前，我国开启了全面深化改革的新时代，而地方经济社会发展中不断增长的复杂、多元需求，倒逼地方政府通过更多创新予以满足。总体来说，地方政府应当不断创新管理观念，转变政府工作职能，创新地方政府法制体系，利用信息化等探索政府治理新模式，继续深化地方行政管理体制改革，建立起更为廉洁、透明和高效的地方政府，以适应我国市场经济和整个社会的发展与进步。

# 参考文献

[1] Walker R M. Innovation type and diffusion：An empirical analysis of local government [J]. Public Administration，2006，84（2）：311.

[2] 喻匀 . 一统体制、权力制约与政府创新——访浙江大学中国地方政府创新研究中心主任陈国权教授 [J]. 新视野，2011（5）： 44-46.

[3] 俞可平，等 . 政府创新的理论与实践 [M]. 杭州：浙江人民出版社，

2005.

[4] 林冠平. 地方政府创新的现存障碍与推动机制 [J]. 中国行政管理，2014（2）：79-81；吴建南，黄艳茹，马亮. 政府创新的稳定性研究：基于两届中国地方政府创新案例的比较 [J]. 软科学，2015，29（5）：22-26.

[5] 郭丽. 大数据时代地方政府社会管理策略的创新机制研究 [J]. 当代经济，2016（27）：6-7.

# 婴幼儿早期教育公共服务体系初探

张 楚[①]

**摘 要：** 随着科技和社会的发展，人们越来越认识到婴幼儿早期教育的重要性。婴幼儿时期是儿童发育最快、各种潜能开发最为关键的时期，如果在这个时期给予他们科学的早期教育，将大大激发儿童的学习潜能，提高学习能力，不仅能够为其终身发展创造一个良好的开端，还会产生良好的社会效益。然而目前我国 0~3 岁婴幼儿早期教育公共服务体系并不完善，许多问题亟待解决。本文研究了目前婴幼儿早教公共服务体系现状，分析了其中存在的种种问题，随后就完善婴幼儿早期教育公共服务体系进行了探讨。

**关键词：** 婴幼儿 早期教育 公共服务

随着社会的发展，人类认知水平的提高使得教育受到了极大的重视和关注。在很长时间里，人们都认为婴幼儿是无能的、被动地生存，在教育上是无为的、不可行的，大人只要照顾好他们的饮食起居即可，不必考虑教育的问题。国内外学者通过大量的研究发现了婴幼儿的学习潜能，认识到人类长期以来的认识误区。专家对 0~3 岁婴幼儿的脑发育、身体、心理发育特点展开研究，发现婴幼儿时期已经有了一定的视觉、听觉、知觉等能力。婴幼儿其实每天都在大量吸收各种信息，每天都在进行各种各样的探索，婴幼儿时期是儿童发育最快、各种潜能开发最为关键的时期，如果在这个时期给予他们科学的早期教育，将大大激发儿童的学习潜能，提高学习能力，不仅能够为其终身发展创造一个良好的开端，还会产生良好的社会效益。

0~3 岁婴幼儿处于生命周期的初始阶段，充满着无限的发展潜能，为婴

---

[①] 张楚（1989—），女，山东济宁人，中国海洋大学 2015 级公共管理专业研究生。

幼儿早期发展提供相关服务最直接的效益便是发掘其自身潜力，增强其自身的发展能力，为其终身发展创造一个良好的开端。万迪人、谢庆在其主编的《0~3 岁婴幼儿早期教育事业发展与管理》（2011）一书中认为婴幼儿早期教育对社会发展有着重要作用：一是从源头上提高人口素质，为社会发展奠定人才基础；二是对早期处境不利的儿童进行教育补偿，有利于促进社会公平；三是强化社区的社会服务功能，促进社会的良性发展。

婴幼儿的早期教育在提高人口素质、为国家发展奠定人才基础、为应对世界竞争储备人才力量中起到不可替代的作用。我国在 2010 年颁布《国家中长期教育改革和发展规划纲要（2010~2020 年）》强调必须"普及学前教育"和"重视 0~3 岁婴幼儿教育"，更加确立我国构建早期教育公共服务体系服务公民的目标。我国教育公共服务体系中构建有效的 0~3 岁婴幼儿早教公共服务体系成为重要组成部分。我国婴幼儿早教公共服务正处于基础起步阶段，构建有效婴幼儿早教公共服务体系任重而道远。

政府制定相关政策的背后是中国婴幼儿人口数量庞大且近期将进一步快速增长的严峻事实。根据第六次人口普查数据，2010 年，我国约有 6000 万 0~3 岁的婴幼儿，约占全国人口的 4.5%，这是一个不容忽视的群体。随着"单独二孩"政策的实施以及"全面二孩"政策的落地，近几年这个数字还会有大幅度的上升。与此同时，随着社会经济的发展、妇女地位的提高和计划生育政策的实施，我国的家庭结构也发生了变化，广大妇女走出家门，参加社会工作。计划生育政策带来大量独生子女，优生优育的意识逐步深入人心。目前，我国已进入"全面二孩"政策新时期，许多育龄夫妻选择或打算生育二胎，但在婴幼儿照料问题上却面临现实压力和困难。尤其是那些没有祖父辈提供照料支持的城镇双职工家庭，女性生育二胎后，要么中断或放弃工作，要么高价聘请保姆或月嫂，这对女性就业和职业发展，对家庭经济生活和长期发展势必造成负面影响，已经引起了社会各界的广泛关注。这些均给我国婴幼儿早期教育带来了巨大的家庭需求，这种需求不仅表现在数量上，更表现在质量和科学性上。

## 一、0~3 岁婴幼儿早期教育公共服务体系现状及存在的问题

政府通过公共财政支持社会和公民的需求，运用公共权力维护公共利益，称为公共服务。0~3 岁婴幼儿早教公共服务体系，即是以 0~3 岁婴幼儿及其家庭为主要对象，基于政府机构的统领，通过公共财政的支持，由教育部门、妇联、卫生、早教机构等等组织共同参与，为 0~3 岁孩童提供多形式、多种内容的早期教育指导，并对其家庭主要抚育人员提供早教指导的公共服务系统。在 0~3 岁婴幼儿早教公共服务的构建中我们主要面临以下问题：

### （一）早期教育公共服务体系不规范

我国推出针对 0~6 岁儿童学前教育体系由来已久，并且已经取得一定成效。但是我国的学前教育体系主要重视以幼儿园为主的 3~6 岁的儿童，对于 3 岁之前的婴幼儿的教育公共服务主要是妇幼保健院开设的亲子班，且针对 1~3 岁婴幼儿开放。社会上的私营早教营利性机构也基本面对 1 岁以上的幼儿。1 岁之前的婴儿的早教工作主要靠家庭自己完成。早期教育公共服务的构建和管理应是各部门跨区域共同合作来进行，但目前我国的现状却是各部门各司其职，例如，卫生部门关注孩童卫生保健，妇联负责儿童权益的保护和宣传，教育部门重点在 3~6 岁儿童在幼儿园的教育，社会上私营早教机构主要以营利为目的，不注重质量和管理。各部门相互配合得少，使得有限的早期教育资源不能被充分利用。此外，现阶段市场上早教机构没有规范的准入制度和监管制度，早教教师从业人员素质有好有坏，早教机构属于商业机构，主要目标在营利，收费高以致普通家庭难以承受，质量好坏也不能保证。因此，构建早教公共服务体系亟待规范。

### （二）早期教育经费投入不足

经费投入是建设的基础，没有财政保障就无法建设基础设施，也无法引进师资力量。我国目前几乎没有公益性早教机构，远远不能满足一般家庭对早教的需求。我国财政投入在学前教育方面仅占教育总投入的 1.3%，远达不到发达国家 10% 的比例，甚至落后于 3.8% 的世界平均水平。由此，经费财政投资是我国建设早教公共服务体系制约的主要因素。

### （三）缺乏专业师资队伍

目前我国早教服务的相关提供者、从业者没有经过正规的训练，没有专业的知识。其中，相对专业的人员一部分是学前教育专业的毕业大学生，一部分是参加短期培训的幼儿园教师。他们所接受的培训和学习教育也仅为面对3~6岁儿童的学前教育知识，而非0~3岁婴幼儿的科学教育知识。随着大量民间资本投入早期教育领域，各个早教机构充斥着大量不具备早期教育资质与能力的从业人员，这也导致大量的早期教育机构事实上无法提供正规、有效的早期教育服务。没有专业的早教师资力量也是影响我国婴幼儿早教质量的关键。

### （四）家庭中主要抚育者早期教育意识不强

虽然现阶段"80后"的父母们已经逐渐认识到早期教育的重要性，也从多种渠道获取了相关早教知识，但是，我国长久以来婴幼儿的早期教育主要以家庭教育为主，其中又以女性和祖辈的教育为主。随着女性地位提高和计划生育、延迟退休等政策实施，我国的家庭结构正在发生变化：女性走出家门，参加工作；计划生育带来大量独生子女；延迟退休政策造成家庭育儿空档。因此，我国婴幼儿主要抚育者为幼儿祖辈以及保姆，祖辈和保姆的育儿观念和文化素养导致大部分家庭早期教育观念不科学、认知水平低、亲子活动关注不高、参与意识不强等问题。

### （五）政府缺乏及时有效的舆论宣传和行为指导

由于我国的婴幼儿早期教育正处于起步阶段，公众对于早期教育的必要性缺乏足够的认识，与此同时在早期教育服务的选择上也存在着不科学性与盲目性。公众对于早期教育的不知与不解很大程度上是由于政府缺乏相关的宣传与指导。目前我国各地区对于早期教育的普及宣传还处于空白状态，对于早期教育机构的师资和教育能力的验证也不健全。在早期教育方面，政府的宣传指导缺位是制约早期教育发展的重要因素。

通过对我国早期教育公共服务现状的研究，结合我国儿童政策及学前教育方面的政策法规，我们可以及时探索适合我国实际情况的婴幼儿早期教育公共服务方式，提出构建我国婴幼儿早期教育公共服务体系的基本思路，提出有参考价值的工作建议，帮助政府对婴幼儿早期教育实现更加有效管理和服务，缓解我国当前十分紧迫的早教供求矛盾，从而使更多的孩子更好地度过对他们人生极其重要的头三年，为其一生的发展奠定良好的基础。

## 二、构建 0~3 岁婴幼儿早期教育公共服务体系的对策建议

为了有效构建 0~3 岁婴幼儿早期教育公共服务体系，本文从政府、社区和家庭三方面来提出对策建议。

### （一）政府方面

#### 1. 制定和完善相关政策法规

关于早教法律法规的缺乏是早教未能得到普及的重要原因。相关政策法规的缺失也使早教公共服务体系建设得不到应有的保障。当前，国家正在对学前教育法的起草展开调研。我们要抓住机会，在此基础上积极制定并完善早教政策法规，确立 0~3 岁早教公共服务体系的目标和任务，将 0~3 岁早教工作政策化、法制化。

#### 2. 加强早期教育服务专项经费投入

建设早教公共服务体系需要充足的财政保障。政府一方面必须重视公共财政对早教公共服务的投入；另一方面，应当获得社会各界企业、团体的支持，鼓励多方资金支持渠道。政府投资毕竟有限，社会资助渠道可以打开更多的发展路径。

#### 3. 加大专业化早教师资队伍建设

政府部门要制定上岗前学习、持证上岗培训、合作交流学习等制度，加强对现有早教师资的质量培训；教育部门应在高校增设早期教育方向，从基础开始培养高质量的早期教育相关人才；此外，还可以招募关心早期教育且有时间、有能力的志愿者投身早教服务。

#### 4. 加强对早期教育的宣传，健全教育机构资质认证体系

政府部门要加强在主流媒体上对早期教育必要性和科学性的宣传。通过多渠道、多媒体的宣传切实普及早期教育理念。加强宣传的同时，对于相关

机构资质认证体系的建设也是刻不容缓。没有标准的选择是盲目的，没有规范的行为是危险的。政府作为管理者应该在早期教育领域发挥指引与规范的双重作用。

**（二）社区方面**

**1. 加强以社区为单位的早教服务建设**

我国早期教育主要以家庭为主，社区作为以多个家庭所组成的单位，在早期教育工作上有重要意义。社区可以发挥自己的优势，在自己社区范围内开展早期教育宣传，发放早期教育指导手册，举办早期教育致使讲座等，从根本普及早期教育的基础知识。

**2. 以社区为基点，统筹多方协作**

社区可以作为中间点，协调各司其职的政府各部门、社会、家庭等各方进行早期教育多方合作，为建设良好早教公共服务提供途径和平台。

**3. 以社区为单元建设早期教育成果的数据收集和反馈机制**

针对不断发展和变化的早期教育领域，及时收集各类信息和意见反馈，为政府调整完善相关政策、处理和预防现象级问题提供基础数据与切实建议。

**（三）家庭方面**

**1. 树立科学的早期教育理念**

婴幼儿父母，也包括婴幼儿的主要抚育人，都应有科学的早期教育理念。既不能因老一辈的经验而忽视早教的重要性，也不能因了解早教重要性之后盲目选择市场上不专业的早教机构。

**2. 积极参加规范机构开展的早教指导**

积极参加规范机构开展的早期教育知识讲座、育儿指导等活动，进一步学习早期教育相关专业知识，还可以同专家和其他家庭讨论不同的早教方法，使主要婴幼儿抚育人获得正确的早教知识。总之，要构建有效的0~3岁早教公共服务体系，需要多方协作才能保证其公共服务质量以及健康发展。

# 参考文献

[1] 杨晓岚 . 0-3 岁婴幼儿社区早教公共服务体系的保障措施 [J]. 理论观察，2013（11）：146-147.

[2] 石国亮 . 服务型政府：中国政府治理新思维 [M]. 北京：研究出版社，2008.

[3] 原晋霞 . 构建有质量的学前教育基本公共服务体系 [J]. 教育学术月刊，2013（1）：84-88.

# 河长制何以破解水污染治理困局
## ——以山东青州市推行河长制工作为例

张　栋①

**摘　要：** 河流治理是一个系统工程，涉及流域范围内上下游、左右岸的利益协调和政策互动，同时也跨越多个职能部门和行政层级。属地管理责任不明确，主管部门存在职能交叉，很大程度上制约着我国河流治理的协作效率，河流治理成为中国现行行政体制下的环境治理难题。山东省青州市打破属地和行业限制，推行河长制制度，用这个本身并非为协作的制度，解决了协作所面临的集体行动驱动力问题，走出了地方政府水污染治理困局。

**关键词：** 河长制　水污染治理　青州市

青州市位于山东半岛中部，水文资源丰厚。境内共有 18 条中小型河流，分属弥河、小清河两大水系，淄河、北阳河、裙带河汇入小清河水系。弥河水系流域面积 662.5 平方千米，占 42.2%；小清河水系流域面积 906.5 平方千米，占 57.8%。弥河、淄河为 2 条中型河道，北阳河、南阳河、大石河等 16 条为小型河道。弥河是境内最大的河流，长 34.5 千米，流域面积 663 平方千米，支流有南阳河、大石河、小石河、钓鱼台河、洗耳河、康浪河、猪龙河、尧河 8 条，总长度 163.18 千米。淄河境内长度 23.65 千米，流域面积 287.7 平方千米，主要支流仁河，长度 37 千米。北阳河长 51.58 千米，流域面积 193 平方千米。裙带河长 25 千米，流域面积 136 平方千米。

---

① 张栋（1990—），男，山东青州人，中国海洋大学 2016 级公共管理专业研究生。

近年来，河道逐渐暴露出一些问题。河道中垃圾随处可见，河道两岸生产生活活动频繁，水质污染严重；河道淤泥堆积堵塞，河面变窄，流水不畅，河槽蓄水排洪功能弱化；河道管理部门之间工作责任不够明确，监管责任不够到位，河道管理难度大。一直以来，沿河群众反应强烈，要求改善水域环境的愿望比较迫切，市级人大代表、政协委员多次在两会上提出河流治理相关意见建议。对此，青州各部门单位投入了大量的财力物力，开展了一系列运动式的河流管护工作，但普遍收效甚微，青州市陷入了"治了污、污了治"和"年年治水，不见好水"的水污染治理困局。

## 一、治水困局形成的原因分析

### （一）我国现行科层制领导体系导致的必然结局

我国有34个省级政府，300多个地级市政府，2800多个县级政府，20 000多个乡镇级政府。在现行科层制领导体系下，我国行政体制成为"纵向发包"与"横向竞争"的有机结合体。通过行政发包层层向下推进，着力点便在于属地管理责任。属地管理可以明确界定各级政府的行政责任人，落实了"谁主管，谁负责"的原则，要求每个人都属于其辖区，任何跨地域的联系都不被鼓励，且必须以管辖政府为中介才可能发生。各级政府负责人不能轻易摆脱属地关系，对于其下属成员的行为具有超强的控制力和影响力。但正是因为此方面原因，在河流流经多个镇街且污染流动性大的情况下，难以界定属地责任，便无法形成相对公平合理的河流治理考核评价机制，形成"公水悲剧"。一头治理，另一头污染，最终导致全河道污染，河流所流经镇街都有责任，等同为都没有责任。镇街投入巨大，但效果不明显，严重挫伤了治河积极性。受"晋升锦标赛体制"的影响，各乡镇级政府难以形成有效合作，便都倾向把有限的资源用于经济社会发展、民生改善等硬指标任务上，造成河流无人管的尴尬局面。

### （二）运动式治水多是治标不治本

例行性的职能并非是地方官员的工作重点，而政治性任务才是重点[1]。为了解决群众强烈反映的河流污染问题，创建全国卫生城市，维护全国旅游城市形象，青州市政府以开展治水活动的形式，把治理水污染作为政治任务，制定严格的考核办法，甚至对河流治理"一票否决"。各镇街和职能部门为了完成目标，不惜一切人力、财力、物力，集中几个月时间，全面排污清淤，精力几乎全部靠在河流治理上。此方法收到了一时效果，河流短时间变得清澈，但运动式治水却是治标不治本，没有形成治水的长效机制，出现了上文所述的"治了污、污了治"困局，投入越来越多，效果却不明显，行政成本居高不下。

### （三）难以打破"九龙治水"格局

政府的专业化管理是现代政府的重要特征，然而，伴随专业化的迅速发展，政府管理也出现了碎片化特征[2]。在现行政府管理模式下，各级政府总是被划分成许多不同的职能部门。如果不同职能部门在面临共同的社会问题时各自为政，缺乏相互协调、沟通和合作，则必然导致政府的整体政策目标无法顺利达成。正如河流污染治理涉及规划、水利、国土、环保等多个部门，被比喻为"九龙治水"。各职能部门都具备一定的治水权限与职责，但彼此之间工作责任不够明确，监管责任不够到位，多个部门都有责任，谁都可以管，又谁都可以推卸责任。不仅青州存在这样的问题，这也成为我国水治理改革的一个突出难点。

## 二、青州市推行河长制做法探究

### （一）河长制的启动

2016年12月，中共中央、国务院印发《关于全面推行河长制的意见》，要求在全国范围内的全部河流推行河长制。早在2016年4月，青州市针对日益严重的水生态问题，坚持问题导向，深入分析研究，从提高群众满意度的角度出发，在山东省内率先实行河长制，主动作为"留住水"，从持续"涵养水"、留住"天上水"、全力"节约水"、搞好"水调配"、实现"水常在"、保障"水常绿"等几个方面，做足做活蓄水、留水、用水、节水、护水等方面的文章，全力优化水资源布局和水环境生态。2016年5月7日，青州市委、市政府联合印发了《青州市河道河长制实施意见（试行）》，标志着河长制工作正式启动，弥河、南阳河等 6 条主要河流成为首批河长制试行河流。2017 年，青州市在总结试行经验的基础上，将青州市 15 条主要河流、27 条镇村河流全部纳入了河长制管理。

**（二）推行河长制主要做法**

1. 坚持体制改革，进入治水新常态

一是整合部门职能，打破"九龙治水"格局。青州市基于现实和长远，坚持生态强市，整合 29 个部门职能，形成治水合力，从根本上终结"各管一块、各管一段"的多头治水局面，进入"首长负责、上下联动、部门共治"的治水新常态。二是健全组织体系，实现河长"无缝覆盖"。市委书记任第一总河长，市长任总河长，市级主要领导担任各河道河长，沿河各镇、街道、经济开发区党委主要负责人担任辖区内河段的段长，沿线各村支部书记担任分段长。市政府成立河长制工作办公室，由分管副市长任办公室主任，水利局、环保局主要负责人任副主任，从水利、环保、住建、国土、农业部门抽调 10 人组成办事机构，实行集中办公，具体负责河长制工作日常事务及组织协调，牵头组织河长制落实情况考核等相关工作。三是制定实施方案，细化目标任务。出台《青州市河道河长制实施意见（试行）》，在 6 条试行河流开展水域管理、河道防汛、堤岸养护、河道保洁、绿化养护、清障拆违 6 项重点工作。2017 年 5 月，根据中央关于全面推行河长制的新精神，青州市委重新调整河长制组织体系，印发《青州市全面实行河长制实施方案》，将河长制覆盖青州市全部河流，工作任务拓展到水资源保护、河湖水域岸线管理保护、水污染防治、水环境治理、水生态修复、执法监管等领域，全面统筹水里与岸上、上游与下游、治理与开发。同时对每项工作任务进行再细化，明确责任单位，制订专项方案，开展专项整治。

2. 落实资金保障，夯实治水基础

一是加大河道治理资金投入。青州市委、市政府将治水上升为城市发展战略，先后投入约 25.3 亿元，完成了对弥河、南阳河、北阳河、大石河、茅津河等重点河道生态治理任务，通过河道治理提升了防洪排涝性能，改善了河道整体环境。二是加大河道管理资金投入。青州市财政将河长制管护资金列入财政预算，按照每千米单侧岸线5000元/年的标准进行补助。同时加大重点河流日常管理经费投入，市财政拿出专项资金对弥河、南阳河等重点河流实施集环卫、安保、巡查、绿化等一体的物业化管理。青州市财政每年投入河道管理的资金达到1300万元。

3. 因地因河施策，探索管护多元化

一是在重点河流成立专门管理机构，落实机构编制及管护经费。先后成立阳河管理局、弥河生态林场管理委员会，全面负责南阳河、北阳河、弥河的管理，各管理部门采取政府购买服务方式，对重点河流实行物业化管理。二是将山区河流管理与多部门管理职能有机结合，整合力量整体提升。将镇街环卫工作向辖区河流范围拓展；在部分山区，将护河列入护林、护路工作内容，充分发挥防火护林队伍覆盖面广、管理经验丰富、情况处置迅速等优势，统一将辖区河流纳入日常巡护管理范围；将河长制工作与精准扶贫相结合，优先选取精准扶贫户作为水管员，负责日常河道管护。三是对跨界河流实行联合执法，重拳打击跨界河流违法行为。部分边界河道管理难度大，存在盗采盗挖、偷排偷放现象，在青州市开展涉河联合执法行动，河长牵头组织公安、水利、国土、环保等部门，重拳打击，持续高压，严厉打击河道违法行为，对违法当事人采取强制措施，起到了很好的震慑作用。四是对全部河流进行问题排查，开展"清河行动"。各镇、村分别就辖区内河流乱占乱建、乱围乱堵、乱采乱挖、乱倒乱排等"八乱"问题进行详细自查整改，市河长办委托中介机构对全部河流进行第三方测量、排查，以污水无直排、水域无障碍、堤岸无损毁、河底无淤积、河面无垃圾、绿化无破坏、沿河无违章建筑为目标，在青州市开展"清河行动"。

4. 强化考核监督，压实工作责任

一是将河长制列入青州市科学发展考核。制定出台《青州市河长制管理工作考核办法》，将每项工作完成情况分别赋分，为河长、段长及分段长开展工作提供了指导和方向，市河长办每年组织两次集中考核，将考核结果与河长制管护经费拨付相结合，奖优罚劣。二是日常检查与专项督查并进。市河长办、督察局联合对青州市河长制工作开展情况进行定期检查和不定期抽查，发现问题及时下达问题整改意见。同时由青州市纪委牵头，水利、环保部门配合，邀请潍坊市水利、环保专家参与，对青州市河长制工作情况进行专项监察，对河长制工作中存在的不作为情况进行问责，确保河长制落到实处。三是强化社会监督。在青州市 15 条主要河流、27 条镇村河流显著位置设置河长制公示牌，向社会公开相关河长信息及工作职责，拓展公众参与监督的渠道和方式。综合运用多种宣传方式，对全面实行河长制进行多角度、全方位的宣传，营造全民爱水、护水、治水的社会氛围，充分激发群众参与监督的积极性。同时，人大代表、政协委员、民主党派、环保组织、发展软环境监督员等群体也是社会监督的重要主体。

### （三）取得的主要成效

实行河长制一年来，共清理河岸 350 余千米，清运垃圾 30 多万立方米，关停企业和拆除违章建筑 70 余处，清理排污口 50 余处，栽种树木 3.5 万余棵，管理范围内保洁覆盖率达到 100%。实施河道河长制管理，推进了水生态建设，解决了河道内垃圾和黑臭问题，确保了河道防洪排涝安全，确保了河道环境面貌显著改观，实现河道范围内污水无直排、水域无障碍、堤岸无损毁、河底无淤积、河面无垃圾、绿化无破坏、沿河无违章建筑等"七无"目标，为经济社会转型科学发展提供坚实的水环境、水安全、水生态保障。

### 三、河长制的内生动力

早些年，青州市河流的水质经常发黑发臭，如今水质已有较大改善，弥河两岸鸟语花香、景观怡人。通过河长制，让本来无人愿管、被肆意污染的河流，变成悬在河长、段长、分段长头上的达摩克利斯之剑。

### （一）政府职能的垂直整合

河长制制度改革充分吸收和运用了管理科学理论，通过制度创新，强力整合了河流治理的分散资源和碎片化职能，同时提高了社会协同和公众参与程度。社会专业化发展要求现代政府治理必须结构化并且要有明确职能分工，但过度的专业化同样造成了组织壁垒化缺陷。我国独特的党政一体与行政系统单一制，使政府能够系统治理焦点性的复杂事务，并通过强化垂直的首长责任制推进系统管理，实现分散职能的垂直整合[3]。以前河道整治的责任主要在于部门，实行河长责任制后，整治责任落实到了具体人员，整治压力由部门转变到个人，个人要对河道整治成效负责，关系到位子、面子和钱袋子，赋予了压力，也带动了积极性。

### （二）政府注意力的转换

河流生态环境保护作为行政首长的法定职责，早在河长制实施之前，就已经得到了政策法规的确认。然而，在"GDP 锦标赛"的体制环境下，地方党政领导的注意力集中在经济发展上，分配到河流生态环境保护上的注意力则十分有限。河长制的实施则强化了河流环境问责的刚性约束，通过制度设计推动地方党政领导注意力的转换，有助于推动经济发展与生态保护、河湖保护与开发的平衡。当政策制定者们的注意力不断变换时，政府的政策也紧跟着发生变化[3]。各级主要领导担任河长，领导干部具有资源调度和配置的优势，由他们牵头组织河流治理，有利于协调相关部门。随着地方政府对河湖生态环境的关注度不断提高，一系列保护河流生态的政策得以制定，一些有助于河流生态保护的政策的执行力得到提升，河流治理的绩效得到改观。

### （三）问责倒逼协作

早些年，在河流污染整治中曾存在"多头治水"而成效不佳的困境，河长制的实行则有效锁定了责任人。通过层层传导压力，有效避免了出现责任空白、任务空白情况，实现了"多头治水"向"协同治水"的转变。政府部门的内部性导致部门往往仅关注职能范围内的事务，在缩减行政成本和规避风险的理性驱使下倾向于规避一些边界模糊的公共事务，也就是我们河湖治理需要解决的治理主体参与协作的驱动力问题。适用于企业的利益刺激等手段并不适用于以公共利益为灵魂的公共治理，而河长制通过强化地方党政领导的责任考核形成倒逼机制，激发了党政领导开展协作治理的动力。

### （四）根本在于发挥党的领导

河流治理是个综合性系统工程，离不开方方面面的努力。河长制的成功实践得益于全国自上而下大力推动河湖治理的大气候，更得益于以市、镇、村党组织特别是沿河村党支部为领导核心的基层党组织所发挥的引领推动作用。各分段长、包靠责任人、保洁队伍、村级巡逻队伍，在各党支部的领导下直接开展工作。党支部各成员带头深入沿河养殖户家中，宣传"爱河护河"相关政策，积极引导养殖户进行自查整改；通过广播宣传、设置警示标志、发放"明白纸"等多种渠道广泛宣传，引导农民群众支持和参与管河治河护河工作，提高群众维护河道环境的自觉性，形成全社会共同参与管理的良好氛围，有效推动了青州市河道管理和水生态治理任务目标的早日实现。

## 参考文献

[1] 朱晨娴，屈勇，张明礼."河长制"：地方政府水污染治理的制度创新 [J]. 科学技术，2014（6）：335-336.

[2] 周建国，熊烨."河长制"持续创新何以可能——基于政策文本和改革实践的双维度分析 [J]. 江苏社会科学，2017（4）：38-47.

[3] 布赖恩·琼斯 . 再思民主政治中的决策制定：注意力、选择和公共政策 [M]. 李丹阳，译 . 北京：北京大学出版社，2010.

# "白色污染"的危害与防治对策研究

张　敏[①]

**摘　要：** 地球是我们赖以生存的家园，而这个家园正在被垃圾所包围。尤其是一次性的塑料制品（包括发泡的塑料餐盒、器具、包装材料和薄的塑料袋、膜、农用地膜等），在其使用后，由于缺少回收利用的价值，绝大部分被丢弃在环境中，主要集中于风景旅游区周围，河道和道路两侧，农田、湖泊和水塘中，以及城镇乡村的各个角落，这不仅破坏了景观，造成了视觉污染，而且由于其具有在自然界中难以降解的特点，对自然生态环境也造成了直接和间接的破坏。这种废弃的一次性塑料制品多为白色，所以被形象地统称为"白色污染"。作为21世纪的主人，我们不能只是担忧与抱怨，而是要有行动，要有"绿色行动"。作为有新世纪教养的文明人，我们应该为净化我们的生存空间做一点奉献，献一片爱心。

**关键词：** 白色污染　危害　防治对策

"白色污染"是人们对难降解的塑料垃圾（多指塑料袋）污染环境现象的一种形象称谓。它是指用聚苯乙烯、聚丙烯、聚氯乙烯等高分子化合物制成的各类生活塑料制品使用后被弃置成为固体废物，由于随意乱丢乱扔，难于降解处理，以致环境严重污染的现象。一次性的塑料制品包括发泡的塑料餐盒、器具、包装材料和薄的塑料袋、膜、农用地膜等，在其使用后，由于缺少回收利用的价值，绝大部分被丢弃在环境中，主要集中于风景旅游区周围，河道和道路两侧，农田、湖泊和水塘中，以及城镇的各个角落，不仅破坏了景观，造成了视觉污染，而且由于其具有在自然界中难以降解的特点，

---

① 张敏（1986—），女，山东潍坊人，中国海洋大学2015级公共管理专业研究生。

对自然生态环境也造成了直接和间接的破坏。这种废弃的一次性塑料制品多为白色，所造成的视觉污染和对自然生态环境的破坏被形象地统称为"白色污染"。尽管几年前的"限塑令"起到了很大的作用，"白色污染"情况有明显好转，但是近年来随着快递和外卖业务的兴起，各种各样的塑料袋、包装盒大街小巷随时可见，垃圾箱附近常常堆满"白色产品"，这就为我们的环境治理又提出了新的挑战。

## 一、白色污染的种类

### （一）聚乙烯

聚乙烯是乙烯经加成聚合反应制得的一种热塑性树脂。根据聚合条件不同，可得到相对分子质量从一万到几百万不等的聚乙烯。聚乙烯是略带白色的颗粒或粉末，半透明状，无毒无味，化学稳定性好，能耐酸碱腐蚀。商业上将聚乙烯分为低、中、高密度。一般用于包装的主要是不加增塑剂的低密度（$0.92$~$0.93$ g/cm$^3$）聚乙烯。

### （二）聚丙烯

相对分子质量在 9 万 ~20 万。聚丙烯主链有一个甲基侧链。如果甲基全部分布在一侧称为等规聚丙烯；如果甲基有规则地分布在主链两侧，称为间规聚丙烯；如果甲基无规则地分布在主链上，称无规聚丙烯。聚丙烯通常是半透明固体，无味无毒，密度为（$0.90$~$0.91$ g/cm$^3$），机械强度比聚乙烯高，耐热性好。三种聚丙烯中，以等规聚丙烯产量最大。采用三氯化钛-氯二乙基铝为催化剂，在加氢饱和的汽油中使丙烯聚合，得到等规聚丙烯。

### （三）聚氯乙烯

相对分子质量 5 万 ~12 万，通过游离基加成聚合反应生成高聚物，属热塑性树脂。无定型白色粉末，无固定熔点，密度为（$1.35$~$1.45$ g/cm$^3$），具有较好的化学稳定性。熔于环己酮、氯苯、二甲基甲酰胺、甲苯—丙酮混合溶剂等。

### （四）聚苯乙烯

平均相对分子质量约 20 万，无色、无味的透明树脂，透光性好，表面富有光泽，易燃，密度为 1.05~1.07 $g/cm^3$，具有优良的防水性、耐腐蚀性、电绝缘性。生产方法有很多，包括本体聚合法、悬浮聚合法和乳液聚合法。常用的本体聚合法是在苯乙烯单体中加入引发剂和少量添加剂，预聚釜中进行低温聚合，制取预聚物，再转入聚合塔中高温加热，分段维持一定温度，反应结束即将熔融状聚苯乙烯挤出成条，在水中冷却硬化，切粒包装。在这些污染物中，还加入了增塑剂、发泡剂、热稳定剂、抗氧化剂等。

## 二、造成白色污染的主要原因及危害

### （一）主要原因

塑料制品作为一种新型材料，具有质轻、防水、耐用、生产技术成熟、成本低的优点，在全世界被广泛应用且呈逐年增长趋势。我国是世界上十大塑料制品生产和消费国之一。但是使用后的塑料垃圾没有得到妥善的管理和处置。政府提倡垃圾分类，路边的垃圾桶也区分了可回收垃圾和不可回收垃圾，但是基本上没有人执行。垃圾没有实行分类收集，能回收的不回收利用，垃圾最终的处置方式也基本上停留在裸露堆放或浅埋的水平，一些城镇将江、河、湖岸作为天然垃圾场。交通、旅游业，除铁路外，很多都还没建立起与生产经营相配套的垃圾收集系统，对经营过程中生产的垃圾放任自流。而且相关部门对垃圾管理薄弱，对塑料包装废弃物缺乏相关的法规，人们的环境意识比较淡薄，滥用和随意乱倒现象相当普遍，这并非塑料制品本身的责任。随着近年来快递、外卖业务的兴起，一次性包装袋、塑料盒也急剧增多，给相关部门的工作也带来了极大的考验。

### （二）主要危害

"白色污染"主要指对环境造成的视觉污染和潜在危害两个负面效应。

视觉污染是指散落在城市中，人们随手丢弃的塑料废弃物对市容、景观的破坏。例如散落在铁道两旁、江河湖泊中的大量聚苯乙烯发泡塑料餐具和漫天飞舞或挂在枝头上的超薄塑料袋，这些都给人们带来不好的视觉刺激，所以人们对此反应强烈。

潜在危害是指塑料废弃物进入自然环境而难以降解带来的长期的、深层次的生态环境问题，主要包括以下几点：首先是不易回收。因为回收再利用的成本高，但利用率很低，商家可以说是无利可图，而且由于它的回收价格很低，很难吸引广大市民进行"白色回收"工作。其次是难以降解。回收回来的白色废弃物不容易处理。现阶段主要处理方法有焚烧和填埋，若将其焚烧，则会产生大量的有毒烟雾，污染大气，并且促使酸雨的形成。至于填埋，则将其埋葬100年，还是原状，无法被自然所吸收，且对土地有极大的危害，改变其酸碱度，影响农作物吸收养分和水分，导致农业减产。至于抛弃在水里或陆地上的塑料制品，不仅影响环境，而且若被动物吞食，则会导致死亡（在动物园、牧区和海洋中，此类情况已屡见不鲜），这样就破坏了生态平衡。再就是高温处理会分解出有毒害物质。塑料制品本身无毒害，但因为它的回收再利用的设备不够完善，工艺简陋，而且许多厂家无合法营业执照，导致再生产的塑料制品在温度达到65℃时，毒害物质就会析出并且渗入食品，会对肝脏、肾脏、生殖系统及中枢神经等人体重要部位造成危害。

### 三、"白色污染"具有广阔市场的原因及当前在治理过程中存在的问题

"白色污染"为什么一直存在，而且还有广阔的市场呢？究其原因有以下几方面：

可降解塑料是指在生产过程中加入一定量的添加剂（如淀粉、改性淀粉、纤维素、光敏剂、生物降解剂等），使其稳定性下降，后较容易在自然环境中降解的塑料，其种类很多。但是实验表明，大多数可降解塑料在一般环境中暴露3个月后开始变薄、失重、强度下降，逐渐裂成碎片，如果这些碎片被埋在垃圾或土壤里，则降解效果不明显。主要是因为其制作过程复杂，价钱要比"白色产品"高出1~2倍，人们当然不愿意"舍糠取贵"。另一方面，可降解材料制成品的性能不如"白色产品"，因为"白色产品"的生产过程经过多年的历练总结，现已成熟，而新型材料很多才刚刚研发出来，有的还需要大量木材，虽然产品降解了，但对生态、水体造成的污染和破坏依旧不小。现在的饭馆、餐厅进行"白色产品"销售，使用相当普遍、公开，明目张胆

地进行市场交易，对国家规定视而不见，使"禁白"工作成了"白禁"。

目前，国民素质还跟不上社会经济的发展，还有待提高。一个国家的公民素质体现了一个国家的民族素质，但是至今相当一部分人的环保意识还很淡薄，随手乱扔废弃物品的习惯还很普遍，这种现象将会给我们的自然环境带来极大危害，并且给"白色产品"再回收带来巨大难题。新闻媒体对"白色污染"的报道大多集中在"以纸代塑"和采用可降解塑料等技术方面，缺少对居民日常行为的引导教育。塑料包装物的生产、经营单位和消费者没有责任感，既没有履行义务的内在动力，也没有回收、利用、处置废旧塑料包装物的外部压力。

管理工作跟不上。城市、风景旅游区、交通干线、水域的"白色污染"主要是管理不力造成的。餐饮、商业、铁路、水运部门对经营活动中产生的废旧塑料包装物没有采取严格的管理措施，听任顾客直接扔在地上或水中，甚至一些工作人员将已收集起来的废物又抛到车窗外或水中。城市街道和旅游区的配套设施还不健全。市容环卫部门虽有规定禁止乱扔废物，但执法、检查的人员少，有法不依、有禁不止的现象较为普遍。缺少相关的经济政策，"白色污染"回收再利用率较低。而且我国一些已研究的新型产品，无法投入生产使用中去。

### 四、防治"白色污染"的对策建议

防治"白色污染"，首先要解决视觉污染问题，使市容、景观有明显改善。其实现在政府部门很注重市容市貌，国家也评卫生城市，街道上的垃圾很快有清洁工人打扫。但是光靠清洁工人打扫不行，还需要多管齐下，为我们的社会保持一个良好的环境。同时要依法强化管理，促使企业和个人对自己产生的废旧塑料包装物妥善收集、处理。防治"白色污染"，更重要的是解决废旧塑料包装物对生态环境长期的、深层次的危害。这主要是通过制定和实施有利于回收利用的法规和经济政策，对废旧塑料包装物实施全面回收利用。防治"白色污染"，还应加强研究开发符合实际的替代（绿色）包装用品。

### （一）加强宣传教育

防治"白色污染"是一个系统工程，需要各部门、各行业的共同努力，需要全社会和全体公民的积极参与。要大力开展宣传教育，提高人们对"白色污染"危害的认识，提高全社会的环保意识，教育人们养成良好的卫生习惯。在自身严格遵守环保法规的同时，积极制止身边的不良行为。

### （二）加大执法力度，强化环境监督管理

首先，工商执法部门对大型超市和农贸市场等商品零售场所违规使用不可降解的塑料制品展开集中检查，对违规商家进行依法查处。其次，环境卫生部门尽快出台相关政策法规，推行生活垃圾分类回收处理，以减少混入垃圾焚烧和填埋的废弃塑料数量。同时加大力度监管废弃塑料回收利用环节，实施全程监督，建立完善的环境监管体系，使废弃塑料从回收、运输到再生利用全程可控。

### （三）加强民众对国家防治"白色污染"的政策、法规的执行力

国家制定颁布了很多防治"白色污染"的有关法规，明确生产者、销售者和消费者回收利用废旧塑料包装物的义务和法律责任。应对塑料包装物的生产、经营、消费等各个环节，分别制定具体的控制措施和引导政策，控制不易回收利用的废旧塑料包装物的生产量，鼓励提高废旧塑料包装物的回收利用率。政策法规刚出台时，各个部门高度重视，严格执行，民众依从性也很高。随着时间推移，人们逐渐放松了对"白色污染"的警惕，不再严格要求自己，"白色污染"有回升态势。所以政府需要给民众加一下压，促使民众不要违反法律、法规，要严格按照法律法规来经营、消费。

### （四）制定扶持政策，逐步提高废塑料制品的回收率

以公共财政投入民生、鼓励私营投资、严格环境监管等形式，鼓励和促进废旧塑料包装物的减量化、资源化、无害化，节约和综合利用资源，防治"白色污染"，保护生态环境。设定专门的"白色废弃物"回收点，建立统一回收处理制度，有效地减少白色污染物的乱扔乱放。如今，解决"白色污染"的方法主要有废旧塑料资源化及生物降解塑料。废弃塑料资源化就是回

收废旧塑料，将其作为资源加以开发和利用。但是，由于塑料的结构不同和含有一些特殊的添加剂，有些塑料不宜回收利用；还有些塑料经加工初步降解后的碎片，在自然环境中降解得很慢，不能彻底解决对环境的潜在危害。因此，在对"白色污染"治理的同时，还应积极防止新的"白色污染"源的产生。加快生物降解塑料的研发及推广，减少"白色污染"塑料的使用。

当然，"白色污染"是一个世界问题，需要全人类的共同努力。需要注意的是人们的环保意识强弱对环境保护至关重要，所以提高民众的素质及环保意识是解决"白色污染"的重中之重。

# 参考文献

[1] 韩立钊，王同林，姚燕."白色污染"的污染现状及防治对策研究 [J]. 中国人口（资源与环境），2010，20（3）：402-404.

[2] 宋旸.农业白色污染治理的对策与建议 [J].农场经济管理，2015（5）：34-35.

[3] 丁俊峰."白色污染"及其消除途径 [J].环境保护科学，2000，102：19-25.

[4] 王国辉."白色污染"的危害 [J].科技成果纵横，2006（3）：66.

[5] 宿志宏，邢华.我国白色污染及防治对策研究 [J].中国环境管理，2004，6（2）：37-38.

# 晋升锦标赛模式对政府工作影响探析

张 楠[①]

**摘 要：** 政府官员担负着政府职能的执行工作，是我国社会主义各方面建设的带头人和具体实施者。行政体制中，治理结构和治理模式对政府治理成果的影响不容忽视。"晋升锦标赛"治理模式在一定程度上揭示了中国经济保持数十年高速增长的根源，是"中国奇迹"的创造源泉。在晋升锦标赛治理模式下，上级政府制定一整套考核指标组成的考核体系，通过晋升锦标赛激励机制，影响政府官员的偏好和行为，激励下级政府官员发展经济，形成社会主义各方面建设的强劲发展动力。

**关键词：** 晋升锦标赛 政府官员 激励模式

## 一、晋升锦标赛的定义和演变

锦标赛，指的是参赛者胜负评判标准是按照顺序排列的比赛形式，而不是通常情况下的根据最终参赛者的绝对成绩决定胜负，通过对参赛者相对绩效的比较，排除不确定性因素的影响，有易于比较和便于实施的特点。参赛者为了赢得比赛竞相努力，以便取得比别人更好的比赛名次，顺序排位更靠前。作为一种激励模式，在参赛人的风险倾向是中性的前提下，锦标赛可以取得最优的激励效果。

晋升锦标赛是行政治理模式的一种，是上级政府为多个下级政府部门的行政长官设计的一种晋升竞赛，竞赛采用锦标赛模式，根据上级政府设定的指标对下级政府进行位次排名，排名靠前的为竞赛优胜者，可以获得晋升。竞赛标准由上级政府决定，GDP 增长率或者其他可度量的指标都可以作为

---

① 张楠（1988—），女，山东潍坊人，中国海洋大学 2016 级公共管理专业研究生。

竞赛指标。此处指的地方官员主要是各级地方政府的行政首长。

1981 年，Lazear 和 Rosen 提出了基本锦标赛模型，该模型是由两个风险中性的代理人组成，并且委托人不能直接观察他们的努力情况，因此，员工的产出取决于他们的努力和一个随机因素，主要是受他们的努力程度决定。委托人事先约定报酬契约 M 和 m（M>m），对代理人的产出进行排序，产出多的代理人享受较高的报酬 M，产出相对较少的代理人享受较少的报酬 m。研究发现，代理人产出主要依靠其努力程度的锦标赛模型既可以降低委托人成本，又可以强化激励效果。后来，锦标赛理论迅速发展。研究报酬契约水平和报酬差距对绩效产出的影响发现，提高报酬和增大薪酬差距有利于提高代理人努力程度，提高委托人的收益。同时，锦标赛模式的研究也从个体层面逐渐扩展到组织团队层面，团队锦标机制渐渐成为研究的热点。

晋升锦标赛模型是将锦标赛模型从商业领域运用到政治领域的一种模式，委托人是上级政府官员，代理人是下级政府官员，竞争标的也不是物质奖励而是政治地位，这就形成了晋升锦标赛激励机制。晋升锦标赛作为一种激励和治理手段，早在毛泽东时期就常被使用，在"大跃进"时期，各省市争相虚报粮食产量也可以认为是晋升锦标赛现象的体现。党的十一届三中全会以来，中央全面拨乱反正，将全党工作重心从阶级斗争转移到专项经济建设，于是各级党委和政府的头等大事变成了经济发展，经济绩效变成了干部晋升的主要标准。20 世纪 80 年代初，邓小平同志提出干部队伍年轻化、知识化和专业化的要求，引入任期制和年龄限制，从侧面促进了政府官员的晋升竞争意识。1984 年中央决定适当下放干部管理权限，确定了干部下管一级的管理体制，方便晋升锦标赛自上而下的传导机制的形成。

**二、晋升锦标赛的作用机制**

哲学上面讲，人的主观意识和实践活动对客观世界具有能动作用，人们能动地认识客观世界，并且在认识的指导下可以能动地改造客观世界。同样，在行政领域中，与市场失效相对应的政府失效归根结底是政府官员的激励没有与委托人（也即人民群众）的利益协调一致。管理学中有一种说法叫作"管好了人，也就管好了事"，晋升锦标赛模式就是管好"管事人"的一种途径。

晋升锦标赛被视为是我国数十年经济飞速发展的重要原因之一，是因为我国的行政体制环境为晋升锦标赛的实施提供了相当的便利。我国政府官员"跳槽"的比例很少，在一些"官本位"思想严重的省份尤为突出。当然随着最近几年行政体制改革和市场的飞速发展，该比例在逐步提高，但是跟官员群体庞大的原始体量相比，还是不足的。也就是与告别"体制内"相比，政府官员普遍愿意接受晋升锦标赛模式的竞争。

我国行政体制是中央、省、市、县和乡镇五级政府，上下级之间职责同构，下级政府受上级政府管理，中央政府具有最高权威，晋升锦标赛可以在中央以下的任何一级政府开展，而我国"条块"行政管理体制更方便晋升锦标赛的组织实施。举个例子来说，在省级政府官员之间开展以 GDP 增长率为指标的竞争，省级政府官员为了实现辖区内 GDP 增长率的提高，会在辖区内的市一级政府之间推行相同的锦标赛竞争形式，同样地，市级政府又会在县一级政府继续推行相同类型的竞争形式，如此一层一层地向基层推进。其实，各级政府在向下传导锦标赛竞争形式的过程中，经常会采用加码的形式指定目标，例如省级政府 GDP 增速的目标是 6%，其辖区内的某市级政府会为了能够在市一级政府间竞争胜出，会将他们的 GDP 增速目标确定为 6.5%，同样，该市所辖某县级政府也可能会按照相同的思考模式推进。各级地方政府层层加码，行政级别越低的地方官员的指标越高，整个过程顺理成章地放大了锦标赛的激励效果。

在逐级晋升的锦标赛模式下，官员是从最低行政职位上依次向上晋升的，如果中间某个环节被耽误，那么官员晋升的总时间可能成倍增加。随着干部队伍年轻化、知识化和专业化的要求逐步提高，中央对每一级别的行政干部都有最高年龄限制，如果从政者不能够在一定年龄升到某个级别，就没有机会继续晋升了。这无形中就加大了政府官员政治竞争，对基层官员来说影响更为明显。举个例子来说，假设地方行政领导每任时间为 5 年，这就意味着一个普通从政者要逐级提升为省部级干部，最快的时间是 20 年，而这个最快时间通常是不会发生的，90% 以上的地方政府官员的晋升时间远不止这些。在这种官员逐级淘汰制度的高压下，地方政府官员为了获得更多的晋升机会，可能会采取"政治寻租"和"跑官买官"的策略。上面所述情形会导致晋升锦标赛对政府官员的激励打折扣。

晋升锦标赛的作用机制可以表示为：在晋升锦标赛模式影响下，上级政府制定一整套考核指标组成的考核体系，通过晋升锦标赛模式激励，影响政府官员的偏好和行为，激励政府官员发展经济，完成上级政府既定目标。

### 三、晋升锦标赛的失效

虽然晋升锦标赛模式在我国有良好的环境开展并实施，但是它并不是"万金油"，在有些情况下也是会失效的。

#### （一）竞争机制扭曲的影响

晋升锦标赛引起各下级政府同级官员之间的竞争，如果不能够公平、公正和公开地实施，评判标准若撇去经济绩效不管，便不能严格按照先前的约定衡量，而是受到人为因素影响，甚至由人为因素决定，例如"跑官要官""关系大于政绩"等，都使得目标评级机制扭曲变形。这种情形类似于体育比赛中的"黑哨"现象，比赛的政府取决于赛场之外的因素，运动员的激励机制被扭曲。过去东北一些地区大面积"买官卖官"现象的滋生，导致地方经济长期萎靡不振，正是晋升锦标赛规则被扭曲的例子。

#### （二）晋升锦标赛参与者的影响

下级政府官员根据锦标赛目标结果导向分析，推测自身晋升无望，因此丧失参与竞赛的热情，只求保住位子，不求晋升发展。官员懒政、怠政，目标导向丧失，晋升锦标赛最终失效。这种情况的发生可能是利益关系人给予的经济贿赂超过政治晋升的诱惑导致，也可能是官员权衡年龄等现实因素之后做出的相对理性选择。2017 年火遍全国的反腐大剧《人民的名义》中光明区区长孙连城就是这种现象的最好刻画。

## 四、晋升锦标赛的扭曲性后果

### （一）"参赛"官员之间私下合作，损害社会整体利益

"不同地区的地方官员不仅在经济上为 GDP 和利税进行竞争，而且同时也在官场上为晋升而竞争。在政治晋升博弈中，给定只有有限数目的人可以获得提升，一个人获得提升将直接降低另一人提升的机会，一人所得构成另一人所失，因此参与人面临的是一个零和博弈。而在正常的经济竞争中，合作使得参与人实现'来自交易的收益'，合作博弈所对应的是一个正和博弈。"上述是周黎安在《经济研究》2004 年第 6 期上发表的《晋升博弈中政府官员的激励与合作——兼论我国地方保护主义和重复建设问题长期存在的原因》中的表述。事实上，不同地区的官员会为了达到目的进行私下合作，或许会两者共同获得政治利益，但损害社会整体利益，或许一方获取政治利益，一方获得经济利益。

### （二）"参赛"官员过度关注政绩工程

晋升锦标赛是通过具体可以衡量的指标来计算各"参赛"官员成绩的，所以地方政府往往会片面追求政绩工程，"为了竞争而竞争"，反而忽略地方真正的发展需要。当下，政府的目标不再是单一的经济增长，而是扩大到社会各方面当中，过度重视某一方面的建设对整个社会的建设反而没有良好促进。陈健在《晋升锦标赛的历史作用与现实局限》一文中指出："特别是由于政府工作的多重目标性，这种偏向带来的问题就会更为严重。例如，政府为了追求 GDP，必然会片面重视那些能带来 GDP 立刻增长的东西，比如基础设施、企业投资增长等，而对社会保障、环境保护等对 GDP 没有显著作用的东西则冷漠对待。"文章所列正是过度关注政绩工程的情形，这反而阻碍社会的整体前进。

### （三）地区间恶性竞争和地区保护主义加剧

晋升锦标赛是上级政府对下级政府的考核和衡量，势必会形成下级平级政府间的相互竞争和利益冲突，甚至会引发恶性竞争，被称为"百年之殇"的津保铁路建设难题正是这种现象的反映。地方政府官员为了获得更多的政

治效益，与相邻地区较劲，导致资源浪费。

这种现象在竞争双方交界处发生的可能性更大。广西为了保护其北部湾地区的几个港口做"大西南的出海口"，在修建高速公路时索性按照先内地、再沿海的顺序修建，导致多处出现断头路，另外，还对依托广东发展起来的东南部地区的民营经济不但不鼓励，反而加以扼杀。

**（四）虚而不实的数据**

晋升锦标赛中，地区官员除了追求 GDP 等指标外，一些地方官员还会进行统计指标数据上的竞争。晋升锦标赛机制下，各级政府对指标数据层层加码，一些地方甚至通过虚报统计数据，或者对地方建设的相关上报数据添油加醋等方式，夸大地方的发展成就，从而为在晋升锦标赛中胜出增加筹码。

# 参考文献

[1] 周黎安. 中国地方官员的晋升锦标赛模式研究 [J]. 经济研究，2007（7）：36-50.

[2] 周黎安. 晋升博弈中政府官员的激励与合作——兼论我国地方保护主义和重复建设问题长期存在的原因 [J]. 经济研究，2004（6）：33-40.

[2] 闫威，杨金兰. 锦标赛理论研究综述 [J]. 华东经济管理，2010（8）：135-138，150.

[3] 葛燕. 地方官员晋升锦标赛及其变异探析 [J]. 领导科学，2009（26）：9-11.

[4] 陈健：晋升锦标赛的历史作用与现实局限 [J]. 广州大学学报（社会科学版），2008（8）：39-43.

[5] 唐志军，向国成，谌莹. 晋升锦标赛与地方政府官员腐败问题的研究 [J]. 上海经济研究，2013（4）：3-12.

[6] 郦水清，陈科霖，田传浩. 中国的地方官员何以晋升：激励与选择 [J]. 甘肃行政学院学报，2017（3）：4-17.

# 胶州市农村改厕工作现状及对策研究

赵小璐 [①]

**摘　要：**农村改厕工作是一项关系到民生的重要问题，近年来已成为各级政府的一项重要工作，对于提高村民卫生素质、减少传染病、改善农村居住环境意义重大。本文以山东省青岛市胶州市农村改厕工作为例，对农村改厕工作的现状进行了研究，并针对存在的问题提出了建设性对策。

**关键词：**农村改厕　现状　对策　胶州

习近平总书记指出，厕所问题是城乡文明建设的重要方面，要把这项工作作为乡村振兴战略的一项具体工作来推进，努力补齐这块影响群众生活品质的短板，要来个"厕所革命"，让农村群众用上卫生的厕所，这在新农村建设中具有标志性意义[1]。

山东省改厕工作自 2014 年启动，2015 年被住建部列为农村无害化卫生厕所改造试点省之一。截至 2016 年 12 月底，全省改造农村无害化卫生厕所401 万户，完成计划任务的 126.7%，环比上涨 3%，17 市均超额完成年度任务，农村厕改现实条件逐渐成熟，厕改模式逐渐形成，农村卫生条件显著改善，农民生活质量明显提高[2]。

胶州市域面积 1324 平方千米，现辖 6 个镇、6 个街道，全市 811 个行政村。2016 年，胶州市迅速掀起"厕所革命"，利用一年时间完成 12 万座厕所改造，基本实现农村无害化卫生厕所全覆盖。2017 年 7 月 31 日至 8 月 4 日，省农村无害化卫生厕所改造联席会议办公室对胶州市农村改厕工作进行考核验收，验收组抽查了胶州市 8 个镇、25 个村庄，确认胶州市农户无害化卫生

---

① 赵小璐（1991—），女，山东青岛人，中国海洋大学 2016 级公共管理专业研究生。

厕所覆盖率为 92.70%，群众满意度为 99.94%，达到全覆盖认定标准。2017年 9 月 24 日，省委书记刘家义向胶州市颁发全省农村无害化卫生厕所全覆盖县奖牌。至此，胶州市正式成为农村改厕全覆盖市，在青岛率先完成农村改厕工作。

## 一、改厕优势

### 1. 政府重视程度高

改厕问题的重要性不言而喻，而且时间紧、任务重，各级领导多次做出重要批示和指示，并实地调研，亲自推动，为推进胶州农村改厕工作指明了方向。

### 2. 基础设施条件较为完善

山东省的农村经过几十年的建设发展，尤其是胶东地区，大都实现电、路、水村村通，特别是水资源的进村入户，使改厕具备了基础条件。

### 3. 户均资金投入低

省财政按照平均每户 300 元的标准进行奖补，市、县级财政原则上要分别按不低于省级资金同等规模进行奖补，每户改造成本不高，多数农户能够承受。

### 4. 群众意愿强

"小厕所，大民生"，改厕与农村居民生活息息相关，其他地区已完成改厕的农户逐渐享受到卫生条件改善的好处，改厕已经形成了正向的社会效应，有利于提高村民改厕的积极性。

### 5. 厕改质量有保证

改厕流程坚持统一设计、统一购料、统一施工、统一验收。县级主管部门根据当地实际提供设计图纸；县（市、区）或镇统一招标采购优良的厕具；以村为单位，认真组织施工；整村改厕完毕，由县（市、区）负责组织验收。严格的流程使厕所质量有了保证。

## 二、主要做法

### 1. 探索建立专业化、模块化、集中化处理的改厕管护模式

一是单户改厕的集中化处理模式。对于离城区、镇驻地、工业集聚区、污水集中处理厂较远的村庄进行单户改厕，利用三格化粪池或双瓮化粪池对粪液进行初步无害化处理，再分类运至镇厕污集中处理点进行资源再利用，或者运至污水处理厂进行集中处理。该模式是胶州市农村改厕的主要管护模式，数量约占改厕总数的 90%。

二是粪污直排的专业化处理模式。对城中村和距离主城区、镇驻地较近的村庄，在村内单户设立沉淀池，将粪液和生活污水通过地下管网纳入市级或镇级污水处理厂，进行集中无害化处理。该模式主要应用于主城区附近及镇驻地附近的村庄，数量约占改厕总数的 5%。

三是联片整治的模块化处理模式。对村内已铺设管网、距离大型污水处理厂较远的村庄，通过管网收集化粪池中的粪液和生活污水，进入区域小集中污水处理厂或污水处理模块进行处理。该模式主要分布于镇区域中心及大沽河沿岸两侧，数量约占改厕总数的 5%。

2. 打造农村厕所智能管理系统

充分利用移动互联网等科技手段，创新打造厕污智能管理系统，以便高效、便捷、准确地管护卫生厕所。村民可直接通过微信、电话、手机软件预约等多种方式向村管理员提出抽厕申请，管理员通过村居端进行上报；物业公司作业端接到村居申请后，制订抽厕计划，及时安排车辆前往现场作业；改厕服务队员严格按照规范工作流程抽取粪液，街道管理中心中控端通过定位车辆轨迹及无线实时视频监控进行全程作业监管，保障服务质量；抽厕完成后，分别由改厕服务队员、农户、村负责人签字确认；抽取的粪液统一送往各镇办粪液集中处理点或污水处理厂进行无害化深度处理。

在厕污集中处理系统配备了先进的水质监测设备，对经过处理的中水进行实时动态检测，以保证科学有效地利用中水，确保效益最大化。同时，委托专业机构制作专门的农村无害化卫生厕所粪液抽取记录填报电子系统，建立全市农村改厕长效管护工作大数据库，生成分析报告，为农村改厕工作科学决策。

### 3. 强化农村改厕综合保障

一是建立管理网络。按照政府主导、村居主体、全民参与的原则，建立政府统一领导、公共财政适当补贴、市场化服务相结合的推进机制。由市建设局牵头，市爱国卫生运动办公室组织，各镇办具体落实，形成"市—镇—村"的管理协调网络，实行"市级协调，镇办落实，村居负责"制度，进行层层落实。

二是配齐无害化处理设施。要求距离主城区较近的 4 个街道集中送市定点处理厂，进行无害化深度处理。其他 8 个镇街分别选取合适地点，根据各自实际建造 1~3 个适度规模的处理点，用于集中深度处理收集的粪液。

三是成立改厕服务队伍。按照市场化服务的原则，各镇街组建农村改厕服务队并进行严格监督和管理，公布农村改厕服务电话，具体承担厕具损坏的维修、粪液清掏和无害化处理。

四是加强资金保障。胶州市出台《关于建立农村改厕工作长效管护工作机制的实施意见》，市财政每年投入 800 万元，用于抽厕补助和厕所维修补助。经测算，每个农户一年抽厕约需 4 次，每次抽厕费用 30 元，其中胶州财政补贴 10 元，镇办财政补贴 10 元，农户个人缴费 10 元。同时，由各镇办进行公开招标，委托物业公司组成专业管理队伍进行管护，每 1500 户配备一辆抽粪车辆以满足抽厕需求。

## 三、存在的问题

### 1. "硬骨头"拖慢进度

一是不愿改的农户遗留多。农村厕所一直给人脏臭的刻板印象，部分农户认为是否改厕对生活影响不大。厕改以后如厕习惯不适应也降低了农户的改厕意愿[3]。二是不好改的农户遗留多。厕改时先易后难，先行改造经验难以奏效，改造难度加大，改厕成本高。三是改厕创新较难。山东省农村厕改开始时间早，在全国属于首批试点省份，缺乏有效的经验借鉴，相关的材料、技术短期内创新困难，在新材料选择、新技术利用、新厕所维护上仍需摸索，改厕工作吸引力不足。

### 2. 进展不平衡拖慢整体进度

改厕进展不平衡，各镇街任务存在明显差异，有的镇街本身改厕任务基数就小，加之经济基础又好，改厕数量大幅超过计划数量。反之，有些镇街改厕基数大，加之经济基础较差，改厕数量勉强完成计划数量。各镇街改厕的不平衡容易导致工作步调难统一、任务安排不协调等现实问题，一定程度阻碍改厕的整体进程。

### 3. 部分镇办急功近利导致后患多

施工质量不高，过程监督较少。厕所改造涉及的农户数量多，过程监督成本较高，监督次数较少，对建设中存在的违规建设、偷工减料等现象难以及时发现和制止。

### 4. 后期维护不到位

一是管护主体不明确。改厕农户遇到问题没有专业人员及时给予解决，农村厕改后由谁服务、如何服务等后序问题尚需明确。二是管护服务业不完善。部分地区还没有建立改厕后的社会化管护机制，厕具维护、粪渣抽取利用等后续工作尚需加强。三是村民卫生意识转变不到位。一些群众还不会正确使用改造后的厕所，由新厕所、旧陋习引发的厕所堵塞、损坏和不卫生现象频发。

### 5. 附带效应不足

农村厕所是农村基础设施的"短板"，按照"木桶原理"，补齐这一"短板"应该会带来多方面共赢，但是实际上由厕所改造带来的农村生活环境改善、乡村旅游发展、卫生水平提升等附带效应显现还较弱[4]。

## 四、对策建议

### 1. 加强各级联动和各部门联动

一是建立自上而下的管理网络。按照政府主导、村居主体、全民参与的原则，建立政府统一领导、公共财政适当补贴、市场化服务相结合的推进机制。由市建设局牵头，市爱卫办组织，各镇办具体落实，形成"市—镇—村"的管理协调网络，实行"市级协调，镇办落实，村居负责"制度，层层落实。

二是加强各部门工作联动。与扶贫工作相结合，农村改厕任务要继续与脱贫攻坚等工作统筹考虑，安排好建档立卡贫困户的改厕任务；与村容村貌整治相结合，把改厕与污水处理、垃圾收集、环境整治等工作一体化推进，使改厕后的长效维护、粪渣利用与垃圾处理等有机结合；与农村传染病抑制相结合，把改厕作为卫生健康的基础建设来抓，有效抑制手足口病和肠道等传染病传播；与美丽乡村建设相结合，立足发展全域旅游，对农家乐、乡村旅游经营点户厕和公厕进行特色化改造。

2. 探索建立长效机制

确立明确的工作目标，按照"专人管理，快速维修，及时抽取，科学利用"的工作目标，成立管理队伍，健全管理网络，明确部门职责，做好改建厕所后续工作，确保厕具坏了有人修、粪液满了有人抽、抽走之后有效用，巩固和扩大农村改厕工作成果，逐步建立起"管、收、用并重，责、权、利一致"的长效管护机制[5]。一是成立改厕服务队伍。按照市场化服务的原则，各镇街组建农村改厕服务队并进行严格监督和管理，公布农村改厕服务电话，具体承担厕具损坏的维修、粪液清掏和无害化处理。二是配齐无害化处理设施。部分镇街建造 1~3 个适度规模的处理点，用于集中深度处理收集的粪液。其他的集中送市定点处理厂，进行无害化深度处理。同时各镇办按市场化的原则，以每 1500 户配备一辆抽粪车辆的要求配齐车辆。三是规范抽厕记录确认。由农户和村负责人通过电话或微信等形式向改厕服务队申请。改厕服务队收到申请后，安排吸污车原则上于当天内完成粪液抽取。现场作业，改厕服务队员严格按照规范工作流程抽取粪液。抽厕完成后，分别由改厕服务队员、农户、村负责人签字确认。抽取的粪液统一送往各镇办粪液集中处理点或市级指定污水处理厂进行无害化深度处理，严禁私自随意倾倒粪液，污染环境。我市委托专业机构制作专门的农村无害化卫生厕所粪液抽取记录填报电子系统，建立全市农村改厕长效管护工作大数据库，生成分析报告，为农村改厕工作科学决策。

### 3. 科技创新，激发活力

一是创新厕改材料。推广使用低成本、便捷的绿色材料，形成市场竞争机制，推动更多质优价廉厕改用具的推广和使用，进一步降低改厕成本。二是创新厕改技术。针对防渗、防冻、防腐、防堵、防臭等问题，积极创新技术。大力推广新型生物处理技术，通过污物自然化解避免环境污染。同时，推广应用电子分解技术、光触媒技术、射线杀菌技术以及便池专用喷香剂等除臭杀菌技术，从源头分解氨类化合物，消除异味，覆盖臭味，杀毒灭菌。三是创新厕改方式。鼓励农户以自备建筑材料或出工等形式参与改厕，降低成本。同时突出厕所人性化，为老年人、残疾人安装坐便器，方便其生活。

## 参考文献

[1] 崔继红，张照录，张录强. 农村生活污染的内在原因与控制策略 [J]. 湖北农业科学，2013（17）：309–312.

[2] 杨谨铭. 山东省农村厕改状况调查研究 [J]. 山东农业科学，2017（7）：155–160.

[3] 李治邦，王先芳. 加快农村改厕推进新农村建设 [J]. 农村经济与科技，2010（5）：50–51.

[4] 张俊哲，梁晓庆. 多中心理论视阈下农村环境污染的有效治理 [J]. 理论探讨，2012（4）：164–167.

[5] 王泽珣，杨正辉，李静. 威海市农村改厕工作现状与对策 [J]. 乡村科技，2017（6）：83–84.

# 浙江特色小镇建设经验与教训对
# 温泉小镇建设的启示

周飞宇 ①

**摘　要：**在经济发展步入新常态的大背景下，浙江以特色小镇建设掀起了新一轮的创新创业热潮，成为转型升级的典范。"他山之石，可以攻玉。"分析总结浙江特色小镇建设的经验和教训，对我们温泉小镇建设具有重要借鉴意义。本文通过对浙江特色小镇建设成功经验的总结和存在问题的分析，对温泉小镇建设定位、规划、功能等方面提出有益的建议和启示。

**关键词：**特色小镇　经验　启示

## 一、浙江特色小镇建设情况

2015 年，李克强总理在政府工作报告中指出，要把"大众创业，万众创新"打造成中国经济继续前行的双引擎之一。在这种大背景下，过去粗放型的区域发展模式难以为继，特色小镇重在引导灵活多样的发展模式，强调因地制宜，重视资源集约，在当前的区域竞争中，有利于形成核心竞争力。

2016 年 7 月，我国住房城乡建设部、国家发展改革委、财政部及各部门联合发布了《关于开展特色小镇培育工作的通知》，目标是到 2020 年，培育 1000 个左右特色小镇，引领带动全国小城镇建设，特色小镇建设在全国范围内正式展开。同年 10 月，中国第一批特色小镇名单正式出炉，这些小镇将成为未来特色小镇领域建设的标杆项目。2017 年 7 月，全国第二批特色小镇名单正式发布，可见特色小镇的建设又取得了新的进展与成效。2017 年

---

① 周飞宇（1989—），女，山东青岛人，中国海洋大学 2016 级公共管理专业研究生。

12 月，《关于规范推进特色小镇和特色小城镇建设的若干意见》正式发布，针对特色小镇建设中暴露出的负面问题，提出相关意见。

近年，特色小镇建设不断升温。事实上，创建特色小镇是浙江省率先提出的，至今已公布了两批共 79 个省级特色小镇创建名单。梦想小镇、云栖小镇、基金小镇、艺尚小镇等一批特而强、聚而合、精而美、活而新的特色小镇苗壮成长，成为加快产业转型升级和推进新型城镇化的有力抓手。2014 年年初，浙江在学习借鉴瑞士达沃斯小镇、美国格林尼治对冲基金小镇等的基础上，开始调研特色小镇建设；10 月，浙江省省长李强在云计算产业生态小镇——云栖小镇举行阿里云开发者大会上，首次提及"特色小镇"。2015 年 1 月，浙江省通过的《政府工作报告》中，"特色小镇"作为关键词被提出；4 月，出台了《关于加快特色小镇规划建设的指导意见》；10 月，出台了《创建导则》。2016 年 1 月，《浙江特色小镇调研报告》先后得到习近平总书记、李克强总理的批示肯定。之后，新闻联播和焦点访谈 3 次予以报道，特色小镇也由此上升到了国家层面，成为供给侧改革的重要载体。

2015 年 6 月，浙江省公布了首批 37 个省级特色小镇创建名单；2016 年 1 月，第二批 42 个省级特色小镇创建名单正式出炉；计划 3 年时间，完成 100 个特色小镇的培育打造。目前已经有 108 个小镇列入省级特色小镇创建名单，64 个小镇列入培育名单。

## 二、浙江特色小镇建设的几点经验

目前，浙江省通过推进特色小镇建设，城镇化发展水平已跃居全国前列，全国千强镇浙江已占 1/3。总结浙江特色小镇的发展思路，为我们提供了成功的经验如下。

### （一）一个特色产业

特色小镇以一个产业为龙头，拉长产业链，做真正的产业集聚。浙江提出，特色小镇必须是产业特色明显、自然资源丰富或历史文化悠久的地区，在全省乃至全国同行业中占有相当大的比重，并将其打造成为产业集中、专业化强、富有特色的地方特色产业集群。同时，注重引进资本、技术改造，不断提高产品档次与竞争力。浙江云栖小镇坚持发展以云计算为代表的信息经济产业，着力打造云生态，大力发展智能硬件产业。目前已经集聚了一大批云计算、大数据、APP开发、游戏和智能硬件领域的企业和团队。

**（二）一个投资主体**

浙江提出，每个特色小镇均应明确投资主体，投资主体可以是国有投资公司、民营企业或混合所有制企业，政府重点做好特色小镇建设的规划引导、资源整合、服务优化、政策完善等工作。因此，在特色小镇建设过程中，坚持"政府搭台、企业唱戏"，政府只提供规划、土地指标、税收返还（有税收才有返还），不但减轻了政府负债压力，也厘清了政府与企业的责任与分工。如杭州西湖云栖小镇以阿里巴巴为战略合作伙伴，打造基于云计算产业的特色小镇；嘉兴海盐核电小镇围绕秦山核电站，与中国核工业集团共建"中国核电城"；衢州龙游红木小镇则由年年红家具（国际）集团公司投资80亿元建设等。这种以企业为投资主体的运作方式，有效解决了融资难的问题。

**（三）一个特定区域**

此次浙江出台的《关于推进特色小镇建设的意见》的最大突破，就是明确了特色小镇既可以设在市区内，也可以依托乡镇传统特色产业设在乡镇工业区或者某行政村里，且面积一般不超过3平方千米，体现了"小而精"的理念。如杭州市9个特色小镇中有5个位于城市区域内，这既有利于提高投资密度，又有利于节省土地资源。相比城镇化的传统理念，重点抓乡镇经济发展，容易忽略城市对城镇化引领带动以及城市产业对农业人口的吸纳作用，如江广融合地区虽属市区范畴，但也可成为城镇化的重要载体与平台。

**（四）市场化运作方式**

特色小镇是具有明确产业定位、文化内涵、旅游功能、社区特征的发展载体，是同业企业协同创新、合作共赢的平台，也是推动经济转型升级、推进创业创新的重要举措[1]。在市场经济体制的背景下，充分发挥市场对资源配置的决定作用，对特色小镇的发展具有关键的意义。浙江明确以市场化运作为主，借助企业招引企业，通过产业集聚产业，政府主要做好规划编制、完善政策、设施配套、评估奖惩等，大部分特色小镇成立了管委会，作为政府的派出机构开展沟通协调与服务，不直接干预企业的市场行为。

### （五）以改革创新为关键

在浙江特色小镇建设中，从规划理念、运营机制到制度供给等每一个环节，都显现着创新的力量。在每一个小镇，无论是信息经济类高新技术产业小镇，还是历史经典产业小镇，都以内嵌的创新元素提升了自身的竞争力[2]。也正是这种无处不在的创新，才使得特色小镇焕发并保持着勃勃生机。例如龙泉青瓷小镇，通过吸引重量级工艺大师入驻，设立一批创作工作室，开办青瓷学院，培养人才、改善工艺、创新产品，构筑起了青瓷产业的创新高地，使"青瓷文化"迸发出强大的经济潜力。同时，浙江还把特色小镇定位为综合改革的试验区：凡是国家的改革试点，特色小镇优先上报；凡是国家和省里先行先试的改革试点，特色小镇优先实施；凡是符合法律要求的改革，允许特色小镇先行突破。

## 三、部分特色小镇存在的问题分析

2016 年年初以来，特色小镇建设的号角吹响，各级政府以及开发商都热烈响应。当前全国层面已经批复第一批 127 个、第二批 276 个共 403 个国家级特色小镇。除此之外，各级政府、部门以及企业还有一大批建设计划。据《华夏时报》报道，截至 2017 年 6 月末，全国计划建设特色小镇的总量已多达五六千个。在这场"大干快上"的特色小镇建设热潮中，却隐隐透露着繁荣背后的危机，从三五年的建设周期来看，随着时间的推移，特色小镇或许会迎来一波烂尾高峰。

2017 年 8 月，浙江省特色小镇规划建设工作现场推进会上公布了对前两批特色小镇创建对象和培育对象的考核结果，78 个省级创建小镇中，6 个被警告，5 个被降格。而 2016 年的考核结果是，37 个特色小镇中，3 个被警告，1 个被降格。这些小镇主要存在以下问题。

### （一）特色定位不准，存在"千镇一面"的现象

有的地方在特色小镇建设中出现一哄而上、"千镇一面"和低水平重复

的现象。有的地方一味复制仿造,搞"大拼盘""大杂烩",特色不明显,缺乏独特性,特色小镇的产业、文化、旅游等功能未能较好地融合发展。一些地方对本地特色产业、资源禀赋、文化遗存等比较优势认识和挖掘不深,不顾发展阶段、经济水平和特色小镇生成与发展的基本规律,所确定的产业和功能脱离实际,在发展模式上简单模仿、生搬硬套。

### (二)地方政府和企业对政策理解存在不同程度的偏差

一些地区将特色小镇概念无限扩大,将一些新规划的农业项目、教育项目、工业项目、安置项目、生态保护项目等都冠以特色小镇的名义;有些地区想借助特色小镇的概念来争取款项改造旧城区;有的地区想借助特色小镇的概念来解决道路交通、污水处理问题;还有些地区急于搞特色小镇,抓住任何一个产业或行业的名字,或某房地产楼盘的名字都直接披上特色小镇的外衣。另外,投资主体对自身定位存在偏差,存在借助"特色小镇"概念"拿钱拿地"的倾向。尤其是一些房地产企业,因为具有投资资金,所以诱导政府合作建设特色小镇,但真实目的可能是要拿地和拿政府贴息贷款,并没有打算对特色小镇的产业、文化、旅游、社区功能进行系统性的投资、运营。

### (三)缺乏产业和资金支撑,特色小镇建设后劲不足

特色小镇建设需要大量的资金支撑。建设资金从何而来,对于地方政府和开发商都是巨大的考验。与建设一个小区或房地产项目不一样的是,特色小镇建设除了要建设单体的建筑之外,可能还要建设道路、管网等基础配套设施,学校医院等公共服务设施,以及办公楼宇、产业园区等产业配套。特色小镇建设面对的是多个项目集群。每个特色小镇建设大约需要新增投资30亿元至50亿元,其中产业投资占比不低于70%。资金实力略差的开发商,面临的压力可想而知。

### (四)特色小镇发展规划有待完善

特色小镇建设规划要与当地生态、文化、产业相结合。有的地方特色小镇规划编制形式较单一,在挖掘村庄自然、历史人文和产业元素方面不到位,没有突出鲜明特色的村庄文化;还有的地方存在重复多次规划,且侧重点各

有不同，实施起来无所适从。

## 四、浙江特色小镇建设对温泉小镇建设的启示

### （一）注重小镇特色，找准定位

最重要的是突出"特"字，要有特色、形成亮点，不能"百镇一面"、同质化竞争。要充分体现温泉小镇周边地区的区位特色、地貌特色、建筑特色、产业特色，做到统筹谋划、有机结合，形成招引项目、集聚人才、吸引资本等高端要素的独特优势。温泉街道拥有的独特海水溴盐温泉，为世界四大海温泉之一，国内唯一，涌泉中心最高温可达 93℃，自涌地面达 60℃，含有 30 多种对人体有益的矿物质和微量元素，对多种疾病均有显著疗效，被誉为"海水温泉""医疗矿泉"，这是温泉小镇最大的亮点和特色，一定要做好温泉水这篇大文章。立足温泉资源基础，打造一个温泉康疗养生核心主导优势产业，延伸温泉健康产业链条，形成大健康产业集聚，提炼温泉及当地文化特色，发展温泉及健康旅游休闲功能，完善小镇社区服务功能，达到国际化温泉小镇的发展水平。

### （二）要注重功能叠加，做到"产城人文"并重

产业、文化、旅游和一定的社区功能叠加，是特色小镇的重要内涵和特点。

首先，以健康和旅游为核心支柱产业。依托当地珍稀的温泉资源以及良好的自然生态，规划建设适合家庭亲子的欢乐型温泉项目以及主题游乐项目，适合老年人和亚健康人群疗养的专业温泉康疗项目，适合都市人群和白领阶层的生态精致型园林温泉项目，以及达到国际标准的海洋疗法基地、森林疗法基地和温泉农业庄园，形成温泉旅游度假健康养生特色小镇，促进第三产业融合发展，打造小镇优美和谐的自然生态。

其次，重视上下游产业链的带动。以温泉健康旅游产业为核心，带动上下游的温泉特色商品设计、生产、销售，以及餐饮、住宿、购物、会议会展、休闲度假、健康养生、温泉农业等特色产业发展，形成温泉产业集聚，带动区域社会经济发展。

再次，文化传承提炼。特色小镇把文化功能作为内核，但不仅仅限于对

传统优秀文化的挖掘，更强调对传统文化的活化利用，赋予其时代精神，形成凝聚特色小镇的新的文化氛围[3]。温泉小镇可以依托即墨当地数千年历史文化，深入挖掘其在我国历史上独有的"温水侯国"温泉文化、驻军文化、农垦文化、海洋文化等以及当地历史民俗，形成本项目独有的、代表当地文化的、以国际化手法表达的、特色的建筑风格风貌，打造小镇独特的文化生态。

最后，不能忽视社区服务功能。不能因为产业是特色小镇的核心就忽视生活、生态方面的功能完善，否则容易造成人口吸引力不足。不能因为关注营利模式就忽视生态保护、资源节约、文化传承等方面，这会影响小镇宜居品质和社区成熟度的长远发展。应充分把握特色小镇建设机遇，在旧城改造、旧村改造、美丽乡村建设等方面可以适当切入。

### （三）要注重项目引进和资金保障

项目是特色小镇的支撑。每个特色小镇3年要完成50亿元的投资目标，需要靠一批大项目、好项目来实现。引进水平高、实力强的央企或国企，作为小镇开发建设的主体，同步参与温泉小镇的规划，实现工作有机无缝衔接和资金、技术、人才、经验等高质量资源引入。要高度重视项目前期和项目落地工作，在充分发挥市场在资源配置中的决定性作用、凸显企业作为项目实施主体地位的同时，政府和部门要做好支持引导和服务保障工作。建议在政府参与的基础上，谋求战略性合作，鼓励国内各类企业、个人及外商，以多种方式参与特色小镇的基础设施建设、房地产建设、配套工程建设，形成特色小镇建设合力和资金的有效保障机制。

### （四）要充分发挥特色小镇的社会效益

要充分发挥特色小镇的社会效益，增加就业和居民收入，不断提升小镇及周边居民的获得感[4]。特色小镇建设者要有一定的社会责任感，让小镇所在地区的农民和村集体参与到小镇建设中，要在社会事业方面确定长期投入机制，切实贯彻执行共享发展理念。可通过土地或资金入股等方式，建立长期有效的开发收益分享机制，可确定一定的收益分红比例用于小镇生态、生活环境的改善，着力打造小镇政府、企业、村民的利益共同体。

## 五、结束语

特色小镇是全面建设小康社会的重要组成部分，也是拉动经济增长、促进供给侧结构性改革、推动产业转型升级的重要动力。同时特色小镇作为新生事物，涉及政策法规、体制改革以及规划本身的技术要求，存在巨大的改进空间。当下借鉴成熟的经验、汲取失败教训很有必要，但是不同地区在社会经济文化等方面存在一定的差异，借鉴的同时还需要通过实践不断地检验与调整。

## 参考文献

[1] 浙江省人民政府．关于加快特色小镇规划建设的指导意见 [Z]. 2015.

[2] 贾淑军．浙江特色小镇建设经验与启示 [N]. 河北日报, 2016-09-07( 10).

[3] 宋维尔，汤欢，应婵丽．浙江特色小镇规划的编制思路与方法初探 [J]. 浙江特色小镇建设专刊，2016（1）：34-38.

[4] 张晓欢．我国特色小镇建设面临的问题及政策建议 [N]. 中国经济时报, 2017-09-14（A05）.

# 网格化管理模式"拿来"问题研究

周　淼①

**摘　要：** 网格化管理模式，是近些年流行在政府管理最前沿的管理模式之一。这种模式的实施，已在全国多地开展并大收成效。然而，类似的管理模式是否适合各类不同的区域，而各行政区域又该怎样因地制宜地完善该模式使其最大程度地发挥其效能，是本文要探索的问题。

**关键词：** 网格化管理　无缝隙　改革

## 一、引言

近些年，在经济飞速发展的带动下，我国的基层格局已发生很大的变化，相应地，滞后的管理手段使我国基层管理中的问题不断凸显，权责交叉，多头执法，乱象丛生。在这样一种背景下，中央急于整合执法主体，使执法权相对集中，推进综合执法，建立权责统一、权威高效的行政执法体制。

网格化管理模式的出现，正是对中央这样一种顶层设计的回应。自 2005 年中央向全国推广网格化经验以来，上海、浙江舟山等网格化管理案例不断涌现，从此，网格化管理模式开始成为全国各地方学习和仿效的新型管理模式。

## 二、网格化是怎样的一种管理模式

网格化管理模式，顾名思义，即将街道辖区划分为一个个网格，每个网格设置管理人员，及时发现问题，通过信息化平台反馈到相关部门，并即时处理。很明显，这种以城区空间、时间全覆盖为原则，实现城市治理网格全覆盖的做法，可以使各个责任网格之间实现无缝衔接，责任更精细，也更明确。同时，现代化信息技术在反馈机制当中的应用，也使原本烦冗僵化的程序变

---

①　周淼（1984—），女，山东青岛人，中国海洋大学 2015 级公共管理专业研究生。

得更简捷高效。

文军曾提出，网格化管理作为一种新型的城市社会管理模式，具有规范、清晰、高效、创新、综合、统一等优点和特征[1]。竺乾威认为，网格化管理的意义在于打破了部门、层级以及职能的边界，提供一种以公众需求为导向的、精细的、个性化的全方位覆盖的公共服务，重塑了公共服务的流程[2]。

以青岛市市北区浮山新区街道的网格化管理为例，该街道将辖区按照一定的标准划分成为若干单元网格，把人、地、物、情、事、组织等内容全部纳入其中，实施精细化、信息化、动态化、扁平化服务管理。在社区层面，以居民社区为单位，将辖区划分为 6 个基准大网格，积极发挥其前端防控的基层防线作用。同时结合居民住宅区、辖区单位分布现状，按照小区界线、楼栋分布，综合考虑区域面积、人口规模、社会治理复杂程度等各类因素，在 6 个基准网格内又细化出 24 个基础子网格和浮山生态园拓展网格。

每个网格设置网格长、网格督导员、网格员。网格员按照统一的工作标准和管理要求，主动巡查发现、接收网格化管理信息系统平台（以下简称平台）推送的网格管理事项，现场核实后视情况确定处置方式，并对办理情况现场核查反馈的政府社会服务管理模式。网格化管理事项是指涉及经济发展、安全生产、城市管理、综合执法、社会治安、信访稳定、城区开发、项目建设、社会保障、市场监管、食品药品安全及医疗卫生、教育、计生、民政等领域的相关信息。网格化管理信息系统是指社区前端管理平台、街道综合管理平台、区级监管服务平台，以及用于上报、接收案件信息的手机终端联网组成的系统。全区分为区级、街道和部门、社区、网格员 4 个管理层级。

巡查内容主要包括：① 网格内居民家庭基本信息，包括信息的采集整理、调查核实、定期更新；② 网格内企事业单位基本信息，重点做好项目开发建设、棚户区改造等区域信息的动态更新；③ 辖区内居民社会保障信息、流动人口信息等情况；④ 网格内安全生产、城市管理、综合执法、社会治安、信访稳定、食品药品安全等重点领域网格管理事项；⑤ 其他需要了解的信息及上级交办事项。

### 三、新鲜的管理模式为社会带来了什么

1. 管理更精细，服务更精准

通过充实网格的工作力量不仅可以及时收集、发现各种信息，而且实现了对管理对象在空间上、时间上的精确定位，有效地避免了管理盲区。"卫生死角及时查、矛盾纠纷及时查、治安隐患及时查、困难群体及时访、重点人员及时访、重点单位及时访、重点区域及时访"的做法，无疑为社区居民带来了福祉。网格员了解网格内各处的常态及动态，居民想反映的问题，不必等待一周才得到处理或答复，也能避免问题长期堆积之后的"运动式管理""突击式管理"。

2. 各部门壁垒被打破，资源得到融合

在网格化管理模式中，城管、安检、环卫、卫计等原本相对独立的部门，可以通过共同的平台，打破界限，实现资源和信息的共享，减少了问题上报的中间环节和管理层级，有效降低管理成本，实现了管理组织的扁平化。同时，管理平台案件办理操作规范明确规定各类案件的责任归属，为各部门厘清责任，避免推诿扯皮、权责不清的状况。这种所谓"乱中有序"的管理模式，为政府主动突破传统的管理手段，成功迈出了第一步。更是政府由"管理型"转向"服务型"的重要节点。

3. 提高城市管理的民主化水平

现代行政管理理论认为，民主是实现政府"善治"的重要基础。传统城市管理模式的一大缺陷是公众意见表达渠道不通畅，造成管理者的行为失准，降低了管理效率，甚至损害了公众利益。网格化城市管理模式的一大特点是沟通渠道的双向性，通过"监督轴心"的纽带作用，实现了市民与政府的良性互动，加速了信息传递，密切了政群关系。市民的问题能够及时传达给管理者，方便了管理者及时采取措施对症下药，同时，市民评价被列为管理者绩效考核的重要指标，提高了管理者的主动性和市民参与管理、协助管理的积极性，形成了一套完整的反馈控制系统，增强了管理的有效性。同时，严格执行考核制度，避免重蹈"形式化"覆辙。众所周知，政府的许多创新项目、

平台都处于烂尾状态，原因在于：第一，项目在开始时总是"一时兴起"，并没有成功经验的借鉴，也没有细致的调研，并不明确到底合宜不合宜。第二，正是因为前期工作不够细致到位，项目可有可无，进行过程中也没有严格把控，以至于不了了之。网格化管理模式在启动之前，已经过严密的调研，经过了市北区几个街道的试点，并且已有浙江舟山、上海、深圳等城市作为成功的经验借鉴。更重要的是，这种行政下沉的模式，是对社会发展趋势的顺应。与此同时，政府建立了严格的监督制度。从责任重大事件数、立案数、事件办结率、办结及时率、一次办结率、转办正确率、疑难事件数、问题发现率、回访满意率等方面入手，严格把控，确保了新模式的行之有效。

4. 壮大服务力量，确保服务质量

实施网格化管理，通过整合社会资源，搭建服务平台，壮大了基层社区管理服务的力量，改变了过去社区居委会"事多人少顾不上"的状况，实现了"被动服务"向"主动服务"的转变。以网格化为基础，引入许多特色服务及特色活动，如，街道通过互联社区信息平台，引进色彩公益、12349便民服务、福山老年公寓送餐服务等政府购买服务。建立网格化综合法律服务站，实施矛盾调处"七诊法"，创立"家居式"人民调解、"联席式"行政调解、"重点式"司法调解的"三式联动"矛盾调处新模式。新鲜的模式使各类矛盾隐患解决在网格内并化解在萌芽状态。在网格内广泛开展"手拉手、建和谐""携手建家园、温暖你我他"这些特色活动，提高了群众参与社会治理的积极性，既加强了基层工作力量，又将各项责任落到实处，真正将"无缝隙"管理落到实处。

### 四、新模式瓶颈及解决途径

#### （一）"拿来"的新型管理模式在应用上的伴生问题

1. 各部门思想意识转换不够

网格化城市管理模式是作为新生事物，新形势、新要求并不能得到全部单位和人员的认可。在科层制政府体制的管理惯性下，新兴管理手段成为一种附属品和选择性产品，而非替代品。可有些人却没有认识到信息化手段在当前及未来管理工作中的重要地位，对改革传统城市管理模式的紧迫性估计不足。甚至还有人对网格化城市管理模式的理解仅停留在卫生管理和治安管理问题上，不清楚网格化城市管理模式能够带来的巨大作用。这些问题不止体现在市民中，也体现在业务部门里。如，城市治理网格化管理信息系统已在全区各街道和有关部门进行了安装调试，并组织了专题业务培训，但是，仍有单位未将自身工作及业务系统与网格化管理建立有效衔接、实施全面融合，未有效形成依靠网格化管理规范流程、提升效率的主动意识。这种观望、敷衍的态度，对新管理模式的推进造成阻滞，这些都是在思想认识上亟待破除的问题。

2. 监管制度的两面性

严格的监管制度一方面对工作人员有督促的作用，另一方面，这种"压力型体制"的产品也在实际管理中造成了不科学的"一刀切"乱象[3]。一些单位为应付考核，筛选立案，对号处置，案件数量不达标，严重影响网格化管理实效。一些单位过于关注考核统计，重排名、轻实效，为增加立案数、提高办结率，对本单位案件采集舍难求易，有的网格员甚至自导自演，致使一些问题上报不及时、监管不到位。

3. 居民认可度不高

居民群众对网格化的知晓率、参与度整体上不高，既不关注，也不了解，有的对网格化持怀疑态度，认为城市治理网格化也是做样子、走过场，利用网格员、通过城市治理 APP 及微信公众号等网格化资源反映、解决问题的全民意识、社会氛围尚未有效形成。同时，由于各部门对一些城市治理 APP、微信公众号等群众反映问题的办理不及时，导致群众回应度还不够高。

（二）突破瓶颈需另辟蹊径

想要突破新型管理模式的瓶颈，并非朝夕之功。首先，各部门各单位改革动力不足，除工作惯性外，更多归结于官僚制养尊处优的体制。当工作业绩和成效跟效益挂钩时，相信改革会实施得更顺畅。其次，实践证明，一刀切的管理制度总有其双面性，往往因为其缺乏科学性、不人性化而备受诟病。

比如，网格化管理考核制度对网格员报件数甚至是巡逻时间做了硬性规定，这正是导致网格员自导自演制造假案件的症结所在。若能多关注治理效果而非方法，相信制度将会更有效，也更有效率。所以，不断完善管理制度，亡羊补牢，为时不晚。至于群众参与度与关注度，其实是政府办事成效的晴雨表。当新的治理模式真的能更好地服务社会，收效甚佳时，不需宣传，社会信任度和满意度自然会提高。

### 五、讨论与结论

本文通过借鉴既有研究，对现有案例做了浅显的剖析。不可否认，新兴的管理模式是对政府固有工作模式的挑战，它打破了沉闷的治理僵局，注入了一股新鲜的活力。但是，不能犯"拿来主义"的错误，生搬硬套只能使工作陷入另一个僵局。要不断地以发展的、自我批评的眼光看问题，才能使管理更人性，也更完善。

## 参考文献

[1] 文军. 从单一被动到多元联动——中国城市网格化社会管理模式的构建与完善 [J]. 学习与探索，2012（2）：25-27.

[2] 竺乾威. 公共服务的流程再造："从无缝隙政府"到"网格化管理" [J]. 公共行政评论，2012（2）：5-10.

[3] 荣敬本，等. 从压力型体制向民主合作体制的转变：县乡两级政治体制改革 [M]. 北京：中央编译出版社，1998.

# 美国地方政府结构形式及借鉴

邹 同[①]

**摘 要**：美国地方政府是一个种类繁多、互不隶属、职能各异的多样化体系，运作中则相应地体现出了服务功能突出、民主参与广泛、高透明度和高效率运作等一系列优点。尽管中美两国在政治社会制度、意识形态和文化传统等方面迥然不同，但美国地方政府的结构形式及体现出的相应特点，在有些方面对我国地方政府体制改革具有较大的借鉴意义。

**关键词**：美国 地方政府 结构 借鉴

## 一、美国地方政府形态及特点

按照美国学者文森特·奥斯特洛姆的阐释，美国地方政府可以定义为：为满足不同利益群体的共同需求而产生、履行各种不同类型的服务、为数众多的地方单位。美国是最典型的联邦制国家。在联邦制框架下，州以下的政府被称为地方政府，美国的地方政府包括县、市、镇、学区和特区五大类政府。每一个县、市、镇、学区或特区都形成一个政府个体。美国地方政府素有自治的传统，在单一制的框架内，地方政府也有一定的自治权。

### （一）基本形态

（1）县政府。县是州设立的最大分治区，通常具有最宽泛的责任。其职责包括福利，环保，司法，执法，登记土地、出生和死亡，举办选举，等等。美国除了康涅狄格和罗得岛州之外的所有各州都设置县或相当于县的单位[1]。县通常是地方政府中最具包容性的单位，美国人口中的 89% 是由县级政府提供服务的。

---

① 邹同（1991—），山东烟台人，中国海洋大学 2016 级公共管理专业研究生。

（2）市政府。美国市政府的组织形式与县政府类似，呈现出多样化，主要有三种：①市长－议会制，这种体制以分权为原则，市长行使行政权，市议会行使立法权，这种体制内部有强市长和弱市长两种不同类型。②市议会－经理制，小城市较多地实行这种市政体制，市议会行使议决权，并公开聘任一位专家任市经理，授予市经理统一指挥市政府工作的全权，包括独立任免政府部门首长的权力。市议会议长兼市长，但只有礼仪性的职权。③市委员会制，市委员组成市委员会，市委员会既是议会又是政府，每位委员既是议员又兼任若干个政府部门的首长，委员会推选其中一位主持会议，他就是市长，若轮流主持，市长就轮流担任[2]。市长没有否决权，只有一些礼仪性的职权。

（3）乡镇政府。美国除县和市以外，各州设有更小的行政单位，这些单位的名称各州很不相同，如乡、镇、村镇等。即使同一个名称，其实际设立标准、法律地位、行政职能各州也不同。所谓"更小"是就规模而言。在一个县的地域内，可能存在市、镇、乡或村镇；在一个市的范围内，也可能存在县、镇、乡或村镇。这些行政区域都是州的更小分治单位，是由州政府创设的，而不是由市或县创设的。它们虽然处于某个县或市的地域内，却并不意味着它们在行政上归某个县或市管辖。

（4）特别区。特别区是美国政治体制的一个独有现象，名目繁多，形式多样，名称也千差万别。这种形态的地方政府，其服务范围和服务领域是受限制的，行使较为单一的政府职能。特别区的数量一直呈增长趋势，其中91%的特别区属于单一功能区，9%的特别区属于多功能区。因其设立目的不同，分别主要承担诸如消防、城市供水、自然资源开发、住房与社区发展等等之类的单一功能，但越来越多的特区也依法被赋予了向辖区居民提供由一般政府提供的公共物品和综合性公共服务的功能。

（5）学区。美国的学区是占比例较大、也是最普遍的特别区。它是专管学校教育工作的政府机构，一般一个市或几个小市设一个学区，负责制定教学大纲、聘用教师、维护教室、购买教具、学校管理等工作。学区的领导机构由选民直接选举产生，资金则来自地方政府的税收、州政府和联邦政府的转移支付、民间机构的捐赠等，其中州政府和联邦政府的转移支付所占比重很大。

**（二）基本特点**

（1）美国地方政府四大类地方政府是相互独立、自治的机构。它们之间互不隶属，没有行政层级关系。分工合作、独立运行的行政执行系统和单一制国家不同，美国联邦的法律和政策不是通过州和地方政府层层贯彻执行的，而是由联邦政府设立自己的独立机构负责执行的。这样在美国，联邦和州有着各自互不隶属、各自独立的行政执行系统。各个行政系统之间互不隶属，各自独立地服从、服务于自己的立法机构，服从、服务于自己的公共政策目标。在这种体制下，州和地方政府及其行政机构对联邦的法律只有不违反、不抵触、不越权的义务，而没有直接执行的职责。联邦法律由联邦机构负责执行[3]。这种体制的设计是建立在联邦与州的冲突假定基础上的，最大的优点是能够保证联邦的法律在全国一体遵行，不受州的利益左右。

（2）美国地方政府的形成基础方面，都是以满足不同的利益团体的特定需要为逻辑前提而形成的。和我国不同的是，美国各州不仅仅设置市、县、乡镇一类的一般目的的政府，而且都设有特别目的区。县和镇这一类地方政府，形成的历史较长，是一定区域内居民自我治理的基本单位，也是选区划分、司法机构设置和联邦及州政府行政管理活动延伸的基本单位。而市作为和县、镇同属"一般目的"政府的地方政府形式，"通常是为服务于其居民的特殊需求而设计的自主治理机构，并且通常是由那些有意合并成为自治市的部分当地人发起创立的"。而特别区政府，更是一部分团体和居民因某种共同利益而发起组建而成。

（3）美国地方政府的基本职能方面，普遍以提供公共产品和服务为基本职能，并不介入微观经济活动。地方政府通过社区调查、客户问卷、联系走访等方式了解公众需求后为公众量身定做个性化服务，同时建立电子政务反馈机制。如此，便能够在第一时间接收到公众对政府服务的反馈意见。地方政府在提供公共产品和服务时，会在充分遵循市场经济机制的基础上确认政府作为组织、协调和管理者而非单一服务提供者的角色，通过多种合作方式，如制定税收政策、财政补贴、特许经营、合同承包、股权投资、代用券或凭单制度等，力求为公众提供尽善尽美的服务。

（4）美国地方政府的组织运行方面，美国联邦政府和州政府为了强化地方政府的自主性管理责任，逐步将部分公共管理和公共服务的实权下放地方政府，让地方政府承担更多管理与服务成本。尤为突出的一点是把权力尽量下放到基层机构及主管人员手中，这样可使得基层机构和管理人员能够及时决策并快速处理紧急问题。同时，一些具体的社区事务管理权可直接授予社区组织，让社区居民普遍参与社区管理。这样更能够根据社区居民自己的需求开展不同的社区活动，以此满足不同的利益需求。地方政府注重和鼓励扶持社区的民间组织，除了在税收、费用等方面给予减免外，还会拨出一定经费，对专项活动和项目进行扶持以鼓励民间组织快速发展。

## 二、我国地方政府的结构体系

### （一）我国现行省—市—县—乡四级行政管理体制

在民主集中制下，按照宪法规定，我国的行政层级分省、县（自治县、市）、乡（民族乡、镇）三级，但现行行政层级则由省、市、县（县级市）、乡（镇）四级组成。地方政府主要有两方面职责：首先，地方各级人民政府作为当地国家权力机关的执行机关，接受当地人大及其常委会的领导监督，并对其负责；其次，作为下级行政机关，接受中央和上级行政机关的领导监督，并对其负责。作为后一种身份，除完成中央与上级人民政府布置的工作外，还代表中央和上级人民政府负责协调和监督中央和上级政府在其辖区所设置的行政机构的活动。

### （二）我国地方政府的类型

从横向结构而言，我国目前存在着四种类型的地方政府：第一，地域型地方政府，这类地方政府的设置目的单纯为了一般地域管理的需要，如省、县、乡；第二，民族区域型地方政府，这类地方政府的设置目的是为了各民

族的团结和对少数民族地区实行特殊管理，如自治区、自治州、自治县；第
三，城镇型地方政府，这类地方政府的设置目的是为了人口密集的城镇地区
实行专门管理，如直辖市、地级市、县级市、镇；第四，特殊类型的地方政府，
这类地方政府的设置目的是因时因地为满足某一特殊管理的需要，如特别行
政区等。

### （三）我国地方政府的特点

（1）我国现行的行政体制是集权制行政体制，行政权力大多集中于中
央政府，地方政府隶属于中央政府，是中央政府的执行机关，地方政府的行
政行为须依照中央政府的指示办理，且地方各级政府也存在着隶属上级地方
政府的权力关系。这种行政体制有着优点的同时，也存在权力集中、不宜发
挥地方政府的积极性等缺点。随着社会主义市场经济的发展及日趋完善，社
会民主政治的推进，我国现行的行政管理体制的弊端也暴露出来，如权力过
分集中、官僚主义、职责不清等。

（2）我国行政执行过程中，存在着"上有政策，下有对策""有令不行，
有禁不止"的现象，产生这种现象的主要原因：一是上下级政府之间的利益
冲突，如果下级政府执行政策则损害自身地区、部门的利益；二是行政监督
体制不够健全完善；三是部分行政官员的素质不高，存在"官老爷"思想，
执行力不足。综合产生这种现象的各种原因，其中根本的原因是中央政府的
政策是通过各级地方政府来执行的。下级政府在执行过程中如与中央政府利
益一致则行政执行成本低、效率高；如利益不一致，则容易产生利益冲突，"执
行难"，执行力不足。不解决此问题，其他的措施效果就都不够明显。我国
的行政执行体系设计可以考虑借鉴美国的行政执行模式，根据行政执行事项
的性质和特点，分类设计执行体系：对于属于中央政府专有的职权且与地方
利益有明显冲突的事项，应由中央政府建立独立的垂直的执行体系，保证政
策政令的执行，做到令行禁止；对于属于中央与地方共享的职权事项，则保
留中央地方政府执行与中央政府专门监督相结合的行政执行体制。

### 三、美国地方政府结构形式的借鉴

第一，减少管理层次，解决职能分散问题。我国地方政府管理层次过多，近几年来，不少城市希望从形式上压缩政府层级，因此大量设立不是一级政府的派出机构。管理层次多，机构和人员都会增多，这是我国机构、人员编制不断膨胀的主要原因；管理层次多，信息传递容易失真，这是政策执行经常走样变形的主要原因[4]。政府的"声音"应该是一致、真实、确定、清晰的，而要达到这个要求，必须减少管理层次，让法规政策和相关信息能直接快速传达至市民，尽量减少信息传递过程中的失真。

第二，缩小管理范围，解决职能过多问题。举例说明，美国洛杉矶郡的土地面积与我国珠三角地区的深圳、惠州相当。但是洛杉矶郡有 88 个城市，而我们相同地域中只有深圳、惠州两个城市。珠三角地区土地面积 41 698 平方千米，是洛杉矶郡的 3.4 倍，但只有 9 个城市。管理范围大，工作量则大，特别是在转型时期，外来人口大量迁入，社会矛盾量多并尖锐，政府只能忙于应付工作，很难在精细管理方面下功夫。管理范围大，不同群体的差异大，诉求多，不容易达成共识。

第三，明确职责范围，解决职能重复问题。美国各级政府之间主要是法律和服务关系，各司其职，比较好地解决了职能重复问题。我国各级政府是直接的行政领导和指挥关系，上级政府可以对下级政府提出各种要求和指示，可以直接分配工作任务，包括没有计划的临时任务，甚至可以直接插手下级政府的工作。这种工作方式的后果是，上级下指示，中间"二传手"，基层忙应付。无论本地是否需要，都忙于同一个事项，同一件工作。重复劳动，耗费时间，浪费精力。要解决这个问题，必须明确职责，依法行政，把各级政府的权力、职能、关系等，用法律进行确定，防止法律之外的各种乱作为。党的十八届四中全会通过《中共中央关于全面推进依法治国若干重大问题的决定》，要求完善行政组织和行政程序法律制度，推进机构、职能、权限、程序、责任法定化。坚持法定职责必须为，法无授权不可为。推行政府权力清单制度，坚决消除权力设租寻租空间。

第四，借鉴"新公共管理"理念推进政府体制改革，努力引进成本收益观念和思维，通过系统的改革措施提高政府效率。我国地方政府普遍存在体制僵化、管理粗放、成本高昂等问题，在行政改革中适当强化企业化导向，建立科学的行政绩效评估机制，可以促使各级行政官员树立严格的行政效率和效益意识，通过优化内部结构、健全规章制度、落实责任义务等方面的努力，切实遏制地方政府管理活动的浪费和腐败现象，有效降低地方行政成本，在促进其职能转变的基础上实现廉洁高效。

第五，在促进地方自主治理的基础上引导地方政府的适当分立和跨区划合并，并推动政府间的多种形式合作，有效降低地方政府竞争的负面影响。改革开放以来，我国地方政府竞争的范围和强度呈现出不断增大的趋势，尽管带来了一些正面效应，如促使地方政府优化行政环境、改善管理机制并提高行政效率、促进辖区内商务成本的降低等等，但是消极影响也越来越彰显出来，主要表现为形成地方保护主义、盲目投资和重复建设、环境遭到严重破坏等，而且还造成了"行政区经济"现象，制约了区域经济一体化。有效规范地方政府竞争，一个重要思路就是构建经济区内的政府合作的科学形式和方式，如可以效仿美国那样成立地区规划理事会或政府理事会等跨政区合作组织；同时，可以在条件成熟时促进经济区内地方政府的合并。对于地方政府辖区过大、权力过于集中的问题，则可以以公民需要和市场引导为动力，逐步推动地方政府的细化和分立。

# 参考文献

[1] 史航. 美国地方政府的结构体系及对我国的借鉴意义 [J]. 山西青年，2013（20）：190-191.

[2] 刘香. 美国地方政府的设置以及对中国的启示 [D].

[3] 朱全宝. 论美国地方政府的体制模式及借鉴 [J]. 理论界，2009（7）：191-192.

[4] 袁晓江. 美国洛杉矶地方政府职能探析与借鉴 [J]. 行政管理改革，2015（4）：75-80.

# 行政复议调解的正当性及制度建构探析
## ——基于地方银行监管工作实际

侯原园①

**摘 要：** 随着社会的不断发展，不同个体之间的价值取向多极化发展，也带来了更加频繁的矛盾冲突。行政复议能够以较为低廉的成本，起到审查行政行为合法性和合适性的作用，又能够较为方便快捷地解决纠纷，因此具有相当重要的现实意义。在行政复议制度中引入调解，能够为行政复议参与各方提供一个协商的平台，使矛盾各方更加充分地表达利益诉求，更加有利于找对问题关键症结并有针对性地予以解决，最终促使各方达成合意，起到维护实质正义的作用，做到"案结事了"。本文分理论正当性和现实需求两个方面，从自由裁量理论、行政契约理论等方面论证了行政复议调解制度的理论正当性，引入博弈模型分析了行政复议调解的现实优越性，最后结合监管工作实际提出行政复议制度的建构建议。

**关键词：** 行政复议调解 行政契约 自由裁量 银行监管

## 一、概述

### （一）研究背景

随着法治社会进程的不断推进和经济发展水平的提升，个体之间的价值观念和价值取向不断趋向多元化，也导致了社会矛盾突出的问题。银行业作为服务行业的本质和经营流程必须严谨的特质使得银行业服务中的矛盾更加突出，也给监管工作带来更大应对压力。行政复议能够以较为低廉的成本，

---

① 侯原园（1991—），女，山东菏泽人，中国海洋大学2015级公共管理专业研究生。

起到审查行政行为合法性和合适性的作用，又能够较为方便快捷地解决纠纷，因此具有重要的现实意义。

在传统的公法学界，基于公权力不可处分的理论基础，行政复议不可以采用调解的方式结案，但近年来行政契约理论、自由裁量权理论等的兴起，为调解结案奠定了一定的理论基础。另外，现代社会关系愈发复杂，利益集团呈现多极化发展的倾向，行政复议其他结案方式不利于充分表达利益诉求，程序严格、成本高昂，为行政复议调解制度的出现奠定了现实需求基础。《中华人民共和国行政复议法实施条例》中增加了调解这种方式是顺应理论的发展趋势，也是对于现实需求的一种呼应。本文拟从理论基础和现实需求两个方面论证行政复议调解的正当性，适当参照行政诉讼调解、行政调解等制度和部分国外做法，结合监管工作实际，提出行政复议调解制度的基本架构。

（二）基本概念

1. 行政复议的界定

关于行政复议的概念在学界存在不同意见，例如，关保英教授在其《行政法教科书之总论》对行政复议的定义是"在政府行政系统的某些机构主持下解决行政争议的活动"[①]，张越教授在其著述《行政复议法学》中将之界定为"行政复议是指公民、法人或者其他组织等行政相对人，不服行政主体做出的具体行政行为，认为该行为侵犯其合法权益，按照法定的程序和条件，向做出该行为的上一级行政机关或者法律、法规规定的行政机关提出申请，由受理该申请的行政机关依照法定程序和权限，对引起争议的原具体行政行为的合法性和适当性进行全面审查并做出决定的活动"[②]。《中华人民共和国行政复议法》对行政复议的定义是"行政复议是指公民、法人或者其他组织认为行政行为侵犯其合法权益，向法定的行政机关提出行政复议申请，受理行政复议申请的行政机关对该行政行为进行审查并做出相应决定的活动及其过程"。可以看出，无论哪一种定义方式，都认为行政复议兼具维护行政

---

① 关保英：《行政法教科书之总论行政法》，中国政法大学出版社，2005 年版。

② 张越：《行政复议法学》，中国法制出版社，2007 年版。

相对人利益和审查具体行政行为两种功能。本文将采用《中华人民共和国行政复议法》对行政复议的定义，行政复议具有监督性、准司法性和层级性的特征，下文将以此为逻辑根据开展论述。

2. 调解的概念

《现代汉语词典》和《辞海》中"调解"词条的解释分别是"劝说双方消除纠纷，我国通常解释为由第三者主持，以国家法律、法规、规章和政策以及社会公德为依据，对纠纷双方进行斡旋、劝说，促使他们互相谅解、进行协商，自愿达成协议，消除纠纷的活动""通过说服教育和劝导协商，在查明事实、分清是非和双方当事人自愿的基础上达成协议，解决争议。在我国，是处理民事案件、部分行政案件、轻微刑事案件的一种重要方法"。这两种解释都认同调解是在中立第三方的主持下解决争议的过程，最终以协议的方式消除纠纷、了结此项活动，并且具有自愿的特性。

3. 行政复议调解

行政复议调解应当是在有权行政机关的主持下，复议双方就有关争议进行协商，最终解决争议，自愿达成协议，从而终结复议的活动。行政复议调解是在行政机关主持下，参与各方利益博弈的过程，是一种结案方式，最终形成的调解协议应当具有强制效力。

## 二、行政复议调解之理论正当性

### （一）自由裁量权理论与行政复议不得调解理论的解构

在传统法学理论中，公法领域抵触用调解作为解决纠纷的方式 [1]，因为调解是矛盾各方的利益博弈，其中势必涉及行政机关的让步或其他处理，这就意味着行政机关需要对行政权力进行处分。而传统行政法学认为，行政机关不得对行政权力进行处分，"行政权的人民本位是指行政权的本位最终在

---

[1] 参见叶必丰：《行政法学》，武汉大学出版社，2003年版，第12页，"行政法主体一般不得处分其权利，只有相对人能依法抛弃某些权利，行政法权利的处分是非常有限的。行政法律关系的这一特点，决定了行政纠纷的不可调解性，并区别于民事法律关系和宪法关系"。应松年教授则认为这一主张的主要理论根据是"行政权不得处分原理"，参见应松年：《行政法与行政诉讼法学》，法律出版社，2005年版。

人民一方的行政本位理论。依据该理论，国家权力和属于国家权力之一的行政权力都是人民为了一定的目的而从基本人权中派生出来的一种权力"①，也就是说行政权力是由人民代表大会及其常务委员会赋予的，根源于人民，是人民对自身私权的让渡（这也符合《社会契约论》的理论）。既然行政权力并非行政主体自身固有的权力，那么自然没有处分权，因而无法进行调解。这一理论的基本假设是，拥有一定的处分权是使用调解方式结案的前提，调解中行政机关的妥协行为本身是对于公权力的处分。而本文认为将调解过程中的妥协行为全部认为是对公权力的处分显然过于严苛。对公权力的处分应当是指不可随意放弃或扩大法律授予的行政职权，不得改变行使行政职权的内容、程序、方式等。调解本身是针对相当具体的现实问题的利益博弈，这种博弈可能完全在行政机关职权范围之内。我们应当认识到，法律不可能穷尽所有现实情景，从监管实际来讲，也存在相当多的行为、概念需要阐释，对法律事实的认定也往往需要执法者依据自身经验学识去判断，几乎每一个行政行为都包含了执法者个人的意志判断［例如：《个人贷款管理暂行办法》第四十二条规定"贷款人有下列情形之一的，中国银行业监督管理委员会除按本办法第四十一条采取监管措施外，还可根据《中华人民共和国银行业监督管理法》第四十六条、第四十八条规定对其进行处罚：……（七）对借款人违背借款合同约定的行为应发现而未发现，或虽发现但未采取有效措施的"，而何种行为属于"应发现而未发现"，其中存在着相当大的自由裁量行为。理论上银行应当对借款人所有违背合同的行为具有敏感性，但实际上由于商务活动的复杂性、监测手段的有效性等，某些情况确实存在调查难度，如何判断"应发现"也与监管人员主观判断有着密切关系］，这同样也是自由裁量权广泛存在的现实基础。只要是在法律授权范围内依照法定程序行使权力，就不应当认为是对法定权力的放弃或变更。因此，在行政复议调解中，在法律授权范围内的妥协不能视为对公权力的处分。

---

① 杨海坤，关保英：《行政法服务论的逻辑结构》，中国政法大学出版社，2002 年版。

实际上自由裁量权是普遍存在的。随着社会的不断发展，社会关系不断向复杂化发展，需要管理的社会事务不断增加，社会事务复杂性和易变性也不断增加。这就要求政府不能仅仅充当"守夜人"的角色，而必须承担更多的社会管理责任，为了更加有效率地处理社会事务，同时在纷繁复杂的现实情况中，实现实质正义和个案正义，就必须赋予行政人员便宜行事的权力，因此现代行政法学在传统行政法学的基础上发展出了自由裁量理论。王名扬教授认为："近代行政的特点是行政职务和行政权力的扩张，行政权力扩张的明显表现是行政机关行使广泛的自由裁量权力。"立法机关赋予了行政人员便宜行事的权力，即是承认了行政人员在法律的框架内对自己所有的行政权力有一定的处分权，这也是行政复议案件得以调解结案的实质正当性基础。

## （二）行政契约理论与行政复议调解的程序正当性

契约原本是私法领域中的概念，一般是指两人以上基于合意签订的，以发生、变更、担保或消灭某种法律关系为目的的协议，受到行政民主化思潮的影响，逐步扩展到行政领域。根据社会契约理论，政府权力来源于公民对自身私权的让渡，政府行使权力应当以实现公众利益最大化为核心追求，公民本位是施政的指导性原则。在这种理论指引下，民主行政逐步开始流行，行政领域不再仅仅包括传统的高位行政，公民个体与政府在法律上的地位逐步趋于平等，为协商行政和订立行政契约奠定了基础[①]。由于订立契约的基础是充分的协商，"协商的实质就是自由合意，是保证行政契约这种行政法上的行为方式本质上符合契约根本属性的重要制度与措施"[②]，王锡锌教授认为协商有助于更好地实现公民利益："在以协商、妥协、和解为特征的参与形式中，当事人不仅获得了程序上的参与，而且可以对结果施加实质性的影响。这种参与不仅具有过程控制的作用，而且可体现结果控制的作用[③]。"本文认为，行政复议调解最终结果是调解参与方在充分的博弈后，

---

① 地位相对平等是订立契约的基本前提，余凌云教授在《行政契约论》中也以此为逻辑基础开展论述。

② 余凌云：《行政契约论》，中国人民大学出版社，2006 年版。

③ 王锡锌：《公众参与和行政过程——一个理念和制度分析的框架》，中国民主法制出版社，2007 年版。

达成的调解协议，协议具有发生、变更和消灭行政法律关系的作用，可以认为是行政契约。

在充分协商基础上订立的行政契约有助于实现社会实质正义，正如英国法律史学家亨利·梅因爵士所讲："所有进步社会的运动，都是一个'从身份到契约'的运动。"对公民意思的充分考虑有助于真正实现定纷止争。我国台湾地区学者陈春生认为："增加行政与相对人合作——可减少因法规范之不确定概念带来法不安定性，同时亦使避免潜在之冲突，降低事后法律争执之可能性。"① 因此公众参与对于消除行政法律关系主体双方的分歧和冲突有着积极意义，"因为各方一旦能够参与到程序中来，就更易于接受裁判结果；尽管他们有可能不赞成判断的内容，但他们却更有可能服从它们"②， 证明了行政复议调解在程序上的正当性。

### 三、行政复议调解制度的构建

#### （一）行政复议的启动

启动是行政复议程序的起点。《中华人民共和国行政复议法实施条例》第五十条规定"有下列情形之一的，行政复议机关可以按照自愿、合法的原则进行调解：（一）公民、法人或者其他组织对行政机关行使法律、法规规定的自由裁量权作出的具体行政行为不服申请行政复议的；（二）当事人之间的行政赔偿或者行政补偿纠纷"，仅规定了行政复议调解适用的情形，对于何种情况下可以启动行政复议申请无明确规定。本文认为，根据第五十条的"自愿原则"，行政复议的启动条件应当是主动申请，申请人应当是可以行政复议的任何参与方，但是应当获得全部行政复议参与方的同意，方能进入调解程序。因为调解程序具有一定的随意性，调解结果相当多样，这样设定的主要目的是为了保护公民、法人或其他组织的权益。如前所述，公民法律地位的提升催生了调解程序的出现，但是应当考虑到个体公民在庞大的政

① 陈春生：《行政法之学理与体系——行政行为形式论》，三民书局，1996 年版，第 33 页。
② Michael Dayles: Principles of Law, Reidel Publishing Company，1987 版。

府面前仍然有着天然的弱势性的客观现实，行政复议作为一种准司法行为，具有纠正行政错误的功能，如果不经行政相对人同意而进入调解程序，这种作用也将大打折扣。

### （二）行政复议调解范围

依据《中华人民共和国行政复议法实施条例》第五十条，可以调解的行政复议案件包括"行政机关行使法律规定的自由裁量权做出的具体行政行为"和"行政赔偿或者行政补偿"。在实际监管工作中，日常采用频率较高的行为方式包括行政许可、行政裁决、行政处罚或行政强制。

#### 1. 行政赔偿或行政补偿

"国家机关和国家机关工作人员违法行使职权侵犯公民、法人和其他组织的合法权益造成损害的，受害人有依照本法取得国家赔偿的权利"[1]，"行政补偿争议是指国家对行政机关及其工作人员在行使职权过程中因合法行为损害公民、法人或者其他组织合法权益而采取的补救措施"[2]。行政赔偿或行政补偿是基于处分当事人的财产权利，这种权利属于私权范畴，具有可处分的性质，只需双方达成合意即可。因此，行政赔偿和行政补偿可以采用调解的方式结案。

#### 2. 行政许可

行政许可是指行政机关根据公民、法人或其他组织的申请，经依法审查，准予其从事特定活动行为[3]。在监管工作中主要是向金融机构颁发经营牌照或授予高级管理人员资格的行为。本文认为行政许可行为是依照法定权限法定程序开展的行政行为，即便在资格审核过程中对认定条件存有分歧，其自由裁量权限并不大，并且行政许可行为的后果简单，只有"通过"或"不通过"两种，因此为了更好地行使职责、维护行政相对人利益，不宜采取调解方式。

---

① 《中华人民共和国行政赔偿法》第二条。

② 朱维究，王成栋：《一般行政法原理》，高等教育出版社，2005 年版。

③ 《中华人民共和国行政许可法》第二条。

### 3. 行政处罚和行政强制

行政处罚和行政强制在监管实务中自由裁量范围最广。以行政处罚为例，从罚款到吊销营业执照均属于可采取的行政处罚种类，并且目前银行业监管法规对于违法违规行为的处罚规定不够明细，自由裁量权相当大 ①。但是，行政处罚和行政强制显然涉及行政权力的处分 ②，根据公权力不可随意处分理论，不适合采取调解的方式。

### 4. 行政不作为案件

在监管实际中可能存在部分依申请的政府信息公开、信访投诉等案件以行政不作为的理由被申请复议，这种情况尽管不属于条例范围之内，本文仍然认为可以视情况采用调解。如果被复议的不作为行为不涉及被复议机关主动放弃行政职权，而只是基于自由裁量权做出不作为的行为，即可进行调解。

### （三）调解的组织形式

行政复议调解制度发生在行政复议过程中，由行政复议机关主导，因此行政复议机关是调解的主持人，当然也是调解主体。为保证行政相对人的权益得到充分的考虑，调解主持人应当忠实地反映行政相对人的利益诉求和被复议机关在做出具体行政行为时的考量，尽可能地弱化调解主持人作为上级行政机关的职权。调解主持人应当提供程序和法律方面的保障，创造尽可能宽松的环境，让复议当事人有空间进行充分的协商，最大化地实现信息对称，

---

① 仍以《个人贷款管理暂行办法》第四十二条为例，该条规定"贷款人有下列情形之一的，中国银行业监督管理委员会除按本办法第四十一条采取监管措施外，还可根据《中华人民共和国银行业监督管理法》第四十六条、第四十八条规定对其进行处罚：……"，其中《中华人民共和国银行业监督管理法》第四十六条规定的处罚方式为二十万元以上五十万元以下罚款，第四十八条规定的处罚方式包括了警告、罚款、取消任职资格、限制从业等多种处罚方式，对于适用情形则只有简单的"还可以区别不同情形"。

② 本人认为即使是罚款数额的大小问题也涉及对行政权力的处分。例如《中华人民共和国银行业监督管理法》第四十六条罚款数额可以在二十万元以上五十万元以下，虽然行政处罚类型均为罚款，但是数额不同意味着情节轻重不同，对于某种违法行为应当罚款多少，减轻从轻的情况下可以减少多少均无一定的标准，而判断是减轻还是从轻已经超出了一般的自由裁量范围，涉及对核心的行政权力的处分。

以保证当事人确实能够形成合意。为了确保主持人的中立立场，本文建议建立专门的调解专员或调解委员会机制，同时明确调解专员不能提供调解建议或做出裁判①，以保证"组织和主持双方当事人开展协商对话，并以中立、客观和专业的立场判断双方所提事实证据的真实性、合法性和关联性，以及所提法律意见的准确性，说服、劝导双方认可、接受对方所提正确的事实证据和法律意见，从而最终达成共识"②。

### （四）调解协议效力及救济途径

#### 1. 行政复议调解协议的有效要件

如前所述，行政复议调解协议的性质上应当属于行政契约，行政契约同样属于契约，具备契约所有的属性，也必须具备一定的要件才能生效。根据前面对行政复议调解的概念分析、行政复议调解制度存在的理论基础等，本文认为调解协议至少应满足以下条件才能有效：一是调解必须发生在行政复议过程中，即提起行政复议申请后、做出复议决定前。二是调解必须遵循资源原则，即协议应当受到行政复议参与各方的认可，如果任意一方受到欺诈、胁迫或乘人之危做出的意思表示，该复议协议应当认为无效。三是调解协议必须合法，如果调解协议违背法律或其他强制性规范、损害了公共利益和第三人利益，则应被认定为无效。四是调解协议的各方应当是行政主体和行政相对人的关系。五是调解协议各方应当具有对权利或权力的处分权，如果不具备则应认为调解协议无效，对于代理人参与调解的，应当审查代理人的代理权限，如果代理权限不足则应认为调解协议无效③。

---

① 此处借鉴了法国调解专员和美国和解法官制度。根据王明扬教授《法国行政法》（中国政法大学出版社，1998 年版），法国行政系统内设调解专员，可以起到对行政争议的救济作用，调解专员享有调查权、调停权、建议权、报告权、命令权、追诉权和促进行政改革权。王锡锌教授在其著述《公众参与和行政过程——一个理念和制度分析的框架》中提到，美国行政程序中设有主持和解的和解法官，和解法官不享有强制性的行政权力，其作用主要体现在为当事人达成和解协议提供咨询、建议等方面。

② 叶必丰：《行政和解和调解：基于公众参与和诚实信用》，政治与法律，2008 年，第 5 期。

③ 此处借鉴了民法上无效和可撤销的民事行为概念，参见王黎明：《民法》，中国人民大学法学出版社，2014 年版。

## 2. 法律救济方式

在调解协议无效或可撤销的情况，应当给予更多的救济途径。本文认为可以通过行政和司法两种途径给予救济。行政途径，即可以由上级行政机关确认协议效力，我国行政体制下，上级行政机关当然地对下一级行政机关行使监督权。司法途径，即争议当事人可以针对无效的调解协议提起诉讼，行政复议调解协议作为行政复议的一种结案方式，当然地可采用行政诉讼方式提起救济。

# 基于社会组织培育的城市社区
# 参与式治理研究

李春晓 ①

**摘　要**：改革开放以来，市场化和城市化随着我国经济社会高速发展而高歌猛进，曾经在计划经济体制下趋于一致的利益共同体随之产生了急剧的分化，逐渐形成各种利益主体，多样化的社会组织也开始出现。基层群众自治制度使我国行政管理体制中的新生事物——"社区"开始崭露头角。2000 年 11 月 3 日，中共中央办公厅、国务院办公厅联合转发《民政部关于在全国推进城市社区建设的意见》，标志着社区建设的开始。随着人民利益需求的复杂化和多样化，城市社区作为承载这些多元利益的交汇之所，面临着前所未有的各种挑战，如何在这样的背景下发挥社会组织的作用，提高城市社区治理水平，打造让居民满意的城市社区，成为亟待解决的重要课题。因此，深入研究当前的城市社区治理难题，探索如何提升社会组织在城市社区治理中的参与水平和参与能力，对加强城市社区治理具有重要意义。

**关键词**：城市社区　社会组织　参与式治理

随着市场化和城市化的不断推进和深化，尤其在居民利益分化、需求多元的今天，城市社区治理暴露出了许多矛盾和问题。研究培育发展社会组织，提高城市社区服务能力和治理水平具有重要意义。

---

① 李春晓（1989—），女，山东济南人，中国海洋大学 2015 级公共管理专业研究生。

## 一、研究背景和意义

### （一）研究背景

近年来，随着我国经济的高速发展，城市化水平日益提高，城市社区已经成为我国居民居住、休闲、社交的重要场所。随着商品化小区如雨后春笋般飞速增长，物业管理逐渐完善，城市社区在环境、设施上有了长足的进步。但是与此同时，面对来自各行各业的居民多样化、差异化的需求，面对居民之间、居民与物业之间、物业与社区党组织和居委会之间等多种矛盾，城市社区的固有服务模式左支右绌，城市社区管理的难度日益提高。

作为城市社区居民，笔者对于城市社区中存在的各种矛盾和纠纷有直接的体验。加之本人自 2012 年至今一直在青岛市崂山区委组织部工作，对于崂山区城市社区党组织和居委会的运行现状有较为全面的理解，并借助工作培训的机会，赴四川成都市金牛区城市社区学院进行过学习参观，对于先进的城市社区治理理念有过接触和了解。研究生学习期间更是对城市社区治理给予了较多的关注，阅读了部分相关书籍，积累了理论资料，为开展论文写作打下了良好的基础。

### （二）研究意义

本论文研究旨在展示当前城市社区现状，剖析城市社区治理面临的难题，结合对社会组织，特别是社区社会组织的培育和发展，提出提升城市社区治理水平的对策建议。

## 二、文献综述

相较于悠久的传统农村治理，我国城市社区出现较晚，城市社区治理的概念和实践出现也较晚，针对城市社区治理的专门论述和实践经验较国外远为不及。因此，笔者更多地了解了与我们同属亚洲文化、具有诸多相似性的日本、韩国地区的城市社区治理经验，国内则选择了台湾地区的社区总体营造计划和笔者曾有亲身体验的四川成都市以"还权、赋能、归位"为目标的城乡社区治理模式。

### （一）国内研究综述

近 5 年来，成都市在基层社会管理中引入治理机制，配合健全社会规范体系、社会组织志愿服务机制和社会矛盾疏导化解机制等一系列制度性改革，在基层社会管理领域开展了以"还权、赋能、归位"为目标的创新实践。

所谓"还权"，是指地方政府剥离基层政府和街道办事处的经济职能，强化其社会管理和公共服务职能，促使基层政府（街道）把基层社会管理权还予城乡社区，社区把社区公共事务的知情、参与、监督和决策等权力还予居民及居民组织。

所谓"赋能"，是指政府把公共资源注入城乡社区自治组织和社会组织。通过购买、委托、特许等市场机制，为社区"民生项目"买单、购买社会组织的社区服务和专业服务，保障民生项目和社区服务的实效，锻炼和提高社区组织管理运用公共资源、开展社区服务能力，以及社区组织和公民们参与社会公共事务的能力。

所谓"归位"是促使政府职能部门和社会自治组织在基层社会管理中各归其本位：政府职能部门强化其服务职能和指导职能；社区自治组织履行其自我管理、自我教育、自我服务的职能，为各种社会组织和居民参与公共事务提供空间和平台。从"管理社会化、服务公平化、参与制度化"开始，探索理顺政府、市场、社会三者的关系，加快城乡社会建设。

台湾"行政院文化建设委员会"于 1994 年提出"社区文化活动发展计划"与"社区总体营造计划（1994—2002）"，试图通过社区文化推展，以凝聚社区共识、改善社区环境，进而推动地方产业与文化的转型，达成以社区为生命共同体的目标。此后，台湾还先后制定和实施了"新故乡社区营造计划""健康社区六星计划"和"农村再生计划"，20 多年来的政策导向和资源投入为台湾地区的社区营造奠定了坚实的基础。

### （二）国外研究综述

1957 年，日本第一次提出了类似社区营造概念的"造町运动"：以地域现存资源为基础，以市民主体性参与为手段，通过对身边日常生活环境加以渐进式的改善，以恢复和提高城市街区活力及生活品质而展开的一系列持续性的活动。后千叶大学教授宫崎清主张将社区营造的议题区分为"人""文""地""产""景"五大类。"人"指人的资源，即满足社区居民的需求、经营人际关系、提高生活福利；"文"指文化资源，即继承和发展社区共同历史文化、开展文艺活动、对市民进行终身教育等；"地"指自然资源，即保护自然环境和社区环境，促进可持续发展；"产"指生产资源，即社区的产业与经济活动；"景"指景观资源，即社区公共空间的营造、生活环境和独特景观的创造。

韩国社区营造起步于 20 世纪 60 年代，经历了政府主导和居民主导两个时期。2000 年 10 月韩国制定公布了《地方行政体制改编特别法》，强化基层的自治职能，掀起了国家新一轮社区营造事业高潮。2007 年 12 月，修订后的《终身教育法》增加了终身学习城市计划的相关条文。2014 年，韩国全国 227 个基层自治单位有一半以上被指定为终身学习城市。被指定为终身学习城市后的基层单位纷纷制定了学习振兴计划、条例，开展了多种多样的学习活动。以教育和学习为基础的由居民资助发起的社区营造活动逐渐兴起。

### 三、当前城市社区治理存在的突出问题及原因

随着城市化的飞速发展，城市社区居民的数量飞涨，打破了原有的以亲缘、地缘等旧式关系为纽带的居住模式，新的、"陌生人"共居的城市社区越来越多，居民的差异性显著，需求多样，急需提供多样化的高质量服务。而我们城市社区的管理模式一如既往沿用行政化、体制化的旧有模式，因此，城市社区中的各种主体之间矛盾纠纷不断，给社区安定和居民的福祉带来损害。

### （一）管理体制问题

目前与城市社区管理相关的几个主体主要有街道办事处、城市社区党组织、城市社区居委会、小区物业、居民及业主委员会、驻区有关单位。这些主体之间存在权责不明、人员交叉、资源难共享、矛盾相互推的问题。从以往的经验来看，业主委员会与物业之间往往日积月累的矛盾集中，有的小区

甚至出现业主委员会表决撤换物业公司等情况，衍生出一系列公共财产权属、物业交割等错综复杂的问题。而社区居委会与居民之间也多有摩擦，以行政化的僵化服务方式面对社区居民需求，必然造成对上不对下、效率低下、社区工作场所的机关化与空心化等问题。由此可见，多头管理、权责不明的城市社区管理体制，是造成城市社区各类矛盾层出不穷的关键原因之一。

### （二）居民参与问题

当前城市社区面临的重大问题之一是居民对社区公共事务的参与度不高。首先在观念上，认为城市社区不过是居住的场所的大有人在，认为社区是政府的、是为政府服务的也不乏其人。另外，居民之间关系疏远，联系难、沟通难、组织难的问题也非常突出。更有甚者，素质不高，把个人利益摆在社区公共利益前面，破坏社区环境，不服从社区管理。城市社区居民出现的上述问题，其根源在于共同性尚未建立，不以社区为"家"。这就要求城市社区治理要以社区居民的利益为宗旨，要建立社区居民可以参与、可以表达、可以决定的参与决策机制。

### （三）资源不足问题

城市社区可支配资源不足也是关键问题之一。有的城市社区存在"三无问题"：无设施、无人员、无经费。而更多城市社区存在的问题主要在于没有可以自己支配的资源。换言之，社区在资源分配调度使用上的权利受制于上级政府部门，没有足够的发言权和机动性，造成不是没有资源，而是资源使用起来程序烦琐、效率低下，难以及时满足不同社区多样化的需求。另外，社区工作人员素质低，不专业，不具备做好社区服务的工作技巧和能力，也是加剧社区治理难度的问题之一。

## 四、参与式城市社区治理

### （一）城市社区治理的概念

所谓城市社区治理，就是政府、社会组织、辖区单位、社区居委会以及居民等，通过平等的合作型伙伴关系，依法对社区事务、社会组织和社会生活进行规范和管理，最终实现社区公共利益最大化的过程。

### （二）参与式城市社区治理

所谓参与式城市社区治理是指社区成员有权共同决定社区公共事务。

社区治理的实质是社区管理民主化，增强社区管理组织的公共责任。简而言之就是提升回应能力，有效回应社区居民的需求，有效提供公共服务的能力。

这种能力的提升有赖于培育多样化的社会组织，通过动员社区居民和社区发展利益相关方的共同参与，形成社区的综合治理格局，维护社区公共秩序，增进社区公共利益。

### （三）参与式城市社区治理的基础是公共利益

参与式治理与以往的社区管理最大的区别在于其基础不同，参与式治理视社区公共利益而不是集体利益为基础。强调尊重"私权"，即他人的权利，尊重每个居民的权利和意见，是基于公民权利之上的共同利益。因此，公共利益强调"利益相关方的共同参与"所形成的"共识"，强调公共利益的维护取决于公民的能力。

### （四）参与式治理的特点

社区参与式治理的特点是"还权赋能、平等互利、各尽其能、各得其所"。参与活动的各方都是享有"共治共享"权利的平等主体，共荣共损利益相关；参与各方在参与的过程都需要有所贡献，才能有所获得；社区主体公共利益意识的形成要有一个宣传、学习和能力建设的过程；社区最重要的公共利益就是尊重私权、维护公利。

### （五）社会组织在参与式治理中的角色

在我国目前现行的城市社区管理体制下，作为城市社区管理主体的几大主体各自存在自身的局限性，在应对社区稳定与活跃的矛盾、行政权力与现实生活的矛盾、法制与习俗的矛盾中，往往力不从心。而社会组织恰恰能够协调、缓和这些矛盾。很多时候，社会组织可以充当政府与民众、公权与私权之间的缓冲地带，为矛盾的解决争取空间、建立纽带。

同时，社会组织在提供社会服务、活跃凝聚居民、培养居民领袖、提供参与渠道、协调居民利益、连接内外资源等方面可以充分发挥自身的专业优势，有力推动社区公共服务水平提高。

### 五、培育发展社会组织的路径

培育好社会组织，促进其在城市社区治理中积极发挥作用，无疑是提升城市社区治理水平的关键。但是目前看来，社会组织的发展离不开政府、社区、社会组织自身层面的协同努力。

#### （一）政府层面

**1. 厘清政府与社区的关系**

以社区依法履职清单、社区依法协助清单等形式将社区所需承担的行政性工作、服务性工作做出清晰的界定。避免政府部门临时、随意增加社区工作负担，确保社区有足够的时间、精力来搞好社区治理。

**2. 厘清政府与社会组织的关系**

社会组织可通过政府购买服务的形式承接社区行政性工作，除此之外，明确社会组织的工作范围在于提供社区公共服务、协调居民利益等。让社会组织自由探索、充分发展、注重实效、不拘一格。注重引导，避免行政化。

**3. 给予资源**

政府提供资金保障，可通过在区级、街道级和社区级建立社会组织孵化平台、社区社会组织服务站等办法助力社会组织发展。

#### （二）社区层面

**1. 处理好社区"两委"与社会组织的关系**

社区"两委"要按照上级有关文件要求，协调好与社会组织的关系。既要避免互相猜忌争夺，又要避免不管不顾当甩手掌柜。

社区居民委员会要积极培育社区服务性、公益性、互助性社会组织，对不具备登记条件的社区服务性、公益性、互助性社会组织，要主动帮助办理备案手续，并在组织运作、活动场地等方面为其提供帮助。

社区党组织要加强对社区各类社会组织的政治领导，注意培养社区社会组织负责人队伍。要通过政府购买服务、设立项目资金等途径，积极引导各种社会组织和各类志愿者参与社区管理和服务，鼓励和支持社区居民开展互助服务，使之成为推进社区居民委员会工作的重要力量。

2. 培育社区微型社会组织

社区"两委"可按照趣缘、治理事项、区域为标准，在社区内培育各类微型社会组织。探索通过将社会组织负责人纳入社区"两委"候补委员等办法，加深社区"两委"和社区社会组织的协作程度，增强社区凝聚力，倡导居民在人人参与、人人尽力、人人享有中推动社区发展。

（三）社会组织层面

1. 构建愿景与战略规划能力

社会组织自身要具备构建愿景，陈述、宣传愿景并规划实施愿景的能力。只有具备这项能力，才能凝聚起社区居民参与的热情，从而引导、动员居民参与到社会组织规划的战略当中来，实现规划目标。

2. 治理结构及领导能力

社会组织要具备完善的治理结构，对自身事物具备完整的管理能力。同时，要具备诚信的经营理念，树立组织的负责形象，在城市社区中做好公关和交流，赢得社区"两委"和居民的信任。

3. 行政及财务管理能力

处理好行政工作和筹集资源同样是社会组织必须要具备能力。社会组织从事的大多不是具有高营利性质的工作，有的甚至主要从事公益事业，社会组织如果缺乏处理财务问题、筹集资金和资源的能力，其自身生存就难以为继。

4. 人力资源管理能力

任何一个组织的生存发展都离不开身处其中的个人的职业发展。社会组织要具备为其麾下的员工和志愿者提供职业晋升和个人成长机会的能力，培养人才，留住人才，才能从根本上提升社会组织的服务能力和竞争力。

**六、结语**

城市社区治理关系民生，可以说关乎每一个城市居民的切身感受。当前经济进入新常态，改革进入攻坚期，社会变革深化，深入研究当前的城市社区治理难题，探索如何提升社会组织在城市社区治理中的参与水平和参与能力，对加强城市社区治理具有重要意义。

本文通过分析当前城市社区治理的基本情况，剖析城市社区治理的难题和原因，并引入参与式社区治理的概念和社会组织在社区治理中的角色，最终从政府、社区和社会组织自身三个层面提出培育和发展社会组织的路径。

城市社区治理对于我们这个历经 2000 多年封建社会集权式管理制度的历史悠久的农业大国来说，其难度之大，不仅在于体制机制的改革、社会组织的培育，更在于国民民主素养和公民意识的哺育。说到底，没有人的改变，就没有社区的改变。今后，城市社区治理研究有着更多空间，有以下几点值得重视。一是社会组织的生存现状和发展瓶颈，目前社会组织在很多方面都面临着严峻的考验，包括但不限于：相关法律法规不健全；政府和公众观念跟不上，对社会组织不重视、不信任、不放手；过问少、调查少、研究少、服务少；管理体制不健全，登记管理部门力量严重不足；政府干预过多，出现行政化倾向等问题。二是城市社区的物业公司和业主委员的权责问题，需要有关法律法规给予进一步的明确和规范，尤其对于物业这个行业整体，要打造相应的行业规范，并建立相关矛盾调处机制。对业主委员会的权限和组建程序等问题，也应有更详细的规定，以避免个别居民利用法律漏洞，为一己之利制造矛盾纷争。这些问题的解决将极大地促进城市社区和谐，增进每一位社区居民的福祉。

# 关于运用互联网思维建立
# 线上税收社会互助平台的思考

李海峰 [①]

**摘　要：**近年来，互联网思维、互联网产业、互联网经济蓬勃发展，推动社会、政治、经济、文化等各领域产生深刻变革。税收在国家治理体系和治理能力现代化中发挥着重要作用，同时也与每一位公民息息相关、形影不离。然而，单靠税务部门进行税收管理的传统模式已经不能适应当今经济社会发展需求，特别是随着国家鼓励小微企业发展和大众创业，企业数量和涉税咨询量激增，税收政策的专业性和复杂性程度也越来越高，税务部门的答复渠道已经远远不足。本文尝试运用互联网思维，通过建立税收社会互助平台，借助社会公共资源来满足纳税人咨询需求。

**关键词：**税收咨询　互联网　知识问答平台　社会互助平台

近年来，国家大力支持小微企业发展，鼓励大众创业、万众创新，市场准入门槛不断降低，企业数量如雨后春笋一般激增，随之而来的是涉税业务和咨询量的激增。而单靠税务部门来解答纳税人难题已经远远不能满足需求。而互联网的"众包互助"思路可以很好地调动社会公共资源，与税务部门一同答复涉税咨询，实现涉税咨询的"众包互助"。本文通过对当前背景的分析，借鉴互联网 P2P 经济模式和网上问答平台模式，探索建立线上税收社会互助平台。

---

① 李海峰（1989—），男，山东青岛人，中国海洋大学 2016 级公共管理专业研究生。

## 一、背景

### （一）涉税咨询现状

随着近年来企业数量迅速增长，税收政策更新频率的加快，以及"营改增""金税三期"等重大税收工程的实施，涉税咨询量呈现井喷式增长，目前的官方税收咨询力量已经难以满足需求，咨询岗位人员的工作压力也不断加大。虽然税务部门开通了统一税收咨询热线 12366，各办税服务厅也均设有咨询台，部分税务部门也尝试建立网络沟通群、网上自助咨询解答，"面对面""线连线""网接网"的税收咨询网络基本形成，但是，办税厅咨询不便捷、网上自助咨询不智能、网络沟通群不活跃等问题的存在，使得12366 电话咨询仍然是当前的主要形式。

以吉林省地方税务局 12366 咨询热线为例，其 2017 年度 12366 纳税咨询热线业务量见图 1，尽管在全面推开营改增之后，地税主体税种之一的营业税转为国税征收的增值税，但地税局的咨询量仍然较高，且人工接听量与来电总量相比存在一定缺口，尤其在业务量较大的 5 月份和 7 月份，缺口达到 6000 余个来电。而从青岛市国税局了解到，在营改增之后，国税局 12366

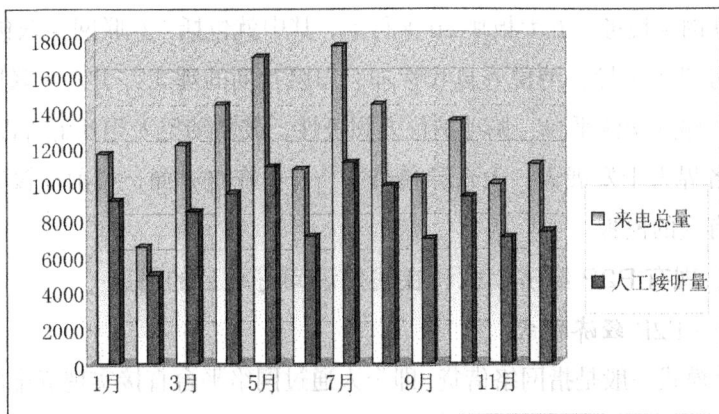

图 1 吉林省地税局 2017 年度 12366 热线业务量统计图 [①]

---

① 数据来源于吉林省地方税务局官方网站：www.jlds.gov.cn。

热线来电量更是直线上升，2018 年 1 月份青岛国税局 12366 热线来电量达到日均 5700 个，而接线工作人员仅有 40 个。且纳税人咨询的问题越来越专业和深入，热线电话数量和接线人员业务能力都远远不能满足需要。

### （二）"互联网＋税务"现状

近年来，随着互联网的广泛普及和迅猛发展，大众智慧得到极大释放，基于互联网的创业创新正在成为我国经济活动中最具活力的部分，众创、众包、众扶、众筹等新模式、新业态孕育兴起。税务部门作为参与社会、政治、经济领域的重要职能部门，顺应"互联网＋"时代潮流，满足纳税人和税收事业发展需要，都推动着税务工作与互联网进行深度融合，"互联网＋税务"行动势在必行。各级税务机在此方面也做了大量探索，建设电子税务局、税收管理电子系统、微信微博服务平台、网上智能咨询系统等。但是，税务机关使用互联网技术所实施的一系列强化管理、优化服务的新举措，很大一部分仍然是由税务机关主导，向广大纳税人进行普适性供给，一方面容易使税务部门的税收管理行为掺杂太多税务机关甚至领导个人的意志，另一方面也不能充分调动运用社会公共资源，压力仍然留在税务部门。

2015 年，国家税务总局出台了《"互联网＋税务"行动计划》，重点推进"互联网＋税务"五大板块 20 项行动，其中就包括"互联网＋众包互助"，即以税务机关主导，纳税人自我管理、志愿互助的理念，引入互联网众包协作模式，建立交流平台，调动纳税人积极性，鼓励纳税人相互解答涉税问题，将社会各界人士发展为"大众导税员"[①]。但在这方面，目前还没有税务机关做出有效的模板。

### 二、现有 P2P 经济模式和在线知识问答平台的借鉴

### （一）P2P 经济模式

P2P 模式一般是指网络借贷，即个人通过网络平台直接实现资金的借贷，消除了中间商，为企业和个人提供极大的便利。P2P 是传统金融行业互联网

---

① 《"互联网＋税务"行动计划》，国家税务总局，2015 年 9 月。

化的产物，却又可以绕开金融机构而让个人与个人进行对接，金融机构不参与其中或者仅是扮演提供平台和日常管理的角色。传统借贷是金融机构向借款人出借资金收取利息的行为，一般手续烦琐、贷款门槛高、交易成本高。而互联网金融下的 P2P 模式使得社会闲置资金能够得到充分、高效的流转使用，提高了资金配置效率，降低了交易成本，让资金出借人和借款人实现双赢的结果。而参与其中的金融机构或非金融机构仅提供搭建平台和日常管理运维的服务性功能。2014 年年底，我国 P2P 网络借贷平台超过 1575 家，平台累计成交量 2582 亿元，交易规模 4 年增长 81 倍，平台数量增长超过 30 倍[1]。截至 2017 年年底，我国 P2P 网络借贷平台累计 5970 家，2017 年 12 月单月成交量就达到 2248 亿元，P2P 规模呈现爆炸性增长[①]。

### （二）在线知识问答平台

在线知识问答平台上，广大用户分享自己的专业知识，回答其他用户的问题，所有问题和答案汇总起来又形成一个资源库，从而给用户提供了新的搜索途径和信息服务。知识分享是在线知识问答平台的基础，然而分享行为不会自发形成，而是需要一定的激励机制。

以大家较为熟悉的"百度知道"为例，它是采用积分机制，用户提出问题需要支付一定积分，回答者则获得积分，用户会随着积分增加而晋级。为了提高问题关注度，用户还可以设置悬赏分，提问者采纳最佳答案后将积分赠送给相应回答者。通过积分制度，平台聚集了大量的用户，并激发了他们提出问题、回答问题的热情，提高了用户参与知识问答分享平台的积极性，从而为回答的质量提供了保障。

而答案质量较高的"知乎"则是采用研讨会模式，鼓励更多的交流互动。通过关注功能和信息分析针对性推送功能，用户每次登陆时，平台会向用户推送相关知识和问题，用户在问与答的过程中分享彼此的专业知识、经验和见解，带来更多的启发和思考，保证了问题答案的深刻性，而各行各业的精

---

① 数据来源于"网贷之家"：www.wdzj.com。

英的参与，也保障了问题答案的专业性 [2]。

## 三、建立线上税收社会互助平台的思路

在"互联网＋众包互助"这一背景下，结合税收工作实际，建立线上税收社会互助平台的需求应运而生。借鉴在线知识问答平台的模式，该平台可设置论坛、检索、风险管理三个模块，分别命名为税收交流论坛、税收检索系统、税收风险管理系统，即"一平台两系统"。论坛模块主要为探索交流，引导纳税人自愿参与，相互解答涉税问题，吸引专家学者参与，高度引申税收政策，鼓励税务干部个人积极参与，不断提升业务能力，实现税企的双向互动，讨论与分享等内容仅为发布者个人意见，不具法律效力。检索模块主要为政策检索，通过对政策设置标签，实现不同检索标准下的政策查询，达到政策的行业整合、时间整合、项目整合。风险管理模块主要为分享借鉴，通过分享案例、行业规则、经验介绍等方式提高企业防范涉税风险的意识。

### （一）搭建税收交流论坛（论坛模块）

税收交流论坛在设计上可以借鉴"知乎""百度知道"等成功论坛。论坛要合理设置细分模块，如按行业分类的金融业、交通运输业、批发零售业、房地产业等，按税种分类的增值税、企业所得税、个人所得税、消费税、契税等，按业务类型分类的税务登记与注销、申报纳税、税收优惠、进出口税收、发票税票等等，通过精确的细分模块，方便用户快速准确找到共同用户群体参与交流。论坛模块设置用户准入机制。用户需要按照论坛注册要求填写信息，选择关注的具体涉税模块，并通过手机短信验证成为注册用户。在注册登录后，用户可通过检索关键字词的方式快速找到感兴趣的话题，并参与讨论，实现浏览帖子、发帖交流、提出问题、回答问题以及下载信息等功能。

论坛采用灵活的运行管理模式。论坛管理员对具有代表性、准确度高的回答采用增加"热门""精华"标签方式进行置顶；借鉴"百度知道"的积分激励机制，用户可以通过签到、回答问题、发布分享帖来赚取积分，提问用户也可以设置悬赏分，来增加自己所提问题的关注度；税务部门管理员既要调动内部税务干部积极参与分享、回答问题，也要定期对分业务、分行业、

分税种的代表性问答进行整理，形成精华问答资源库，供用户分享查阅。还要建立论坛内容信息审核机制，管理员要对用户发布信息进行审核，确保论坛内容的合法性、准确性与权威性。

税收交流论坛在一定程度上解决以往税务机关与纳税人之间、纳税人之间信息不对称的问题，使税收政策有了更广泛的群众讨论基础，纳税人的潜力得到最大程度的释放，达到人人纳税、人人参与的目的。

### （二）搭建税收检索系统（检索模块）

文件检索系统在设计上可以借鉴国家税务总局的法规库和中华会计网校的财经法规库，搭建起权威、系统、智能的综合文件检索系统。在数据库的建立方面，不仅要收录总局文件，也要将地方性税收规范文件添加进来，这样既保证了普适性，又能体现区域个性，既可用于对外更好地为纳税人服务，也可用于于对内税务干部的自学与应用。

功能设置方面，文件检索系统要支持模糊检索，将与输入的检索信息相近或相关的内容也加以呈现；同时增加检索的方式方法，既可以直接输入关键词检索，也可以依据不同的分类方式去查找；为方便用户查询，收集政策文件、涉税资讯等素材时，需根据内容加注标签，实现税收文件按照多维度的分类需求，如按税种分类、按发文时间分类、按发文部门分类、按文件级别分类、按文号分类、按行业分类、按项目分类等，这样可方便纳税人更快捷地查阅所需文件；此外，在税收交流论坛模块的帖子内，也可附上相关税收文件的链接，这样在翻阅帖子遇到不太了解的政策规定时可以及时查阅掌握，最大限度地发挥文件检索系统的功能。

运行维护方面，管理员在收录素材时需要对素材内容逐一进行审阅，确认无误后才进行收录，确保素材内容的准确性；及时增添新颁布的税收法律法规等素材，定期更新，确保收录素材的时效性。对于全文失效或部分条款失效的文件，不进行删除操作，而是标识后保留在系统数据库中，在显示用户搜索结果时，标明文件目前状态，同时注明新文件的文号和内容链接，保障用户检索的连贯性，使其了解文件的变动和废止情况及新文件的规定，从而做到对政策变化一目了然。

### （三）搭建税收风险管理系统（风险管理模块）

当前风险管理的一个重点就是提高纳税人的专业化水平，引导企业建立完善税务风险内控体系。税收风险管理系统采用与税收政策检索系统相同的设计理念，搭建一个信息交流共享平台，将整理的各行业税收政策、日常评估检查中发现的高危风险点、加工处理过的经典案例总结整理形成行业风险指南，并根据企业经营方式、税收政策的变化及时完善，将各行业指南在风险管理系统进行分享，以供企业学习自查。

基于以上特点，可以采取以下几方面的措施设立风险管理模块：一是以行业管理为基础，将各行业落实到人，充分总结行业规律；二是加强信息交换，国地税之间，税务部门与财政、银行、房地产管理部门之间等通过信息交换互通有无，迅速建立起行业管理的模型；三是根据不同行业的生产经营、会计核算特点，利用大数据技术，分析统计出各个行业的企业在生产经营、会计核算等环节涉及的税收风险，并对相应的管控措施及适用的税收政策进行详细的描述和确认，建立风险指标模型，并在日后根据行业企业经营方式和税收政策的变化定期更新完善。通过风险指标模型，分析风险指标，分行业推出《风险体检报告》引导企业进行自查，从源头降低企业涉税风险。

### 四、存在的难题

该平台的搭建旨在帮助纳税人更好地理解税收政策，熟练准确办理涉税事项，促进税企双方的交流合作，减少信息不对称产生的矛盾。但由于技术手段、用户素质等因素的限制，仍存在一些现实问题难以解决，主要表现在以下几方面。

### （一）合法性审查难

在线税收社会互助平台初衷是采用基于互联网的"众包互助"模式，社会各方自发参与、平等互助。但是，由于互联网是开放的，社会公众素质也参差不齐，平台上很可能出现一些不当言论，严重的还会触犯法律法规，这就增加了平台的日常管理运维难度。

## （二）权威性保障难

平台的核心竞争力来自用户活跃度和回复权威准确性。用户活跃度可以借助现有互联网平台的影响力、系列宣传推广活动及激励机制来实现，真正难点是对平台内容质量的控制和权威性保障，以及因平台"误导"产生相关损失后的责任界定问题。

## （三）投资回报率低

平台的三个模块总体可行，但存在一定的困难和风险，尤其是在没有盈利点的情况下，投资回报率为零，需要资金预算和项目需求相互匹配后才能进行开发。

# 参考文献

[1] 曹淑敏 . "互联网 +"：加出经济社会新形态 [J]. 时事报告，2015（8）：56-57。

[2] 左美云，姜熙 . 中文知识问答分享平台激励机制比较分析——以百度知道、腾讯搜搜问问、新浪爱问知识人为例 [J]. 中国信息界，2010（11）：25-30。

# 威海市健康产业发展研究

孙子淳 [①]

**摘　要：** 随着近年来经济的快速发展，健康产业以其飞速发展对经济的推动作用逐步显现在国民经济中的重要地位，其产生、发展和变革已经对一个国家的经济发展产生了重要影响。健康产业的发展对于满足社会对健康的需求、创造就业岗位、增加财政税收、推动技术创新、增强经济活力都起着非常重要的作用。随着社会整体健康意识的不断增强，包含医疗卫生、营养保健、健康管理等具有健康服务功能的产业将快速发展，其他附属产业也将在其刺激带动下不断提升，将成为新的经济增长点，推动整个国民经济向好发展，为推动"健康中国"建设做出巨大的贡献。

威海市近年来大力发展健康产业，除了其自身的自然资源优势外，在行业发展基础、政策扶持、社会环境等方面也具有一定优势，但同时，供需矛盾突出、管理能力薄弱、投资成本高等不利因素也在制约着威海市健康产业的发展。本文通过对威海市发展健康产业现状的分析，提出了相应的对策及思考，希望可以为威海市健康产业的发展提供一定的理论支撑，同时对其他地区发展健康产业起到借鉴作用。

**关键词：** 健康产业　发展　措施

2002 年 4 月在西班牙马德里召开的联合国第二次老龄问题世界大会通过的《政治宣言》指出："世界人口正在发生前所未有的变化，到 2050 年，60 岁以上的人口数量将从 6 亿增至近 20 亿，60 岁以上人口所占比例预计增加 1 倍，从 10％增至 21％。增长最大、最迅速的是发展中国家。在今后 50

---

① 孙子淳（1988—），女，山东威海人，中国海洋大学 2015 级公共管理专业研究生。

年中，这些国家的老年人口预计翻两番。此种人口变化，将在促进更多的机会，尤其是促进老年人的机会，使之实现参与各方面生活的潜力方面，给我们各国社会提出挑战。"[①]

随着我国经济社会的不断发展进步，我国人民群众的生活水平以及生活方式都在发生不断的变化。对于个人的身体健康，人们越来越重视，同时基于个人健康的需求，人们对于健康的理解和关注也不断地深化和多元化。健康及其涵盖的产品不断推陈出新，而不同人群对健康类产品的需要程度和承受能力也在不断地变化，进而催生了一个产品体系的发展，形成了一个不断发展的供应链条。将其各种类别的产品整合一起会发现，健康产业已经发展成为一个外延不断扩大的产业。

目前，健康产业是当今全球上体量巨大和发展最为迅猛的"朝阳产业"，它经过多年的发展已经逐步成为经济社会的重要组成部分。以目前健康产业发展的速度和趋势分析，可以断定该产业即将成为未来全世界经济发展的重要推动因素以及社会进步重要促进角色之一。美国著名经济学家、美国总统经济顾问保罗·皮尔泽在《财富第五波》中将健康产业称为继 IT 产业之后的全球"财富第五波"。健康产业正以前所未有的关注度在全球经济发展中形成一股潮流，皮尔泽认为健康产业是市场前景"无限广阔的兆亿产业"[②]，健康产业将是互联网智能变革之后，最有可能影响世界经济发展方向的一个产业。目前，在全世界很多国家的健康产业已发展得比较成熟，发达国家的产业大多已经形成了相当的规模，并拥有各具特色的产业格局，成为带动国民经济增长的强劲引擎。

2013 年 10 月，国务院印发《关于促进健康服务业发展的若干意见》（国发〔2013〕40 号）文件，为我国健康产业发展明确了发展目标和重点任务："到 2020 年，基本建立覆盖全生命周期、内涵丰富、结构合理的健康服务业体系，打造一批知名品牌和良性循环的健康服务产业集群。健康服务业总

---

① 《第二次老龄问题世界大会的报告（A/CONF.197/9）：政治宣言》。

② 保罗·皮尔泽：《财富第五波》。路卫军、庄乐坤译，知识出版社，2004 年版。

规模达到 8 万亿元以上，成为推动经济社会持续发展的重要力量。"2015 年，"健康中国"首次进入政府工作报告。2016 年，中共中央、国务院印发了《"健康中国 2030"规划纲要》，提出了"到 2020 年，基本形成内涵丰富、结构合理的健康产业体系，主要健康指标居于中高收入国家前列"的任务目标。从国家层面的政策支持到人民群众的实际需要，种种因素预示着健康产业在我国的发展到了一个全新的高度和历史拐点，也预示着健康产业将迎来更多新的机遇和挑战。

威海市近年来大力发展健康产业，除了其自身的自然资源优势外，在行业发展基础、政策扶持、社会环境等方面也具有一定优势，但同时，供需矛盾突出、管理能力薄弱、投资成本高等不利因素也在制约着威海市健康产业的发展。本文通过对威海市发展健康产业现状的分析，提出了相应的对策及思考，希望可以为威海市健康产业的发展提供一定的理论支撑，同时对其他地区发展健康产业起到借鉴作用。

## 一、威海发展健康产业优势分析

### （一）自然条件得天独厚

威海拥有自然优势，良好的生态环境是人类健康的根本保障，而威海在生态环境上拥有着全省甚至全国都无可比拟的优势，可为健康产业发展提供最为坚实自然环境保障。威海市具有四季分明、冬暖夏凉、昼夜温差小、气候适宜等特点。自 2016 年起，威海已连续两年空气质量达到国家二级标准，是全省唯一一个空气质量达到国家二级标准的城市。森林覆盖率达到 42.2%，自然岸线保有率达到 65.1%，比全国高 29.1 个百分点，近岸海域水质全部达标，清洁海域达到 99%，被评为首批国家级海洋生态文明示范区。境内旅游资源丰富，被评为"中国温泉之都"，山、海、湾、滩、岛、泉交相辉映，形成独特的滨海风景、优美的自然生态和风光宜人的旅游资源。1987 年建立地级市以来，威海市始终坚持生态立市、环保优先战略，在生态人居领域实现了国家级荣誉基本囊括，是全国第一个"国家卫生城市""国家环境保护模范城市"，获批"国家园林城市""国家森林城市"，被联合国评为"迪拜国际改善居住环境最佳范例"城市，先后荣获了联合国"人居奖"和"中华环境奖"，是全国首批健康城市试点。得天独厚的生态优势为全市医疗健康产业发展提供了坚实的环境资源保障。同时，随着中韩地方经济合作示范区、国家服务贸易创新发展试点等项目的建设，城际铁路、高速公路、港口、航空等重大基础设施互联互通能力不断提升，城市综合交通体系的支撑保障和承受能力不断增强，为健康服务业发展和项目引进奠定了坚实的基础。

### （二）发展基础稳定夯实

威海市在健康产业的发展上基础稳定主要体现在三个方面：

（1）群众经济基础好，健康需求高。威海市城乡居民收入较高，有强烈的健康服务需求。2016 年，全市全体居民人均可支配收入 30 941 元，其中，城镇居民人均可支配收入 39 363 元，比全国城镇居民人均可支配收入高5747 元。同时，人口老龄化进程加快，老年人基数大。2016 年，全市人口抽样调查中，60 岁以上老年人口数占抽样人口数的 26.1%，比照第六次人口普查提高了 8.3 个百分点。随着可支配收入的增加，人口老龄化和家庭结构的变化，老年人健康医疗和养老服务需求将快速增长，消费能力也随之提升，对优质健康服务需求也变得更加强烈。2016 年，威海市城市居民家庭人均消费性支出中的医疗保健支出为 1932 元，同比增长 16.5%，为健康服务业发展创造了广阔的市场空间。

（2）健康文化底蕴深厚。威海拥有悠久的历史，文化资源十分丰富。文登圣经山是中国道教全真派的发祥地；海上仙山之祖昆嵛山是国家级自然保护区、国家森林公园，被道家视为修身养性的仙山圣地；乳山圣水宫、荣成圣水观、石岛赤山法华院等均有道家遗迹，是具有深厚的文化历史渊源、以道教文化为主题的著名景区。母爱文化、孝文化、寿文化源远流长，文登和乳山的长寿人口比例远远高于全国平均水平，是中国著名的长寿之乡，拥有着利于养生保健、疗养康复等健康产业发展的深厚文化底蕴积淀。

（3）医疗资源较为丰富。威海市医疗机构数量多、门类全，2016 年，全市拥有医疗卫生机构 2626 处，其中三级以上医疗机构达到 9 处，民营医院 23 家，养老机构内设护理院 2 处，门类较为齐全，功能基本互补；拥有卫生技术人员 19 654 人、病床 17 443 张，千人口床位数、执业（助理）医师数、注册护士数、卫生技术人员数分别达到 6.22 张、2.68 人、3.24 人、7.31 人。全市医疗健康服务业能够满足人们对各类医疗健康服务不断增加的需求。大力支持社会办医，在医疗机构准入、重点专科建设、医学教育、住院医师规范化培训、医疗服务质量监管等方面与公立医院一视同仁，先后引进了爱尔眼科、泰国吞武里、韩国延世大学·医科大学整形外科等来威建设国际高端医院项目。

### （三）健康管理业态齐全

（1）高端健康管理服务业态不断涌现。外地资本积极涌入威海市场，国内最大的健康管理集团美年大健康体检管理、爱康国宾健康体检管理等机构进入威海，提供高端健康体检服务。同时本土企业也积极拓展发展空间，威海本土民营资本威高医疗健康有限公司于 2016 年组建，以维护人的一生健康为企业发展理念，从人才培训、康复中心、养老中心、医院营养餐等各个方面放射性地渗透到各个领域，目前开展的相关业务已经和市立医院等各大医院进行了合作，发展情况良好。

（2）健康管理与促进服务成为推动健康服务业发展的重要引擎。养老服务体系基本形成，2016 年，全市已建成各类养老机构及收养性社会福利单位 147 家，新增养老床位 4100 张，累计拥有床位 2.7 万余张，每千名老年人拥有的养老床位超过了 40 张，累计建成城市社区老年人的日间照料中心 397 个，医养结合型养老项目快速发展，被民政部批准为首批全国医养结合试点城市，实现了所有养老机构拥有全天候医疗服务。以海大老年康复中心、光华老年康复医院等为代表的医养结合型项目已经全面落地，并投入运营。

（3）健康保险的保障作用日益加强。威海市已基本形成覆盖城乡居民的全民医保体系，2016 年，全市有 206.9 万人参加基本养老保险，有 251.7 万人参加基本医疗保险，全市商业健康险承保件数 356 502 件，占全市财产保险总承保件数的 15.6%，人均保额和 2015 年相比增加了 1 万元。2016 年全市寿险从业人员为 23 744 人，承保件数 1 392 642 件，比上年同期增加了 21.1%，实现人均保额 12 万元，比 2015 年增加了 1 万元，寿险保险深度为 2%，和 2015 年相比提高了 0.3 个百分点，商业健康保险的地位正逐步提升。

### （四）相关支撑产业不断壮大

（1）健康制造业高速发展。以医疗器械、新型中成药、化学原料药及制剂为主的十大系列 2000 多个品种规格的产业格局初见规模，产业总产值达到 520.2 亿元，规模以上企业达到 37 家，拥有 3 个中国驰名商标、8 个山东名牌产品。心脏支架及心内耗材、骨科材料、大容量注射器等产品生产规模和销售量居全国第一。

（2）中医药种植规模持续扩大。西洋参、丹参和太子参实现规模化种植，种植面积约 38.67 平方千米，是全国最大的西洋参产地。盛产海参、鲍鱼、牡蛎、藻类及各种经济鱼等 300 多种海产品，是全国最大的渔业生产基地，为海洋生物医药、健康食品快速发展提供了保障。

## 二、威海发展健康产业劣势分析

### （一）医疗服务及康复保健供需矛盾突出

目前，威海市基础医疗保障仍然不够完善，医疗服务供给与公众健康需求之间差距较大。医疗服务及康复保健人均资源不足，特别是康复保健资源，并且分布不均衡，公立与民营机构在软硬件上的差距不容忽视。康复保健业的从业技术人员短缺、师资力量的供给不足也是制约该领域进一步发展的瓶颈。威海市现有的医疗养老类和颐养类机构的基础设施、技术条件和专业人员供给不足的现实问题，会随着老龄人口的不断增长和外地流入的具有医疗养老和康复保健需求人群的急剧增加而凸显，将会影响到医疗养老保健供给的数量和质量。

### （二）健康管理能力薄弱

由于我国还缺乏一套成熟的大众化健康管理模式，健康管理还处于相对高端消费的服务范畴，市场覆盖面还不够广，导致威海市健康管理产业还不尽完善，从业的机构还不够多。同时，由于相关领域人才稀缺，导致健康管理的水平和能力薄弱，不能有效提供健康检测、健康咨询等服务，也成为制约健康管理能力提升的一个瓶颈。另外由于市场接受程度不一致，专业化经营程度不高、产品结构不合理等问题导致威海市健康保险业的发展也不尽如人意，健康保险的服务人群和覆盖面还比较狭窄。

### （三）健康产业投资风险和融资成本较高

目前，威海市金融机构数量初具规模，金融市场体系不断完善，拥有 26 家银行、48 家保险机构、21 家证券机构、24 家小贷公司、29 家民资管理公司和 16 家融资性担保公司。但是源于医疗健康产业具有高技术、高投入、高风险和长回收期的"三高一长"特征，医疗健康产业企业融资难的问题没有得到有效缓解，金融机构对医疗健康产业投资慎之又慎，产业项目的抵押率低、融资业务期限短，部分健康产业项目的融资成本高于贷款基准利率的 4 倍以上，资金不足的问题严重制约了产业的发展速度。

### 三、威海健康产业发展对策思考

### （一）加强科学规划与政策引导，明确健康产业的发展定位

任何一个产业的发展都离不开政府的宏观管理和规划引导，要推动健康产业健康快速发展，必须将健康产业的发展规划上升到战略层面，加强需求侧激励政策的设计与引导，争取在政策方面有积极的先行先试。充分挖掘自然资源、产业技术、科技人才等优势，坚持高端化、差异化、集聚化的发展方向，以信息化、智能化、品牌化为手段，夯实基础、突出重点、全域布局，大力推进医疗健康领域的科技创新，构建和完善有利于健康产业自主创新的体制机制，推动产学研合作，加大对医疗健康前沿研究领域的支持力度，实现关键技术、重大产品的创新突破。

### （二）推动健康产业人才队伍建设，强化制度体系建设

吸引、用好和培育高层次、专业化人才是促进威海健康产业可持续发展的关键。要从威海健康产业人才现状出发，积极推动健康产业人才队伍建设。突出人才创新关键作用，加大对医疗健康领域急需紧缺高层次人才引进和奖励力度，支持医疗健康企业（机构）采取各种形式与院士、名医、名家合作，

充分发挥高端人才对威海市医疗健康产业的引领带动作用。健全健康产业人才培养机制，依托驻威高校、职业技术学校和医疗机构，培养医疗健康产业发展需要的高素质应用型人才，推进老年护理、康复护理等行业的实训基地建设，培养壮大医疗健康专业人才队伍。

（三）加快健康产品和服务的研发及创新，打造完整的产业链

要通过加快健康产品和服务的研发及创新，发展健康产品和服务机构自身核心能力。培育壮大龙头企业，扶持具有较好产业基础的企业做强做专，鼓励重点企业加强资本运作，通过融资、兼并、重组等方式，扩大市场规模，拓展辐射范围，引导产业链式发展。引导企业以优势产业和品牌服务为依托，以"专精特新"为方向，培育壮大一批行业"隐形冠军"和"配套专家"企业，使其快速融入产业链。推进医疗健康产业孵化器建设，加快构建"苗圃—专业孵化器—加速器—产业园区"的全链条创新创业孵化体系，完善"专业孵化＋创业导师＋天使投资"等孵化模式，着力推进一批事关全局、影响长远的重点项目建设，尽快发挥示范带动作用。

（四）借鉴成熟经验，建设有威海特色的健康产业集群

借鉴国内外健康产业发展的先进理念，培育健康产业集群，实现集聚效应。配套完善医疗健康相关服务行业，依托综合保税区规划建设以国外医疗器械、进口设备、进口药等产品为主体的国际医疗器械展销物流园，力争打造成为全国最大的国际医疗器械展销物流基地。重点在医疗器械、生物医药、医药化工等领域引入国家级检验检测认证机构或代理机构，支持企业采用国际标准进行健康产品的生产和经营，抢占行业发展制高点。支持有实力的企业、社会资本领办园区，或以 PPP 模式合资、合作共建园区，引导健康产业向园区集中，吸引转移产业和落地项目向园区集聚，抓住"健康中国"建设机遇，发挥毗邻日韩的区位优势，依托良好的自然生态环境，规划建设高端医疗、特色专科、康复养生、医药研发、总部经济等专业医疗健康产业园，以点带面推动全市健康产业集聚集群发展。促进医疗与旅游融合，发展健康旅游产业，鼓励支持优质医疗机构、旅游服务机构和旅游休闲基地的合作。

依托温泉资源、海洋旅游、道教文化等地方特色优势，积极开发温泉养生、中医理疗等特色旅游产品。依托刺参、牡蛎、海带等优势海产品和有机农产品资源，结合生物技术研发，大力发展保健功能食品，打造中国海洋保健食品名城。

# 参考文献

[1] 保罗·皮尔泽. 财富第五波 [M]. 路卫军，庄乐坤，译. 北京：知识出版社，2004.

[2] 张俊祥，李振兴，田玲，等. 我国健康产业发展面临态势和需求分析 [J]. 中国科技论坛，2011（2）：50-53.

[3] "健康中国 2020" 战略研究报告编委会. "健康中国 2020" 战略研究报告 [M]. 北京：人民卫生出版社，2012.

[4]Wikipedia. Health care industry[EB/OL].[2014-10-20]. http: //en.wikipedia. org/wiki/Health_care_industry.

[5] 宫洁丽，王志红，翟俊霞，等. 国内外健康产业发展现状及趋势 [J]. 河北医药，2011（14）：2210-2212.

[6] 任静，张振忠，王云屏，等. 我国健康产业发展现状研究 [J]. 卫生经济研究，2013（6）：25-28.

[7] 林珊莉，黄立强. 生物与健康产业的概念与内涵探讨 [J]. 中国科技纵横，2013（16）：220-221.

[8] 王波，甄峰，沈丽珍，等. 健康产业发展与健康城规划探析 —— 以秦皇岛市南戴河国际健康城为例 [J]. 规划师，2012（7）：36-40.

[9] 胡琳琳. 健康与中国经济增长理论研究和实证分析 [M]. 北京：知识产权出版社，2012.

[10] 时涛，刘迎迎. 我国健康产业发展现状及提升策略研究 [J]. 现代商业，2014（17）：36-37.

# 浅析地方政府在防范化解系统性
# 金融风险的作用

## 王辰杰 [1]

**摘 要：** 金融风险不仅仅是地区性的风险，更会引起更加广泛的金融危机，风险一旦暴发将会导致整个金融系统遭受难以估量的损失，特别是系统性金融风险，更是未来一段时间金融监管的重点。目前对于系统性金融风险的研究已经成为热门的话题，对其的研究多集中于国家层面，对于区域性系统性风险的研究较少。因各个地区的经济都具有特殊性，这可能会导致国家层面的理论成果并不能完全反映出该地区金融风险性。本文基于对地方政府债务风险与系统性金融风险的关系分析，并探讨了地方政府化解系统性金融风险的模式，并提出相应的建议。

**关键词：** 系统性风险 金融危机 地方政府

系统性金融风险预警的研究，目前已经是一个热点研究领域，对其的研究多集中于国家层面，对于区域性系统性风险的研究较少。因各个地区的经济都具有特殊性，这可能会导致国家层面的理论成果并不能完全反映出该地区金融风险性，因此，结合该地区的实际情况建立的理论体系更加适用于区域性系统性风险，以弥补原有理论的不足。金融风险理论是预警系统金融风险基础的理论。现阶段，国际经济金融的跨国合作在不断发展的经济金融一体化的影响下产生了新的变化，在金融危机的产生与传导机制也受到了影响。金融风险是当前最突出的金融问题之一，中央和省级层面高度重视金融风险

---

① 王辰杰（1988—），男，山东烟台人，中国海洋大学2015级公共管理专业研究生。

防控工作，分别提出了具体的工作目标和要求。化解和防控金融风险不仅是重大的经济问题，更是一个重大的政治问题。在经济下行压力增大的背景下，金融风险隐患也在明显地增多。

## 一、系统性金融风险概述

### （一）系统性金融风险的定义

目前，对于系统金融风险还没有统一和官方的定义。由于系统金融风险的系统性，学者普遍认为系统金融风险属于中观层面。根据受灾地区的规模和基本特征，金融风险以宏观金融风险、中期金融风险和微观金融风险为代表。笔者这里对系统性金融风险理解为："系统金融风险是某个地区金融损失的不确定性或可能性，主要源于系统经济和金融部门的不确定性。它是在整体层面上界定的，反映了系统综合金融体系。风险水平具有复杂性、突变性、导电性和可测试性的强烈特征，其发生和发展对该地区整体金融稳定具有重要影响。"

笔者认为对系统性金融风险应该从三个内涵来理解。首先，金融机构彼此利用该地区的金融危机情况，把彼此的资产转移到该地区的其他金融机构。这种内涵源于金融市场与金融机构和金融机构的密切联系。这种内涵是系统风险的最具体表现，也反映了系统风险与微观金融风险之间的联系。其次，当系统某个行业出现危机时，其危机对于其他行业也具有传染性。这种内涵反映了系统风险的跨行业影响，在一定程度上类似于中观的金融风险。最后，某一地区的经济体系受到经济事件或宏观冲击会产生了巨大的负面影响，导致该地区整个金融体系无法正常运行，并可能在系统性风险传播到其他地区时风险再次升级。

### （二）系统性金融风险的特征

与一般金融风险相比，系统风险不同于一般的金融风险，其具有独特性的特征。应当认识到这些特征是能够正确识别系统性风险的基础保障，也有助于制定系统的风险防范措施。

（1）系统风险造成的危机极具传染性。传染性是指系统风险的扩散效应。

这种效应影响的不仅是同行业金融机构，还包括对于不同行业的干扰影响，甚至是不同地区的影响，系统风险传播的渠道很多。

（2）系统性风险的危害特征——"负外部性"特征。"负外部性"系统风险导致的危机可能导致金融体系功能大大受损，甚至进一步触发系统性风险或系统性危机。因此，个人或某个地区对整个社会造成系统风险。

（3）地域性是系统性风险的最基本特征。作为最基本的特征，其体现首先是经济结构、信用体系和宏观调控的影响程度因地区而异，导致系统风险的原因不同。

（4）系统风险分布的相似性和水平。相似性是指由于地理空间分布的相似性，系统风险的分布具有一定的相似性，这种相似性包括风险聚合，分布不均等。

（5）系统性风险具有明显收益不对称的特征。传统意义上的收益与风险的关系是，高风险必然会带来高回报，风险与收益呈正相关，系统风险对所有金融机构和参与者构成威胁。系统风险的蔓延可能是整个金融体系引发的"多米诺骨牌"崩溃。

## 二、地方政府防范和化解系统性金融风险的模式

目前，地方政府近年来的政策、眼前利益、城市扩张和房地产开发以及GDP 增长很大程度上影响着系统性金融风险。特别是政府债务、融资平台债务、国有企业债务等，要么由政府直接协调，要么由政府催生。为此，要解决这些领域的风险，我们也应该充分发挥地方政府的作用，让地方政府与市场主体合作解决问题。为此，需要政府深刻意识到自身的职能所在，摆正自身位置，避免过多的干预行为，建立与市场经济相适应的财政体制，正确界定政府参与经济金融事务的范围，以减少地方政府通过介入金融公司筹集资金的冲动。

### （一）地方政府债务风险与系统性金融风险的关系分析

债务风险与金融风险是可能相互转化的，它们之间存在一种传递机制。从这个角度上来讲，债务风险可以转化为金融风险。为了获得促进该地区经

济增长的金融资源，商业银行的信贷政策经常受到地方政府的干预。下面通过三个方面论述地方政府债务风险与系统性金融风险的关系。

第一，使债务转移的风险面临金融风险的原因是地方政府的间接融资。分税改革后，地方财政收入大幅度减少。受政策的影响，地方财政收入比例相比较以往的收入下降严重。地方政府在这种情况下为了获取更多资本，新的融资渠道被地方政府更重视起来。尤其受到金融危机的影响后，地方政府融资平台作为政府获得财政资金的载体，得到迅速发展。但是仅仅依靠政府的财政收入去偿还贷款，作为政府的财政收入是极其有限的，并不能及时偿还贷款，最终风险又因为政府的行为转嫁给了银行系统。因此，债务风险的增加将不可避免地影响大量银行贷款的质量并转化为金融风险。

第二，地方政府对金融机构的干预导致了债务风险向金融风险的转移。政府和金融机构都要知道自身多承担的责任，金融机构要合理配置信贷资金，全面考虑风险和收益。同时，金融机构受政府干预往往忽视贷款公司的信用水平，地方债务风险在政府信用担保更容易转移到金融风险上，此外很少有相应的财政支持在国民经济中发挥重要作用的中小企业，这不利于经济的发展。

第三，债务风险受地方政府对土地收入高度依赖的影响转移到金融风险。地方债的还款主要依靠政府财政，其中土地财政收入是政府还款的重要来源。在地方财政收入中，土地财政收入占有重要地位。债务偿还受到房地产业的动荡市场影响将难以按期完成。

**（二）地方政府化解系统性金融风险模式分析**

地方政府在系统性金融风险上既是风险来源，同时也是控制风险的重要组成。地方政府在化解系统性金融风险时，应该基于风险预估模型，有效地进行风险识别。与此同时，应该重点关注地方政府负债、银行存在的不良贷款率对区域系统性风险的影响。因此，下文将通过两个方面对地方政府化解系统性金融风险的模式进行分析。

1. 地方政府化解地方负债的模式分析

地方政府在化解地方债务时，应该注重健全限额管理、预算管理、动态监测、风险预警、应急处置、政绩考核等政府债务风险防控体系，依法规范政府举债融资行为，完善地方政府市场化、规范化融资机制。与此同时，强化审计问责，实行终身追责，监测查处各类违法违规变相举债行为，加强全口径政府监测管理，严格控制新增政府性债务规模，有效防范政府性债务风险。

2. 地方政府化解不良贷款率的模式分析

地方政府在化解不良贷款利率时，应该坚持分类施策，按照重点风险企业、风险企业、潜在风险企业划分不同风险类型和风险等级，坚持因企而异、分类实施、及早介入、高效处置。完善动态监测、预警预案和销号管理制度，力争把风险损失降到最低。在对企业的分类处置上，地方政府应该对产能严重过剩行业企业在退出、转型、并购和重组过程中产生的金融债务问题，在依法合规的前提下，灵活采取清算、重整、核销、债务和解、债转股、债务迁移等措施，予以妥善解决。对发展前景好、暂时遇到资金困难的企业给予及时有效支持。

### 三、地方政府防范和化解系统金融风险的建议

通过前文的分析得知，地方政府存在的主要问题是其自身的债务过高，容易形成系统性风险，因此，地方政府自身更应该注意其欠债造成的系统性风险。合理、有计划地从银行贷款；同时，注重发展地方特色产业，带动经济发展，而不是过度依靠房地产带动地区经济。下面笔者将通过两个方面对地方政府防范和化解系统金融风险提出可行性建议。

#### （一）对地方政府政策的建议

1. 整顿和规范地方融资平台

诸多问题和隐患存在于地方融资平台中，但由于我国尚未形成规范地方融资平台的相应法律、监管和监督机制来制约，地方政府必须提出明确的计划，制定具体措施，整顿和规范地方融资平台。一是严格执行有关政府文件的要求，明确履行还款义务；二是落实债务人的具体还款责任，妥善处理融资平台的债务；三是制止地方融资平台违规融资行为，禁止以公益性项目为依托，实现地方融资平台的标准化和商业化，引导融资平台公司依法合规经营。

### 2. 厘清并逐步化解存量债务

地方政府应高度重视采取科学有效的手段控制地方政府债务风险，防止债务不断累积。首先，审计工作是关键，厘清当前还款期限、资金下落、地方政府债务余额和还款来源，确定地方政府债务状况，专门防范和化解地方政府债务风险。其次，通过发行地方政府债券，在不违背法规的情况下，开展存量置换工作。最后，通过审查地方政府债务的偿还和置换情况的结果，不断加强信息披露，逐步宣传地方政府债务审计结果，化解债务进度，做出改进和调整，充分调动人民积极性，参与到监督工作当中。

### 3. 建立地方金融风险预警系统

为防范和化解当地的金融风险，地方政府应该采取预防措施。通过建立地方风险预警体系，及时、准确地评估当地金融风险的实际情况。如有必要，可发布预警信号，使当地监管部门能够尽快掌握当地金融体系的具体情况，及时做出反应。做好风险的预防和后处理工作。

## （二）对地方政府机制的建议

### 1. 加强创新机制，营造良好的环境

目前金融创新日新月异，政府部门要灵活创新机制，使得金融监管机制、监管手段与时俱进。可以成立专门的机构。组建金融风险处置办，市政府直管，由银行、地税、法院、公安等部门组成这种专门的机构，担保由市领导直接挂钩处置。对效益差、风险大的企业启动破产程序，对效益好、前景好只是短期周转不开的，银行给予宽限时间。

### 2. 加强金融秩序源头管控

地方政府应严把市场准入关，全面实施金融机构及业务持牌经营，开展金融业务必须持有金融牌照，依法取缔和惩处无牌照、超范围经营活动。严厉打击非法集资等金融犯罪活动。建立健全非法集资等金融违法违规行为举报奖励制度，将违法市场主体纳入社会信用黑名单。持续推动民间融资规范化、阳光化发展，坚决打击农村、校园等各类高利贷违法犯罪行为。严禁金融机构、媒体、网络平台等为非法金融活动提供便利。

### 3.加强社会信用体系建设

加快推进全省金融业统一征信体系、公共信用信息和行业信用信息平台等社会信用基础设施建设，加强信用信息共享，为金融业健康发展提供基本保障。着力打造全省金融大数据服务中心，健全金融及相关领域市场主体和从业人员信用记录。大力培育市场公信力强的会计师、律师事务所等中介机构，有效规范企业财务报表，严厉打击企业财务造假等违法违规行为，全面堵塞市场漏洞。积极推进规模企业规范化公司制改制工作，为增强企业信用打下基础。规范发展征信市场，培育具备较强竞争力的征信机构。全方位、多方式营造诚实守信的社会风尚，推动信用教育进入国民教育体系。

### 四、小结

在飞速发展的全球经济下，金融行业起着举足轻重的地位，一旦金融行业受挫，整个经济市场将面临巨大的危机风险，倘若没有采取有效的手段干预消除危机，任由这种风险不断积累，很有可能会演变成极端的金融危机。因此，在维护经济金融稳定的过程中，采用有效的预警方式防控金融风险是一种行之有效的手段。地方政府在防范和监督系统性金融风险方面应发挥关键作用，做好对系统性金融风险的防范和化解，这样可以有效地防止其冲击经济安全和社会稳定，更好地发挥地方政府的作用。

## 参考文献

[1] 王铁英，靳辉，朱江.地方政府性债务产生的系统性金融风险及对策研究 [J].内蒙古金融研究，2012（4）：38-40.

[2] 陈世清.中国经济解释与重建 [M].北京：中国时代经济出版社，2009.

[3] 赖娟.潜在的危机：中国金融系统性风险研究 [M].北京：中国财政经济出版社，2011.

[4] 彭建刚 . 基于系统性金融风险防范的银行业监管制度改革的战略思考 [J]. 财经理论与实践，2011，32（1）：2-6.

[5] 高磊，张园 . 我国区域性金融风险分析 [J]. 黑龙江金融，2003（9）：14-15.

[6] 李然 . 山东省政府性债务风险及其对区域金融稳定性的影响 [D]. 济南：山东财经大学，2016.

[7] 胡光辉 . 地方政府性债务危机预警及控制研究 [D]. 长春：吉林大学，2008.

[8] 李晓涵 . 我国地方政府债务风险及防控研究 [D]. 北京：对外经济贸易大学，2015.

# 跨境电子商务分析研究

## 王晓琳 [①]

**摘 要：** 经济发展新常态下，跨境电子商务在国际贸易中的地位日益突显，利用网络平台进行小额贸易已经成为我国对外贸易发展的新方式和新手段。2016 年 1 月，国务院批复在天津、上海、重庆、合肥、郑州、广州、深圳、成都、大连、宁波、青岛、苏州等 12 个城市设立跨境电子商务综合试验区，标志着我国跨境电子商务将进入新的发展阶段。本文对青岛市跨境电子商务发展现状进行分析，提出税收管理方面建议。

**关键词：** 跨境电子商务 税收监管 海关

2016 年 3 月，财政部、海关总署、国家税务总局等 11 部门公布了《跨境电子商务零售进口商品清单》。2016 年 4 月 8 日起，我国实施跨境电子商务零售进口税收政策，同步调整行邮税，取消了税费 50 元以内免税等政策，并将单次交易限值确定为人民币 2000 元，同时将个人年度交易限值设置为 2 万元。在限值以内进口的跨境电子商务零售进口商品，关税税率暂设为 0%，进口环节增值税、消费税取消免征税额，暂按法定应纳税额的 70% 征收。这次调整，对跨境电商平台经营商品品类丰富度的增加是有力的。

跨境电商作为一个新兴的行业，是创新驱动发展的重要引擎和大众创业、万众创新的重要渠道，近年来进入高速发展阶段。为充分发挥跨境电商对外贸行业转型升级的推动作用，现对跨境电子商务积极开展调查研究，分析青岛跨境电商发展现状，对促进跨境电商发展，加强地方财源建设提出建议。

---

① 王晓琳（1990—），女，山东烟台人，中国海洋大学 2016 级公共管理专业研究生。

## 一、跨境电子商务的相关介绍

### （一）跨境电子商务的定义

跨境电子商务，简称跨境电商，是指分属不同关境的交易主体，通过电子商务平台达成信息或是商品交易的国际商业活动。

### （二）跨境电子商务分类

1. 按进出口方向分类

根据国际贸易双向的特点，跨境电子商务分为外贸出口和外贸进口两大类。进口的跨境电子商务运营方式主要是建立开展外贸进口的海外网购平台。平台吸引海外卖家入驻，向本国境内进口海外大品牌、较国内市场价格低或国内市场买不到的商品。

2. 按交易模式分类

从交易模式分为 B2B 跨境电子商务、B2C 跨境电子商务和跨境 C2C 电子商务。

## 二、我国跨境电商服务试点情况

2013 年 8 月 29 日，国务院办公厅转发了商务部等 9 个部委《关于实施支持跨境电子商务零售出口有关政策的意见》，自 2013 年 10 月 1 日起在已经开展电子商务通关服务试点的上海、重庆、杭州、宁波、郑州等 5 个城市展开新政策试点。2013 年 9 月，广州获批成为第六个跨境商务进口服务试点城市；2014 年 7 月，深圳获批成为第七个国家跨境电商进口服务试点城市。2014 年 10 月开始，我国跨境电子商务城市试点开始在全国有条件的地方全面铺展（表 1）。

表 1 中国跨境贸易电子商务服务试点城市审批情况

| 批次 | 批准时间 | 试点城市 | 审批单位 |
|---|---|---|---|
| 试点启动期 | 2012 年 | 郑州、上海、重庆、杭州、宁波 5 个城市 | 海关总署 |
| 批次 | 批准时间 | 试点城市 | 审批单位 |

| 全面铺展期 | 2013—2014 年 | 广州、深圳、苏州、青岛、长沙、平潭、银川、牡丹江、哈尔滨、烟台、西安、长春等十几个城市 | 海关总署 |
|---|---|---|---|

跨境电商试点城市共有 4 种可申报的业务模式，分别是直购进口模式、保税进口模式、一般出口模式和保税出口模式。不同城市的业务试点模式范围有明显的限定，目前，国家海关总署明确可以做跨境电商平台的城市共有重庆、广州、上海、宁波、杭州、郑州和深圳 7 个城市，其他获批的试点城市均只有出口试点的资格（表 2）。

表 2　中国部分跨境贸易电子商务服务试点城市业务模式限定范围

| 代表城市 | 直购进口模式 | 保税进口模式 | 一般出口模式 | 保税出口模式 |
|---|---|---|---|---|
| 重庆 | √ | √ | √ | √ |
| 广州 | √ | √ | √ | √ |
| 上海 | √ | √ | √ | |
| 宁波 | | | √ | |
| 杭州 | √ | √ | √ | |
| 郑州 | | √ | | |

目前，试点城市跨境电商业务模式的探索大致可以分为出口和进口两方面。出口方面，目前主要采用"清单核放、汇总申报"的管理模式，解决电商出口退税、结汇问题。进口方面，各试点城市充分发挥海关特殊监管区域的功能和优势，建立网购保税进口模式和直购进口模式（表 3）。

表 3　跨境电商两种进口业务试点模式分析

| 业务模式 | 直购进口模式 | 保税区进口模式 |
|---|---|---|
| 运作方式 | 消费者购买境外商品，境外商品通过国际运输的方式发送商品，直接运达境内消费者 | 境外商品入境后暂存保税区内，消费者买后以个人物品出区，包裹通过国内物流方式送达消费者 |
| 业务模式 | 直购进口模式 | 保税区进口模式 |

续表

| 优点 | 产品丰富多样，中国消费者可以直接购买稀缺、优质、新奇的全球商品，并可与海外商家直接沟通 | 缩短物流时间，海关监管保证质量，方便退换货等售后服务，优化购物体验 |
|---|---|---|
| 缺点 | 收货时间稍长，7~10 天左右 | 商品可供选择范围有限 |
| 商品价格构成 | 商品标价＋物流费用＋行邮税 | 商品标价＋行邮税 |
| 典型试点 | 杭州、广州 | 上海的跨境通，宁波的跨境购，郑州的 E 贸易平台，重庆的爱购保税 |

### 三、青岛跨境电子商务发展情况

#### （一）青岛跨境电子商务总体情况

2014 年 1 月 27 日，海关总署正式复函青岛市人民政府，同意青岛市开展跨境贸易电子商务服务相关试点工作，标志着青岛市跨境电子商务工作正式启动，青岛成为山东省首个试点城市。

2015 年 3 月 20 日上午，中韩高速客货班轮"新金桥 5 号"运载的跨境电商直购进口商品在青岛大港海关顺利通关，这是全国海运跨境电商直购进口的"第一单"，标志着中韩海运跨境电子商务直购进口模式正式开启，青岛由此成为国内首个开展海运跨境电子商务直购进口的城市。

2015 年 5 月 20 日，青岛西海岸第一单海外邮购商品顺利通关，标志着山东省第一家跨境电商产业园——青岛跨境电子商务产业园在青岛西海岸新区正式开园。在启动仪式上，山东省第一家垂直型跨境购电子商务平台——"拇指商城"成功上线。前期，青岛西海岸新区管委已与唯品会（中国）有限公司、青岛翔通报关行有限公司签订战略合作协议，西海金淘、速普母婴、大韩家、跨境优品、莱特昂等多家跨境电商企业已入驻园区。

2016 年 1 月，青岛市获批全国第二批跨境电子商务综合试验区，4 月

26 日，山东省政府制发了《山东省人民政府关于印发中国（青岛）跨境电子商务综合试验区建设实施方案的通知》，这标志着中国（青岛）跨境电子商务综合试验区建设工作全面启动。根据实施方案，青岛跨境电商综合试验区在全面复制借鉴杭州 55 项先行先试措施的基础上，结合青岛特点，提出了 17 项创新举措，凸显青岛特色。青岛将创新发展"四合一"模式，即扶持跨境电子商务企业对企业（B2B）、工厂对销售商（M2B）模式，并与销售商对消费者（B2C）、工厂对消费者（M2C）模式并行发展。2016 年，青岛争取全年跨境电子商务进出口过百亿美元。

**（二）青岛保税区跨境电子商务总体情况**

2015 年 5 月，山东省首家跨境电商大型公共服务平台和全国首家大型 B2B 跨境电商平台落户青岛保税港区。此平台以推行公益服务为主，在前端完全开放、免费的公共服务平台上，中小企业可以足不出户通过平台实现自主信息查询、出口报关、船代货代信息共享。后端则是 B2B 跨境电子商务交易平台，该平台用互联思维构建生态圈，搭建外贸产业链全流程，包括产品设计、质量控制、报关、出口、市场订单等，聚集了一流国际资源，任何中小外贸企业都可以免费在交易平台上进行交易，实现共同发展。

大型 B2B 跨境电商平台（日日顺跨境电商平台）集中了海尔集团多年产业和营销资源优势，从中小企业跨境电子商务综合服务和跨境电子商务企业孵化切入，向中小企业提供大企业的供应链资源，让中小企业不用外销员、报关员也能做外贸。目前，国内现有的大型跨境电子商务平台如上海跨境通、杭州跨境一步达等，均是针对 B2C 类跨境电商，而青岛保税港区的这个项目则是针对 B2B 类业务的跨境电商服务综合体，填补国内空白。统计显示，截至 2015 年，已有注册用户 1000 家，平台交易额接近 5500 万元，

2015 年 7 月 6 日，国家商务部正式批复青岛保税港区为国家电子商务示范基地，这是我省首家获批电子商务示范基地的海关特殊监管区。2016 年，青岛保税港区出台《建设跨境电商综合试验区核心区的实施方案》，将构建保税物流园区、保税区、出口加工区、南港区"一区多园、优势互补、联动

发展"的跨境电商特色格局，打造国内首家跨境电商创新发展综合体。

### 四、青岛发展跨境电子商务的不足

第一，没有充分利用区域优势，没有放开保税港区内保税仓库备货模式（B2B2C），导致跨境购物流成本加大，失去市场竞争优势。第二，海关监管负面清单限制太多，其他地区放开的化妆品、保健品等一些热门购物，在青岛保税港区海关是受到限制的。第三，电子商务税收征管手段薄弱，跨境电子商务改变了交易的形态，在电子商务环境下交易双方的合同以及各种票据都以电子形式存在，使得传统的后期审计稽查失去线索。这种建立在虚拟交易基础上的跨境商务模式冲击了传统的以凭证追踪审核的税收征管机制，增加了税收管理的难度。

### 五、促进青岛跨境电商发展的建议

#### （一）抓住机遇，引导外贸企业转型

抓住国家、山东省大力扶持跨境零售电子商务发展的有利契机，引导开展外贸业务的传统企业转型，发展跨境电子商务，实行线下和线上同步营销，参与全球市场竞争，促进产品、服务质量的提升和品牌建设。支持中小企业运用第三方电子商务平台，开展境外小额批发或零售业务，深化企业电子商务应用，提升国际竞争力；支持大中型外贸企业利用自身的优势产业基础和多年的外贸经验，借鉴阿里巴巴等成功的第三方电子商务平台的经验，建设综合性跨境电子商务平台，在平台上实现产品信息展示、跨境营销、交易磋商、合同签订、跨境电子结算、国际物流等功能，打造一站式外贸网络直销服务平台，拓展海外市场。鼓励外贸衍生服务企业通过电子商务拓展进出口代理业务，创新服务功能。

#### （二）建立与跨境电子商务平台相适应的物流网络

目前，青岛保税港区拥有一定数量的仓储设施和物流企业，应在此基础上进一步加强港口、机场设施建设，改善物流设备，推动物流企业信息平台建设，加快本土物流企业品牌培育，促进国际物流业的发展，提高在国际物流中的话语权，从而降低国际贸易成本。鼓励企业在境外主要贸易城市建立

海外公共仓储，突破限制跨境电子商务发展的物流瓶颈，降低国际物流成本，提升国际物流速度，提高跨境投递正确率。加强与国内外知名跨境物流企业的合作，或依托现有规模货代公司，建设国际快件综合处理中心，探索邮件、快件综合监管的新模式，积极培育探索邮政之外的快递出关模式，同时整合资源，推出更好的物流产品。

### （三）完善税收监管政策，实行票据电子化

跨境电子商务交易界定困难的根本原因是缺少界定交易的依据。实行票据电子化政策首先是实现电子发票系统，每一单交易完成之后税务系统自动生成电子发票，并向税务机关报备；其次是交易流程管理，将交易分为几个步骤，每个步骤完成后将自动生成交易明细单，并反馈到税收部门，以便于规范海外电子商务交易流程。出于对系统稳定性考虑，每笔交易的税收完成之后，税收部门的交易流程记录自动清零。

### （四）实行税收机构改革，加强税收信息化建设

在网络转账越来越便捷的今天，跨境电子商务利用虚拟网络交易的特性可以方便逃避税收。随着经济的发展和科技的进步，税务机关应该在既有部门的基础上设置专门的电商税收管理部门，加强税收信息化的建设。在发展集成个人信息的海关数据系统同时，积极建立跨境电子商务第三方支付监管平台，鼓励企业及个人网购时通过电子支付方式直接完税行为。

# 参考文献

[1] 梁燕君. 电子商务物流——新旧模式之比较 [J]. 湖南包装，2008（4）：14-17.

[2] 张铎，林自葵. 电子商务与现代物流 [M]. 北京：北京大学出版社，2002.

[3] 张小燕. 对中国 B2C 电子商务发展思路的探索 [J] 商场现代化，2005（A10）：70.

[4] 李录温. 对现行征管模式运行现状的分析和思考 [J]. 税务研究，2010（11）：55-58.

[5] 王成钢，陈登斌. BtoC 电子商务配送系统建设 [M]. 长沙：湖南师范大学出版社，2008.

[6] 仲岩，芦阳，李霞. 电子商务实务 [M]. 北京：北京大学出版社，2009.

[7] 常连玉，陈海燕. B2C 电子商务配送模式的思考 [J]. 物流技术，2010（15）：129-130.

[8] 樊宏，林健. 中国 14 省区经济运行效率评价 [J]. 统计与决策，2006（18）：64-66.

[9] 吕冰洋，李峰. 中国税收超 GDP 增长之谜的实证解释 [J]. 财贸经济，2007（3）：29-36.

[10] 孙勇. 我国 B2C 电子商务物流配送问题与对策 [J]. 现代商业，2010（26）：70.

# 大数据背景下社区市场监管研究
## ——以青岛市市北区为例

魏鑫焱 ①

**摘　要：** 党的十八届三中全会以来，我国改革步伐不断加快，商事制度改革、"互联网＋"行动、大众创业万众创新等一系列改革措施激发了市场活力，加快着政府职能转变。同年，山东工商系统在全国率先实行体制改革，取消原先的省以下垂直管理模式，改为地方政府分级管理，山东各市从实际出发，开始着手探索并建立市场监督管理局。目前青岛市在市级层面仍然保留了市工商行政管理局、市质量技术监督管理局，在区（市）层面将工商行政管理局与质量技术监督管理局合并，建立了区（市）市场监督管理局。市场迸发的空前活力表现为市场主体数量一路高升，而改革中的市场监管体制机制明显跟不上市场经济发展的节奏，2015 年国庆期间在市北区发生的"天价大虾"事件将目前社区市场监管中的问题暴露无遗。因此，深入研究当前的社区市场监管，紧密结合当前的大数据背景，探索如何提升市场监管水平，对市场监管体制机制的改革和完善具有重要意义。

**关键词：** 社区　市场监管　信用信息平台

## 一、社区市场监管概述

### （一）社区市场监管的内涵

1. 社区市场监管的概念

社区市场监管指的是针对社区市场主体的市场监管，即市场监管主体对

---

① 魏鑫焱（1988—），男，山东淄博人，中国海洋大学 2015 级公共管理专业研究生。

社区市场主体及其行为进行限制、约束等直接干预活动的总和。社区市场监管主体即社区市场监管的实施者，在本研究中为市场监督管理局。社区市场监管对象包括社区市场活动的参与者及其市场行为。

2. 社区市场监管的内容

根据职能分工，市场监管的内容包括市场主体登记管理、市场交易和竞争秩序维护、消费者合法权益保护、商标保护和广告监管等职能。当前社区市场监管工作以办理营业执照、主动巡查和处理投诉为主。

3. 社区市场监管的特点

社区市场监管具有微观与宏观相结合的特点。市场监管部门要对社区市场主体进行注册登记，确认市场主体合法地位，参与管理经济活动，直至退出市场的全过程进行微观的全方位的监管。同时，市场监管部门涉及几百部法律法规的执行，涉及与其他政府部门的合作问题，是当前政府监管部门中业务最宏观广泛、综合性最强的监管部门之一。

（二）社区市场监管的理论基础

关于社区市场监管有着丰富的理论基础，西方国家在长期的政府管理实践中围绕政府的角色、政府与市场、国家与社会的关系等核心内容有许多较有代表性的理论，可以借鉴的理论主要是新公共管理理论。新公共管理理论是 20 世纪 80 年代以来，兴起于英、美等西方国家的一种新的行政理论和管理模式，也是近年来欧美国家行政改革的主要指导思想。它以现代经济学和管理主义作为理论基础，主张在政府等公共权力部分采取企业的管理方式和竞争机制，创新政府管理方式，提高政府效率。新公共管理理论改变了传统模式下政府与民众之间的关系，提出政府应成为以人为本的服务提供者，而不再是发号施令的权威官僚机构，政府行政应成为"服务"而不再是"管制"。因此，政府部门要明确自身的定位，划清政府可以涉足的领域和界限，有所为，有所不为，既不缺位，又不越位、错位。

## 二、当前社区市场监管的基本情况

商事制度改革以来，全社会市场主体的增长成井喷之势。然而，受限于固定的编制数量，对市场主体进行监管的人员数量几乎没有任何变化，而传统的巡检模式已经越来越不适应大数据背景下互联网经济的现状。

### （一）社区市场主体与监管人员情况

根据笔者统计，自笔者所工作的青岛市市北区市场监督管理局商事制度改革以来，全区市场主体从不足 10 万户发展到突破 12 户，3 年内增长了 20%。然而，与迅猛发展的市场主体数量相比，监管人员的数量几乎没有任何变化。当前，市北区有社区 135 个，市场主体 120 332 户，市场监管人员 219 人。平均算下来，每个社区拥有 891.35 户市场主体，却仅有 1.62 名市场监管人员，平均每名监管人员要监管 549.47 户市场主体。

### （二）社区市场监管现状

当前的社区市场监管以办理营业执照、主动巡查和处理投诉为主。办理营业执照即为市场主体实施行政许可。根据工作分工，市场监管所负责办理个体工商户的营业执照。主动巡查即采取巡游检查的方式，对市场主体的门头牌匾规范情况、营业执照办理悬挂情况、特种设备情况、门前"五包"情况、卫生洁净情况、商品过期情况、明码标价情况、广告宣传情况等进行检查，现场发现问题后根据有关法律法规要求市场主体进行整改，有违法行为的对其进行立案处罚。处理投诉主要是处理市场监管系统流转的投诉和消费者的现场投诉，投诉客体均为各市场监管所辖区内的市场主体。监管人员了解消费者诉求后，通过调查、沟通、协商、调解、投诉转案件等方式，完成处理工作。目前社区市场主体的监管主要围绕这三项工作展开。

## 三、社区市场监管存在的问题及原因分析

随着社区市场主体的飞速发展，当前的社区市场监管工作的问题暴露得越来越多，表现得也越来越明显，而问题的原因和人员管理、工作属性、各项改革未完成等直接相关。

### （一）社区市场监管中存在的问题

#### 1. 监管人员数量少

当前，青岛市市北区每个社区平均有监管人员 1.62 人，但却承担着

891.35 户市场主体的监管任务，平均每人监管 549.47 户市场主体，工作量巨大。而且目前监管队伍平均年龄高达 49 岁。老龄化严重的队伍在邮件办公、微信办公、手机软件办公方面学习效率低，工作效率提升缓慢。

2. 当前的监管工作已经不能适应经济社会的发展

随着市场新兴业态的不断发展，尤其是随着互联网经济的飞速发展，越来越多的新情况和新问题出现，让传统的监管模式无所适从。

（1）主动巡查已经极大地失去了监管效果。传统的巡查模式一般为两人一组，对业户进行系统检查或者重点检查，主要针对肉眼看到的门头牌匾规范情况、营业执照办理悬挂情况、特种设备情况、门前"五包"情况、卫生洁净情况、商品过期情况、明码标价情况、广告宣传情况进行检查。然而随着经济行为的复杂程度不断增加，尤其是对于电子商务、互联网支付的市场主体来讲，上门进店的肉眼检查已经无法直接监管其经济行为，而巡查本身也无法实现长期、动态、不间断的监管，更无法起到对市场主体的震慑作用。相反，目前的巡查由于在店内进行持续作业，非常容易引起业户的反感，造成业户的不配合，甚至引发冲突和对抗，这又极大削弱了巡查效果。

（2）投诉处理工作"反客为主"。随着消费者维权意识增强，尤其是 2015 年"天价大虾"消费事件发生以来，投诉数量明显增多，从目前的工作量统计来看，投诉处理工作占据了市场监管工作一半以上的监管人力和监管时间，导致公平交易案件查处、商标监管、广告监管、农贸市场监管、网络交易监管等其他业务开展缓慢。由于投诉处理过程消耗大量的时间和精力，监管人员无法推进其他监管业务的开展。

3. 市场主体监管正在被社区其他治理工作稀释

随着市北区综合行政执法改革的推进，市场监管所的隶属关系已经由区市场监督管理局的派出机构变为了街道办事处的组成部门，社区市场监管将被社区的其他治理工作进一步稀释，原来较为单一和专业的市场主体监管队伍将承担经济普查、人口普查、信访维稳、改造拆迁等其他社区治理工作。从长远来看，除执照办理和投诉处理以外，其他监管业务基本都将被边缘化。

### （二）对社区市场监管有关问题的分析

1. 严格的编制管理和监管工作的法律属性使得监管人员数量无法增长

（1）行政编制的管理越来越严格。李克强总理曾在 2013 年十二届全国人大一次会议答记者问时说过：“本届政府内，财政供养的人员只减不增。”他还在 2014 年国务院第二次廉政会议中提出六点要求，其中一点要求就是“严控机构编制和人员，坚决实现‘两个不突破’”。随着我国公务员录用制度的不断改革与完善，以及对编制管理的规范化，超额配备编制和干部的情况已经极为少见，编制内监管人员的数量将长期稳定在目前的数量。

（2）监管工作的法律属性使得社会聘用收效甚微。社会聘用是当前地方政府在治理中经常采取的一种扩充人力资源的方法。在目前社区市场主体的监管中，有些社区尝试过聘用方式，但由于监管工作的法律属性，工作结果的法律责任只能由聘用单位承担，而被聘人员无须承担。基于此，当前的社区市场监管中，社会聘用只针对资料档案的收集整理工作。同时，屡屡被媒体曝光的“实习生担责”事件，也让监管部门在社会聘用时极为谨慎。

2. 经济基础仍处于激烈变革期，而上层建筑滞后于变革

当前“互联网＋”正以前所未有的速度席卷着经济领域，各种生产要素都在互联网的渠道中进行着重新混合，不断产生新业态、新模式甚至新颠覆。传统行业的边界正在消融，更为模糊和融合的经济形态正在形成。与经济基础的快速变化相比，上层建筑的变化显得相对滞后，反映在社区市场主体的监管中即为法律体系出现大面积空白，监管人员无法可依。

## 四、提升社区市场监管水平的对策

自党的十八届三中全会以来，社区市场主体的监管主体先后经历了垂直管理变为属地管理、单纯工商行政管理，到合并了质量技术监管、食品药品监管的市场监督管理，伴随着监管体制改革的是商事制度改革——“多证合一”、“先照后证”、取消年检、设立信用信息平台等相关配套改革纷纷实施。在当前的监管工作中，最重要的就是更新监管理念、建设信用体系，运用高效的信息化手段，方能提升监管水平。

### （一）更新监管理念

#### 1.树立协同理念

坚持基层社会治理的多方参与、协同治理理念，注重协调各类主体相互关系，协调各种利益群体，在具体难题上注意统筹兼顾、平等沟通、协商处理。基层的社会治理新格局需要注意在党委和政府的领导下实现四位主体之间的协同、协调、协商关系，现阶段的主要任务是保持党和政府的领导地位，鼓励和创造条件使各类社会团体、公民个人积极参与到基层社会治理中来，为基层社会增添活力。构建协同的基层社会治理要求政府抛弃过去"一人独大"的心态，树立多元参与理念，明确社会治理需要多元主体的共同参与才能创造活跃的基层社会治理，才能最终实现社会治理的目标。因此，在对社会市场主体进行监管时，要最大限度地鼓励社会组织和公民参与到监管之中来，最大限度地调动社会力量进行协同监管，除了发挥市场监管所队伍的力量，还要发挥街道办事处其他工作人员、社区工作者，以及社区居住者、消费者和市场主体的作用，实现集体的监督和管理。作为公民个人要提高自身参与积极性，提高科学文化素质，提高参政问政能力和自我管理能力，积极主动地参与监督和管理，积极主动发表意见和建议，保证决策和活动的民主。在协同理念的指导下，政府发挥核心领导作用，社会组织和公民是多元化主体，各司其职，平等交流，从而形成优势互补、和谐共处的格局。

#### 2.树立"互联网＋监管"理念

2015 年 3 月 5 日，在十二届全国人大三次会议上，李克强总理在政府工作报告中首次提出"互联网＋"行动计划。2015 年 7 月，国务院印发《关于积极推进"互联网＋"行动的指导意见》。2015 年 10 月 29 日，中国共产党第十八届中央委员会第五次全体会议指出：实施网络强国战略，实施"互联网＋"行动计划，发展分享经济，实施国家大数据战略。因此，在"互联网＋"理念的指导下，政府和公民都要加强对 "科学技术是第一生产力"这一重要论断的理解，在认识到"互联网＋"经济重要性的同时，更要认识到"互联网＋"治理的重要性。政府要通过搭建"互联网＋"治理渠道，一端与"互联网＋"

经济相连,另一端与治理主体和治理客体相连,发挥互联网高效、便捷的优势,逐渐消除信息壁垒和信息不对称,极大提升工作效率,同时为公民积极参与社会治理提供便利,畅通民众参与渠道,提高社会民主水平。

### (二)建设社区市场主体信用信息平台

商事制度改革以来,在国家工商总局领导下,国家、省、市层面的企业信用信息公示系统已经搭建完毕,企业要定期主动填报、更改并公示自身信息,接受全社会监督,并定期接受政府监管部门的抽查。然而,由于该系统指标设置上主要侧重于企业,针对个体工商户的信用指标非常少,内容严重不足。同时,信用系统的数据库建在省级工商部门,区县级无权增减指标,尤其是缺乏消费者参与,远远达不到通过信用影响业户经营效益的目的,在微观实践层面约束力不强。因此针对社区市场主体打造信用信息平台,丰富评价指标,加入消费者参与互动,同时实现消费者、市场主体、监管者信息的实时互通,是大数据背景下社区市场监管工作的必然选择。青岛市市北区市场监督管理局目前打造的"青岛市北经营者信用平台"在这方面做了有效的探索和尝试。

#### 1. 基于移动互联网终端建设平台

当前,以手机、平板电脑为代表的移动互联网终端已经成了人们生活中不可或缺的一部分,因此基于移动互联网终端打造信用信息平台,有利于平台的日常应用与推广。"青岛市北经营者信用平台"就是由消费者使用的基于微信的"消费者公众号"、经营者使用的基于微信的"经营者公众号"、监管人员使用的基于安卓系统的手机 APP 执法软件三部分组成。消费者和经营者可以通过微信查看信息,监管人员只需一部手机,就能通过平台实时查询经营者信息,同时还可以在"移动执法终端"板块上传监管和执法数据,有效解决了投诉举报取证难的问题,大大降低了纠纷调解的难度。

#### 2. 在平台中整合政府部门各类信息

各种企业数据信息分散在市级相关部门,整合数据资源成为信用平台建设成功与否的前提,如企业登记数据在市工商局、行政许可数据在市各行业管理局、行政处罚数据在市各行政执法局等。"青岛市北经营者信用平台"通过与政府部门的积极对接，通力协作，囊括了市北区 12 万经营者的登记、许可和处罚信息，把市场监管、城管执法、文化执法、安全生产、食品药品等分属不同部门的行政职能和具有属地管理职能的街道办事处纳入平台，有效缓解了各部门之间信息孤岛问题，部门之间、监管人员之间、上下级之间均可通过平台进行信息交换、转办、批办和反馈。同时，该平台直接与举报投诉系统对接，消费者通过平台录入的举报投诉信息自动在区政府热线处理系统实现瞬时输入与输出，并不增加额外处理渠道，从而实现了现有行政资源的有效整合和最大化利用。

3. 在平台中加入消费互评功能

对于社区市场主体来讲，政府提供的登记、许可、处罚信息有重要参考价值，但广大消费者的评论与评价所形成的数据更为明显、直接和有参考价值，如果能够参考和借鉴当前电子商务中普遍应用的互评功能，将更好地促进市场主体规范经营。"青岛市北经营者信用平台"加入了消费者评价功能，消费者既可以简单地给予社区市场主体好评、中评和差评，又可以选择环境卫生等创建国家卫生城市常见评价项目进行详细评价。市场主体通过平台，可以查看消费者评价信息、投诉情况，以便进一步规范经营行为、改进服务质量、提升诚信水平。

# 基于产品空间模型的潍坊市
# 产业升级研究

朱婉琪 ①

**摘　要：** 本文基于产品比较优势理论，在潍坊市现有产业结构的基础上，通过利用复杂网络方法建立产品空间网络模型的方法，研究产品空间结构与潍坊市产业升级之间的互动关系及潍坊市的产业升级路径，进一步明晰产业结构特点，预测潍坊市产业转型升级的模式，从而进一步研究产业转型升级。

**关键词：** 地区产业　产业结构　产业升级

## 一、潍坊市产业发展现状

### （一）潍坊市产业发展成就

2013 年初，潍坊市全面启动构建现代产业体系工作，同时，在充分调研的基础上，确立了"一六六九"的现代产业体系的框架，即以品牌农业、6个战略性新兴产业（电子信息、节能环保、生物医药、智能装备、新能源汽车、海洋动力装备）、6个传统优势产业（机械装备、汽车制造、石化盐化、纺织服装、食品加工、造纸包装）、9个现代服务业（总部经济、创意设计、现代物流、金融服务、健康养老、旅游、信息消费、服务外包、社区服务）为重点，大力促进现代服务业快速发展、制造业由大变强、现代农业不断提升，促进产业向高端高质高效方向发展。仅在 2016 年，"一六六九"产业资产已增长至 3 638.4 亿元，大概占潍坊市当年 GDP 总值的 65.9%。发展品牌农业、特色农业，进一步巩固现代农业在潍坊市产业结构中的优势地位；重点扶持

---

① 朱婉琪（1988—），女，山东潍坊人，中国海洋大学 2015 级公共管理专业研究生。

发展战略性新兴产业，促进新兴产业进一步发展壮大，同时推动传统产业转型升级，稳固现代工业在潍坊市产业结构中的主导地位；加大现代服务业投入力度，推动第三产业崛起。这为推动潍坊市经济快速增长和产业发展模式向高端水平转型升级提供了有力支撑。

### （二）潍坊市产业发展机遇与挑战

目前潍坊市的产业结构升级转型卓有成效，但仍存在一些问题，例如农工业占比仍然较大、服务业发展有限等。"十三五"是潍坊市全面建成小康社会进而加速现代化进程的关键时期，是推进供给侧结构性改革、转换发展动能、实现转型升级的关键时期，是重塑发展空间、厚植发展优势、奋力走在全省全国前列的关键时期。产业是潍坊市发展的根本，是潍坊市变强变好的基础。潍坊市要实现现代化的发展，就需要深入探索产业定位、产业引进、产业帮扶、产业升级发展、多产业融合等方面的有效措施，紧抓成效，加快产业发展和市场主体培育，构建高端龙头企业引领发展、不同产业协调融合发展、绿色低碳环保发展、优质高效健康发展的现代产业新体系，推动潍坊市经济发展踏上新的道路，取得更大进展，全方位、全过程地实现潍坊市经济的转型升级发展。

## 二、模型设计

学术界对国家或地区产业升级的研究主要包括两个方面：产业结构调整和产品品质视角和生产要素视角。然而这两种视角均忽略了由所生产产品构成的产品空间的结构差异以及该国家（地区）在产品空间上的位置对产业升级的作用和影响。实际上，国家（地区）的产业升级路径是由产品空间的结构决定的，国家（地区）的产业升级通常表现为由目前产品向邻近产品的跳跃，进而逐渐向关联性紧密的产品空间中心区域升级。因而，本文基于产品比较优势理论，利用复杂网络方法构建产品空间网络模型，进而研究产品空间结构与产业升级之间的互动关系及国家（地区）的升级路径。

### （一）显性比较优势

显性比较优势（Index of Revealed Comparative Advantage，RCA）是由贝

拉·巴拉萨于 1965 年提出的，是基于进出口数据测度某个国家（地区）的某种产品是否具有竞争力的评价指标。显性比较优势是某国（地区）生产或出口的某类产品的总值与该国生产或出口所有产品总值之比，与该产品的全球生产或出口的该产品总值与全球生产或出口全部产品总值指标的比率，是评价和判断某个国家（地区）的某类产品是否具有比较优势的常用指标，计算公式为：

$$RCA = \cfrac{\cfrac{x(c,i)}{\sum_i x(c,i)}}{\cfrac{\sum_c x(c,i)}{\sum_{c,i} x(c,i)}}$$ （公式 1）

其中， $x(c,i)$ 表示国家（地区） $c$ 生产或出口产品 $i$ 的总值， $\sum_i x(c,i)$ 表示国家（地区） $c$ 生产或出口所有产品的总值， $\sum_c x(c,i)$ 表示全球所有国家生产产品 $i$ 的总值， $\sum_{c,i} x(c,i)$ 表示全球所有国家生产所有产品的总值。

贝拉·巴拉萨按照显性比较优势的大小，将产品进行分类，如表 1 所示。

表 1　基于显性比较优势的产品分类

| 显性比较优势 | 产品分类 |
| --- | --- |
| RCA≥2.5 | 强竞争力产品 |
| 1.25≤RCA≤2.5 | 较强竞争力产品 |
| 0.8≤RCA≤1.25 | 一般竞争力产品 |
| RCA≤0.8 | 弱竞争力产品 |

若 $RCA_{c,i}$ ≥2.5 ，则说明 $c$ 国（地区）的 $i$ 产品在国际上具有很强的竞争力；若 1.25≤ $RCA_{c,i}$ ≤2.5，则说明 $c$ 国（地区）的 $i$ 产品在国际上具有较强的竞争力；若 0.8≤ $RCA_{c,i}$ ≤1.25，则说明 $c$ 国（地区）的 $i$ 产品在国际上竞争力一般；若 $RCA_{c,i}$ ≤0.8，则说明说明 $c$ 国（地区）的 $i$ 产品在国际上竞争力很弱。

目前，很多学者根据某个国家出口某产品占其出口所有产品的比例是否高于全球的平均水平，将产品进行分类，如表 2 所示。

表 2　基于显性比较优势的产品分类

| 显性比较优势 | 产品分类 |
| --- | --- |
| RCA≥1 | 具有显性比较优势的产品 |
| RCA<1 | 没有显性比较优势的产品 |

若 $RCA_{c,i} \geq 1$ ，则说明 $c$ 国（地区）的 $i$ 产品具有显性比较优势；若 $RCA_{c,i} < 1$ ，则说明 $c$ 国（地区）的 $i$ 产品不具有显性比较优势。本文采用该分类方式划分产品类型。

### （二）基于显性比较优势的产业距离

产业距离是测量某个国家（地区）所有生产或出口产品中任意两类产品之间差异的指标，通过计算某个国家（地区）同时生产或出口的两种产品的条件概率的最小值得到。每个国家（地区）生产或出口的产品不同，某个国家（地区）在出口 A 产品的条件下也出口 B 产品，说明产品 A 和产品 B 之间存在着某种程度的相似性，该相似性可以用条件概率 $P(B_{j,t} \mid A_{j,t})$ 来表示。理论上 $P(B_{j,t} \mid A_{j,t})$ 与 $P(A_{j,t} \mid B_{j,t})$ 并不相等，但是产品 A 与产品 B 之间，以及产品 B 和产品 A 之间的距离是对称的，因而可以用 $P(B_{j,t} \mid A_{j,t})$ 和 $P(A_{j,t} \mid B_{j,t})$ 之间较小的值来测量产品 A 与产品 B 之间的距离，计算公式为：

$$\phi_{i,j} = \min\{P(\text{RCA}x_i \mid \text{RCA}x_j), P(\text{RCA}x_j \mid \text{RCA}x_i)\} \qquad （公式2）$$

其中，$\phi_{i,j}$ 表示产品 $i$ 和产品 $j$ 之间的距离，$\text{RCA}x_i > 1$，$\text{RCA}x_j > 1$。$\phi_{i,j}$ 的取值介于 0 和 1 之间，$\phi_{i,j}$ 越接近于 1，说明生产产品 $i$ 和产品 $j$ 所需要的生产要素和技术要素相似性越高，两类产品的距离越小；$\phi_{i,j}$ 越接近于 0，说明生产产品 $i$ 和产品 $j$ 所需要的生产要素和技术要素相似性越低，两类产品的距离越大。

一个国家（地区）产业升级的过程是在现有产品空间的基础上，学习和积累生产异质性产品的能力的过程，因此产业之间的距离决定了产业升级的方向及路径。两种产业的距离较小，说明生产两种所需要的资源、技术等生产要素类似，这两种产品就有可能是一起生产。例如，一个具有生产或出口玉米能力的国家（地区）在很大程度上也具有生产和出口小麦的能力；而一个具有生产或出口玉米能力的国家（地区）转向生产或出口电子信息设备的概率极小，因为两类产品之间的距离太大。因此，一个国家（地区）在产品空间上的位置以及产品空间的结构决定了该国家的产品升级路径。

### （三）产品空间网络模型构建

以世界贸易数据为基础，利用复杂网络理论，根据产业间距离的大小，以强关联为依据建立产品空间网络模型，建模步骤如下。

第一步，确定产品空间系统的元素集合 $P$。产品空间的元素是各个产品，获取世界贸易数据后，对数据进行筛选、剔除，确定所需要的研究数据，进而确定产品空间的元素集合。

第二步，根据公式 1 计算 $P$ 中产品 $i$ $(i=1, 2, \cdots, |P|)$ 的显性比较优势，令 $\mathrm{RCA}_i = \begin{cases} \mathrm{RCA}_i, & \text{若} \mathrm{RCA}_i > 1, \\ 0, & \text{否则} \end{cases}$ ，$i=1, 2, \cdots, |P|$ 。

第三步，计算产业距离矩阵 $D$。其中，产业距离矩阵 $D$ 中各元素为 $d_{ij} = \min\{P(\mathrm{RCA}x_i \mid \mathrm{RCA}x_j), P(\mathrm{RCA}x_j \mid \mathrm{RCA}x_i)\}$，$d_{ji} = d_{ij}$，$i=1, 2, \cdots, |P|$，$\mathrm{RCA}_i > 1$。

第四步，确定产品距离的临界值：①找基于产业距离矩阵 $D$ 计算产品空间的最大生成树矩阵 $T$，$T$ 中包含 $|P|-1$ 个非零元素。②找矩阵 $D-T$ 中最大的元素 $d_{ij}$。③令 $t_{ij} = d_{ij}$，$d_{ij} = 0$，若 $T$ 中非零元素的个数大约为 $2|P|$，则结束；否则，返回②。

第五步，建立产品空间网络模型。其中矩阵 $T$ 中 $t_{ij} = 1$ 表示产品 $i$ 与产品 $j$ 之间存在边，反之表示产品 $i$ 与产品 $j$ 之间不存在边，以此为依据建立产业网络模型。

## 三、 潍坊市产品空间网络模型构建

### （一）数据来源与处理

本文数据来源包括 Feenstra（2005）制作的世界贸易数据、联合国商品贸易统计数据库①、中国统计年鉴数据、山东统计年鉴数据和潍坊相关经济统计数据。在联合国商品贸易统计数据库（图 1）中，可以按产品分类查出各国进出口数据，基于此可以计算产品比较优势。

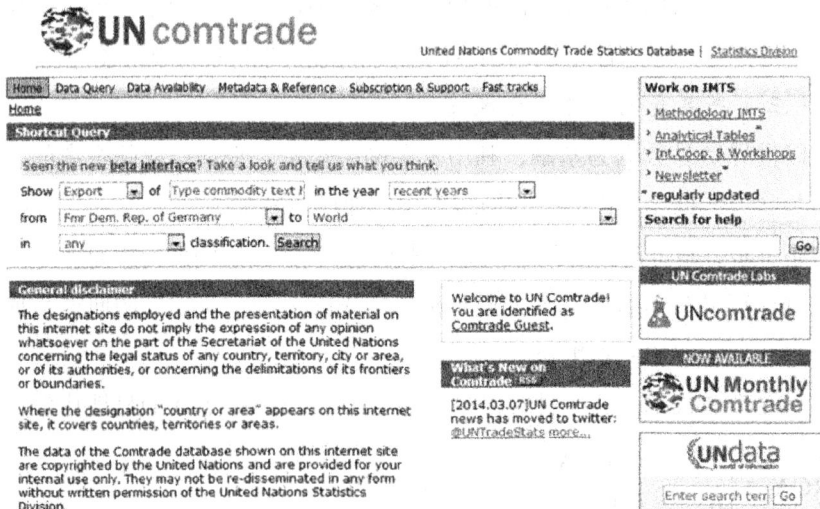

图 1 联合国商品贸易统计数据库

根据细分种类，产品有不同的分类标准，如国际标准产业分类（图 2）。从图 2 可以看出，食品和活动物中有各种不同的细分类别，根据研究需要可以选取合适的种类。本文细分到两位数产品编码进行贸易数据测算。

本文为研究潍坊市产业情况，需参考潍坊经济相关数据，如潍坊市重点企业的进出口贸易数据（表 3）。企业是产业的微观主体，通过企业活动，可以了解潍坊市的产业发展情况。

---

① 数据网址：http://comtrade.un.org/db/。

**SECTION 0 - FOOD AND LIVE ANIMALS**

**Division 00 - Live animals other than animals of division 03**

| | | |
|---|---|---|
| 001 | LIVE ANIMALS OTHER THAN ANIMALS OF DIVISION 03 | |
| 001.1 | Bovine animals, live | |
| 001.11 | Pure-bred breeding animals | 0102.10 |
| 001.19 | Other than pure-bred breeding animals | 0102.90 |
| 001.2 | Sheep and goats, live | |
| 001.21 | Sheep, live | 0104.10 |
| 001.22 | Goats, live | 0104.20 |
| 001.3 | Swine, live | |
| 001.31 | Pure-bred breeding animals | 0103.10 |
| 001.39 | Other than pure-bred breeding animals | 0103.91,.92 |

图 2　不同产品细分类别

表 3　潍坊市进口额前 50 重点企业

| 企业名称 | 金额 | 同比（％） | 比重（％） |
|---|---|---|---|
| 合计（全市） | 3971 445 | 18.8 | 100 |
| 小计（50 强） | 3430 076 | 27.4 | 86.4 |
| 山东寿光陆青石化有限公司 | 594 958 | 14.5 | 15 |
| 中化宏润石油化工有限公司 | 469 250 | −39 | 11.8 |
| 中化宏润石油储运（潍坊）有限公司 | 372 565 | — | 9.4 |
| 歌尔股份有限公司 | 367 761 | 33.7 | 9.3 |
| 潍坊歌尔电子有限公司 | 149 858 | 3.3 | 3.8 |
| 山东成泰化工有限公司 | 122 253 | 15.3 | 3.1 |
| 高密市新春油脂有限责任公司 | 110 647 | 34.2 | 2.8 |
| 寿光美伦纸业有限责任公司 | 110 499 | 340 | 2.8 |
| 山东晨鸣纸业集团股份有限公司 | 105 276 | 23.2 | 2.7 |
| 棉昉棉业科技有限公司 | 96 081 | 99 | 2.4 |
| 山东世纪阳光纸业集团有限公司 | 82 400 | 19.9 | 2.1 |
| 山东伟奥国际贸易有限公司 | 64 672 | −2.8 | 1.6 |
| 潍坊亚星化学股份有限公司 | 52 399 | 33.1 | 1.3 |
| 山东恒安纸业有限公司 | 51 457 | −4.7 | 1.3 |
| 孚日集团股份有限公司 | 48 520 | 176 | 1.2 |

### （二）潍坊市产品空间模型构建

基于进出口贸易数据，结合产品空间模型建模方法，建立潍坊市产品空间网络模型，构建产品间关联的 0-1 矩阵，并利用 UCINET 进行网络可视化，见图 3。

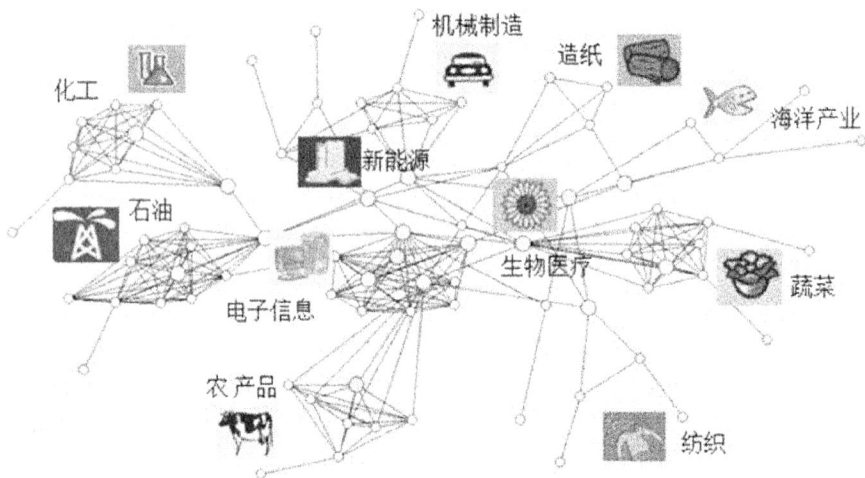

图 3    产品空间网络模型

从图 3 可以看出，属于同一类产业的产品聚在一起，形成簇的结构，这是因为同一类产业中的产品，工艺接近，技术相仿，在产品升级时壁垒较少。此外，技术密集型产品多在网络中间，劳动密集型产品多在网络边缘。在产业升级过程中，劳动密集型产品逐渐向技术密集型产品转移，在网络上表现为优势产业从边缘向网络中间转移。从需要的人力资源看，网络边缘产业多是经过简单培训就可以承担的初级工作，而网络核心的产业则需要多年的能力培育和经验积累。下面，将进一步分析潍坊市产业升级路径，寻找产品在网络上的转移规律。

### 四、潍坊市产业升级路径分析

为研究潍坊市产业升级路径，要明确潍坊市现有的优势产业、潍坊资源禀赋条件和潍坊市未来产业规划。

从潍坊市现有产业结构看，其优势产业包括石油、化工、蔬菜、电子、造纸、纺织等，将这些优势产业在产品空间网络上对应标记得到图4。

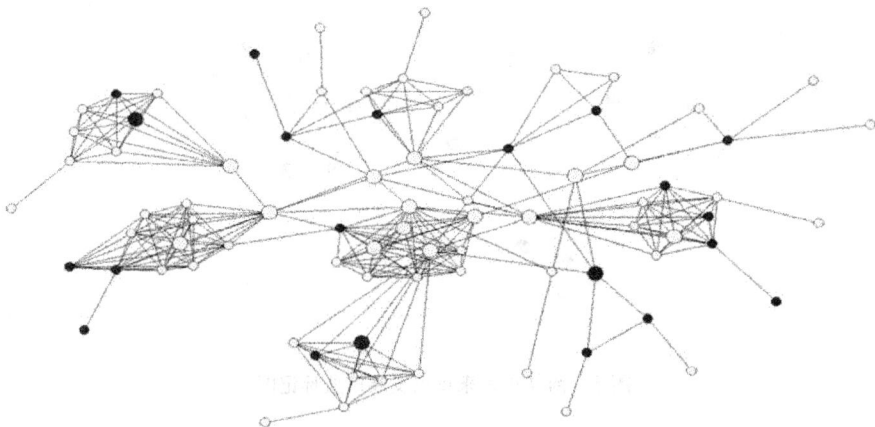

图4　潍坊市优势产业标记图

根据潍坊市"一六六九"现代产业体系的框架，以品牌农业、6个战略性新兴产业（电子信息、节能环保、生物医药、智能装备、新能源汽车、海洋动力装备）、6个传统优势产业（机械装备、汽车制造、石化盐化、纺织服装、食品加工、造纸包装）、9个现代服务业（总部经济、创意设计、现代物流、金融服务、健康养老、旅游、信息消费、服务外包、社区服务）为发展重点。以此为依据，将潍坊市未来产业升级的重点标记在产品空间网络上，见图5。

对比图4和图5，结合潍坊市产业实际情况，提出以下产业升级路径：①电子信息产业升级，通过创新和引进先进的技术，对生产的产品进行升级。生产更加成熟的电子信息产品或提供更有效率的服务。②生物医药产业升级。通过对生物企业创新整合，引进新技术，使得生产更加有效率，投入可以更有效率地转化为产出，获得所处价值链内的新价值。③海洋动力装备产业升级。山东省是海洋大省，海洋资源丰富，在开发海洋资源过程中，无疑需要海洋动力装备作为支撑，潍坊市可以利用在某特定价值链中所积累的知识和

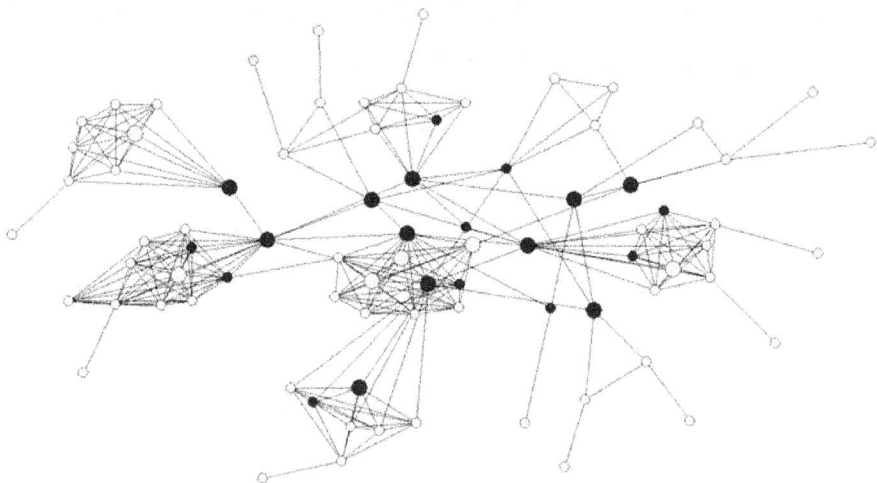

图5　潍坊市未来重点发展产业标记图

技术，转到海洋动力装备产业中，实现该产业的产业升级。④食品加工、造纸纺织等轻工业产业升级。潍坊在食品加工、造纸纺织等轻工业上具有一定比较优势，如寿光蔬菜在蔬菜市场上占有优势份额。潍坊在食品加工、造纸纺织等轻工业产业升级过程中，应重视产品创新和技术创新，实现食品加工、造纸纺织等轻工业从生产劳动密集型的低价值产品向生产更高价值的技术密集型产品转变。

## 五、小结

目前对产业升级的研究均忽略了由所生产产品构成的产品空间的结构差异以及该国家（地区）在产品空间上的位置对产业升级的作用和影响。实际上，国家（地区）的产业升级路径是由产品空间的结构决定的，国家（地区）的产业升级通常表现为由目前产品向邻近产品的跳跃，进而逐渐向关联性紧密的产品空间中心区域升级。因而，本文基于产品比较优势理论，利用复杂网络方法构建产品空间网络模型，研究产品空间结构与潍坊市产业升级之间的互动关系及潍坊市的产业升级路径。研究表明潍坊市应利用目前在特定价值链中所积累的知识和技术，通过产品创新和技术创新，做大做强现有的电

子信息产业、生物医药产业、海洋动力装备产业，以及食品加工、造纸纺织
等产业，促进转型升级。

# 参考文献

[1] 张其仔. 比较优势的演化与中国产业升级路径的选择 [J]. 中国工业经济，2008（9）：58-68.

[2] 张燕，陈漓高. 从对外贸易角度看中国产业升级的路径——基于投入产出法的实证分析 [J]. 世界经济研究，2007（12）：42-48，87.

[3] 王生辉，孙国辉. 全球价值链体系中的代工企业组织学习与产业升级 [J]. 经济管理，2009（8）：39-44.

[4] Ansoff H I. Corporate Strategy: An analytic approach to business policy for growth and expansion [M]. New York: Mc Graw-Hill, 1965.

[5] Humphrey J, Schmitz H. Governance and upgrading: linking industrial cluster and global value chain research[M]. Brighton: Institute of Development Studies, 2000.

[6] Lowe N J. Challenging tradition: unlocking new paths to regional industrial upgrading[J]. Environment and planning, A, 2009, 41（1）: 128.

[7] Nagra, M. Human capital strategy: Talent management[J]. U.S. Army Medical Department Journal, 2011: 31-37.

# 电子商务促进农村包容性发展的
# 实现路径研究

杨　洁 [①]

**摘　要：**包容性发展是一种以人为本的发展理念，其内涵是让每个人都拥有自由平等的发展机会，让更多的人共享改革和发展的成果，让贫困群体得到更多的保护，重视经济的可持续发展。与此同时，我国农村电子商务迅猛发展，依靠电商平台，特色农产品上行以及农村旅游产业都获得了更为广阔的市场，农村贫困地区依靠电子商务实现脱贫致富具有巨大潜能。本文在对于包容性发展和农村电商相关理论文献研究的基础上，通过相关案例和数据的佐证详细分析农村电商促进包容性发展的四条实现路径，并且根据农村电商发展的成就和困境提出相应的政策支持建议。

**关键词：**包容性发展　农村电商　电商消贫

改革开放之后，我国长期坚持以经济建设为中心，经济发展成绩瞩目，目前已经成长为世界第二大经济体，但是依然存在经济发展不均衡、城乡贫富差距大等问题。为了使每个人都获得平等的发展机会，世界银行于2008年在其《增长报告：可持续增长和包容性发展的战略》中提出了"包容性发展"（Inclusive Development）的概念。包容性发展也是我国"十三五"期间的重要指导思想，习近平总书记多次倡导包容性理念，包容性发展也契合了经济新常态下全面建设小康社会的新思路。其要义是经济社会的稳定、均衡和可持续发展，不仅注重经济的增长，还包括了社会、教育、医疗等各个方面的

---

① 杨洁（1994—），女，中国海洋大学 2017 级行政管理研究生。

发展。消除贫困是目前我国全面建成小康社会过程中最艰巨的任务。中央开始加大扶贫的工作部署，提出了"精准扶贫"的战略。所以，通过为弱势群体提供平等的发展机会，解决贫困问题，进而实现农村的包容性发展，是我国目前面临的严峻挑战。

另一方面，随着我国网络信息技术和交通物流的不断发展与普及，电子商务迅猛发展，第三方电子商务交易平台如淘宝、京东等交易量已经突破历史纪录，从而带动了农村贫困地区电子商务的发展。根据阿里研究院的最新数据显示，2016 年在阿里巴巴淘宝天猫等销售平台上，仅仅依靠网络电商销售额超过 1000 万元的国家级贫困县就有 280 多个 [1]。展现出了农村贫困地区依靠电子商务实现脱贫致富的巨大潜能。

综上所述，一方面我们看到了我国目前面临着贫困问题的严峻挑战，另一方面电子商务在农村的快速发展又展示出了其对于帮助农村地区减少贫困和实现可持续发展的巨大潜能，因此，电子商务可成为消除贫困、促进农村包容性发展的解决思路之一。

## 一、包容性发展的概念与内涵

包容性发展的概念是由包容性增长不断发展延伸而来的，两者具有一脉相承的关系，是人们对于经济增长和贫困概念研究的不断深化。2008 年 5 月，世界银行增长与发展委员会发表《增长报告：持续增长与包容性发展战略》一文，第一次提出包容性发展概念，明确提出要维持经济的长期稳定和包容性增长，主张通过包容性发展让更多发展成果为大众广泛共享 [2]。随着经济社会的不断发展，由包容性增长向包容性发展的转变，不仅仅注重经济的发展、GDP 的发展，而是更加注重经济、社会、政治、教育、医疗等全社会的均衡、可持续发展。

包容性发展的概念受到了众多国际组织和发展中国家的认可，但并未形成统一的定义。包容性发展覆盖经济、政治、社会等多方面多层次，是一个内涵丰富的概念。

国外学者从不同角度分析了包容性发展的概念和内涵。Ali 和 Zhuang 认为包容性发展的核心是机会平等，经济增长应为每个人创造公平的就业和发展机会，经济增长不仅应促进机会增长，而且应增加弱势群体积极参与经济发展的机会 [3]。Besley 等认为包容性发展就是要帮助弱势群体扭转不公平的局面，在经济增长中多受益 [4]。Ali 和 Son 将包容性发展概括为人们能有更多的接受教育和医疗等的机会，以及让这些机会在不同收入者之间公平地分配，包容性发展更加注重公平 [5]。

国内学者对于包容性发展的内涵也进行了丰富的研究。唐钧认为包容性增长的核心就是每个民众都能参与到经济的发展中并且能共享经济发展成果 [6]。高传胜认为包容性发展主要强调发展主体的人人有责、发展内容的全面协调、发展过程的机会均等、发展成果的利益共享这四个方面 [7]。卢宁从包容性发展的对象要义、增长要义、发展要义、路径要义四个方面阐述了包容性发展的理论内涵 [8]。

综合国内外学者的研究观点，本文认为包容性发展的内涵可以总结为以下四点：

一是发展机会平等。机会平等是包容性发展的最基本内涵，也就是说，让每个人都有自由平等的发展机遇，鼓励全民积极参与到国民经济发展中。只有平等的机会、公正的环境才能吸引更多的人参与到经济发展中来，才能为后续的利益分享奠定基础。

二是发展利益共享。对发展成果的利益共享是包容性发展追求的重要目标之一。主张在全国经济总体发展的同时，把发展成果合理地分配给全体国民，这就要求分配方式的公平，避免贫富两极分化。在注重经济发展的同时也要注重民生的发展，让贫困人民也能赶上发展的快车，共享发展成果。

三是扶助贫困群体。包容性发展重点就是保护弱势群体，减少贫困。社会发展中的弱势群体，自身收入低，又缺乏发展和选择的机会。所以应该给予弱势群体更多的保护和帮助，帮助他们公平地参与到经济的发展中去，分享到经济发展的成果，并从中更多地受益。

四是发展的均衡可持续。包容性发展不仅仅重视经济和 GDP 的增长，更加重视经济、社会、政治、环境、教育、医疗的协调、均衡、可持续发展。和谐的社会发展、政治文明、环境友好、社会保障反过来能为经济更好更快的发展保驾护航。包容性发展的要义是实现可持续发展，坚持以人为本，通过积极转变发展方式，实现科学发展，有利于促进经济稳定、长效、全面发展。

## 二、农村电商促进包容性发展的实现路径分析

电子商务在农村发挥的作用，主要就是依靠互联网和电子商务，拉动特色农产品上行，推动旅游业等相关产业发展，带动农村地区经济发展，带动更多的农村劳动力参与其中，帮助贫困群体实现脱贫增收。本文将研究电商消贫的机理，构建出农村电商促进包容性发展的理论框架，结合大量案例和数据佐证，探讨电商促进包容性发展的四条路径，如图①所示。

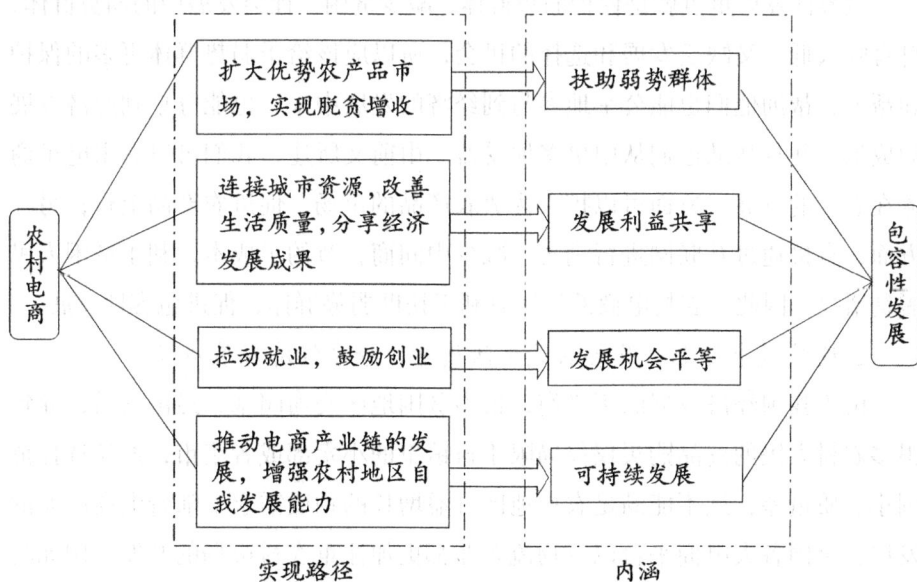

图 1　电子商务促进农村包容性发展的框架

1. 扩大优势农产品市场，农产品上行实现脱贫增收

在农村经济发展中，农民最直接的经济收益就是售卖农产品所得收入，农产品主要对接市场就是周边村镇，市场狭小导致优势农产品销量小、价格

低。互联网时代下电子商务的出现可以很好地解决这一难题。

一方面，产品的市场被打开了，推动农产品上行，贫困地区的优势农产品可以被销往范围更广、购买力更强的市场，销量上升。例如，新疆在我国各省、自治区中面积最大，但是地理位置偏僻，经济发展落后。同时，新疆的一些特色农产品如干果、水果、牛羊肉在全国都享有盛名。如今，农村电商就成了一个解决当地贫困问题很好的方案。根据阿里研究院的研究数据，2014年上半年，新疆卖家在淘宝天猫上销售额达13.08亿元，同比增长68.70%，新疆特色农产品网络销售增速位居全国前列。另一方面，直接通过互联网销售农产品，减少了许多中间环节，节约了成本，贫困人民进行售卖的利润上升。

包容性发展重点就是保护弱势群体，减少贫困。社会发展中的弱势群体，自身收入低，又缺乏发展和选择的机会，所以应该给予弱势群体更多的保护和帮助，帮助他们也能公平地参与到经济的发展中来，也能分享到经济发展的成果，并且帮助他们从中更多地受益。由前文所述，我们可以看出电子商务在农村的发展一方面可以扩大优势农产品的市场，促进农产品上行；另一方面，直接通过互联网进行销售，减少中间商，节约了成本，利于贫困人民脱贫增收。因此，农村电商的发展有利于扶助弱势群体，促进包容性发展。

2.连接城市资源，改善农民生活质量，分享经济发展成果

由于我国经济发展的不平衡，很多贫困地区交通闭塞，经济落后，导致很多农村人民的商品购买仅仅局限于村镇里的小卖部或者集市，商品选择范围小、质量差，远不能满足农村地区日益增长的物质需求。随着电商产业的发展，全国各大电商平台以及物流企业都更加注重农村市场的开发，例如阿里巴巴集团的农村淘宝和农村合伙人项目、京东集团的"3F"战略、苏宁的农村电商"三步走"战略，通过设置服务站和安排专业技术人员等形式，让完全不会使用电脑的人们也能体验到网购的乐趣。除了时装、食品、药品等等必需的生活用品，还有农资用品和工业用品下行，农民可以从网上采购农业种植中需要的种子、化肥、药物以及一些农业机械等，种类更多，价格

更优，更有利于农作物的种植。

不仅是消费，通过互联网，贫困地区的人们还能共享城市的教育、医疗、金融等各种资源。比如，农村淘宝与淘宝教育进行合作，利用线上网络为农村的孩子们提供教育资源，覆盖了英语、音乐、美术、体育等。阿里健康还与农村淘宝合作建立健康服务生态中心，主要包括基础健康服务、专科检测治疗服务和远程医疗服务三大服务项目。这其中最有代表性的就是阿里巴巴集团创办的农村淘宝，截止到 2015 年 6 月底，农村淘宝已累计覆盖全国 17 个省，建立 63 个县级服务中心，建成 1803 个村点服务站，在推动中国农村互联网化的过程中发挥了重要作用[9]。

对发展成果的利益共享是包容性发展追求的重要目标之一，主张在全国经济总体发展的同时，把发展成果合理地分配给全体国民，这就要求分配方式的公平，避免贫富两极分化。在注重经济发展的同时也要注重民生的发展，让贫困人民也能赶上发展的快车，共享发展成果。农村电商的发展使得农村贫困地区也能连接城市资源，共享经济发展成果，改善生活质量。由此我们可以看出促进农村电商的发展有利于实现更加公平合理的利益共享，促进农村的包容性发展。

3. 带来更多就业和创业机会

电子商务在农村发展很大程度上也带动了贫困地区人民的就业，在销售、网络通信、加工包装、物流快递环节都能吸纳大量的贫困人口解决就业问题。电商的发展也积极促进了残疾人实现就业。2016 年 10 月，中国残联、国家发改委等七部门联合制定了《残疾人就业促进"十三五"实施方案》，提出了鼓励引导各类互联网企业为残疾人提供就业岗位，帮助残疾人实现就业。利用互联网，又给残疾人打开了一扇就业之窗，让残疾人也可以和普通人一样在家中开淘宝店，进行网络创业。根据中国残联、阿里巴巴《网络时代助残：普惠与创富》大数据显示，在统计期内，淘宝网上有 16 万家残疾人网店，销售额达 124 亿元，其中销售额在 3 万元以上的商家约 2.7 万家。

农村电商不只是解决就业问题，更带来了一种鼓励创业的氛围。电商的发展赋予了贫困地区人民自己创业增收的能力，给他们更多参与到市场竞争中的机会。例如，很多地方借助农村电商发展起淘宝村，淘宝村首先就是一个草根创业的孵化基地，淘宝村里将大量的创业人群集中在一起，有创业的氛围，大家互相学习，比学赶超，有非常浓厚的创业氛围。其次可以带动大规模的就业，网店成本低、门槛低，不只是网店，淘宝村还可以带动上下产业的就业。

机会平等是包容性发展的最基本内涵，也就是说，让每个人都有自由平等的发展机遇，鼓励全民积极参与到国民经济发展中。只有平等的机会、公正的环境才能吸引更多的人参与到经济发展中来，才能为后续的利益分享奠定基础。农村电商的发展带来了更多的就业和创业机会，使得弱势群体也拥有了自由平等的发展机会，吸引他们参与到经济发展中来，也能为经济发展做贡献。因此，农村电商的发展使得大家都拥有平等的发展机会，促进包容性发展。

4. 拉动整个产业链的发展，增强农村地区自我发展能力

电子商务的发展需要物流、通信、网络等多项基础设施和技术的支持，但是反过来，电商在农村市场的发展也促进了整个电商相关产业链的发展。例如销售、加工、物流快递、通信技术等产业，进一步增强了农村地区的自我发展能力。

电商发展带动了相关基础设施的完善，带来了大量专业人才，并且通过创业带来大量的发展机会。不仅可以带动当地经济发展，也促进村民的生活质量提升，改善农村的发展模式，让贫困地区焕发出新的发展生机。这一点从江苏省沙集镇的电商发展中就可以得到证明。沙集镇也是由电商发展推动相关配套产业体系的建设，以"镇当县建"的理念，逐步实施"点亮沙集""书香沙集"等工程，持续改进村民生活环境，建设美丽乡村[10]。山东省黄岛区宝山镇依靠当地的蓝莓优势发展特色农产品道路，不仅如此，还通过"互联网＋旅游"模式，依靠蓝莓发展旅游业，打造特色小镇，举办"蓝莓之旅暨乡村休闲旅游节"等活动，着力打造"青岛乡村休闲自驾游第一品牌"，不

仅通过网络电商售卖蓝莓，也通过打响知名度，发展当地的生态旅游，转变经济发展方式，给当地带来了新的发展生机。

包容性发展不仅仅重视经济和 GDP 的增长，更加重视经济、社会、政治、环境、教育、医疗的协调均衡可持续的发展。和谐的社会发展、政治文明、环境友好、社会保障反过来能为经济更好更快的发展保驾护航。包容性发展的要义是实现可持续发展，坚持以人为本，通过积极转变发展方式，实现科学发展。有利于促进经济稳定、长效、全面发展。农村电商的发展有利于带动相关产业发展，实现一种集群效应，推动当地经济发展模式转型，增强农村的自我发展能力，让贫困地区焕发出新的发展生机。因此，农村电商的发展使得农村地区的发展是科学可持续的，促进包容性发展。

### 三、农村电商促进包容性发展的政策体系构建

前文分析了农村电商促进包容性发展的几条实现路径，但目前我国农村电商发展还存在许多问题，本章将在前文的基础上对于农村电商的发展提出一些政策建议。

#### 1. 通过树立典型示范带动思想转变

电商扶贫工作的第一步就是转变农民的保守思想，提高贫困地区的人们对于电商的接受度和积极性。

一方面是贫困地区政府扶贫理念的转变，当地政府一定要首先认识到电商扶贫的重要作用。首先，政府应该建立电商办等专业的机构、配备专业的人才来专门从事电商扶贫这一方面的具体工作。其次，积极出台相关支持政策，划拨专项资金到电商扶贫的研究开发、项目运行、人才培训等工作中，让老百姓真实看到政府对于农村电商发展的重视。再次，政府领导者应该转变发展理念，不是只有依靠发展工业、农业这样的传统行业才能发展经济，更应该关注当前时代能带动农村发展、实现扶贫的新路子，多组织领导班子去先进地区学习，扩展发展视野。

另一方面是贫困主体的发展理念的转变，这也是最重要的，如果农民本身对于电商发展没有兴趣、没有信心，那么想要通过电商发展实现扶贫根本

就是天方夜谭。光凭说很难让人们真正信服，真正转变思想观念还是要靠身边真实的案例。可以先在村里重点培养、扶持一两个试点和典型，慢慢做出成绩。最重要的是要营造电商创业的氛围，少数人成功，大家也就都跟着带动起来，要有关键的人才来推动，让贫困主体的思想观念主动发生改变才是最重要的。

2. 完善贫困地区配套基础设施建设

互联网电商的发展必须要依托先进的通信网络技术、发达的交通网络、便捷的物流配送服务等一系列完善的基础设施。而我国贫困地区的相关配套基础设施还比较落后，必须采取措施，完善基础设施建设，为电商扶贫铺好道路。

一是加强中西部地区以及山区交通网络的建设，提高道路质量，打通公路，发展铁路、航空、河运等多方面的物流体系，为农产品的运输打好基础。二是提高通信网络的覆盖率，政府可以与电信、移动等运营商合作，给予一些优惠补贴，实现宽带下乡，让贫困地区的人们也能用得起网络。并且给予技术支持，让人们掌握使用网络的技能。三是政府与电商平台进行合作，可以在贫困地区建设服务站，提供网购、技术培训、创业支持等功能。比如阿里巴巴的农村淘宝和"千县万村"计划，实现了生活物品下行和农产品上行双向物流的功能。四是完善现有的物流体系，完善县和村级别的物流，推动物流向下延伸，打通物流的"最后一公里"。政府也可与物流公司进行合作，通过一些政策补贴，鼓励物流公司设立村级服务站，减免物流费用。五是政府可以在当地建设电商创业园区等，提供电商发展相关技术支持、政策载体，服务支撑等。

3. 健全电商行业政策资金体制

任何一个行业的发展与推动都需要资金的支持，而政府作为经济发展中"看得见的手"在电商发展的政策制定、企业合作、资金扶持等各方面都发挥主导作用。但政府不是万能的，应该探索政府与各大网络电商平台合作的新模式。充分发挥现有的电商平台的信用数据，利用电商平台发展涉农小额贷款，为贫困地区人民发展农村电商提供资金支持。政府与电商平台携手合作，通过降低贷款门槛、简化办理手续、提高效率等，为电商发展提供多种融资渠道。

### 4. 建设基层电商人才队伍

电商发展最终还是需要专业的电商人才去推动，所以关键还是培养基层的电商领头人，建设电商人才队伍。

第一，充分挖掘当地人才。可以实行挨家挨户调查，将有才干的年轻人召集起来。将出去打工与上学的年轻人吸引回来，还有当地的一些农场主、大学生村官等。这些人往往有积极的思想、开阔的眼界、良好的学识，完全有能力培养为当地电商发展的领头人。第二，吸引外来优秀人才，事业的成功需要新鲜的血液，外来的优秀人才可以为当地的电商发展带来新的创意与经验。吸引一些优秀毕业生、专家、有经验的合伙人等进入农村地区。同时鼓励一些社会组织和政府部门对贫困地区进行人才输送工作。第三，健全人才队伍培养机制，整合培训和资金资源，开展不同层次的培训，使他们准确掌握相关网络技术、农业技术、营销销售技术等。开展丰富的线上线下课程，并且建立考核机制，检测培训效果。第四，在当地建设创业孵化园等，提高创新创业的氛围，为外来的优秀人才和本地的电商人才提供一个创业的平台。

### 5. 加大农产品标准化和品牌化建设力度

电商消贫中的关键环节就是农产品上行，如何让农产品卖得好，就要实行农产品的标准化，突出特色，加强品质和品牌化，才能增加农产品的鲜明特色和竞争力。所以，必须注重提高特色农产品品质，打造具有地方特色的品牌。

一是进行标准化生产，建立农产品的标准体系，对不同标准的农产品进行分级。引进相关加工与包装企业，对产品进行质检、筛选、分级、包装、冷藏等，淘汰未达到标准的产品，提高农产品的质量。二是政府引导支持贫困地区培育自己的特色优势农产品或者手工艺产品，扶持龙头企业，对其进行认证，加强宣传力度，发展龙头企业的带头作用。三是鼓励特色农产品创建品牌与申报地理标志产品，打响知名度，推动特色品牌走出去。四是对现有品牌和企业进行严格监管，培养相关经营管理技术，保证产品质量，鼓励创新，以保证特色品牌长久稳定地发展下去。

## 四、结语

我国经济面临着严重的发展不平衡的问题，实现经济发展的包容、稳定、可持续是目前我国经济发展新常态时期追求的主要目标，解决贫困人口这块短板更是我国经济发展的重中之重。

农村电商的发展有利于带动贫困地区家庭实现脱贫增收，带动整个贫困地区经济发展，赋予农村地区自我发展的能力。因此，我国应该大力推动农村电商的研究与相关政策的出台，这是实现农村地区脱贫的一个新的解决方式，从整体上说，更能推动我国经济包容性发展的实现。农村电商的研究还处于探索阶段，还需要大量学者和政策制定者在不断的实践努力中，继续探索解决我国贫困难题的对策，促进我国农村电商更好地发展和成长。

# 参考文献

[1] 阿里研究院. 阿里巴巴网络扶贫研究报告（2016）[R/OL]. 阿里研究院，2017.

[2] World Bank. Global Economic Prospects[R]. World Bank：Washington D.C.

[3] Ali I. Inequality and the imperative for inclusive growth in Asia[J]. Asian Development Review，2015，24（2）：1-16

[4] Besley T，Burgess R，Esteve-Volart B. The policy origins of poverty and growth in India[M]//Besley T. Delivering on the Promise of Pro-Poor Growth. London：Palgrave Macmillan，2007.

[5] Ali I，Son H H. Measuring inclusive growth[J]. Ssrn Electronic Journal，

2007，24.

　[6] 唐钧. 包容性增长：参与和共享的发展才有意义 [J]. 上海人大月刊，2010（11）：46.

　[7] 高传胜. 论包容性发展的理论内核 [J]. 南京大学学报（哲学·人文科学·社会科学版），2012（1）：32-39，158-159.

　[8] 卢宁. 包容性发展的理论内涵探析 [J]. 四川理工学院学报（社会科学版），2013（4）：5-9.

　[9] 陈亮，盛振中，等. 农村消费研究报告（2015）[R/OL]. 阿里研究院，2015.

　[10] 林广毅. 农村电商扶贫的作用机理及脱贫促进机制研究 [D]. 北京：中国社会科学院研究生院，2016.

# 我国延迟退休的必要性、
# 预期效应与对策建议

莫 倩 ①

**摘 要：**退休年龄的划定涉及全体国民的切身利益，是世界各国面临的复杂政策难题。我国 20 世纪 50 年代的退休年龄规定在社会政治经济的剧烈中已经不再适合社会的发展需要，延迟退休年龄在我国引发了激烈争论。本文综合考虑我国的就业形式、人口特征和目前养老保险面临的困境等，对推出延迟退休政策的客观必要性和预期效应做出相应的梳理，并给出减少政策阻力的对策建议。本文认为目前的争议各有其论点，我们应该在分析预期政策效应的基础上审慎对待政策制定，正确引导社会舆论，缩小两性平等差距，强化养老制度的再分配性，严格抑制提前退休的不良操作，提高养老基金运用能力，提倡弹性退休与激励机制相结合的制度设计，以提高国家综合国力和地方经济实力，保证政策起点平等。

**关键词：**延迟退休　养老保险　人口老龄化　两性平等

## 一、引言

退休是我国职工基本养老保险的一种重要形式，是一种法律行为及其导致的事态。退休制度规定了职工退休需达到的条件和退休金的发放规则，是职工就业期间的劳动贡献与退休后所享受的福利保障之间的系统平衡。在工业革命时期劳资双方的动态博弈中，劳动力资源通过市场化实现优胜劣汰，达到企业新陈代谢的功能。现在，退休已经从一种自愿行为发展为一种法律

---

① 莫倩（1995—），女，宁夏石嘴山人，中国海洋大学 2017 级行政管理专业研究生。

行为，本质是劳动者在贡献劳动力过程中的贡献与诱因的生态平衡。退休年龄的划定常常被认为是退休制度的核心内容 [1]。退休年龄的法律内涵随着社会和市场经济的发展成了社会保障制度的一部分，成为法定退休年龄，这个时间点也相应地成为劳动者出卖劳动力与退休后的晚年生活这两个时间段衔接的关节点。从自然经济下的自然退休年龄过渡到市场经济下的法定退休年龄的过程，是国家和社会发展历程中社会、经济、政治、人口、教育等特征变化的必然选择。

不同国家在相同时期或者同一国家在不同时期的法定退休年龄往往存在差异，退休年龄的划定关系到国家的安定与国民的幸福。我国于 1999 年发布的《关于制止和纠正违反国家规定办理企业职工提前退休有关问题的通知》指出法定的企业职工退休年龄是男性 60 岁，女工人 50 岁，女干部 55 岁；工作环境较恶劣或从事其他特殊工种的职工退休年龄为男年满 55 周岁，女年满 45 周岁；因病或非因工致残完全丧失劳动能力的，提前退休年龄为男满 50 周岁，女满 45 周岁 [2]。但是，在社会剧变的时代背景下，传统的退休年龄政策已经不适合当前需要。2008 年 11 月，有关部门正在开始筹备在条件成熟时延长退休年龄。2013 年 11 月，杨伟民回应记者，渐进式延长退休年龄是大势所趋。2014 年，人社部部长尹蔚民表示，延迟退休方案的推出时间将在 2020 年之前。我国正在适时开放渐进式延迟退休，北京市、上海市、深圳市等已经率先开始了柔性延迟退休的试点工作。据新浪"你是否支持延迟退休"的网络调查，72 000 多名参与者中近 94% 的人持有不满态度，可见，延迟退休的改革方案争议与共识并存。延迟退休确实能够在增加人口劳动力、缓解人口老龄化、确保养老保险基金收支平衡等方面提供有益帮助，然而由于对社会经济及人文的其他方面预测不足，政策出台依旧面临众多争议。在西方发达国家普遍将退休制度的安排提上研究日程的背景下，加深对我国延迟退休问题的研究具有重要显示意义。

本文对现有研究进行了系统回顾，围绕着退休年龄做出了多个层面的探讨，包括推出延迟退休的客观必要性、实行延迟退休可能带来的正面和负面的效应。本文关注微观个体的期待与感受的同时，也注重社会长期发展所需要的解决措施，在对现有研究的系统梳理基础之上就延迟退休提出了相应建议，对解决当前问题具有一定的理论和现实指导意义。

## 二、我国推出延迟退休的客观必要性

### （一）人口预期寿命延长

人口平均寿命是一个综合性指标，它是一国在一定历史时期内政治、经济、社会、科技等因素共同发展的产物，人口预期寿命衡量了人口人均寿命的长短，与一国经济发展水平呈正相关。随着经济的发展，从 20 世纪 60 年代到 90 年代的 30 多年间里，世界人口平均寿命已增长近 16 年，其中我国从 47.1 岁增加到 70.5 岁。2016 年发布的《发展权：中国的理念、实践与贡献》白皮书指出：中国的人均预期寿命已从 1949 年前的 35 岁提高到 2015 年的 76.34 岁，寿命增加的年数理应被用于延长工作年限 [3]。

### （二）人口结构老龄化趋势加剧

如果一国 60 岁及以上的老年人所占比例大于或等于总人口的 10%，或者 65 岁及以上的老年人所占比例大于或等于总人口的 7%，那么这个国家就被定义为老年型国家或老龄化社会。2015 年我国 60 岁及以上的人口数量已经达到 2.2 亿之多，预计到 2050 年，我国老年人口将达到总人口数量的 25%[4]。人口老龄化是世界性话题，我国也不例外地面临人口结构老龄化带来的种种难题。抚养比通常是判断人口红利即人口机会窗口的重要指标。计划生育政策大大降低了老年人口的抚养比，今年的抚养比下降到 2.81，预计到 2035 年，总抚养比下降到 50%，社会各层次都不同程度地受到人口老龄化的冲击，"空巢家庭"也将对社会心理产生巨大压力，劳动者的抚养负担越来越重 [5]。

### （三）养老保险支付压力巨大

我国养老保险体系采取了个人账户与社会统筹相结合的部分基金积累制，改变了以前现收现付制下的横向平衡（当时养老保险收入用于当期养老保险支出，实际上是下一代人养活已经退休的上一代人的保险财务模式），也从传统的国家负责、单位包办、板块结构、封闭运行的制度安排走向政府主导、责任分担、多层次、社会化、社会互济和个人责任相结合的新型社保制度。但随着人口结构的变化，老年型国家中老年人口数量的增长，养老保险的资金缺口和隐形债务是当今所面临的巨大挑战。据推算，我国养老金资金缺口到 2075 年会达到 9.15 亿人民币。不断增加领取基金的人数，最终导致养老保险收不抵支。

## （四）劳动力市场状况的变化

劳动力市场是劳资双方进行劳动交易活动的场所，随着我国经济体制的转变，职工的就业已由国家分配转向市场就业。劳动力的市场供求状况在不断的变化发展过程中，与产业结构调整、社会整体经济发展状况、人口结构息息相关。基于缓解就业难问题的考虑，不少地方政府鼓励提前退休，但提前退休对于个人职业生涯的升级和社会养老金的收支压力都是一种潜在的损失。我们将逐渐走出人口红利期，彼时劳动力将供不应求，延迟退休能够在一定程度上弥补未来的劳动力空缺，满足劳资双方通过劳动或生产经营获取利益的愿望。

## 三、延迟退休的预期效应：共识与争议并存

长期以来在对延迟退休的讨论中共识与争议并存。近 70% 的广大民众对此政策持反对态度，政府对于政策制定的每个环节慎之又慎，政策制定受多方面的阻碍。政策实施是否会对劳动力市场产生挤压效应，是否会改善养老金的财务收支状况，是否有利于健康的社会经济发展，是否有利于社会稳定，等等，都是需要考虑的未来预期效应。

### （一）共识：延迟退休的积极预期效益

#### 1. 延迟退休是应对人口红利消失的必然选择

一定意义上，延长法定退休年龄是基于我国人口红利消失的事实提出的。有学者指出，当前适龄劳动者正在以每年 300 万的速度减少，直至 2035 年人口红利消失，届时劳动年龄人口将低至 66%[6]。近些年的"招工难""用工荒"与大学生就业难现象并存，说明劳动力供给的总量已经逐年下降，结

构性失业加剧，到 2020 年前后人口红利消失已经不可逆转，未雨绸缪地修改退休年龄是创造第二次人口红利的举措。

2. 延迟退休利于提高人力资源回报率

我国劳动力的初始劳动年龄较之前有所增长，较早的退休年龄致使部分老人陷入贫困，也使我国丰富的智力资源得不到充分的开发与利用[7]。在我国，正常毕业的本科生年龄为 22 岁，硕士生 25 岁，博士生 28 岁。一个较高学历的男性在职工作期分别为 38 年、35 年、32 年，在校学习文化知识的时间与在劳动市场通过工作提高劳动技能的时间呈反比，对于女性来说回馈社会投入的时间更少。我国现行的退休年龄缺乏弹性，相当一部分高知分子未能老有所成即面临退休，国家对于高知分子的培养时间成本投入巨大，制度的不合理使人力资源回报率甚低，专业化人才的使用效率大打折扣。将受教育年限较长的高素质人才的退休年龄后移，充分考虑劳动者个体的差异，可以使社会教育成本在个人对社会的回馈中获得弥补，充分发挥他们在工作的长期培训和经验积累中获得的人力资本存量。

3. 延迟退休利于缩小养老保险基金缺口

养老金缺口指当前统筹账户养老金出现的收不抵支现象。一些学者通过建立养老金收支测算模型对延迟退休后养老金基金的变化做出预测，指出延迟退休对养老金基金缺口的弥补作用[8]。更有学者提出退休时间每后延 10%，养老保险基金缺口的估计值就会缩小 19.49%。改变现行退休政策的弊端，使老年职工在相当长的健康生命周期中参与劳动，可以增加养老金的缴费年限，相应减少养老金领取时间，减轻养老金的支付压力，实现基金缴费现值和给付现值的动态收支平衡，从而降低国家财政对于养老的兜底风险[9]。

4. 保障女性就业公平权益

我国宪法第四十八条规定女性同男性在经济、政治、文化、社会和家庭中享有平等的权利，负担同样的义务。劳动权平等不仅包括就业机会平等，还包括培训与晋升、报酬平等。法定退休年龄规定男性为 60 周岁，女干部 55 周岁，女职工 50 周岁。这种差异损害了女性权益，主要表现在工作晋升和福利方面，这与我国倡导的男女平等的精神相违背。在职位晋升方面，退休年龄与干部提拔有密切关系。许多地方限定县级女干部达到 40 岁，地市级女干部达到 45 岁，区县党政、纪委、两院女性正职干部达到 50 岁不再提拔；区人大、政协机关中的党员女干部达到 53 岁不再提名。缩短女性 5 年的工龄使她们在其职业生涯担任正职的概率较小。另外，退休年龄的性别差异损害了女性获得薪酬、养老保险及其他福利待遇的经济权益。以养老保险为例，我国现行的养老金支付方式与职工工龄挂钩（表 1）。退休金的计发办法对男女要求一致，但退休年龄的不同使劳动合同自然到期终止，剥夺了女性 5~10 年时间，使女性普遍不能获得满额退休金。在其他的福利待遇方面，男女差异同样存在。男女共同进入职业生涯，同龄退休使女性在经济上和政治上获得独立，拥有更多权益，维护和保障女性劳动者的生存权、发展权、健康权、休息权、社会保障权，考虑到她们的就业和发展意愿。同时，男女同龄退休能够减轻政府的财政压力和养老金发放负担，减轻养老机构和医疗机构的养老资源负担。

表 1　养老金替代率与工龄的关系

| 国家机关和事业单位职工 | | 在机关工作的职工 | |
|---|---|---|---|
| 工龄（$X$/年） | 养老金计发办法 | 工龄（$X$/年） | 养老金计发办法 |
| $\geqslant 35$ | 职务工资、级别工资两项之和按 88% 计发 | $\geqslant 35$ | 职务工资、级别工资两项之和按 90% 计发 |
| $30 \leqslant X < 35$ | 职务工资、级别工资两项之和按 82% 计发 | $30 \leqslant X < 35$ | 职务工资、级别工资两项之和按 85% 计发 |
| $20 \leqslant X < 30$ | 职务工资、级别工资两项之和按 75% 计发 | $25 \leqslant X < 30$ | 职务工资、级别工资两项之和按 80% 计发 |

注：数据来源于社保查询网

### （二）争议：延迟退休可能产生的问题

1.延迟退休使劳动力市场趋于老龄化

Michello 和 Ford（2006）对美国的延迟退休进行调查，认为退休年龄在一定程度上会增加失业率，只有自然失业率和经济体失业率一致时，退休年龄的延迟才能缓解就业压力[10]。固定工作量理论近年来已经被质疑，在我国社保制度及配套措施尚未完善和普及的情况下，一味追赶世界发达国家普遍延迟法定退休年龄的"国际水平"可能会挤占其他年龄层的就业岗位，延迟退休会在每年新增的 1000 万个就业岗位中占去大约 300 万个岗位，将会剥夺 30% 的青年人的就业机会，使劳动力市场趋于老龄化。

2.延迟退休加重企业负担

老龄职工继续留任工作岗位对某些盈利不佳的企业来说是一种经济损失[11]。通常工龄和薪资与创新能力成反比，部分老年职工伴随着体力脑力的下降已经不能承担高强度的工作，企业却面临继续为其缴纳较高的基本养老保险、工伤保险、医疗保险、失业保险及生育保险等社保费用的局面。当延迟退休执行后，部分老年职工还可能会因为对政策的抵触情绪产生道德风险，即老年职工在退休年龄延长的工作时间段内因对政策的不满产生磨洋工甚至倚老卖老的现象。企业依法不能随意解雇老年工作者，为了公司内部的稳定也不能恶意扣除资深职工的工资待遇，由此进一步给这类企业带来沉重的负担。

3.养老保险基金收不抵支的问题无法根本解决

延迟退休对于基本养老保险将会起到增收减支、延迟养老保险出现赤字年份的作用，但不等于从根本上解决基本养老保险长期内的赤字问题。养老金资金缺口问题是由多种因素综合引起的，许多发达国家纷纷推出延迟退休计划也并不是仅仅基于养老保险收不抵支的考虑。我们也应看到延迟退休对于弥补养老金问题是治标不治本的，延迟退休的首要目的不是缩小养老保险的基金缺口，而是使我国的养老保障体系趋于完善。截至 2015 年，我国养老保险基金总收入为 32 195 亿元，征缴收入 23 717 亿元，支出 27 929 亿元，在未来 30 年内养老保险基金都可满足养老金支付需求，短期内将不会出现基金缺口，在将近 30 年的盈余时期内，我们应该积极探索更加公平有效的方式。

## 四、推进延迟退休年龄政策顺利实施的对策建议

随着社会各界专家学者对于延长退休年龄的研究不断深化，渐进式、弹性化延迟退休已成为社会各界的共识，也是目前政策的大势所趋。党的十八届五中全会提出，出台渐进式延迟退休的政策是立足我国国情，借鉴国际经验，致力于推动更加公平、更加可持续、更加全面的社会保障制度的重要一步。在全球普遍提高退休年龄的今天，研究适应时代发展和惠及人民群众的退休年龄政策具有非常重要的应用背景和实际意义。任何人不论青年还是老年，只要他有工作意愿就不应该剥夺其劳动权利。我国在推出延迟退休政策的过程中必须遵循政策过程的一般规律和其中蕴含的深层次逻辑。笔者在与延迟退休的涉及群体交流和查阅参考大量文献的基础上，探索了现实中人们对延迟退休的各种争论，并从中发现推进延迟退休政策过程中有待关注的问题，在综合考察我国特殊国情的基础上，提出破除目前延迟退休之争的对策建议，以期对未来延迟退休政策的出台提供参考借鉴。

### （一）正确引导社会舆论，加强公众对政策的理解

一项政策必须得到全体公民的认同才能够顺利实施，强制性的政策制定与实行只会导致民众对政府的政策能力丧失信心。延迟退休的实施在短期内可能会导致新增就业岗位减少，待业人员面临就业难问题，也可能会导致强制性被安置工作岗位上的待退休职工晚年幸福感降低。为了顺利有序实施这一政策，就必须考虑到不同群体的呼声，注重社会舆论，否则就会造成巨大社会波动。首先，应该充分利用新闻媒体向人们普及延迟退休的必要性和必然性，介绍国外的做法和效果，引导群众用长远的眼光看待该政策。其次，要利用网络资源和社区信息征集普通大众对于该政策的真实态度和建议[12]，并在此基础上开展广泛调研论证，制定出能够让大多数民众接受的政策。最后，对于存在的误解应该及时化解，开展讲座或者新闻发布会，向群众说明政策实施可能带来的真实预期效应，消除人们的抵触情绪。

### （二）缩小两性平等差距，保护女性权益

延迟退休不仅是时间问题，也是两性平等问题。科技的日新月异对劳动者体力的依存度越来越低，21 世纪以来，男女退休年龄在全球范围内都呈现出缩小差距的大趋势，法定男女同龄退休的国家和地区越来越多。我们应该消除法律中的性别歧视，防止法律对妇女的照顾政策演变为对女性的限制与歧视，保障女性权益。在女先男后的政策取向上，逐渐取消男女职工、女干部和女职工在退休年龄上的差距，保障女性在就业期间的政治经济权益。同时应该注意到不同行业中女性的实际身体状况和抚育子女的压力，关注女性的社会性心理健康，尊重她们对于同龄退休的个人意愿[13]。

### （三）强化养老制度的再分配性

养老保险是我国社会基本保险中最重要的组成部分，关乎每个社会成员的晚年生活质量。社会保障制度的重要目的就是其对社会财富的再分配性。中国特色社会主义市场经济体制决定了个人收入与其对社会经济的贡献相关。一般情况下，高收入人群的养老金也高，并且他们的工作性质、工作环境、医疗水平决定着他们的预期寿命较高。在一刀切的退休年龄下，这部分人群的晚年闲暇时间更多，领取的养老金也多，在宏观层面上就意味着社会财富会从穷人手中流向富人手中。为了避免这种不公平的现象，就需要加强养老保险的再分配功能。如果养老保险的再分配能力更强，低收入人群这部分政策的弱势群体能获得的未来预期收益越多，他们就更加倾向于延迟退休。应该根据不同行业和地区的人群采取不同政策，如对工作环境较差、生活水平较低、无子女供养的老人给予特殊关照，扩大养老保险对这部分人的保障水平，避免改革对他们的生活产生不良影响。

### （四）严格抑制非法定年龄提前退休的不良操作

提前退休就是或者非法情况下，未满法定年龄或条件就退出工作岗位，超前享受养老保险待遇。我国起初的提前退休制度设计针对的是特殊行业工作环境恶劣的人群和因病致残丧失劳动能力的职工，目的是缓解当前的就业压力，为年轻人创造就业环境。提前退休人群的大量出现导致我国平均退休

年龄降至 53 岁，企业将负担转嫁给社会，造成巨额养老保险支出。提前退休距实际退休年龄的时间越长、人数越多，养老保险基金结余就越少 [14]。现代化、信息化、机械化的社会变革，使传统对特殊工种的保护已经不合时宜，应该对职业和工种进行重新评估。对弄虚作假的提前退休现象，相关部门应该加强监督和执行惩罚力度，接受群众的信访举报，立法与监督双管齐下，维护退休制度的规范性。

### （五）提高养老金的投资运营能力

延迟退休在短期内对养老金起到增收减支的效果，但是养老金的缺口和支付压力是由历史和现实的多种因素造成的 [15]。我国人口众多，部分基金积累制所产生的巨额养老金账户需要管理人员能力的提升，而我国缺乏财务管理的高级人才，且基金管理过程中的伦理道德问题屡见不鲜。提高养老金的金融运营效率，寻求更多增值途径是养老金保值增值的远期战略 [16]。许多国家试图将养老基金投向高风险资产，其投资已经十分类似于私营机构和慈善组织基金会机构，将股票、私人股本、债券和对冲基金投资组合在一起，也有国家逐渐增加了对国外资产的投资。我国应该合理使用养老资金，杜绝贪污浪费，加强监管效率，合理评估投资长期的收益风险，聘用高素质的财务管理人才管理养老基金账户，这对缓解养老保险缺口压力的作用是长期而有效的。

### （六）弹性退休与激励机制相结合

调整退休年龄势必会在一定程度上对一部分社会群体产生不利影响，因此必须保证政策推行的弹性化与激励措施的结合。美国在"三支柱"养老金的前提下还建立了收入核查制度和延迟退休的补助制度。规定退休的最低年龄为 62 周岁，最高为 70 周岁，职工可以自愿选择在这个区间的任何时间点退出劳动领域并领取退休金，在 66 周岁之前，每提前一个月退休金减少 0.555%，否则在其全额养老金的基础上增加 0.67%，直至最晚退休年龄 70 岁 [17]。养老金领取额度与激励机制相结合可以有效地兼顾个体的真实需求，给劳动者更多的选择空间，鼓励有能力的老年劳动者多工作、多缴费、多收益，同时保护缺乏工作能力或工作意愿的职工免受年龄歧视。我国虽不能照搬发达国家的退休政策，但应该在考虑国情的同时借鉴他国经验，选择 55~65 岁之间的弹性退休年龄制度，职工在此范围内自主选择基于不同的年龄退休。对于早于法定退休年龄的职工，应该给予非足额领取养老金的惩罚，对于延迟退休的职工，应该给予再就业指导、税收及补贴优惠，从而诱导更多的老年职工延迟退出劳动力市场。在激励条件的设置上应该既考虑到激励效果、范围和标准，又考虑到国家财政的承受能力。对于从事体力劳动和高危行业的劳动者，要给予多途径的激励措施，让他们能够清晰预期自己的退休待遇，减少这部分劳动者对政策的误解与恐慌，提高政策实施成效 [18, 19]。

### （七）提高国家综合国力和地方经济实力，保证政策起点平等

实施延迟退休政策的一个重要原因是我国预期寿命较 20 世纪 50 年代大大提高，但是美国国会预算办公室的研究表明：人种、民族、地区、城乡、受教育水平、性别等因素都会导致人口预期寿命的差异。我国人口众多，不同地区、省市、行业、城乡之间差别巨大，我国延迟退休的改革面临的现实状况很复杂。延迟退休政策对于低收入人群、从事体力劳动的人群、身体健康状况不佳者、女性、受教育程度低者、乡村居民的负面影响最大。对此我们应该重点缩小城乡、行业、地区、性别间的收入差距，以保障利益相关人群的切身利益至少不受损害，达到社会福利的帕累托改进。要推动社会和个人的全面进步，就要树立起全面、协调、可持续的科学发展观，统筹区域、城乡发展是我们必须遵循的方法论指导。当前我国一些政策存在不少问题，通过发展生产力，提高国家综合国力和地方经济实力，保证政策起点的平等，减少政策实施的阻力。

# 参考文献

[1] 林嘉.退休年龄的法理分析及制度安排 [J].中国法学，2015（6）：5-24.

[2] 劳动和社会保障部.关于制止和纠正违反国家规定办理企业职工提前退休有关问题的通知（劳社部发〔1999〕8号）[EB/OL].[2018-03-02].http：//mmsi.maoming.gov.cn/article.php？id=58.

[3] 任钢建.延迟退休：机制、路径与政策 [M].北京：知识产权出版社，2016.

[4] 童玉芬.人口老龄化过程中我国劳动力供给变化特点及面临的挑战 [J].人口研究，2014，38（2）：52-60.

[5] 刘元春."养老金缺口"与"延迟退休" [J].吉林化工学院学报，2013，30（10）：1-5.

[6] 钟水映，李魁.人口红利、空间外溢与省域经济增长 [J].管理世界，2010（4）：14-23，186-187.

[7] 刘华平.提高退休年龄与人力资源充分利用 [J].社科纵横，2007（8）：70-72，39.

[8] 张琴，郭艳.延迟退休对养老基金的后续影响：找寻可选方案 [J].改革，2015（7）：57-64.

[9] 郑功成.中国社会保障制度变迁与评估 [M].北京：中国人民大学出版社，2002.

[10] Michello F A，Ford W F. The unemployment effects of proposed changes in social security's normal retirement age[J]. Business Economics，2006，41（2）：38-46.

[11] 周二华，黎倩.延迟退休的成本收益研究：基于企业视角的分析 [J].中国人力资源开发，2015（15）：63-67.

[12] Schuetze H G. Individual learning accounts and other models of financing lifelong learning[J]. International Journal of Lifelong Education，2007，26（1）：5-23.

[13] 所静，肖凤翔，罗曦.女性高层次人才男女同龄退休意愿影响因素实证分析——基于文化部门的调研数据 [J].西安交通大学学报（社会科学版），2015，35（3）：109-114，132.

[14] 廖少宏.提前退休模式与行为及其影响因素——基于中国综合社会调查数据的分析 [J].中国人口科学，2012（3）：96-105，112.

[15] 王成.中国养老金缺口的成因、风险及对策研究 [J].财经理论研究，2015（2）：75-82.

[16] 王亚柯.中国养老保险基金管理：制度风险与管理风险——基于美国联邦社保基金管理经验的启示 [J].华中师范大学学报（人文社会科学版），2012，51（3）：8-13.

[17] 郑春荣，刘慧倩.我国弹性退休年龄制度设计——基于美国相关制度的实践 [J].人口学刊，2011（3）：61-69.

[18] 黎文武，唐代盛.弹性退休制度与养老保险保障制度整合初论 [J].西北人口，2004（3）：39-42.

[19] 林熙.发达国家弹性退休的机制分析与经验借鉴 [J].经济社会体制比较，2013（2）：226-235.

# 精准扶贫过程中地方政府管理的不足

纪文文[①]

**摘　要：** 本文旨在说明在精准扶贫过程中，各级地方政府在管理方面存在的不足，从识别标准、识别程序、识别机制和扶贫考核四个方面分别阐述了当前扶贫工作中遇到的问题和困难。通过针对问题联系实际，从完善沟通机制和建立健全产业扶贫机制入手，彻底解决致贫原因，从根本上解决群众的困难，在扶贫攻坚过程结束后避免因缺乏政策支持而出现的返贫现象。

**关键词：** 精准扶贫　识别标准　识别程序　扶贫考核

2013 年 11 月，习近平到湖南湘西考察时首次做出了"实事求是、因地制宜、分类指导、精准扶贫"的重要指示，这也是"精准扶贫"重要思想首次被提出。2014 年 1 月，中共中央办公厅详细规划制定了精准扶贫工作模式的顶层设计——《关于创新机制扎实推进农村扶贫开发工作的意见》，通过深化改革，创新扶贫开发工作机制，进一步改进贫困县考核机制、建立精准扶贫工作机制、健全干部驻村帮扶机制、改革财政专项扶贫资金管理机制、完善金融服务机制、创新社会参与机制。通过注重实效，扎实解决村级道路畅通工作、饮水安全工作、农村电力保障工作、危房改造工作、特色产业增收工作、乡村旅游扶贫工作、教育扶贫工作、卫生和计划生育工作、文化建设工作、贫困村信息化工作等突出问题。通过加强领导，确保工作职责、管理体制、基层组织和队伍建设等措施能够落到实处。

---

① 纪文文（1988—），女，山东青岛人，中国海洋大学 2015 级公共管理专业研究生。

## 一、精准扶贫的内涵和意义

我国自 20 世纪 80 年代开始实施扶贫开发，取得了较大的成绩，但是随着经济社会的发展，特别是市场经济的推进，大而广的扶贫措施出现了一系列的问题。因此，习近平总书记针对我国当前扶贫工作的实际，提出了"精准扶贫"的概念。

精准扶贫，是粗放扶贫的对称，是针对不同贫困区域环境、不同贫困户状况，运用科学有效程序对扶贫对象实施精确识别、精确帮扶、精确管理的治贫方式。一般来说，精准扶贫主要是就贫困居民而言的，谁贫困就扶持谁。有效避免了贫困户底数不清，扶贫对象"估测"，扶贫资金"天女散花"，重点县舍不得"脱贫摘帽"，数字弄虚作假，挤占浪费国家扶贫资源，人情扶贫、关系扶贫，应扶未扶、扶富不扶穷等可能滋生腐败的问题。

## 二、精准扶贫中地方政府管理面临的问题

全面建成小康社会要求必须实现全面脱贫。但由于扶贫工作受到之前模式和传统的影响，以及工作方式和工作方法惯性的作用，在扶贫的识别和帮扶模式存在固化的现象，不能有效地掌握精准扶贫"动作要领"，不能有效且有针对性地进行扶贫。

### （一）扶贫识别标准不定、要求不清

我地区精准扶贫开始于 2014 年春末夏初，通过层层精神传达，到乡镇（街道）一级要求精确识别的标准中最核心一项为"家庭贫困，且家中需要有具有劳动能力的成员，致贫原因为有突发事件或突发疾病而造成的暂时性贫困"，对识别骨干（即为包村干部）进行培训时也反复强调这一标准。包村干部进村入户，大部分同志按照标准选取候选人，召开村"两委"、村民代表和党员会议进行投票表决，公示无异议后确定精准扶贫户。

在 2015 年、2016 年的后续工作推进中，发现有部分村庄识别的贫困户为年老体弱无劳动能力者或主观能动性差、不愿劳动的。而各扶贫单位因各方面原因未将这些不符合 2014 年识别标准的贫困户剔除，而继续进行扶贫。进而上级政策文件也针对该项识别标准进行了修正。

正是由于该识别标准不定、要求不清，引起群众的误会，认为政策"因人而异"；对于部分主观能动性差、不愿劳动的同志被识别，也使群众热议，认为这是浪费国家资源。这些问题都造成很大的隐患，使群众对精准扶贫的认识产生误区，也引发攀比进而希望通过上访等其他途径获得"精准扶贫户"的标识。

### （二）扶贫识别机制不明确[①]

贫困人口标准在各地区有所不同，国家贫困人口收入界定为 2736 元，山东省定标准为 3200 元，而青岛市定标准 4600 元，因此要按照各标准摸清底子是一项需耗费大量人力财力的工作。精准扶贫户是由包村干部 + 村干部筛选，经民主评议选出，因此在评选过程中会存在贫困人数不清、贫困人口层次划分模糊等问题。特别是村庄外来人口的具体情况，村中极少有人清楚，受限于人社、公安等数据的封闭性，无法确定被识别的贫困户是否如实提供情况，家中是否有其他成员从事中高收入工作，或者是否有不在同一户头的成员在该家庭中生活等问题。因此出现了极少数精准扶贫户的子女在青岛市外有中高收入职业的现象，被排查出后虽然被清出精准扶贫户数据库，但造成了较坏的影响。

### （三）扶贫项目针对性不强

精准扶贫，从精确识别到精确帮扶再到精确管理，关键在精准，但是地方政府在采取项目扶贫时，特别是针对省定贫困村和青岛市定贫困村，政府将工作重心大多放在改善村庄整体面貌上，通过采取改善基础设施、建设文化健身广场等来获得能够"看得见摸得着"的成绩。由于贫困户还在温饱线上挣扎，因此对于基础设施、文化健身设施的利用率极低，在现阶段造成了资源的浪费，也就是"好钢没用在刀刃上"。

我地区自 2015 年开始农村厕改，由财政补贴，但是在改厕结束后发现仅有不到 5% 的精准扶贫户参与了厕改。对于这些贫困户来说，迫切需要解

---

① 袁瑗瑗.基于精准扶贫视角下地方政府的角色转换[J].商，2016（11）：52.

决的通常是温饱、子女教育、家庭医疗等方面的问题。以平度市李园街道某贫困户为例，其子精神二级残疾，夫妻二人已超过 60 岁，每月维持其子精神稳定需花费 600 余元购买非基本药物。通过精准扶贫，其全家均已办理了低保，每月低保金共计 1200 元。但是其子患精神疾病已达十几年，家中负债较多，现阶段领取的低保金仅够日常花销，因此该户急需获得医疗方面的救助。

当然，针对类似贫困户的救助帮扶政策是长期持续的，特别是涉及政策调整问题，都不是一蹴而就的。

### （四）扶贫考核的合理性欠缺

政府的工作重心从经济建设到环境保护再到现在精准扶贫，作为一项硬性的政治任务，各地方政府都下大气力督办这项工作。如签订责任状，帮包的贫困户若是不能顺利脱贫，年底确定为不称职等次。基于各种原因，帮包贫困户的机关干部甚至比贫困户自身更加积极，导致部分贫困户"等、靠、要"，甚至还和帮包干部开玩笑："好好帮我干，要不你交不了差。"

制度和管理的漏洞，导致了过程的本末倒置，虽然结果都是保证贫困户脱贫，但是往往表面大于实质。

## 三、精准扶贫中对地方政府的建议

### （一）完善沟通机制

（1）从上到下建立大数据共享机制，给予特定工作的人特定权限。就如在精准识别过程中，有大数据的支持就会极大程度地避免出现隐瞒真实家庭情况的问题，更加方便、真实、便捷地获取真实情况。

（2）建立公用服务事业沟通平台。对于贫困户所需的医疗救助、贫困户子女的教育问题，需要与医疗、教育等单位沟通，但这些单位往往不在统一体系，沟通渠道少，沟通效果差。因此，建立畅通的沟通渠道是必要的。

### （二）建立健全产业扶贫机制

"授之以鱼不如授之以渔"，教授贫困户一技之长更加重要。

（1）建立农民农产品与市场的联动机制。以平度市仁兆镇某专业合作社为例，将技术员与贫困户结对，种子、化肥均由合作社提供，技术员提供免费技术指导，在 2014~2016 年的三年间，强制将作物按合作社提供的保底价卖给合作社，再由合作社统一销售。三年后，农户掌握技术后，再由农户自行决定作物是自己出售或由合作社统一出售。避免了农民在帮扶政策结束后，无技术支撑而返贫的现象。

（2）健全贫困人口的培训机制和引导就业机制。农村贫困人口大多因为家庭原因，受教育程度低，工作技能差。因此组织农业、手工业培训是必需且必要的。另外，政府也应联合银行、大型企业为贫困人口中有志从事养殖、手工业经营等的贫困户提供小额贷款或贴息贷款等。

# 基层人大代表在履行职责时
# 存在的问题及改进策略

刘晓云 [①]

**摘　要：** 基层人大代表在人民代表大会制度中是最基础、也是最坚实的一块。全国各级人大代表中，基层人大代表是直选产生，直接百姓选举。基层人大代表与群众联系，他们的履职情况在很大程度上体现着基层群众的权利能否得到实现。本文选取我国基层人大代表履职制度作为研究对象，对我国基层人大代表履职过程中出现的问题进行浅析，并为切实推进我国人大代表履职提出了相关对策。

**关键词：** 基层人大代表　履行职责

近些年来，国家逐步加大了依法治国的战略部署，群众的法制观念也越来越强，对依法维护自身合法权益也是更加重视，尤其是如何更好地实现自身所享有的权利正在成为焦点问题。其中最重要的一项权利选举权更是重中之重。群众想要最快、最直接地表达自己的诉求、意愿，那就是选出为自己代言的人大代表。人大代表制度走过了风风雨雨的三十多年，有了重大改革与进步。但在群众心中的威望仍存疑问，在国家建构中的地位并没有与宪法的规定相适应。尤其基层人大代表要想自由地发挥作用，还有很长的路要走。人大工作要想起到作用，必须充分调动起代表的积极性。广大的人大实际工作者一直在探索行之有效的代表活动途径，例如开展代表主题实践活动、建

---

① 刘晓云（1988—），女，天津河西人，中国海洋大学 2014 级公共管理专业研究生。

立代表建议重点督办制度、建立代表之家、实行代表述职等，不断激励代表积极履职。本文将对基层人大代表在履行职责时出现的若干问题进行浅析，并提出相应的改进优化策略。

## 一、基层人大代表情况概述

### （一）人大代表制度的起源

1949 年，中国人民政治协商会议召开，会议选举产生了政协全国委员会和中央人民政府委员会，通过了具有临时宪法性质的《中国人民政治协商会议共同纲领》《中国人民政治协商会议组织法》《中华人民共和国中央人民政府组织法》，并且把人民代表大会制度规定为新中国的根本政治制度，标志着人民代表大会制度的初步确立。1954 年 9 月 15 日，第一届全国人民代表大会召开，会议通过了《中华人民共和国宪法》、国家机构组织基本法并产生了一系列国家机构，这一会议正式确立了全国人民代表大会制度。

### （二）基层人大代表的选举产生过程

我国现行的基层人大代表在选举过程中一般要经历以下四个环节。

第一，选民登记。选民登记成功与否关系选举能否成功。选民登记过程中要充分调动起居委会社区的作用，要确保选举证发放到每个人手中。对流动人口的选民登记一定做好统计，既不能漏登，更不能重复登记，一定要履行好流动人口登记手续，与原选举单位搞好衔接。

第二，选区划分。划分选区是保证选举工作组织开展的关键环节。要从便于组织、群众意愿得以表达的便利考虑。一般整个区域的划分平均到每名代表人数大致相当，保证选举的公平。

第三，推荐候选人。推荐候选人一定要严格程序，依据代表法规定。由政党或者选民 10 人以上联名提出。推荐候选人名额后，重点做好审查工作，针对现在代表情况，除了政审以外，还应注重对其进行全面审查。

第四，选举。基层选举比较复杂，尤其投票点比较多，参加人数比较多。组织起来困难很大。尤其还有很多流动票箱，保证公平公正尤为重要。选举结束后，以选举委员会名义张榜公布当选代表名单，并发给代表当选证书。

### （三）基层人大代表结构划分

现阶段，通常从以下几个方面对代表结构进行划分。

第一，政党结构。为了更好地保持党的思路的高度一致性，更好地维护人民的利益，必须保证中国共产党党员在人大代表中占有一定的比例。我国基层党员在人大代表中所占的比例应该介于 50% 与 65% 之间。

第二，界别结构。不同阶层的人大代表代表了不同阶层人民的利益，因此人大代表应该包含各行各业。尤其是来自基层一线的行业如农民、小个体户，以及个别特殊行业者，如医生、教师、交警等等。

第三，知识结构。人大监督政府是全方位的，人大代表也应该在各方面都有一定的人才。只有这样才能对症下药，提出合理化建议。这就要求代表在一定知识层面上具备多元化。只有保证人大标准知识结构的多元化，才能实现相互补充，达到良好的整体效应。

第四，年龄结构。不同年龄层有着不同的特点：年轻人饱含激情，敢于创新；中年人成熟稳重、大气果敢；老年人阅历丰富、功底深厚。人民代表大会符合合理的年龄结构时，能够针对不同情况、不同状态提出符合形势要求的意见建议。

第五，性别结构。这条在每次换届选举的要求中都有明确规定，女性代表不得少于多少名，这样充分保障了女性代表的数量，也为今后为女性传达意愿诉求做好了准备。

## 二、基层人大代表在履行职责时存在的问题及原因分析

### （一）基层人大代表履职热情较低

基层人大代表履职热情不高，已经不是一天两天的问题。现如今，基层人大代表在履行职责时缺乏保障激励机制，相比于被动的义务型保障，人大代表的权利行使更适合于主动的权利型保障。人大代表由公民选举产生，受原选举单位的监督，对选举人负责，若采用义务型保障机制，人大代表必然增加监督机构，所增加的监督机构或个人难免缺乏正当性。人大代表要想全身心地履职行权，物质保障是必不可少的，否则会直接影响到履职效果。当

前人大代表履职在这方面仍然面临诸多问题。当前，基层人大代表的活动经费还是很有限的，有些甚至根本均摊不到每个人大代表身上，在本级人大或者乡镇就截留作为人大代表集体活动经费了。有些人大代表是在拿着自己的积蓄调研视察；还有的人大代表参会调研缺少必要的生活物质基础，势必会把更多的时间放在满足基本生活上。这样参会时间就无法保证，参会质量更是提不上去。再就是当前人大代表几乎全部是有社会职务的，他们有自己的本职工作，在办公和履职两者之中总是存在矛盾。

### （二）基层人大代表履职能力不高

当前普遍存在人大代表只是头衔，不知道如何履职。有些人大代表从当选到换届甚至没参加过几次活动，仅有的几次还都是被动参加，走走过场。目前，必须打破这种僵局，让人大代表自己履职有思路，参加活动有目标，会上、会下都能履职尽责。这一问题具体表现在以下几个方面。

第一，基层人大代表自身素质有待进一步提高。人大代表素质的高低往往决定了履职情况的好坏。目前，对人大代表的资格审查更多地掌握在组织部门，但是真正的履职效果，组织部门并不清楚。再就是一旦选进来，出口问题无法解决。对长期不履职、履职积极性不高的人大代表没有办法及时罢免。个别人大代表当选以后缺乏必要的培训和学习，导致自己不知道如何履职、向谁履职，不明白当选以后应该做什么、应该怎么做。

第二，会议期间活动安排有待完善。目前，人大代表的履职方式主要采取会议模式，这也是人大功能实现的基本手段。我国人大会议的整个过程就是做出重大决定的过程，会议本身过多依赖于前期准备工作，而在会议进行过程中，会议的组织者、议会代表等却普遍存在一种病态心理——维稳。这一心理影响下的会议安排必然也是缺乏科学性、合理性的。这种模式下的履职完全是脱离实际的，空泛而谈。更有时，是一种作秀的会议模式。

第三，闭会期间活动缺乏载体。人大代表闭会期间的活动与会议期间的工作是密切相关的，是大会工作的准备和延续。目前，基层人大组织的活动多是走马观花、蜻蜓点水，都是既定的项目和现场。人大代表只是走走过场，根本看不到实质性的东西。人大代表联组更是很难组织一次活动，偶尔组织的活动都成了社会交际，关注的问题不在为经济社会发展建言献策，而是为自己谋求利益。人大代表在无组织、无平台的情况下，犹如散沙，很难聚拢起来，很难发挥自身作用。

### （三）基层人大代表逐步脱离群众

现实工作中很难见到人大代表深入群众交流，人大代表反而学会了官场的一些做法，当起了老爷。有些甚至将人大代表头衔作为炫耀的工具，只是高高挂在上面。基层人大代表是群众直选出来的代表，如果基层人大代表都不能与选民直接接触，那么人大代表工作将没有了根基。脱离群众具体的表现有以下几个方面。

第一，人大代表比例结构不尽合理。可代表性是人大制度广泛民主的基石，人大代表比例结构则直接反映了它的民主化程度，某种意义上可以认为，具备广泛代表性的人大制度等同于实现民主，所以，人大代表结构应该朝着广泛、具有代表性等方面上发展研究。基层一线人大代表的数量和所占比例长期偏低，造成了他们在利益方面的诉求无法实现。再则企业领导过多，履职积极性不高，这些代表本身事物比较繁忙，大部分人只是要个头衔，真正履职尽责的很少。

第二，人大代表自身素质不高，代表意识不强。人大代表是人民群众中的佼佼者，其自身素质较高，但这并不意味着他们同时具有较高的代表素质和较强的代表意识。人大代表虽有履职热情，但对如何发挥作用知之不多，工作起来无从下手。还有的个别人把人大代表当作谋取私利甚至违法乱纪的保护伞，不但没有代表选民，反而加大了与群众的距离，拉远了与群众的期望。

第三，人大代表活动的组织和服务工作不到位。我国人民代表大会制度实行的是兼职制，人大代表都有繁忙的本职工作，因此，人大代表活动的组织和服务至关重要。如何把人大代表组织起来共同出谋划策非常困难。不少基层人大都配有专门的服务机构，但是组织的活动不尽如人意。有的活动质量不高，内容空洞、形式单一，缺乏吸引力，久而久之，代表就失去了参加活动的积极性。

### 三、改进基层人大代表履行职责的策略

基层人大代表依法有效的履职是人大工作成功的基石。本文根据人大代表履职过程中遇到的问题与阻力，提出相关对策与建议，旨在真正让基层人大代表更好地代表群众的意愿，参与管理国家事务，让群众从中得到实惠。

#### （一）实行基层人大代表激励制度

建立基层人大代表的表彰、交流和宣传制度。人大工作的基础是人大代表工作，最大效能地激发人大代表活力是做好人大代表工作的关键。

第一，对于优秀的人大代表建议也可以设置优秀人大代表建议奖，最大可能提高人大代表履职的积极性。建议在每届的届中搞一次评比活动，即对前期人大代表们的总体工作进行总结，表彰履职优秀的人大代表，同时又能鞭策其他人大代表在任期内的后一阶段继续努力。

第二，根据时代的需求应该逐步建立人大代表履职的物质奖励机制。例如，人大代表经过几个周甚至几个月的调研活动，提出了很好的建议，对推动经济社会发展产生重要的影响的，可以对其调研过程中的费用进行补偿或者奖励。

第三，主动深入人大代表，为人大代表排忧解难。人大代表首先也是有自己生活和工作的，其中也不乏遇到困难和瓶颈的情况。不能一味地让人大代表付出，而不进行培养呵护。人大常委会应该主动积极关心人大代表的成长，对人大代表生活中的困难及时解决。

#### （二）增强基层人大代表履职能力

增强基层人大代表履职能力，提升基层人大代表的工作能力，可以从以下三个方面着手。

第一，强化人大代表培训学习机制。各基层人大常委会应始终高度重视人大代表学习培训工作，着力提高人大代表履职能力。通过集中培训、列席常委会会议、举办人大知识竞赛、组织优秀人大代表宣讲团巡回宣讲等措施，多渠道、多形式地组织人大代表学习政治理论、法律法规和人大业务知识，

为人大代表依法履职奠定扎实基础。

第二，科学安排人大代表会议期间活动。召开人代会是人大代表行使职权的主要时机和重要场所。基层人大应该提前带领人大代表围绕市政建设、重点项目、民生工程开展视察调研，有意识地引导人大代表研究一些事关改革、发展、稳定大局中的重要问题，形成有影响、有分量的议案和建议。

第三，加强闭会期间人大代表活动平台建设。活动平台的构建必须立足于活动本身，人大代表闭会期间的活动主要包括准备议案和监督政府两个方面。必须进一步畅通沟通渠道，可以从面对面交流、通信、媒介等方面进行完善。与此同时，要组建相关服务团队，应当加强人大代表与媒体的协同作用，例如将网络媒体的舆论监督和人大代表的职责监督相结合。

### （三）强化基层人大代表约束机制

强化基层人大代表约束机制，把好人大代表入口关，及时对人大代表提出建议等等。为此，笔者认为应该从以下两点进行完善。

第一，改善人大代表结构，提高人大代表素质。要想达到倾听民意的效果，人大代表结构必须合理。尤其一线的人大代表要保证数量。要想做好代表工作，必须把好入口关。先把人大代表的结构确定合理了。这其中的重点在于选举时把好关口，尤其是对人大代表的身份进行准确核实，绝不允许冒充的进入。再就是对新入选的人大代表要加强培训，人大代表一定要清楚如何代表才能最符合自身需求，才能发挥最大价值。

第二，增强人大代表的监督机制。在我国，人大代表选举制度正逐步完善，人大代表的素质和制度合理性有很大幅度的提升，但是对人大代表的监督却是缺失的，而这种"窄进宽出"的制度设计传统，不可避免地会造成人大代表弱化权利观念、责任意识。优化民主的资源配置，全面提升人大代表团队的整体素质，最终保障人大代表的代表性得以充分发挥。

### 四、小结

人民代表大会制度能否执行好，人民能否真正行使当家做主的权利，核心问题就在人大代表能不能依法有效地履职。基层人大代表更是关键之所在。

他们更接地气，更能直接代替群众发出呼声，管理国家事务。然而真正让基层人大代表能够站好岗、履好职是当前困扰这一制度的最大障碍。经过三十多年的磨炼，基层人大代表发挥作用的空间在逐步增加，效果也逐渐显现，但现实与理想仍有差距，与人民群众的期盼还有距离。当前，国家层面已经有了大的方向，尤其是依法治国重大战略部署的提出，人大代表履职工作的地位将更为重要，基层人大代表也必将会发挥更大的作用。

# 参考文献

[1] 申坤. 中国人民代表大会制度的历史变迁研究 [D]. 北京：中共中央党校，2013.

[2] 余刚. 人大代表履职问题研究 [D]. 西安：西北大学，2012.

[3] 周昱邈. 全国人大代表履职研究 [D]. 北京：中国政法大学，2010.

[4] 张扬军. 论人大代表履职制度的完善 [D]. 长沙：湖南大学，2007.

[5] 任斌. 我国人大代表履职问题 [J]. 人大研究，2008（3）：9-11.

[6] 孙忠良. 构建平行监督机制的思考 [J]. 黑龙江工业学院学报（综合版），2009，9（1）：33-34.

[7] 王东华，杨凤林. 人大代表履职"缺位"表现及原因分析 [J]. 湖北省社会主义学院学报，2007（5）：69-70.

[8] 张传峰，曹青. 我国人大代表履职现状及其完善途径研究 [J]. 西江月，2013.